**에듀윌과 함께 시작하면,
당신도 합격할 수 있습니다!**

처음 취업을 준비하며
공기업과 대기업 사이에서 길을 고민하는 첫 도전자.

강의·과제·아르바이트 틈새마다
필기시험 문제집을 풀어내는 졸업 앞둔 대학생.

퇴근 후에도 기출복원 문항으로 실력을 다지며
새로운 출발을 준비하는 재도전의 직장인.

합격의 길에 특별한 비결은 없습니다.
목표를 향해 꾸준히 나아가는 마음, 그 하나면 충분합니다.

이 책은 단순한 문제집이 아니라,
여러분의 노력을 결실로 이끄는 든든한 합격 파트너가 될 것입니다.

마지막 페이지를 덮으면,

**에듀윌과 함께
취업 합격이 시작됩니다.**

취업 1위

누적 판매량 242만 부 돌파
베스트셀러 1위 3,615회 달성

공기업 NCS | 100% 찐기출 수록!

NCS 통합 기본서/실전모의고사	매1N	한국철도공사 | 부산교통공사	한국전력공사 | 한국가스공사	NCS 10개 영역 기출 600제
피듈형 | 행과연형 | 휴노형 봉투모의고사	매1N Ver.2	서울교통공사 | 국민건강보험공단	한국수자원공사 | 한국수력원자력	NCS 6대 출제사 찐기출문제집
		한국수력원자력+5대 발전회사	한국토지주택공사 | 한국도로공사	

대기업 인적성 | 온라인 시험도 완벽 대비!

| 20대기업 인적성 통합 기본서 | GSAT 삼성직무적성검사 통합 기본서 \| 실전모의고사 | LG그룹 온라인 인적성검사 | SKCT SK그룹 종합역량검사 포스코 \| 현대자동차/기아 | 농협은행 지역농협 |

영역별 & 전공

취업상식 1위!

공기업 사무직 통합전공 800제	59초의 기술(의사/수리/문제)	공기업기출 일반상식	기출 금융경제 상식	언론사 기출 최신 일반상식
전기끝장 시리즈 ❶, ❷	PSAT형 NCS 수문끝			

* 에듀윌 취업 교재 누적 판매량 합산 기준(2012.05.14~2024.10.31)
* 온라인 4대 서점(YES24, 교보문고, 알라딘, 인터파크) 일간/주간/월간 13개 베스트셀러 합산 기준(2016.01.01~2024.11.05 공기업 NCS/직무적성/일반상식/시사상식/ROTC/군간부 교재, e-book 포함)
* YES24 각 카테고리별 일간/주간/월간 베스트셀러 기록

더 많은
에듀윌 취업 교재

에듀윌 취업

취업 대세 에듀윌!
Why 에듀윌 취업 교재

기출맛집 에듀윌!
100% 찐기출복원 수록

주요 공·대기업 기출복원 문제 수록
과목별 최신 기출부터 기출변형 문제 연습으로 단기 취업 성공!

공·대기업 온라인모의고사
+ 성적분석 서비스

실제 온라인 시험과 동일한 환경 구성
대기업 교재 기준 전 회차 온라인 시험 제공으로 실전 완벽 대비

합격을 위한
부가 자료

교재 연계 무료 특강
+ 교재 맞춤형 부가학습자료 특별 제공!

eduwill

베스트셀러 1위
에듀윌 상식 시리즈

누적 판매량 14만 부 돌파!
기출이 합격 전략의 기본!

기출 금융경제 상식

공기업기출 일반상식

언론사기출 상식

* 에듀윌 상식 교재 3종 누적 판매량 합산 기준 (2012.05.01~2025.09.23)
* 에듀윌 취업 금융경제 상식: YES24 수험서 자격증 취업/상식/적성검사 공사 공단 NCS 국민연금공단 베스트셀러 1위 (2024년 9월 5주 주별 베스트),
  에듀윌 취업 공기업기출 일반상식: YES24 수험서 자격증 취업/상식/적성검사 공사 공단 NCS 한국전력공사 베스트셀러 1위 (2024년 11월 1주 주별 베스트)

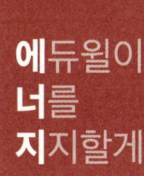

ENERGY

시작하라. 그 자체가 천재성이고,
힘이며, 마력이다.

– 요한 볼프강 폰 괴테(Johann Wolfgang von Goethe)

최신판

에듀윌 취업
공기업기출 일반상식

공기업기출 일반상식의 모든 것!

합격을 위한! 알짜! 정보만 모았다

상식시험에도 출제패턴이 있다고?

➲ P. 6

2026 최신판 에듀윌 공기업기출 일반상식은 출제패턴을 분석하여 정치·경제·사회·국제·문화·역사·스포츠·과학 챕터로 분류하고, 그 안에서도 학습하기 용이하도록 세부 분야로 구분하였습니다.

공공기관에는 어떤 기관이 있나요?

➲ P. 8

2025년 10월 기준 공공기관 현황을 한눈에 파악할 수 있도록 정리하였습니다.

공공기관 시험에서 논술 주제는 어떤 게 나오나요?

➢ P. 10

2025년 공공기관 논술시험에서 나왔던 논술 주제를 한눈에 파악할 수 있도록 정리하였습니다.

이 책을 어떻게 활용해야 효과적일까요?

➢ P. 12

'① 핵심 한줄 설명 ⇨ ② 자세히 이해하기 ⇨ ③ 예문 ⇨ ④ 관련 용어 ⇨ ⑤ 기출' 총 5단계로 구성되어 외우기 쉽고 오래 기억할 수 있습니다.

상식초보는 어떻게 공부하는 게 좋을까요?

➢ P. 14

용어 설명뿐만 아니라 학습에 필요한 다양한 요소를 수록해 맞춤식 학습이 가능합니다.
A형, B형, C형, D형 중 자신에게 맞는 방법을 적용하여 학습할 수 있습니다.

공기업 출제패턴 완벽분석

01 공기업 상식 5개년 기출 문제 분석

최근 5년간 공기업에서 출제된 상식 용어들을 분석하였습니다. 출제 비중이 높은 영역을 공략하세요.

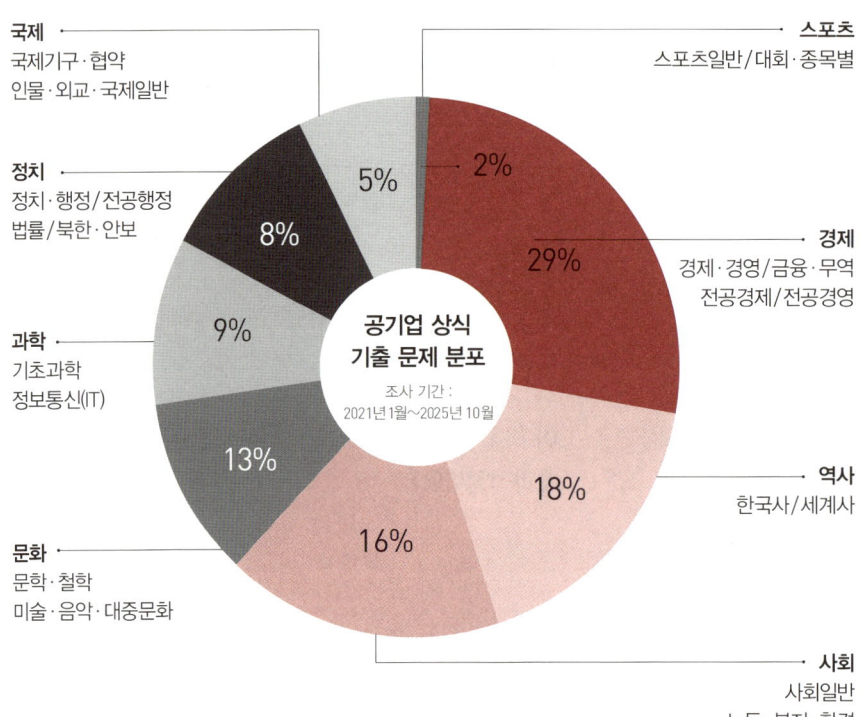

02 최다 출제 TOP4

1 경제
지엽적인 부분보다 중요 개념을 먼저 익히세요. 시험에서 오답으로 함께 출제되는 유사 용어도 함께 학습해야 합니다.

2 역사
최근에는 '근현대사-광복 이후-민주화 운동' 등 시대 순서를 물어보는 문제가 많이 출제됩니다. 한눈에 순서가 파악되도록 구성한 표를 통해 역사 흐름을 빠르게 잡으세요.

3 사회
사회현상을 설명하는 용어가 자주 등장합니다. 비슷한 용어를 한 번에 암기해 효율적으로 학습 시간을 단축해야 합니다.

4 문화
작가와 작품을 연결하는 문제, 주요 영화제 명칭 등은 단골 출제되므로, 모르면 손도 못 대지만 한번 정리해 두면 고득점 효자 영역이 됩니다.

03 득점 4인방

1 과학
기초 물리학, 화학, 지구과학, 생명과학 등 중·고등학교 때 배웠던 수준의 내용과 함께 최신 IT상식을 물어보는 문제가 자주 출제됩니다.

2 정치
정치적으로 민감한 최신 사안은 출제되지 않는 편입니다. 용어 자체의 의미보다 전반적인 이해를 묻는 문제가 많이 출제됩니다.

3 국제
IMF, OECD 등 주요 국제단체의 영문명과 한글명, 주요 활동 등을 정리해야 합니다.

4 스포츠
국제대회와 개최지, 개최연도 등 자주 출제되는 부분은 거의 정해져 있으니 정확히 알아두면 시험을 치를 때 단번에 답을 찾을 수 있습니다.

2025년 공공기관 현황

자료: 기획재정부, 행정안전부 / 2025년 10월 기준

구분	(주무기관) 기관명
시장형 공기업(14)	(산업부) ㈜강원랜드, 한국가스공사, 한국남동발전㈜, 한국남부발전㈜, 한국동서발전㈜, 한국서부발전㈜, 한국석유공사, 한국수력원자력㈜, 한국전력공사, 한국중부발전㈜, 한국지역난방공사 (국토부) 인천국제공항공사, 한국공항공사, 한국도로공사
준시장형 공기업(17)	(기재부) 한국조폐공사 / (문체부) 그랜드코리아레저㈜ / (농식품부) 한국마사회 (산업부) ㈜한국가스기술공사, 한국광해광업공단, 한국전력기술주식회사, 한전KDN, 한전KPS㈜ (국토부) 제주국제자유도시개발센터, 주택도시보증공사, 한국부동산원, 한국철도공사, 한국토지주택공사, 주식회사 에스알 (해수부) 해양환경공단 (방통위) 한국방송광고진흥공사 (환경부) 한국수자원공사
기금관리형 준정부기관 (12)	(문체부) 서울올림픽기념국민체육진흥공단 (산업부) 한국무역보험공사 (복지부) 국민연금공단 (고용부) 근로복지공단 (중기부) 기술보증기금, 소상공인시장진흥공단, 중소벤처기업진흥공단 (금융위) 신용보증기금, 예금보험공사, 한국자산관리공사, 한국주택금융공사 (인사처) 공무원연금공단
위탁집행형 준정부기관 (43)	(교육부) 한국장학재단 (과기부) (재)우체국금융개발원, (재)우체국물류지원단, 정보통신기획평가원, 한국방송통신전파진흥원, 한국연구재단, 한국인터넷진흥원, 한국지능정보사회진흥원 (외교부) 한국국제협력단 (행안부) 한국승강기안전공단 (문체부) 한국관광공사 (농식품부) 축산물품질평가원, 한국농수산식품유통공사, 한국어촌어항공사 (산업부) 대한무역투자진흥공사, 한국가스안전공사, 한국산업기술진흥원, 한국산업기술기획평가원, 한국산업단지공단, 한국석유관리원, 한국에너지공단, 한국원자력환경공단, 한국전기안전공사, 한국전력거래소 (복지부) 건강보험심사평가원, 국민건강보험공단, 국민건강보험공단 일산병원, 서울요양원, 한국사회보장정보원 (환경부) 국립공원공단, 국립생태원, 한국환경공단, 한국환경산업기술원 (고용부) 한국고용정보원, 한국산업안전보건공단, 한국산업인력공단, 한국장애인고용공단 (국토부) 국가철도공단, 국토안전관리원, 한국교통안전공단, 한국국토정보공사 (해수부) 한국해양교통안전공단 (공정위) 한국소비자원 (보훈청) 한국보훈복지의료공단 (경찰청) 도로교통공단 (산림청) 한국산림복지진흥원
	(국조실) 경제·인문사회연구회, 과학기술정책연구원, 건축공간연구원, 국토연구원, 대외경제정책연구원, 산업연구원, 에너지경제연구원, 육아정책연구소, 정보통신정책연구원, 통일연구원, 한국개발연구원, 한국교육개발원, 한국교육과정평가원, 한국교통연구원, 한국노동연구원, 한국농촌경제연구원, 한국법제연구원, 한국보건사회연구원, 한국여성정책연구원, 한국조세재정연구원, 한국직업능력연구원, 한국청소년정책연구원, 한국해양수산개발원, 한국행정연구원, 한국형사·법무정책연구원, 한국환경연구원, KDI국제정책대학원 (기재부) 한국수출입은행, 한국재정정보원, 한국투자공사 (교육부) 강릉원주대학교치과병원, 강원대학교병원, 경북대학교병원, 경북대학교치과병원, 경상국립대학교병원, 국가평생교육진흥원, 동북아역사재단, 부산대학교병원, 부산대학교치과병원, 분당서울대학교병원, 사립학교교직원연금공단, 서울대학교병원, 서울대학교치과병원, 전남대학교병원, 전북대학교병원, 제주대학교병원, 충남대학교병원, 충북대학교병원, 한국고전번역원, 한국교육학술정보원, 한국사학진흥재단, 한국학중앙연구원 (과기부) (재)우체국시설관리단, (재)한국우편사업진흥원, 과학기술사업화진흥원, 국가과학기술인력개발원, 국가수리과학연구소, 국립광주과학관, 국립대구과학관, 국립부산과학관, 기초과학연구원, 동남권원자력의학원, 연구개발특구진흥재단, 정보통신산업진흥원, 한국과학기술기획평가원, 한국과학창의재단, 한국나노기술원, 한국데이터산업진흥원, 한국여성과학기술인육성재단, 한국원자력의학원, 소프트웨어정책연구소 (외교부) 한국국제교류재단 (통일부) (사)남북교류협력지원협회, 북한이탈주민지원재단 (법무부) 대한법률구조공단, 정부법무공단, 한국법무보호복지공단 (국방부) 국방전직교육원, 전쟁기념사업회, 한국국방연구원 (행안부) (재)일제강제동원피해자지원재단, 민주화운동기념사업회

기타 공공기관 (243)	(문체부)	(재)예술경영지원센터, 게임물관리위원회, 국립박물관문화재단, 국제방송교류재단, 대한장애인체육회, 대한체육회, 세종학당재단, 영상물등급위원회, 영화진흥위원회, 예술의전당, 재단법인 국악방송, 태권도진흥재단, 한국공예디자인문화진흥원, 한국도박문제예방치유원, 한국문학번역원, 한국문화관광연구원, 한국문화예술교육진흥원, 한국문화예술위원회, 한국문화정보원, 한국문화진흥주식회사, 한국언론진흥재단, 한국영상자료원, 한국예술인복지재단, 한국저작권보호원, 한국저작권위원회, 한국체육산업개발㈜, 한국출판문화산업진흥원, 한국콘텐츠진흥원
	(농식품부)	가축위생방역지원본부, 국제식물검역인증원, 농림수산식품교육문화정보원, 농림식품기획평가원, 농업정책보험금융원, 한식진흥원, (재)축산환경관리원, 한국식품산업클러스터진흥원
	(산업부)	재단법인 한국에너지재단, 전략물자관리원, 한국디자인진흥원, 한국로봇산업진흥원, 한국산업기술시험원, 한국세라믹기술원, 한국에너지기술평가원, 한국에너지정보문화재단, 한국전력국제원자력대학원대학교, 한국제품안전관리원, 한국탄소산업진흥원, 한전MCS㈜, 한전원자력연료주식회사
	(복지부)	(재)한국보건의료정보원, 국가생명윤리정책원, 국립암센터, 국립중앙의료원, 대구경북첨단의료산업진흥재단, 대한적십자사, 아동권리보장원, 오송첨단의료산업진흥재단, 의료기관평가인증원, 재단법인 한국공공조직은행, 재단법인 한국자활복지개발원, 재단법인 한국장기조직기증원, 한국건강증진개발원, 한국국제보건의료재단, 한국노인인력개발원, 한국보건복지인재원, 한국보건산업진흥원, 한국보건의료연구원, 한국보건의료인국가시험원, 한국보육진흥원, 한국사회복지협의회, 한국의료분쟁조정중재원, 한국장애인개발원, 한국한의약진흥원
	(환경부)	국립낙동강생물자원관, 국립호남권생물자원관, 수도권매립지관리공사, 한국상하수도협회, 한국수자원조사기술원, 한국환경보전원
	(고용부)	건설근로자공제회, 노사발전재단, 학교법인한국폴리텍, 한국고용노동교육원, 한국기술교육대학교, 한국사회적기업진흥원, 한국잡월드
	(여가부)	한국건강가정진흥원, 한국양성평등교육진흥원, 한국여성인권진흥원, 한국청소년상담복지개발원, 한국청소년활동진흥원
	(국토부)	재단법인 공간정보품질관리원, 국립항공박물관, 국토교통과학기술진흥원, 새만금개발공사, 건설기술교육원, 재단법인 대한건설기계안전관리원, 주택관리공단㈜, 코레일관광개발㈜, 코레일네트웍스㈜, 코레일로지스㈜, 코레일유통㈜, 코레일테크㈜, 한국도로공사서비스㈜, 항공안전기술원, 한국해외인프라도시개발지원공사
	(해수부)	국립해양과학관, 국립해양박물관, 국립해양생물자원관, 극지연구소, 부산항만공사, 선박해양플랜트연구소, 여수광양항만공사, 울산항만공사, 인천항만공사, 한국수산자원공단, 한국어촌어항공단, 한국항로표지기술원, 한국해양과학기술원, 한국해양수산연수원, 한국해양조사협회, 한국해양진흥공사, 해양수산과학기술진흥원
	(중기부)	㈜공영홈쇼핑, 신용보증재단중앙회, 재단법인 장애인기업종합지원센터, 중소기업기술정보진흥원, 중소기업유통센터, 중소벤처기업연구원, 창업진흥원, 한국벤처투자
	(보훈부)	88관광개발㈜, 독립기념관
	(공정위)	한국공정거래조정원
	(금융위)	서민금융진흥원, 중소기업은행, 한국산업은행
	(방통위)	시청자미디어재단
	(원안위)	한국원자력안전기술원, 한국원자력안전재단, 한국원자력통제기술원
	(식약처)	식품안전정보원, 한국마약퇴치운동본부, 한국식품안전관리인증원, 한국의료기기안전정보원, 한국의약품안전관리원
	(관세청)	한국원산지정보원
	(방사청)	국방과학연구소, 국방기술품질원, 국방기술진흥연구소
	(소방청)	한국소방산업기술원
	(문화재청)	한국문화재단
	(농진청)	한국농업기술진흥원
	(산림청)	한국등산·트레킹지원센터, 한국수목원정원관리원, 한국임업진흥원, 한국치산기술협회
	(특허청)	한국발명진흥회, 한국지식재산보호원, 한국지식재산연구원, 한국특허기술진흥원, 한국특허전략개발원, 한국특허정보원
	(기상청)	차세대수치예보모델개발사업단, (재)APEC기후센터, 한국기상산업기술원
	(통계청)	(재)한국통계정보원
	(재외동포청)	재외동포협력센터
지방공기업 ※광역 지자체 공기업만 표기	(서울)	서울특별시상수도, 서울특별시하수도, 서울교통공사, 서울주택도시공사, 서울에너지공사, 서울특별시농수산식품공사, 서울시설공단, 서울재생시설공단
	(부산)	부산광역시상수도, 부산광역시하수도, 부산교통공사, 부산도시공사, 부산관광공사, 부산시설공단, 부산환경공단
	(대구)	대구광역시상수도, 대구광역시하수도, 대구교통공사, 대구도시개발공사, 대구농수산물유통관리공사, 대구공공시설관리공단
	(인천)	인천광역시상수도, 인천광역시하수도, 인천경제자유구역사업, 인천교통공사, 인천도시공사, 인천관광공사, 인천시설공단, 인천환경공단
	(광주)	광주광역시상수도, 광주광역시하수도, 광주교통공사, 광주광역시도시공사, 광주광역시 관광공사, 광주환경공단
	(대전)	대전광역시상수도, 대전광역시하수도, 대전교통공사, 대전도시공사, 대전관광공사, 대전시시설관리공단
	(울산)	울산광역시상수도, 울산광역시하수도, 울산도시공사, 울산시설공단
	(세종)	세종특별자치시상수도, 세종특별자치시하수도, 세종특별자치시공영개발, 세종도시교통공사, 세종특별자치시시설관리공단
	(경기)	경기도판교테크노밸리조성사업, 경기도고덕국제화계획지구, 경기주택도시공사, 경기관광공사, 경기평택항만공사, 경기교통공사
	(강원)	강원개발공사 / (충북) 충북개발공사 / (충남) 충청남도개발공사 / (전북) 전북개발공사
	(전남)	전남개발공사 / (경북) 경상북도개발공사, 경상북도관광공사 / (경남) 경상남도개발공사
	(제주)	제주특별자치도상수도, 제주특별자치도하수도, 제주특별자치도공영버스, 제주특별자치도개발공사, 제주관광공사, 제주에너지공사

2025년 기출 논술

2025년 10월 기준

공기업/금융권	주제
한국은행	퍼블릭·프라이빗 클라우드의 은행 적용 방안을 전제로, GPT 등 LLM의 도입 방안을 구체적으로 서술하고, 임직원이 준수해야 할 수칙과 원칙을 서술하시오.
한국산업은행	소비자에게 제공되는 선택지가 폭발적으로 늘어나면서 의사결정의 복잡성과 부담이 커지고 있다. 이러한 환경에서 효율적이면서도 합리적인 의사결정을 가능하게 하는 구체적 방법과 적용 사례를 제시하고, 그 한계와 보완책까지 서술하시오.
신용보증기금	• 위험프리미엄의 정의를 밝히고, 결정요인 2가지 이상과 CAPM과의 연계를 서술하시오. • 후방굴절 노동공급곡선의 개념을 설명하고, 발생 조건과 정책적 시사점을 서술하시오. • 미국의 추가 관세('트럼프 관세') 시나리오를 전제로, 중소 수출기업에 미치는 영향과 신용보증기금의 대응 방안(보증·심사·리스크관리·정책협업)을 구체적으로 서술하시오. • 평균-분산 포트폴리오의 가정에 대해 서술하시오. • 자기상관 오차에 대해 서술하고 그 예를 2가지 이상 들어 서술하시오. • 글로벌 공급망 리스크가 중소기업에 미치는 영향과 신용보증기금이 대비해야 할 대책에 대해 서술하시오. • 보호무역의 정의와 장단점을 서술하시오. • 발생주의와 현금주의의 정의와 장단점을 비교하여 서술하시오. • 일부 발췌된 부실기업 관련 신문기사를 읽고, 부실기업과 관련하여 신용보증기금에서 생각해 볼 만한 방안을 서술하시오.
한국예탁결제원	다음 제시어 중 하나를 선택하여, 최근 관련 기사 12편을 참고해 논리적으로 서술하시오. • 코인: 핵심 특징을 정리하고, 관련 법안 통과 시 예상되는 영향과 문제점, 그리고 해결 방안을 제시하시오. • 공매도: 공매도의 순기능과 역기능을 비교·분석하고, 역기능 완화 방안을 제시하시오.
한국벤처투자	특정 기술·산업에 투자가 집중될 때의 부작용을 분석하고, 이를 완화·해결하기 위한 공공기관의 역할과 실행방안을 제시하시오.

공기업/금융권	주제
한국국제협력단	미·중 전략경쟁과 우크라이나 전쟁이 초래한 지정학적 도전과 기회를 전제로, 한국 ODA의 방향성을 제시하고 그 타당성·실행 가능성을 근거와 함께 서술하시오.
건설근로자공제회	• 제시된 사례를 참고하여 건설업의 AI 및 디지털 방향성을 구체적으로 어떻게 정해야 하며, 그에 따른 기대효과를 서술하시오. • 제시된 칼럼을 참고하여 인구 변화가 건설업에 미치는 영향은 무엇이며, 건설 근로자의 역할과 그에 따른 기대효과를 서술하시오.
한국에너지기술평가원	중국의 희토류 의존도와 수출정책을 전제로, 발생할 수 있는 문제점(공급망 리스크·가격변동성·수출규제·환경/윤리 이슈 등)을 사례와 함께 서술하시오.
보건산업진흥원	인구 고령화가 보건의료 시스템과 보건산업 전반에 미치는 구조적 변화를 분석하고, 위험요인·기회요인을 서술하시오.
한국산업기술진흥원	스마트폰·인공지능·자율주행차 등 최근 산업 혁신이 가능했던 요인을 기술하고, 이를 기술적·정책적 관점에서 평가하시오. 또한 산업 혁신의 장단점을 균형 있게 제시하고, 산업기술 촉진을 위한 구체적·실행 가능한 전략을 서술하시오.
농림식품기술기획평가원	연구개발의 공공성과 효율성에 대한 견해, 농업기술 상용화를 위한 전략과 방향에 대한 견해 중 하나를 선택하여 논리적으로 서술하시오.
한국소비자원	제공된 지문(이미 제시된 정책 과제·권리 빙인 포함)을 바탕으로 디시털 유산 관리 제도의 필요성을 논증하고, 지문에 제시된 과제·방안의 우선순위와 실행 쟁점(법제·거버넌스·기술·윤리)을 서술하시오.
서울경제진흥원	• SBA의 창업·기업지원과 행정 서비스 혁신 전략을 서술하시오. • 상기 전략을 실행하는 과정에서 본인의 기여 방안을 구체적으로 서술하시오.

5단계 학습전략 가이드

01 기출 상식 – 5단계로 암기

알짜 학습팁 : 기출패턴 알고 학습하자!
영역별로 기출패턴을 분석해 효율적인 공부법을 실었으니
상식 준비를 처음 시작하는 수험생은
알짜 학습팁을 참고하여 학습 방향을 잡으세요.

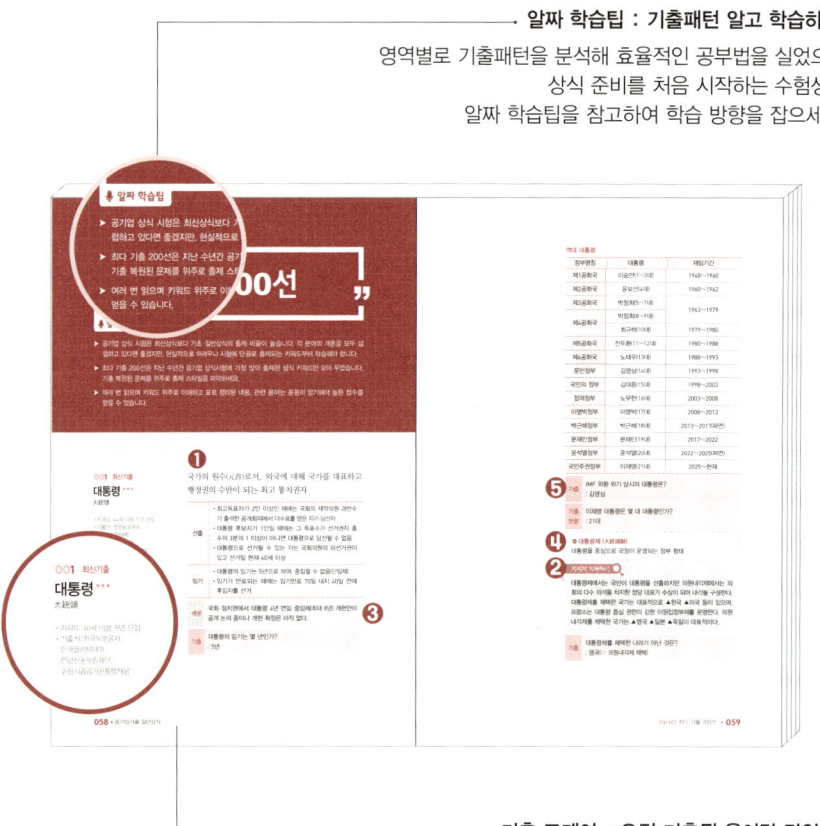

기출 표제어 : 오직 기출된 용어만 담았다!
- 상식 용어마다 중요도, 키워드, 기출처를 표기하였습니다.
- 해당 용어가 얼마나 중요한지, 어떤 기업에서 출제되었는지 확인할 수 있습니다.
- 무작정 외우기보다 키워드를 먼저 보고 용어의 뜻을 파악하며 연상학습하세요.

02 5단계 학습전략

한 번에 다 소화하려고 하면 체하기 마련이죠! 주요 취업 커뮤니티의 최근 5개년 공기업 필기시험 후기를 샅샅이 분석해 '출제된 상식, 출제될 상식'만 엄선하여 5단계로 구성하였습니다. 단계별로 나누어 암기해 상식 대비 시간을 단축해 보세요!

1 단계 : 핵심 한줄 설명으로 용어 익히기
꼭 알아야할 핵심 한줄 설명만 담았습니다. 불필요한 내용까지 줄줄 외우지 말고 핵심만 암기하세요.

2 단계 : 자세히 이해하기로 빈틈없이 쓸어담기
심화 학습이 필요한 용어에는 자세한 설명을 추가하였습니다.

3 단계 : 예문으로 익숙해지기
실제로 용어가 어떻게 쓰이는지 예문을 통해 파악하면 오래 기억할 수 있습니다.

4 단계 : 관련 용어로 가지치기
해당 용어를 학습할 때 필수로 연계해 알아야 할 용어, 한 번에 묶어서 학습하면 유용한 용어를 설명하였습니다.

5 단계 : 기출 확인하며 출제패턴 파악하기
공기업 시험에 출제된 문제를 복원하여 수록했습니다. 출제경향을 파악해 상식 시험의 감을 잡으세요.

03 중요 상식 – 최종 점검

객관식 문제로 최종 마무리하고, 영역별로 배경지식까지 쌓을 수 있습니다.

SPEED CHECK : 객관식 시험 대비하자!
공기업 상식 시험에는 객관식이 주로 출제되니 실전을 치르듯 정답을 고르는 연습을 하세요.

실전대비 상식 기출복원 : 실전 감각 완성하자!
2025년 5대 공공기관 통합채용 상식 기출복원 5회로 마지막 점검을 마치세요.

학습자별 A·B·C·D 추천 공부법

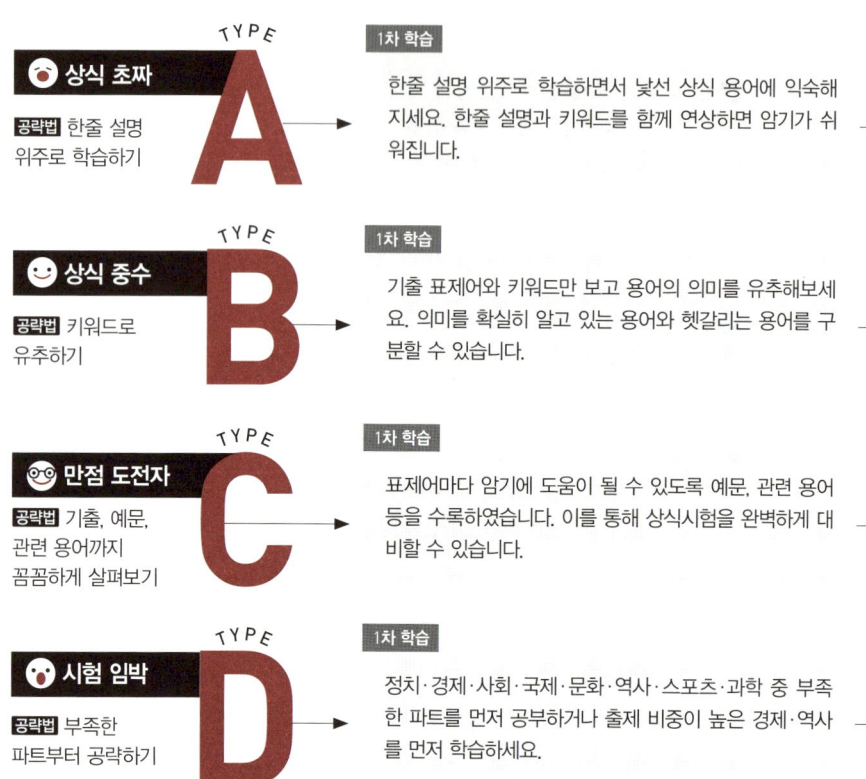

TYPE A 상식 초짜
공략법 한줄 설명 위주로 학습하기

1차 학습
한줄 설명 위주로 학습하면서 낯선 상식 용어에 익숙해지세요. 한줄 설명과 키워드를 함께 연상하면 암기가 쉬워집니다.

TYPE B 상식 중수
공략법 키워드로 유추하기

1차 학습
기출 표제어와 키워드만 보고 용어의 의미를 유추해보세요. 의미를 확실히 알고 있는 용어와 헷갈리는 용어를 구분할 수 있습니다.

TYPE C 만점 도전자
공략법 기출, 예문, 관련 용어까지 꼼꼼하게 살펴보기

1차 학습
표제어마다 암기에 도움이 될 수 있도록 예문, 관련 용어 등을 수록하였습니다. 이를 통해 상식시험을 완벽하게 대비할 수 있습니다.

TYPE D 시험 임박
공략법 부족한 파트부터 공략하기

1차 학습
정치·경제·사회·국제·문화·역사·스포츠·과학 중 부족한 파트를 먼저 공부하거나 출제 비중이 높은 경제·역사를 먼저 학습하세요.

공기업이 궁금하다, 공기업 이모저모!

(자료: 알리오)

최근 3년간 신규 채용 현황

구분	신규 채용 현황(단위: 명)		
	2022년	2023년	2024년
전체	24,632	20,470	20,194
공기업	5,313	4,661	5,904
준정부기관	6,972	5,518	5,909
기타공공기관	12,348	10,291	8,381

공부 방식은 다르더라도 '최신 용어'와 출제 가능성이 높은 '최다 기출 용어'를 수록한 Part01은 모든 수험생이 꼭 학습해야 합니다.

2차 학습
상식 용어에 익숙해진 뒤에 준비 기간이 많이 남았다면 C형으로 학습하고, 시험이 임박했다면 D형으로 학습하세요.

2차 학습
헷갈리는 용어는 따로 표시해 두었다가 시험 전까지 계속 암기하고 부족한 파트 위주로 학습하세요.

마무리
중요한 용어만 쏙쏙 뽑아 출제한 SPEED CHECK를 풀면서 최종 마무리하세요.

2차 학습
나머지 파트는 중요도(별표)가 높은 표제어를 위주로 학습하면서 필기시험에 대비하세요.

공공기관 지정내역

(자료: 기획재정부)

구분			2024년	2025년
①공기업			32	31
	시장형		14	14
	준시장형		18	17
②준정부기관			55	57
	기금관리형		12	12
	위탁집행형		43	45
③기타공공기관			240	243
계			327	331

Contents

공기업 출제패턴 완벽분석
2025년 공공기관 현황
2025년 기출 논술
5단계 학습전략 가이드
학습자별 A·B·C·D 추천 공부법

Part 01 최신 용어 90선

최신 용어 90선	020
[SPEED CHECK]	050

Part 02 최다 기출 200선

최다 기출 200선	058
[SPEED CHECK]	130

Part 03 핵심 기출 598선

Chapter 01 정치

정치·행정	138
전공행정	149
법률	154
북한·안보	162
[SPEED CHECK]	166

Chapter 02 경제

경제	170
전공경제	176
경영	184
전공경영	190
금융·무역	200
[SPEED CHECK]	210

Chapter 03 사회	사회일반	214
	노동·복지·환경	231
	[SPEED CHECK]	239

Chapter 04 국제	국제기구·협약	242
	인물·외교·국제일반	247
	[SPEED CHECK]	252

Chapter 05 문화	문학·철학	254
	미술·음악·대중문화	263
	[SPEED CHECK]	276

Chapter 06 역사	한국사	280
	세계사	298
	[SPEED CHECK]	301

Chapter 07 스포츠	스포츠일반	304
	대회·종목별	310
	[SPEED CHECK]	312

Chapter 08 과학	기초과학	314
	정보통신(IT)	325
	[SPEED CHECK]	331

Part 04 실전 대비 상식 기출복원

부산광역시 공공기관 통합채용	336
광주광역시 공공기관 통합채용	341
수원시 공공기관 통합채용	345
화성시 공공기관 통합채용	348
대전광역시 공공기관 통합채용(공무직)	352
정답과 해설	356

찾아보기 372

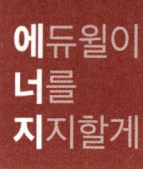

실패는 다 실패가 아닙니다.
시도 자체가 이미 성공입니다.

– 조정민, 『인생은 선물이다』, 두란노

Part 01

공 기 업 기 출 　 일 반 상 식

최신 용어 90선

최신 용어 90선

알짜 학습팁

▶ 일반 기업이나 언론사에 비해 공기업 시험에서 최신 시사상식의 출제 비율은 그리 높지 않지만 간간히 출제돼 변별력을 가르는 척도가 되고 있으므로 고득점을 노린다면 반드시 대비해야 합니다.

▶ 하루만 지나도 인터넷에 수없이 많은 뉴스와 신조어가 쏟아져, 생소한 최신 용어를 묻는 시험지를 보면 당황할 수밖에 없습니다. 최신 용어 90선은 앞으로 출제될 가능성이 매우 높은 최신상식 키워드 및 가장 최신 1개년 기출 키워드로 구성되었습니다.

001

뮷즈
MU:DS
MUSEUM GOODS

• 국립중앙박물관의 굿즈 브랜드

국립박물관의 문화유산을 바탕으로 한 공식 굿즈 브랜드로, 'MUSEUM GOODS'를 줄여 만든 명칭

> ◉ **케이팝 데몬 헌터스 (K-Pop Demon Hunters)**
> 2025년 공개된 뮤지컬·판타지·코미디 장르의 미국 애니메이션 영화. 소니 픽처스 애니메이션이 제작하고 넷플릭스가 배급했으며, 매기 강(Maggie Kang)과 크리스 아펠한스가 공동 연출을 맡음. K-팝 걸그룹 '헌트릭스(Huntrix)'가 이중생활을 하며 악령과 싸우는 이야기를 다루며, 음악과 시각적 스타일이 호평을 받아 세계적 흥행과 문화적 반향을 얻은 작품

자세히 이해하기

국립중앙박물관 공식 굿즈 매장 '뮷즈숍'에서 한때 품절되었던 까치 호랑이 배지가 판매를 재개했다. 이는 '케이팝 데몬 헌터스'에 등장한 까치와 호랑이 캐릭터가 세계적으로 인기를 끌면서, 전통 민화 속 관련 굿즈 수요가 늘어난 영향이다. 그 결과 매출액은 115억 원에 이르러 역대 최대치를 기록했다.

002 정부조직법
政府組織法

- 중앙행정기관 개편

대한민국의 행정조직과 중앙행정기관의 설치·폐지 및 직무 범위를 규정하는 법률

자세히 이해하기

정부조직법은 시대적 과제에 맞추어 지속적으로 개정되어 왔다. 2025년 개정안은 기획재정부를 기획예산처(국무총리 소속)와 재정경제부로 분리하고, 검찰청을 폐지한 뒤 공소청(법무부 산하)과 중대범죄수사청(행안부 산하)을 신설하였다. 또한 환경부를 기후에너지환경부로, 여성가족부를 성평등가족부로 개편하고, 방송통신위원회를 폐지해 방송미디어통신위원회를 신설하였다. 이번 개정은 행정 효율성과 권한 분산을 도모하면서 기후·미디어·성평등 등 새로운 과제에 대응하려는 목적을 지니며, 특히 검찰 개혁은 검찰의 기소·수사권 집중을 완화하고 정치적 중립성과 견제 장치를 강화하려는 배경에서 추진되었다. 해당 개정안은 2025년 9월 국회 본회의를 통과했으며, 일부 조항은 공포 후 유예기간을 거쳐 2026년부터 시행될 예정이다.

정부조직법 개정안 주요 내용

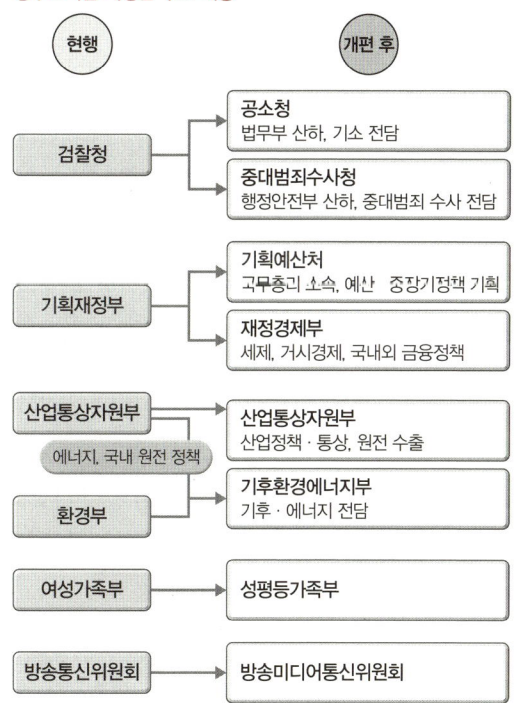

003 에듀테크
EdTech
Education Technology

- 교육과 기술의 융합

'교육(Education)'과 '기술(Technology)'의 합성어로, 디지털 기술을 교육에 접목하여 학습 효과를 높이는 산업 및 기술 분야

자세히 이해하기
AI 기반 맞춤 학습, VR·AR을 통한 몰입형 수업, 학습 데이터 분석 등 다양한 기술이 포함된다. 2025년 현재 생성형 AI와 클라우드 기반 교육 서비스가 표준이 되며 교육 혁신을 이끄는 주요 산업으로 성장하고 있다. 대표 사례로 추진되던 AI 디지털교과서는 국회 논의 끝에 'AI 교육자료'로 전환되어 보조 자료로 활용되지만, 여전히 맞춤형 학습을 지원하는 에듀테크의 확산 가능성을 보여준다.

✓ 개인화 학습
학습자의 수준·흥미·학습 속도에 맞게 교육 콘텐츠와 방법을 조정하는 학습 방식. 인공지능과 빅데이터를 활용해 개별 학습 경로를 설계하며, 효율과 몰입도를 높이며, 학교·기업·온라인 교육에서 확산되는 핵심 교육 패러다임

004 곤충겟돈
Insect'ageddon

- 나비·곤충 개체수 급감

'곤충(Insect)'과 '아마겟돈(Armageddon)'의 합성어로, 곤충의 감소가 지구에 비극을 일으킬 것이라는 의미

자세히 이해하기
전 세계적으로 곤충 개체 수가 급감하고 있으며, 미국 연구에 따르면 2000~2020년 사이 약 22% 감소하였다. 기후 변화, 서식지 파괴, 농약 사용이 주요 원인으로, 생태계 붕괴와 작물 수분 감소 위험을 높여 국제적 보전 노력이 요구된다. 국내에서도 2022~2023년 겨울 꿀벌 실종 사태와 2024년 충남 당진에서 40% 감소 사례가 보고되어, 곤충 겟돈이 현실화되고 있음을 보여준다.

005 블루고스트
Blue Ghost

- 민간 달 착륙선

미국의 민간 우주기업 파이어플라이 에어로스페이스(Firefly Aerospace)가 개발한 민간 달 착륙선

자세히 이해하기
NASA의 CLPS(상업용 달 화물 서비스) 계약을 통해 민간 기업이 제작·운영하지만, NASA의 임무 수행을 위해 활용되어 2025년 첫 임무에서 달에 착륙하여 과학 장비와 화물을 운송하는 데 성공했다. 이는 민간 상업 달 착륙 임무의 모범 사례로 평가되며, 향후 상업적 달 화물 서비스와 달 탐사 시장의 성장을 이끌 대표적 장비로 꼽힌다.

006
국제 양자과학 및 기술의 해
International Year of Quantum Science and Technology

• 양자기술 국제협력 촉진

UN이 2025년을 '국제 양자과학 및 기술의 해'로 지정함

자세히 이해하기

양자과학과 기술의 성과와 잠재력을 세계에 알리고, 연구·산업 인프라 강화를 목표로 하는 국제 캠페인이다. 학술회의, 교육 프로그램, 산업 전시 등을 통해 각국의 인재 양성과 투자 확대를 촉진하고 있다.

◉ 양자기술 (Quantum Technology)
원자·전자 같은 미시 입자의 성질(중첩·얽힘·확률성)을 활용해 계산·통신·측정을 혁신하는 기술. 예로 양자컴퓨팅(특정 문제 초고속 계산), 양자암호통신(도청 시도 즉시 탐지), 양자센서(의료·내비 등 초정밀 측정)가 있음

007
털매머드 쥐
Woolly Mouse

• 유전자 편집 실험쥐

미국 생명공학회사 콜로설 바이오사이언스(Colossal Biosciences)가 멸종 동물(매머드) 복원 연구 과정에서 개발한 유전자 편집 실험쥐의 별칭

자세히 이해하기

콜로설 바이오사이언스는 실험용 쥐에 털매머드의 일부 유전자를 이식하여 매머드 특유의 털과 생물학적 특성을 갖게 했다. 이 사례는 기후 변화 대응과 멸종종(種) 복원 가능성, 유전공학 윤리에 대한 논의를 촉발하며 2025년 과학계에서 큰 주목을 받았다.

008
해왕성 오로라 최초 관측
Neptune Aurora First Observation

• 외행성 대기 현상 관측

과학자들이 사상 처음으로 해왕성에서 오로라 현상을 직접 관측함

자세히 이해하기

2023년 허블 우주망원경과 제임스 웹 우주망원경의 협력 관측으로 해왕성에서 발생하는 오로라가 처음으로 촬영되어 2025년 공식적으로 발표되었다. 이를 통해 자기장 구조와 대기 상층 입자의 움직임을 밝히는 자료가 확보되었다. 이번 성과는 태양풍과 외행성 대기의 상호작용 이해를 높이고, 향후 외계 행성 기후 연구에도 기여할 것으로 기대되는 중요한 발견이다.

009
솅겐협정
Schengen Agreement

• 유럽 국경 자유이동 협정

1985년 룩셈부르크의 솅겐에서 체결된 협약으로, 참여국 간 국경 검문 없이 자유로운 이동을 보장

자세히 이해하기

EU 회원국 중심으로 확대되어 솅겐지역(Schengen Area)을 형성하며, 인적 교류·무역·관광 등을 촉진한다. 단일한 출입국 체계를 유지하기 위해 외부 국경 통제는 강화된다.

010
동성결혼
Same-Sex Marriage

• 법적으로 인정된 동성혼

성별이 같은 두 사람의 결합을 법적으로 인정하는 혼인 제도

자세히 이해하기

2025년 태국과 리히텐슈타인이 합법화 대열에 합류하였고, 이는 인권 평등과 성소수자 권리 확대를 보여주는 변화로 평가된다. 종교적·문화적 반발도 존재하지만, 전 세계적으로 동성결혼 합법화 국가는 꾸준히 늘어나고 있다.

011
브릭스
BRICS

• 신흥국 협력체

급성장하는 ▲브라질 ▲러시아 ▲인도 ▲중국 ▲남아프리카 공화국을 하나의 경제권으로 묶은 개념. 2024년 1월부터 ▲이란 ▲아랍에미리트 ▲이집트 ▲에티오피아 4개국이 추가 가입하였으며, 2025년 1월 동남아 최초로 인도네시아가 추가로 가입

자세히 이해하기

2025년 인도네시아가 정회원으로 가입하면서 'BRICS+'로 확대되어 영향력이 커졌다. 서방 중심의 국제 질서에 대항하는 경제·외교 블록으로, 무역·금융·기술 협력을 강화하며 국제 무대에서 존재감을 높이는 국제 연합체이다.

012
실버서퍼
Silver Surfer

• 디지털 적극 활용하는 노년층

'은발(Silver)'과 '서핑(Surfing)'의 합성어로, 인터넷·스마트폰·SNS 등 디지털 환경에 능숙한 노년층을 지칭할 때 마케팅이나 미디어에서 자주 사용되는 표현. 베이비붐 세대가 고령층으로 진입하기 시작한 2010년대부터 이 개념이 널리 사용됨

013 배드파더스
Bad Fathers
• 양육비 미지급 부모 신상 공개

양육비를 지급하지 않는 전(前) 배우자(주로 아버지)의 실명·얼굴 사진 등을 공개해 사회적 압박을 주는 활동 또는 해당 웹사이트를 의미하며, 한국에서 만들어짐

자세히 이해하기

2024년부터 양육비 선지급 제도가 시행되어, 양육비를 받지 못하는 한부모 가정에 국가가 먼저 양육비를 지급한 뒤 채무자에게 구상권을 청구할 수 있게 되었다. 또한 양육비 채무자에 대해서는 운전면허 정지, 출국금지, 명단공개, 감치명령 등 강제 이행 장치가 마련되어 제도의 실효성이 강화되었다.

014 애그플레이션
Agflation
• 농산물 가격 급등 현상

농산물 가격 급등으로 인해 인플레이션이 발생하는 현상

자세히 이해하기

우리나라의 애그플레이션(Agflation), 즉 농산물 가격 급등에 따른 물가 상승이 심화하고 있다. 낮은 생산성과 높은 유통 비용에 기후 변화까지 겹치며 소비자와 농가 모두 피해를 보는 악순환이 이어지고 있다는 지적이다. 통계청에 따르면 2025년 8월 농축수산물 소비자물가는 전년 동월 대비 4.8% 올라 13개월 만에 최대 상승 폭을 기록했다. 한국은행도 한국의 식료품 가격이 OECD 평균의 1.5배에 달한다고 분석했다.

015 밀크플레이션
Milkflation
• 우유·유제품 가격 급등 현상

'우유(Milk)'와 '인플레이션(Inflation)'의 합성어로, 사료값, 인건비, 유가 상승, 기후 변화 등으로 원유(生乳) 생산 비용이 오르면 우유 가격이 오르고, 이를 원재료로 쓰는 빵·치즈·아이스크림·커피 음료 등 가공식품 전반의 가격이 연쇄적으로 인상되는 현상

자세히 이해하기

생활필수품 가격 급등은 다양한 '○○플레이션' 신조어를 낳고 있다. 설탕은 슈거플레이션, 달걀은 에그플레이션, 밀·버터 등 제빵 원재료는 빵플레이션, 소금은 솔트플레이션, 외식물가는 런치플레이션으로 불린다. 최근에는 김치플레이션, 라면플레이션 같은 용어도 등장해 생활물가 불안이 사회 전반에 미치는 영향을 직관적으로 보여주고 있다.

016 히트플레이션
Heatflation
- 폭염에 의한 가격 인상

'히트(Heat)'와 '인플레이션(Inflation)'의 합성어로, 매년 폭염이 심해지면서 식량 가격이 급등하는 현상. 폭염으로 인해 과일·채소 등의 식자재 가격이 가파르게 오르는 것이 대표적인 예

> **자세히 이해하기**
>
> 2025년 7월 우리나라 평균 기온은 27.1도로 1994년(27.7도)에 이어 역대 두 번째로 높은 수치를 기록했다. 이로 인해 농축수산물 등 주요 식자재 가격에 상승 압력이 가해지며 외식비와 가정 물가 전반에 큰 영향을 미쳤다. 이러한 현상은 단기적인 폭염에 따른 히트플레이션일 뿐 아니라, 기후변화 전반으로 물가가 오르는 기후플레이션의 사례로도 해석된다.

> ● **기후플레이션 (Climateflation)**
> 폭염·가뭄·홍수 같은 이상기후가 농업 생산을 위축시키고 공급 불안을 초래해 물가 전반을 끌어올리는 구조적 문제를 지칭

017 트럼프
Donald Trump
- 제47·45대 미국 대통령

도널드 트럼프가 2025년 제47대 미국 대통령에 취임함

> **자세히 이해하기**
>
> 미국 역사상 두 번째 비연속 임기 대통령으로 복귀하였다. '미국 우선주의' 강화, 무역·이민 정책 변화, 에너지 산업 재편 등 다양한 정책 변화를 예고하며, 국제 정치·경제 판도에 큰 영향을 미치는 정치 지도자 복귀 사례이다.

018 이재명
Lee Jae-myung
- 제21대 대한민국 대통령

2025년 6월 조기 대통령 선거에서 당선되어 제21대 대한민국 대통령으로 취임함

> **자세히 이해하기**
>
> 경제 민주화, 복지 확대, 남북 관계 개선을 핵심 공약으로 내세운 지도자이며, 국내 정치와 사회 정책, 외교·안보 구도에 큰 변화를 예고하고 있다.

019 헤이그 입양협약 비준
Hague Adoption Convention Ratification

- 국제 입양 절차 표준화

2025년 한국에서 국제 입양 절차의 투명성 제고와 아동 권익 보호를 목적으로 한 '헤이그 국제아동입양협약(1993, HCCH)'을 비준함

자세히 이해하기

입양 절차의 법적·행정 기준을 국제 표준에 맞추고, 해외 입양 과정에서의 인권 보호와 신뢰 강화를 실현하는 국제 협약 준수 사례이다.

020 반구천의 암각화
Petroglyphs along the Bangucheon Stream

- 유네스코 세계유산

'울주 대곡리 반구대 암각화'와 '울주 천전리 명문과 암각화'를 포함하는 유네스코 단일 등재 세계유산

자세히 이해하기

선사시대부터 약 6천 년에 걸쳐 조성된 암각화로, 고래, 사슴, 물고기 등의 사냥 장면이 새겨져 있어 고대 해양문화 연구의 중요한 사료이다. 2025년 유네스코 세계유산에 등재되며 대한민국 대표 문화유산으로서 국제적 보존 가치와 학술적 중요성이 재조명되었다.

021 베타세대
Generation Beta

- 알파세대 다음 세대

2025년 이후 출생한 인구 집단을 지칭하는 세대명

자세히 이해하기

AI, 로봇, 메타버스 환경에서 성장하며 디지털 친화성과 맞춤형 소비 성향이 강할 것으로 전망된다. 기술 변화 속도에 적응력이 높고, 초연결 사회에서 성장하는 첫 세대라는 점에서 사회·문화적 의미가 크다.

세대	출생 시기	주요 특징	비고
MZ세대 (Generation MZ)	1980년대 초반~ 2010년대 초반	디지털 전환에 적응, 가치소비·개인화 중시	한국 사회에서 주로 사용되는 통합 개념
알파세대 (Generation Alpha)	2010년대 중반~ 2024년대 중반	어릴 때부터 스마트기기·AI 익숙	베타세대 직전 세대
베타세대 (Generation Beta)	2025년 이후	AI·로봇·메타버스 환경에서 성장, 초연결·맞춤형 소비 성향	알파세대 이후 세대

022
디지털 디톡스
Digital Detox

• 디지털 기기 사용 절제

인터넷·스마트폰·SNS 등 디지털 기기 사용을 의도적으로 줄이거나 중단하는 생활 습관

> **자세히 이해하기**
> 정보 과부하와 집중력 저하, 수면 장애 등을 개선하고, 오프라인 활동과 인간관계 회복을 촉진하는 현대인 건강·심리 관리 방법이다.

023
생산성 역설
Productivity Paradox

• 기술발전·생산성 불일치

첨단 기술 발전에도 불구하고 기대만큼의 생산성 향상이 나타나지 않는 현상

> **자세히 이해하기**
> 디지털 전환 과정에서의 조직문화 한계, 업무 방식 비효율, 기술 활용 격차 등이 원인으로 지적된다. 기술 투자와 실제 성과 간 불일치를 설명하는 경제학·경영학 주요 개념으로, 최근에는 주로 AI 도입 이후 기대만큼 생산성 향상이 나타나지 않는 현실을 조명한다.

024
초개인화 마케팅
Hyper-Personalized Marketing

• 1:1 맞춤형 마케팅 전략

소비자의 세부 행동, 취향, 상황까지 반영해 최적화된 메시지를 전달하는 마케팅 방식. 데이터 기반 분석의 고도화를 반영한 전략

> **주요 마케팅 채널 전략 유형**
> • 다이렉트 마케팅: 우편·전화·이메일 등 중간 매체 없이 고객에게 직접 메시지를 전달하는 방식
> • 멀티채널 마케팅: 여러 판매·소통 채널을 개별적으로 운영하여 고객 접점을 확대하는 방식
> • 옴니채널 마케팅: 다양한 채널을 통합해 고객이 어디서든 일관된 경험을 얻도록 하는 전략

025
스네이크 센스
Snake Sense

• 변화 민감성 트렌드 키워드

'뱀처럼 예리한 감각'이라는 의미로, 2025년의 핵심 트렌드 테마. 미세한 변화에 민감하게 반응하고 기회 포착력을 강조하는 소비자 사고방식 지표

026
옴니보어
Omnivore Consumer

• 다방면 소비 취향자

여러 분야의 상품과 서비스를 폭넓게 소비하는 성향을 지닌 소비자 유형

자세히 이해하기

'옴니보어(Omnivore)'는 본래 '잡식성 동물'을 뜻하지만, 최근에는 특정 유행보다 자신의 취향과 가치관을 중시하는 소비자 개념으로 확장되고 있다. 이들은 개성 있는 소비를 즐기며, 이에 맞춰 유통업계는 다양한 제품 구성, 협업 굿즈, 한정판 패키지 등으로 선택지를 확대하고 있다.

◉ 오픈 옴니보어 타겟팅

육식과 채식의 이분법을 넘어 다양한 취향과 플렉시테리언 대중을 대상으로, 상황과 맥락에 따라 식물성·동물성 옵션을 유연하게 혼합해 선택하도록 설계하는 접근. 핵심은 맛·가성·편의 중심의 메시지에 하이브리드/토글 옵션을 더하고, 가격 차이를 최소화해 장벽을 낮춤으로써 전환과 침투를 높이는 것

027
토핑경제
Topping Economy

• 옵션 소비 중심 경제

제품 본체보다 부가 옵션과 커스터마이징 요소에 소비가 집중되는 경제 현상. 소비자가 취향과 개성을 표현하는 수단으로 옵션을 선택하며, 맞춤형 소비·프리미엄 전략이 강화되는 현대 소비문화 트렌드

자세히 이해하기

유통업계는 토핑경제의 흐름에 맞춰 커스터마이징 서비스를 강화하고 있다. 아디다스와 유니클로는 소비자가 직접 디자인한 티셔츠를 제작할 수 있는 매장을 운영하는 등 소비자들이 개성 표현을 중시하는 경향이 뚜렷해짐에 따라, 맞춤형 서비스는 앞으로 더욱 확대될 전망이다.

◉ 데코덴티티 (Decodentity)

백꾸(가방꾸미기)·신꾸(신발꾸미기)·다꾸(다이어리꾸미기)·폰꾸(핸드폰꾸미기)·키꾸(키보드꾸미기)·굿즈 커스터마이징 등 '꾸미기'를 통해 자기 정체성을 표현하는 트렌드로, 개인화 욕구를 자극해 옵션·애드온 선택을 늘려 '토핑경제'의 수요 기반으로 작동함

028 무해력
Harmlessness
• 해롭지 않은 힘

작고 귀엽고 순수한 대상이나 콘텐츠·브랜드가 자극 없이 위로·안정감을 주며 호감과 영향력을 얻는 현상

자세히 이해하기

2025년 소비 트렌드로 주목받으며 가차숍·힐링형 굿즈·무자극 콘텐츠 등 '편안함' 중심의 소비와 마케팅으로 확산되고 있다. 과거 유통업계에 집중되던 캐릭터 마케팅이 최근에는 산업 전반으로 확산되고 있다. 특히 자동차·철강처럼 캐릭터와 거리가 멀어 보이는 분야에서도 귀엽고 친근한 이미지를 활용하는 사례가 늘고 있다. 또한 반려동물을 활용한 마케팅도 증가하면서, 세대와 성별을 초월하는 주요 마케팅 트렌드로 자리 잡고 있다.

◎ 도파민 (Dopamine)
뇌의 보상회로에서 동기·학습·쾌감을 매개하는 신경전달물질. 일상에서는 짧고 자극적인 콘텐츠·소비가 주는 즉시보상을 뜻하는 은유로도 쓰이며, '무해력'과 대비되는 고자극·즉시보상형 경향을 뜻함

029 페이스테크
FaceTech
• 얼굴인식 기반 기술

얼굴의 특징을 분석하여 개인을 식별·인증하는 생체 인식 기술. 보안, 결제, 출입통제, 마케팅 등 다양한 분야에 활용되며, 개인정보 보호·윤리 문제와 함께 기술 발전이 논의되는 ICT 분야 핵심 기술

자세히 이해하기

네이버는 본사 '1784' 내 식당과 카페에 얼굴 인식 기반 결제 기술을 도입해 직원들이 얼굴만으로 결제를 할 수 있도록 했다. 자동차업계에서도 운전자의 눈 깜빡임, 표정, 감정 상태를 분석하고, 이에 따라 주행 모드나 안전 알림을 제공하는 기능이 적용되고 있다. 또한 무생물 기계에 사람의 얼굴을 입혀 친근감을 형성하는 기술 역시 '페이스테크'로 불린다. 다만 이러한 기술이 확산되기 위해서는 보안 강화와 개인정보 보호 문제가 선결 과제로 꼽힌다.

030 물성매력
Material Charm

• 재질 · 촉감의 매력

시각적 디자인뿐 아니라 재질, 촉감, 질감 등 물리적 속성이 주는 매력 개념. 제품 마케팅, 인테리어, 산업 디자인 분야에서 소비자의 구매 결정에 큰 영향을 미치는 감각적 요소

> **자세히 이해하기**
>
> 디지털화와 팬데믹을 거치며 비대면이 일상화된 시대지만, 사람들은 여전히 직접 만지고 체험할 수 있는 경험에서 매력을 느낀다. 대표적으로 콘서트 현장 경험, 우체국 용돈 배달 서비스, 아이폰 물리 버튼·전자책 필기 모드 등이 물성적 경험을 강화한 사례로 꼽힌다. 이는 소비자들이 디지털 환경 속에서도 감각적 경험을 중시한다는 점을 보여준다.

031 기후감수성
Climate Sensitivity

• 기후변화 대응 인식

기후변화의 심각성을 인식하고 이에 대한 적극적인 대응 의지를 갖는 태도

> **자세히 이해하기**
>
> 개인 행동, 기업 경영, 정책 결정에서 환경 영향을 고려하는 경향을 포함하며, ESG 경영과 친환경 소비 확산에 직접적으로 연결되는 가치이다.

032 바이오필릭
Biophilic

• 자연 친화적 감각 · 설계

자연 요소를 일상 공간과 예술 디자인에 반영해 연결감과 심리적 안정을 추구하는 흐름. 식물·빛·나무 톤·물과 같은 자연적 요소를 활용하여 도심 속에서도 차분함과 회복감을 제공하는 트렌드

> **자세히 이해하기**
>
> 바이오필릭은 예술(바이오필릭 아트)과 건축·인테리어(바이오필릭 디자인) 전반에 적용된다. 예를 들어, 사무실·카페에 식물벽, 자연 소재를 활용하거나, 전시에 이끼·돌·흙을 활용한 설치미술을 배치하는 방식이다. 최근에는 기업 사옥·호텔·공공시설까지 확산되며, 웰빙과 지속가능성을 강조하는 도시 문화 트렌드로 자리 잡고 있다.

033
공진화 전략
Co-evolution Strategy

• 상호 발전 전략

서로 다른 산업·조직·기술이 상호 영향을 주고받으며 함께 진화하는 전략. 협력 네트워크와 파트너십을 통해 경쟁력과 혁신을 추구하는 장기 성장 전략

> **자세히 이해하기**
>
> 각 주체가 강점을 결합해 새로운 시장을 여는 방식이다. 예컨대 헬스케어 스타트업과 의료 AI 기업의 협력, 인테리어 기업과 가전 대기업의 스마트홈 구축처럼 각자의 기술과 자원을 보완해 혁신을 만들어낸다.

034
원포인트업
One Point Up

• 한 요소 집중 개선

제품, 서비스, 역량 중 특정 요소 하나를 집중적으로 개선하여 전체 품질과 만족도를 높이는 전략. 제한된 자원으로 최대 효과를 내는 방법으로, 브랜드 차별화와 지속적 혁신의 핵심 접근법

035
디토소비
Ditto Consumption

• 모방 소비

특정 인물 또는 콘텐츠를 따라서 소비하는 트렌드

> **자세히 이해하기**
>
> 제품 선택 실패에 대한 두려움 때문에, 자신과 취향이 비슷한 인플루언서나 전문가의 소비를 그대로 따라하는 경향이 증가하였다.

036
요노
YONO

• 필요한 것은 오직 하나

꼭 필요한 것만 구입하고 불필요한 구매는 자제하는 소비 형태. 'You Only Need One'의 약자로, 고물가·고금리·고환율 현상이 지속되면서 실용적인 소비를 추구하는 사람이 늘고 있음

> **◎ 노바이 (No Buy)**
>
> 윤리적, 환경적, 정치적 이유로 특정 제품이나 브랜드의 구매를 거부하는 행동. 개인의 절약 실천이나 불매운동, 윤리적 소비 흐름과 관련 있으며, 특히 MZ세대 중심의 가치소비 트렌드와 맞물려 다양한 형태로 나타남

037
게이미피케이션
Gamification

• 게임을 접목한 마케팅

게임 이외의 분야에서 마케팅을 위해 게임의 규칙이나 요소를 접목시키는 것

> **자세히 이해하기**
>
> 게임이 아닌 분야에서 점수·레벨·보상 같은 게임적 기법을 활용해 사람들의 흥미를 높이고 문제 해결이나 목표 달성에 동기를 부여하는 데 사용된다. 예컨대 스타벅스 리워드 앱은 주문 횟수에 따라 별을 모아 혜택을 제공하고, 듀올링고 같은 학습 앱은 학습 진도를 레벨업·연속 학습 보상으로 설계해 꾸준한 참여를 유도한다.

038
ChatGPT-5
Chat Generative Pre-trained Transformer 5

• 오픈AI 최신 대규모 언어모델

미국 오픈AI(OpenAI)가 개발한 5세대 대규모 언어모델(LLM, Large Language Model). GPT-4 계열 대비 이해력, 추론력, 맥락 유지 능력이 향상됨

> **자세히 이해하기**
>
> ChatGPT-5는 LLM의 특성을 바탕으로 복잡한 지시문 처리, 창의적 텍스트·코드 생성, 번역, 요약, 검색 등을 지원하며, 실시간 웹 검색과 외부 데이터 연동도 가능하다. 교육, 연구, 콘텐츠 제작, 비즈니스 등 다양한 분야에서 활용되고 있다.

> **✓ LLM (Large Language Model, 대규모 언어모델)**
> 방대한 데이터를 학습해 인간과 유사한 언어를 이해하고 생성하는 인공지능

039
솔라 프로 2
Solar Pro 2

• 한국 첫 프런티어 LLM

2025년 7월 출시된 한국 AI 스타트업 업스테이지(Upstage)의 LLM. 벤치마크에서 GPT-4.1 등보다 우수한 성능을 보여 '프런티어 모델'로 인정받았으며, 혁신적 'Depth-Up Scaling' 기법과 적은 연산으로 효율적 성능 실현이 특징

> **자세히 이해하기**
>
> '프런티어 모델'은 최고 성능을 달성해 글로벌 경쟁을 주도하는 초거대 AI를 뜻한다. 솔라 프로 2는 한국에서 처음 이 기준을 충족한 모델로, 적은 연산 자원으로도 GPT-4.1을 능가하는 효율성을 입증해 세계 AI 업계의 주목을 받았다. 이는 한국이 단순 사용자에서 벗어나 프런티어 LLM 개발국으로 자리매김했다는 의미를 갖는다.

040 멀티모달 AI
Multimodal AI

- 다양한 정보 형식 통합 인식 AI

텍스트, 이미지, 음성, 영상 등 여러 형태의 데이터를 동시에 이해·처리하는 AI 기술. 문맥과 상황 이해 능력을 강화하여, 사용자 경험을 개선하는 핵심 기법

멀티모달 AI의 대표적 활용 사례

활용 분야	사례 설명
사진 설명	이미지를 분석해 사물·상황을 텍스트로 설명 (시각장애인 보조, 자동 캡션 생성)
영상 분석	CCTV·유튜브 영상 속 인물·행동·배경을 동시에 인식해 이상 상황 탐지나 하이라이트 편집
음성+텍스트 검색	사용자가 멜로디를 들려주면 AI가 음성을 인식해 노래 제목을 텍스트로 찾아 제시
교육 지원	수학 문제 사진을 올리면 풀이 과정을 텍스트와 음성으로 동시 제공

041 에이전틱 AI
Agentic AI

- 자율적 문제 해결 AI 시스템

사람이 지시하지 않아도 목표를 이해하고 스스로 계획·판단·실행하는 자율 AI 시스템. 멀티스텝 업무 처리부터 비즈니스 운영까지 확장되며, 차세대 기술 혁신의 동력이 되는 패러다임

> ✅ **자율 에이전트 (AI Agents)**
> 에이전틱 AI의 대표 구현 형태로, 단순 챗봇을 넘어 일정 관리, 문제 해결, 대화 기반 업무 지원 등 복잡한 과제를 수행하며 조직의 생산성을 높이는 역할을 담당

042 피지컬 AI
Physical AI

- 현실 세계에서 행동하는 AI

텍스트·데이터만 다루는 소프트웨어적 AI를 넘어, 로봇·자율주행차·드론처럼 물리적 환경에서 직접 행동을 수행하는 AI 센서로 외부를 인식하고 AI 모델로 판단해 기계 장치를 구동해 실제 작업을 수행하는 구조를 가짐. 사람으로 치면 AI의 '몸'에 해당하며, 제조·물류·돌봄·국방 등 다양한 산업에서 활용됨

> **자세히 이해하기**
>
> 피지컬 AI는 단순한 대화형 챗봇을 넘어 현실에 개입하는 AI를 뜻한다. 대표적으로 스마트팩토리의 산업용 로봇, 자율주행차, 배달 로봇·드론, 휴머노이드 로봇이 있다. 특히 한국에서는 2025년 4월 K-휴머노이드 연합이 출범하여, 상업용 휴머노이드 개발을 목표로 하고 있다. 이는 피지컬 AI를 국가 전략 기술로 육성하려는 시도로, 향후 스마트 노동 확산과도 연결된다.

> ● **K-휴머노이드 연합 (K-Humanoid Alliance)**
> 2025년 4월 출범한 정부·학계·기업 참여 협의체로, 2028년까지 20kg 이상 물체 운반과 초속 2.5m 이상 이동이 가능한 상업용 휴머노이드 개발을 목표로 하며 산업 성장과 학술 협력의 거점 역할을 수행함

043
오픈소스 AI
Open-Source AI

- 공개 AI 모델과 개발 환경

소스 코드와 모델이 공개되어 누구나 활용·개발·개선할 수 있는 AI 기술 생태계. 이를 통해 개발 접근성이 높아지고 비용은 낮아져, 연구·산업 전반에서 혁신 속도가 가속화됨

> **자세히 이해하기**
>
> 중국 기업을 중심으로 DeepSeek, Qwen, MiniMax 같은 고성능 AI 모델이 오픈소스로 공개되어, 글로벌 기술 영향력 확대에 기여하고 있다. 다만 보안·저작권·윤리 문제를 함께 해결해야 할 과제가 남아 있다.

AI 4대 주요개념의 연관성

구분	역할 (비유)	핵심 기능	다른 개념과의 연관성
멀티모달 AI	감각	텍스트·이미지·음성·영상 등 다양한 데이터 통합 인식	에이전틱 AI의 판단력 강화, 피지컬 AI가 환경 인식 지원
에이전틱 AI	두뇌	목표 설정·계획·판단·실행	멀티모달 AI로 상황 이해 → 피지컬 AI에 명령 전달
피지컬 AI	몸	로봇·자율주행 등 현실 세계에서 실제 행동	에이전틱 AI와 멀티모달 AI를 바탕으로 실제 작업 수행
오픈소스 AI	기반	누구나 활용·개발할 수 있는 공개 생태계	위 3가지 AI의 발전과 확산을 촉진

044 소버린 AI
Sovereign AI
- 국가 주권형 인공지능

특정 국가가 자체 데이터·인프라를 기반으로 개발·운영하는 AI 모델. 외국 플랫폼 의존을 줄이고, 데이터 주권을 강화하는 목적을 가짐

> **자세히 이해하기**
> EU, 인도 등은 자국 언어·문화에 특화된 AI를 추진하며, 한국도 2025년부터 금융·행정 데이터 기반 소버린 AI 개발 논의에 착수했다. 이는 국가 안보와 기술 독립성을 위한 전략적 자산으로 평가된다.

045 뉴로모픽 컴퓨팅
Neuromorphic Computing
- 뇌 유사 구조의 AI 칩 설계

인간 뇌의 신경망 방식을 모방한 초저전력 AI 칩 기술. 예를 들어 네덜란드 기업 이나테라(Innatera)의 Pulsar 칩은 소형 IoT 기기에서 저전력으로 빠르게 반응하는 AI 연산을 가능하게 함

> **자세히 이해하기**
> 뉴로모픽 칩은 에너지 효율성과 실시간 반응성이 강점으로, 글로벌 기업들이 앞다투어 연구 중이다. 인텔은 Loihi 칩을, IBM은 True-North 칩을 개발해 뇌 신경망과 유사한 방식으로 연산 효율을 높이고 있으며, 삼성전자 역시 초저전력 뉴로모픽 반도체 연구를 진행하고 있다. 이러한 기술은 웨어러블 기기, 스마트 센서, IoT, 로봇 등에 활용되어, 차세대 AI 반도체로 주목받고 있다.

046 바이브 코딩
Vibe Coding
- AI에게 맡기는 감각적 코딩 방식

개발자가 구체 구조보다 자연어로 목표만 지시하면 AI가 코드를 생성하고, 반복 피드백을 통해 개선하는 코딩 방식. 대화하듯 코딩하는 새로운 패러다임으로, 프로그래밍 진입 장벽을 낮추고 생산성을 높이는 특징이 있음

047 사이버 인문학
Cyber Humanities
- 인간 중심 인문학의 디지털 전환

윤리적 설계, 지속 가능한 디지털 행위, 참여적 지식 시스템 등을 통합한 포스트디지털 인문학 패러다임. 알고리즘이 문화·창작에 끼치는 영향을 재고하는 중대한 학문적 흐름

048
아보하
아주 보통의 하루

• 평범한 일상에 가치를 두는 트렌드

'아보하'는 '아주 보통의 하루'의 준말로, 과도한 자극성과 강박에서 벗어나 소소한 일상과 안정감을 중시하는 태도

자세히 이해하기

2025년 한국 트렌드 키워드로 주목받으며, 담백한 일상 브이로그·기록형 콘텐츠 등으로 확산되고 있다.

049
스낵킹
Snacking

• 간편한 식사 형태

정식 식사 대신 간편하고 빠르게 먹는 식사 형태. 바쁜 일상 속 개인 시간을 중시하며 간편식을 소비하는 현대인의 식생활 트렌드를 의미함

자세히 이해하기

최근에는 이 개념이 확장되어 '엑서사이즈 스낵킹(Exercise Snacking)'처럼 짧고 간단한 활동을 의미하는 데도 쓰인다. 바쁜 일상 속 짬짬이 운동을 하듯, 간식처럼 가볍고 빠르게 실천하는 방식이다.

050
풍선효과
Balloon Effect

• 문제를 억제하면 다른 곳에서 더 커지는 현상

한쪽 문제를 억제하면 다른 쪽에서 새로운 문제가 더 커져 발생하는 현상. 마약 단속·부동산 규제 등에서 자주 나타남

자세히 이해하기

2025년 6월 대출 규제가 시행된 이후, 수도권 외곽과 부산·경남 지역을 중심으로 집값이 오르는 흐름이 나타나고 있다. 수도권 주택담보대출 한도가 제한되자, 규제 영향을 덜 받는 지역의 주택 가격이 상승하는 이른바 '풍선효과'가 가시화되고 있다는 분석이다.

051 리니언시
Leniency

- 자진 신고자 감면 제도

기업 간 담합 등 「독점규제 및 공정거래에 관한 법률」(공정거래법) 위반 시, 처음 자진 신고한 기업에 과징금 감면이나 면제를 부여하는 제도로, 공정거래위원회가 도입해 운영 중임

> **자세히 이해하기**
>
> 2025년 5월 한국토지주택공사(LH)는 입찰 과정에서 담합에 참여한 업체가 자발적으로 사실을 신고하면 제재를 줄이거나 면제하는 '리니언시 제도'를 자사 입찰 시스템에 도입한다고 밝혔다. 이 제도는 담합 내부에서 자발적 신고를 촉진해 불법 행위를 사전에 차단하고 시장 투명성을 높이는 효과가 있는 것으로 평가된다.

052 그리드플레이션
Greedflation

- 대기업의 과도한 이윤추구

'탐욕(Greed)'과 '물가상승(Inflation)'의 합성어로, 대기업이 과도한 이윤을 추구하며 상품·서비스 가격을 지나치게 인상해 인플레이션을 심화시키는 현상. 기업이 단순한 원가 상승분을 넘어서는 수준으로 가격을 인상해 소비자에게 부담을 전가하고 물가 상승을 유발하는 과도한 이윤 추구 행위

053 팸투어
Fam Tour
Familiarization Tour

- 초청 홍보 여행

언론인, 여행사 관계자 등을 초청해 관광지나 시설을 체험하게 한 후, 홍보 효과를 기대하는 마케팅 방식

054 둠 스펜딩
Doom Spending

- 불안 속 과소비

경제·사회 불안 등 부정적 감정 속에서 스트레스를 해소하거나 회피하려는 심리로 소비가 증가하는 현상

> **보복소비 (Revenge Spending)**
>
> 억눌렸던 소비 욕구가 한꺼번에 폭발하며 이뤄지는 과도한 소비 행위로 팬데믹·불황·규제 등 외부 요인으로 소비를 억눌렀던 이들이 상황이 완화되자 명품, 여행, 외식 등 고가 지출을 집중적으로 하는 경향이 있음

055
컬처핏
Culture Fit

• 조직문화와의 적합도

개인의 가치관, 성향, 태도 등이 조직문화와 얼마나 조화를 이루는지를 나타내며, 채용과 조직 성과에 중요한 요소

> ✅ **컬처애드 (Culture Add)**
> 기존 조직문화와 단순히 조화를 이루는 것을 넘어, 새로운 다양성과 가치를 더해줄 수 있는 인재를 중시하는 채용 관점

056
디지털노동
Digital Labor

• 정보통신기술 기반 온라인 노동

정보통신기술을 활용해 온라인상에서 이뤄지는 노동. 공간 제약 없이 수행되며 임금 유무와 관계없이 플랫폼에 경제적 가치를 제공

057
스마트노동
Smart Labor

• 디지털 기반 유연한 업무 방식

디지털 기술을 활용해 효율과 생산성을 높이는 노동. 원격·유연근무 등 시간과 공간 제약을 줄이는 근무 방식

058
팔길이 원칙
Arm's Length Principle

• 거리를 두면서 지원하는 원칙

팔을 뻗었을 때 닿지 않는 거리처럼 일정한 거리를 두는 것을 의미. 정부 또는 고위공무원이 공공지원 정책 분야 등에서 지원은 하되, 운영에는 간섭하지 않고 자율권을 보장하는 원칙

> 🔍 **자세히 이해하기**
> 2025년 8월 이재명 대통령은 제1회 을지국무회의에서 K-콘텐츠 글로벌 확산 전략 마련을 지시하며 지원하되 간섭하지 않는 '팔길이 원칙'에 입각한 정책 추진을 강조했다. 이는 정부가 큰 방향과 재정 지원만 제시하고, 세부 운영은 민간·전문기관의 자율에 맡겨 독립성과 창의성을 확보하자는 취지를 보여준다.

059
MICE 산업
Meeting, Incentives, Convention, Events & Exhibition

• 융합산업

기업회의(Meeting), 포상관광(Incentives), 국제회의 등 컨벤션(Convention), 박람·전시회(Events & Exhibition) 등이 융합된 산업의 의미로, '비지니스 관광(Business Tourism)'이라고도 함

060
다크패턴
Dark Pattern

• 사용자 기만 설계 방식

이용자가 원치 않는 결정을 하도록 유도하는 웹·앱 디자인 기법. 회원 탈퇴 방해, 자동 결제 유도 등이 대표 사례이며, 사용자의 합리적 선택을 어렵게 만듦

061
생물보안법
Biosecure Act

• 중국 바이오 기업과의 거래 금지법

미국 정부 및 산하기관, 정부 예산 지원 기업들이 중국 바이오 기업과 거래하는 것을 금지하는 법안

자세히 이해하기

해당 법안은 2024년 상원을 통과하지 못했으나, 2025년 7월 31일 '2026년 국방수권법' 개정안에 생물보안법안 내용을 포함하는 방식으로 상원에 다시 제출되었다.

062
노란봉투법
Yellow Envelope Law

• 과도한 손해배상 규제 및 노조 권리 강화

노동조합 및 노동관계조정법(노조법) 제2·3조 개정안의 별칭으로, 쟁의행위(파업 등) 시 과도한 손해배상·가압류를 제한하고, 원청 등 '사용자' 범위를 확대해 교섭 권리를 보강하는 내용

자세히 이해하기

해당 법은 2025년 8월 24일 국회 본회의를 통과했으며, 공포 후 6개월 뒤 시행될 예정이다. 주요 내용은 ▲사용자 범위 확대 ▲노동쟁의 대상 일부 확대 ▲파업 관련 손해배상 청구 제한으로 정리된다. 특히 72년 만에 '사용자' 개념을 확장해 원청도 하청 노동자와 교섭할 수 있는 법적 근거가 마련되었다.

063 교권 보호 4법
教權 保護 4法

- 교원지위법, 초·중등교육법, 유아교육법, 교육기본법

교사의 정당한 생활지도와 교육활동을 보호하기 위한 법안으로 교원지위법, 초·중등교육법, 유아교육법, 교육기본법이 포함

자세히 이해하기

2023년 교권 침해 사건을 계기로 2024년부터 교권 보호 4법 개정안이 시행되었다. 교사가 생활지도 중 발생한 문제를 정당한 교육활동으로 인정받을 수 있는 근거가 마련되었고, 학부모의 부당 민원이나 폭언·폭행에 대해서도 법적 대응이 가능해졌다. 2025년에는 교육부가 현장 적용 지침과 교원 보호 전담 기구를 운영하며 제도 안착을 추진하고 있다.

064 유보통합
幼保統合

- 어린이집 및 유치원 통합

만 0~5세 영유아가 이용 기관 구분 없이 양질의 동등한 교육과 돌봄 서비스를 받을 수 있도록 유아교육과 보육을 통합하여 하나의 체계로 운영하는 국가 정책

자세히 이해하기

정부는 2025년부터 유보통합 시범사업을 실시하고 있으며, 2028년까지 전국 단위로 본격 시행할 계획이다. 교육부와 보건복지부가 협력하여 어린이집과 유치원의 이원적 운영 구조를 통합하고, 교사의 처우 개선과 서비스 질 제고를 함께 추진 중이다.

065 깡통주택
깡筒住宅

- 대출금과 전세보증금의 합이 매매가에 가깝거나 더 높은 주택

장기화된 부동산 경기 침체로 집의 실제 매매가의 80% 이상이 주택담보대출과 세입자의 전세보증금을 합친 금액인 주택

자세히 이해하기

2024년 개정 전세사기피해자법 시행으로 LH의 피해주택 공공매입이 확대되었으며, 2025년 7월까지 누적 1,400여 호가 매입되었다. 이는 깡통주택 등 전세사기 피해자의 주거 안정을 지원하기 위한 조치다.

기출

전문가들은 2020년부터 2021년까지 이른바 무자본 갭투자를 통한 깡통주택이 크게 늘었고 2023년 이들 주택의 전세 만료 시점이 도래하면서 전세금 피해 사건이 늘고 있다고 진단했다.

066 스텔스플레이션
Stealthflation

- 각종 지표에 잡히지 않는 물가 상승

소비자물가지수나 생산자물가지수와 같은 지표에 잡히지 않는 물가 상승 현상으로 눈에 띄지 않게 물가가 올라 소비자의 구매력이 약화되는 상황

자세히 이해하기

프랜차이즈 매장에서 무료 제공하던 소스 등에 비용을 받는 행위, 저가 항공사에서 위탁 수하물이나, 좌석 선택, 기내식 등에 별도 비용을 받는 경우가 대표적이다.

✓ 슈링크플레이션 (Shrinkflation)
기존 제품의 가격은 그대로 유지하되, 제품의 크기나 수량을 줄여 실질적인 가격을 올리는 방식

✓ 스킴플레이션 (Skimpflation)
제품의 가격이나 용량은 유지하되, 재료나 서비스의 질을 낮춰 가격을 올리는 방식

---

067 폰지사기
Ponzi Scheme

- 찰스 폰지의 이름을 딴 금융사기 수법

고액의 수익을 약속하고, 처음에는 이를 지키며 많은 투자금을 끌어모은 뒤 신규 투자자의 돈으로 기존 투자자에게 이익을 지급하다가 결국 무너져 도망치는 사기 수법

---

068 스마트팜
Smart Farm

- 정보통신기술 접목으로 지능화된 농장

비닐하우스, 축사 등에 정보통신기술(ICT)을 접목하여 가축 및 작물의 생육환경을 자동으로 적정하게 유지하고 관리할 수 있는 농장

✓ 스마트 팩토리 (Smart Factory)
제조 전 과정을 정보통신기술(ICT)로 접목해 생산성 및 에너지효율 강화, 제품 불량률 감소 등 생산시스템을 최적화하는 맞춤형 공장. 제품 기획과 설계부터 유통·판매까지 모든 과정에 ICT를 접목해 제조 단가를 낮추고 소비시장에 유연하게 대응할 수 있다. 스마트 공장 내 설비와 기계에는 사물인터넷(IoT)이 설치돼 있어 공정 데이터를 실시간으로 수집하고, 이를 기반으로 의사결정이 이뤄진다.

069
기후동행카드
Climate Card

- 서울시 무제한 대중교통 정기권

서울특별시가 시행하는 제도로 1회 충전한 요금으로 선택한 기간 동안 서울지역 지하철(김포골드라인 포함)·버스·따릉이(서울시 공공 자전거)를 무제한으로 이용할 수 있는 대중교통 통합 정기권

자세히 이해하기

기후동행카드는 2025년 8월부터 서울 지하철 5호선 하남 구간에서도 사용이 가능해졌다. 더 나아가 고양·과천·김포·남양주·구리·성남 등 서울시와 협약을 맺은 경기도 일부 지역까지 범위가 확대되며, 서울을 넘어 수도권 전반으로 확산되는 대중교통 통합 정책으로 자리잡고 있다.

◎ K-패스 (K-Pass)
2025년부터 국토교통부가 시행한 전국 단일 대중교통 할인제도. 만 19~34세 청년층을 중심으로 버스·지하철 요금을 인하해 교통비 부담을 경감하는 정책

070
돌봄경제
Care-Based Economy

- 돌봄 개념의 확장

사회적 약자에 국한되던 돌봄이 누구나 받을 수 있는 서비스 형태로 확장된 것

자세히 이해하기

돌봄은 이제 아동·노인·장애인뿐 아니라 모든 사람의 삶 전반으로 확대되고 있다. 여기에 웨어러블 기기·인공지능 로봇 등 첨단 기술이 접목되며 새로운 경제적 가치와 산업 효과가 기대된다.

071
메가시티
Megacity

- 인구 1,000만 명 이상의 거대 도시

핵심 도시를 중심으로 생활·경제·문화 등이 기능적으로 연결되어, 일일 생활이 가능한 주변도시들을 포함하여 형성된 도시권

자세히 이해하기

부울경(부산·울산·경상남도) 메가시티와 충청권 메가시티 등 지역 광역화를 통해 경제적·사회적 발전의 중심축을 마련해야 한다는 필요성이 제기되면서, 지방 정책과 발전 전략을 신속히 추진해야 한다는 논의가 확산되고 있다.

072
워케이션
Work+Vacation

• 일과 휴가의 결합

원격근무 환경을 활용해 일하면서 동시에 휴가를 즐기는 근무 방식. 관광지나 휴양지를 업무 공간으로 활용하면서 휴식과 업무 간 균형을 추구함

자세히 이해하기

2024년 1월 1일부터 2025년 12월 31일까지 시범 운영되는 '워케이션 비자'는 외국기업 소속 원격근로자를 대상으로 한다. 복수입국 가능한 1년 체류 후 국내에서 1년 연장(최대 2년)이 가능하고 배우자·미성년 자녀 동반도 허용된다. 신청은 재외공관에서 진행되며, 전년도 1인당 GNI의 2배 이상 연소득과 1억 원 이상 의료보험 가입 등 요건을 충족해야 한다.

✅ **웰니스 (Wellness)**
신체적·정신적 건강과 삶의 질 향상을 추구하는 생활 방식. 워케이션과 결합해 휴양·힐링 프로그램, 건강 관리 서비스와 함께 제공되는 경우가 많음

073
탄소배출권
CER
Certificated Emissions Reduction

• 온실가스 배출권리

일정 기간 동안 일정량의 온실가스를 배출할 수 있는 권리

자세히 이해하기

2025년 6월 이재명 대통령은 탄소배출권 거래 제도의 확대·강화를 목표로 2030년까지의 유상할당 비율 등을 포함한 '제4차 할당계획'을 발표할 예정이라고 밝혔다.

074
디지털 노마드
Digital Nomad

• 디지털 유목민

노트북이나 스마트폰을 이용하여 장소나 시간에 구애받지 않고 자유롭게 이동하며 업무를 하는 사람

자세히 이해하기

2025년 5월 열린 제20회 제주포럼에서는 제주를 '디지털 노마드 허브'로 육성하는 방안이 논의되었다. 이어 인천광역시도 같은 해 6월 글로벌 디지털 노마드와 워케이션 인구를 유치하기 위한 허브 조성 사업을 추진하며 참여 의지를 밝혔다. 이로써 약 1천 조 원 규모의 디지털 노마드 유치 경쟁이 본격화되고 있다.

075 외국인 계절근로자
外國人 季節勤勞者

- 합법적 단기간 외국인 고용제도

농·어번기의 일손 부족을 해결하기 위해 단기간 합법적으로 외국인을 고용할 수 있는 제도

자세히 이해하기

현재 농·어업 분야는 외국인 근로자 없이 운영이 어렵지만, 일손이 필요한 기간이 짧아 연중 상시 외국인을 고용하는 고용허가제 활용이 어렵다. 이에 정부는 최대 8개월간 계절근로자 고용을 허용하고 있으며, 2025년 8월에는 전남 여수시가 계절근로자 95명을 추가 확보하는 등 계절근로자 수는 꾸준히 늘어나고 있다.

○ **고용허가제 (EPS, Employment Permit System)**
외국인 근로자를 합법적으로 고용할 수 있도록 정부가 허가하는 제도. 제조업·건설업·서비스업 등 상시적 인력 부족 업종에 적용

076 프로젝트 파이낸싱
PF
Project Financing

- 금융 기법

금융기관 등이 프로젝트의 사업성을 담보로 대출을 제공하는 금융 기법

자세히 이해하기

프로젝트 파이낸싱은 SOC(사회간접자본), 에너지, 부동산 등 대규모 사업에 활용된다. 자금 조달 효과가 크지만 경기 침체나 사업성 악화 시 부실 위험도 크므로 철저한 평가와 관리가 필요하다.

077 네포베이비
Nepo Baby

- 금수저

연예계·정치·재계 등에서 부모의 사회적 지위나 유명세 덕분에 기회를 쉽게 얻는 자녀들을 일컫는 말. 한국에서는 네포키즈(Nepo Kids)라고도 변형하여 씀

자세히 이해하기

가족주의를 뜻하는 네포티즘(Nepotism)과 아기(Baby)의 합성어로, 원래 해외에서 연예계 자녀 스타들을 지칭하는 말이었다. 그러나 현재는 정치인·재벌·유명인의 자녀 세대를 비판적으로 표현하는 용어로 확산되고 있다. 단순한 '금수저'와 달리, 부모의 사회적 명망·인맥 덕분에 기회가 열리고 영향력이 유지된다는 점을 강조한다.

078 푄현상
Foehn Phenomenon

• 고온 건조 국지풍

산맥을 넘은 바람이 고온·건조해져 불볕더위·가뭄·산불을 유발하는 기상 현상

> **자세히 이해하기**
>
> 2025년 강릉 지역의 극심한 가뭄은 푄현상과 맞물려 발생해 물 부족·농업 피해를 심화시켰다. 이는 기후위기 시대에 국지적 자연재해의 위험성을 보여주는 대표 사례로 기록된다.

079 문신사법
Tattooist Act

• 문신 시술 합법화 법

비의료인의 문신 시술을 허용하되, 국가시험을 통한 면허를 가진 '문신사'만 시술할 수 있도록 규정한 법

> **자세히 이해하기**
>
> 2025년 9월 국회를 통과(33년 오랜 논의 끝에)하며 문신과 반영구 화장을 모두 '문신 행위'로 정의했다. 미성년자 보호와 위생·안전 관리 기준도 포함되어, 문신 시술이 합법적 관리 체계에 편입되었다.

080 리더포비아
Leaderphobia

• 리더 기피 현상

책임 부담·갈등 조정 압박을 이유로 리더 역할을 맡기를 꺼리는 사회적 현상

> **자세히 이해하기**
>
> MZ세대 직장인을 중심으로 확산되며, 조직에서는 팀장·관리자 직무 기피가 문제로 지적된다. 언론은 '리더포비아'를 한국 직장문화와 권위주의적 리더십의 한계가 드러난 현상으로 해석하고 있다.

081 어닝쇼크
Earnings Shock

• 시장의 기대보다 기업 실적 저조

기업들이 실적을 발표하는 시기인 어닝 시즌 때 기대에 비해 좋지 않은 실적을 발표하여 주가에 악영향을 주는 것

082
디지털 제품 여권
DPP
Digital Product Passport

• 순환경제 인증 시스템

제품에 생산·유통·재활용 정보를 담은 디지털 기록으로, 소비자와 기업이 투명하게 제품 이력을 확인할 수 있도록 하는 제도

> **자세히 이해하기**
>
> EU가 2026년부터 본격 도입을 추진 중이며, 국내 기업도 수출 대응 차원에서 준비가 요구된다. 전자제품·의류·배터리 등에서 우선 적용되며, ESG 경영 및 지속가능 소비의 핵심 정책으로 확산되고 있다.

083
토큰화
Tokenization

• 자산의 디지털 전환

예금·주식·부동산·데이터 등 다양한 실물·금융 자산을 블록체인 기반 토큰으로 발행·거래하는 것

> **자세히 이해하기**
>
> 토큰화는 금융권의 혁신 기술로, 자산 유동성 확대·거래 효율화 장점을 가진다. 2025년 미국과 한국 금융당국은 토큰화 채권·예금 실험을 확대 중이며, 글로벌 규제 체계 마련도 병행되고 있다.

084
펨토셀
Femtocell

• 초소형 이동통신 기지국

실내 통신 신호 사각지대(음영지역)를 해소하기 위해 설치하는 소형 기지국 장치. 안정적인 통신 품질을 제공하지만 해킹에 취약할 수 있음

> **자세히 이해하기**
>
> 2025년 KT 소액결제 해킹 사태에서는 IMSI(가입자식별정보) 탈취와 유령기지국(가짜 기지국) 악용으로 피해가 확산되었다. 이를 계기로 소액결제 본인확인 고도화와 기지국·인증망 보안 강화 논의가 추진 중이다.

085 그라데이션 K
Gradation K

• 한국문화 세계 융합 경향

K-팝, K-드라마 중심의 한국 문화가 세계적 요소와 혼합되어 새로운 형태로 확산되는 현상. 글로벌 인기 확산과 동시에 문화 정체성의 재해석 경향을 반영

자세히 이해하기

꿀떡을 우유에 넣어 먹는 독특한 방식이 해외 SNS에서 'Ggultteok Cereal Mukbang(꿀떡 시리얼 먹방)'으로 소개되며 주목받았다. 이후 국내에서도 인기를 얻었으며, 한국 전통과 글로벌 소비 트렌드와 결합한 대표적 사례로 꼽힌다.

086 다문화 통합
Multicultural Integration

• 외국인 사회 통합 추진

2024년 기준 외국인 주민이 전체 인구의 약 4.1% 이상을 차지하며, 이에 한국은 다문화 사회로 진입 중임

자세히 이해하기

정부는 언어·문화 교육, 상담 서비스 등을 통해 통합을 촉진하고 있다. 그러나 편향된 접근과 차별 문제도 여전히 과제로 남아 있다.

087 마처세대

• 부모와 자녀 모두를 양육하는 세대

주로 1960년대생으로, 부모를 부양하는 '마'지막 세대이면서 자녀에게 부양받지 못하는 '처'음 세대를 의미

자세히 이해하기

미국에서는 이미 '샌드위치 세대'라는 말이 40여년 전부터 쓰였는데, 일도 하면서 부모와 자녀를 돌보는 30~40대를 의미하는 말로 1891년 미국 사회학자 도로시 밀러가 처음으로 사용하였다.

088 청춘반환소송
Youth Compensation Lawsuit

• 신종 집단 소송

신흥 종교에 청년 시절 헌금·노동력을 과도하게 바쳤다며 피해자가 집단적으로 제기하는 손해배상 청구 소송

자세히 이해하기

2025년 3월 한국 법원에 청년기의 경제적 손실과 정신적 피해를 근거로 한 소송이 승소하면서 사회적 논의가 확산되고 있다. 2000년대 일본 통일교 피해자들이 고액 헌금 반환 소송에서 일부 승소한 사례가 계기가 되었으며, 종교 자유와 청년 인권 보호의 균형이 핵심 쟁점으로 떠오르고 있다.

089
고정밀 지도 데이터
High-Definition Map Data

• 자율주행 핵심 인프라

차량 위치·도로 구조·신호체계를 센티미터 단위로 기록한 지도 데이터. 자율주행차 안전·정밀주행에 필수적임

> **자세히 이해하기**
> 구글과 애플은 한국 정부에 고정밀 지도 데이터의 국외 반출을 지속적으로 요청해 왔으며, 2025년에는 미국 측 통상·관세 협상 의제로까지 거론되며 논란이 확대되었다. 이 사안의 핵심 쟁점은 국가안보와 산업경쟁력 관점의 데이터 주권 문제다.

090
블루카본
Blue Carbon

• 해양 생태계 기반 탄소 흡수

연안의 맹그로브·염습지·해초지 등 해양 생태계가 대기 중 탄소를 흡수·저장하는 것. 기후변화 대응 수단으로 주목받으며, 육상 숲보다 단위 면적당 탄소 흡수력이 높음

> **자세히 이해하기**
> 블루카본은 해양 탄소중립 전략의 핵심으로, 국제 탄소시장 거래나 탄소배출권 확보 수단으로 활용 가능하다. 한국도 2025년 해양수산부를 중심으로 블루카본 관리·복원 사업을 확대하고 있다.

> ◉ **맹그로브 (Mangrove)**
> 열대·아열대 해안의 갯벌과 하구에 분포하는 상록 활엽수림. 염분에 강하고 뿌리 구조가 발달해 해안 침식을 막고 생태계를 유지하는 중요한 숲

SPEED CHECK 스피드 체크

중요 용어! 제대로 이해했는지 빠르게 점검하고 넘어가자!
답이 바로 생각나면 ○, 고민했다면 △, 틀렸다면 × 표시해서 완벽하게 정리하세요.

객관식 문제

01 기업이 담합에 가담한 사실을 먼저 자진 신고하면 과징금 감면 혜택을 제공하는 제도는?
① 플리바게닝　　　　② 리니언시
③ 벌금형 면제제도　　④ 형사공탁제도
◀ 정답 ②

02 한 문제를 억제하면 통제받지 않는 다른 영역에서 문제가 더 크게 발생하는 현상은?
① 옵트아웃　　　② 풍선효과
③ 피터의 법칙　　④ SECI모델
◀ 정답 ②

03 여행사, 기자, 인플루언서 등을 초청하여 관광지나 상품을 체험시켜 홍보 목적을 달성하는 것은?
① 에듀투어　　② 푸드투어
③ 문화투어　　④ 팸투어
◀ 정답 ④

04 채용 시 중시되는 개념으로, 조직문화와 개인의 가치관이 조화를 이루는지를 고려하는 것은?
① 퍼포먼스핏　　② 스킬애드
③ 컬쳐애드　　　④ 컬쳐핏
◀ 정답 ④

05 미국 정부 및 예산 지원을 받는 기관이나 기업들이 중국 바이오 기업과 거래하는 것을 금지하는 법안은?
① 예금자보호법　　② 생물보안법
③ 레몬법　　　　　④ 글래스 스티걸법
◀ 정답 ②

06 서로 다른 산업·기술·조직이 상호 영향을 주고받으며 함께 발전하는 전략은?
① 시너지 효과　　② 공진화 전략
③ 레드오션 전략　④ 융합혁신 전략
◀ 정답 ②

| | 객관식 문제 | 확인 |

07 기업이 실적 발표에서 시장 기대치를 크게 하회해 주가에 충격이 발생하는 현상은?
① 빅배스 ② 어닝쇼크
③ 윈도드레싱 ④ 어닝서프라이즈
◀ 정답 ②

08 부모의 사회적 지위와 인맥 덕분에 기회를 쉽게 얻는 자녀를 일컫는 말은?
① 골드베이비 ② 셀럽키즈
③ 네포베이비 ④ 프리빌리지 키즈
◀ 정답 ③

09 게임 외적인 분야에서 마케팅을 위해 게임의 매커니즘을 접목시키는 것은?
① 스태그플레이션 ② 게이미피케이션
③ 리디노미네이션 ④ 디플레이션
◀ 정답 ②

10 장소나 시간에 상관없이 이동하며 원격으로 업무를 하는 사람을 일컫는 말은?
① 욜로족 ② 디지털 노마드
③ 커리어 노마드 ④ 파이어족
◀ 정답 ②

11 농·어번기의 일손부족을 해결하기 위해 단기간 동안 합법적으로 외국인을 고용할 수 있게 하는 제도는?
① 외국인 계절근로자 ② 일일근로자
③ 용역근로자 ④ 특수형태근로자
◀ 정답 ①

12 일정 기간에 일정량의 온실가스를 배출할 수 있는 권리를 의미하는 것은?
① 녹색채권 ② 탄소배출권
③ 탄소중립 ④ 배출권거래제
◀ 정답 ②

13 2010년 이후 태어나 어려서부터 디지털 환경에 노출되어 디지털 기기 및 미디어가 매우 익숙한 세대는?
① 밀레니얼 세대 ② 알파세대
③ MZ세대 ④ Z세대
◀ 정답 ②

	객관식 문제	확인

14 특정 인물 또는 콘텐츠를 따라 소비하는 트렌드를 의미하는 것은?
① 프로슈머　　　　　　② 디토소비
③ 디깅소비　　　　　　④ 그린슈머

◀ 정답 ②

15 농산물 가격 급등으로 인해 인플레이션이 발생하는 현상은?
① 하이퍼인플레이션　　② 스트림플레이션
③ 애그플레이션　　　　④ 디플레이션

◀ 정답 ③

16 MICE 산업의 구성요소에 속하지 않는 것은?
① Meeting　　　　　　② Information
③ Convention　　　　　④ Exhibition

◀ 정답 ②

17 주택을 담보로 한 대출과 전세보증금을 합친 금액이 주택의 실매매가에 가깝거나 더 높은 경우를 가리키는 것은?
① 마이너스 프리미엄 아파트　② 깡통주택
③ 하우스푸어　　　　　　　　④ 렌트푸어

◀ 정답 ②

18 국립박물관의 문화유산을 바탕으로 제작된 공식 굿즈 브랜드명은?
① 국립굿즈　　　　　　② 헤리티지샵
③ 뮷즈　　　　　　　　④ 아트샵

◀ 정답 ③

19 향후 상업적 달 표면 화물 배송을 주도할 것으로 기대되는 장비는?
① 오리온　　　　　　　② 뉴글렌
③ 스타쉽　　　　　　　④ 블루고스트

◀ 정답 ④

20 멸종 동물의 유전자를 실험적으로 복원하는 과정에서 만들어진 유전자 편집 실험쥐는?
① 털매머드 쥐　　　　　② 파브르쥐
③ 사바나쥐　　　　　　④ 흰쥐

◀ 정답 ①

| 객관식 문제 | 확인 |

21 유럽 국가 간에 국경 검문 없이 자유로운 이동을 보장하기 위해 체결된 협정은?
① 마스트리히트 협정 ② 리스본 협정
③ 셍겐협정 ④ 브뤼셀 협정

◀ 정답 ③

22 디지털 환경에 능숙하게 적응하며 온라인 활동을 적극적으로 하는 노년층을 가리키는 말은?
① 디지털에이저 ② 액티브시니어
③ 베이비부머 ④ 실버서퍼

◀ 정답 ④

23 원유(生乳) 생산 비용 상승이 우유 가격 인상을 불러오고, 이를 원재료로 사용하는 가공식품 전반의 가격까지 연쇄적으로 상승하는 현상을 나타내는 것은?
① 애그플레이션 ② 밀크플레이션
③ 디맨드풀 인플레이션 ④ 코스트푸시 인플레이션

◀ 정답 ②

24 입양 절차의 법적·행정적 기준을 국제 표준에 맞추고, 해외 입양 과정에서 인권 보호와 신뢰 강화를 실현하기 위해 채택된 국제 협약은?
① 헤이그 국제아동입양협약 ② UN 아동권리협약
③ 국제인권협약 ④ 국제입양보호협약

◀ 정답 ①

25 고래, 사슴, 물고기 등의 사냥 장면이 새겨져 있어 고대 해양문화 연구의 중요한 사료로 평가되는 우리나라의 암각화는?
① 포항 칠포리 암각화 ② 천전리 각석
③ 반구천의 암각화 ④ 고령 장기리 암각화

◀ 정답 ③

26 스마트폰, 인터넷 등 디지털 기기 사용을 의도적으로 줄이거나 중단하여 생활 균형을 추구하는 습관은?
① 디지털 프리 ② 디지털 디톡스
③ 디지털 밸런스 ④ 디지털 에이징

◀ 정답 ②

| 객관식 문제 | 확인 |

27 AI, 로봇, 메타버스 환경에서 성장하며 새로운 디지털 세대 양상을 보이는 세대를 가리키는 용어는?
① 베타세대 ② Z세대
③ 알파세대 ④ 스마트세대
◀ 정답 ①

28 특정 유행을 따르기보다 자신의 취향과 가치관을 기준으로 다양한 제품을 선택하는 소비자를 일컫는 용어는?
① 옴니보어 ② 얼리어답터
③ 패션피플 ④ 트렌드세터
◀ 정답 ①

29 제품 본체보다 추가 옵션이나 커스터마이징 요소에 소비가 집중되는 현상을 가리키는 경제 개념은?
① 구독경제 ② 공유경제
③ 토핑경제 ④ 경험경제
◀ 정답 ③

30 얼굴의 특징을 분석해 개인을 식별·인증하는 생체인식 기술은?
① 페이스테크 ② 핀테크
③ 클라우드 컴퓨팅 ④ 블록체인
◀ 정답 ①

31 가챠 아이템, 힐링형 굿즈, 무자극 콘텐츠처럼 자극보다 '편안함'을 중시하는 소비 경향을 일컫는 용어는?
① 라이트 컨슈머 ② 미니멀리즘
③ 무해력 ④ 소확행
◀ 정답 ③

32 소비자가 제품의 재질, 촉감, 질감 등 물리적 속성에 끌리게 만드는 매력을 일컫는 용어는?
① 체험가치 ② 심미적 가치
③ 물성매력 ④ 감각소비
◀ 정답 ③

33 ESG 경영과 친환경 소비 확산을 이끄는 핵심 가치로, 기후 문제에 대한 민감성과 공감 능력을 뜻하는 개념은?
① 환경윤리 ② 기후감수성
③ 생태주의 ④ 녹색의식
◀ 정답 ②

| 객관식 문제 | 확인 |

34 작은 변화에도 민감하게 반응하며 기회를 빠르게 포착하는 소비자의 특성을 비유적으로 표현한 용어는?
① 얼리어답터　　　　　② 스네이크 센스
③ 호크 아이　　　　　　④ 패션리더
◀ 정답 ②

35 사람의 지시 없이도 목표를 이해하고 스스로 계획·판단·실행할 수 있는 자율 AI 시스템을 가리키는 말은?
① 러닝 AI　　　　　　　② 제너레이티브 AI
③ 챗봇 AI　　　　　　　④ 에이전틱 AI
◀ 정답 ④

36 제품이나 서비스에서 특정 요소 하나를 집중적으로 개선하여 전체 만족도를 끌어올리는 전략은?
① 원포인트업　　　　　② 업셀링
③ 니치 전략　　　　　　④ 블루오션
◀ 정답 ①

37 식물, 나무 등 자연요소를 생활 공간에 적극적으로 반영하는 개념은?
① 바이오필릭　　　　　② 에코디자인
③ 그린인테리어　　　　④ 오가닉 스타일
◀ 정답 ①

38 과도한 자극과 강박에서 벗어나 소소한 일상과 안정감을 중시하는 태도를 뜻하는 신조어는?
① 욜로　　　　　　　　② 미니멀리즘
③ 휘게　　　　　　　　④ 아보하
◀ 정답 ④

39 한국 문화가 세계적 요소와 결합·변형되어 새로운 형태로 확산되는 현상을 일컫는 용어는?
① 글로벌 K　　　　　　② K-컬처 믹스
③ 그라데이션 K　　　　④ K-크로스오버
◀ 정답 ③

40 양육비를 지급하지 않는 전(前) 배우자의 실명과 얼굴 사진 등을 공개하여 사회적 압박을 가하는 활동은?
① 차일드 네임 프로젝트　② 페어런츠 가디언
③ 배드파더스　　　　　④ 차일드 서포트
◀ 정답 ③

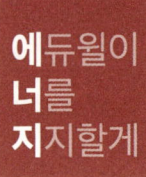

어떠한 일도 갑자기 이루어지지 않는다.
한 알의 과일, 한 송이의 꽃도 그렇게 되지 않는다.
나무의 열매조차 금방 맺히지 않는데,
하물며 인생의 열매를 노력도 하지 않고
조급하게 기다리는 것은 잘못이다.

– 에픽테토스(Epictetus)

Part 02

공 기 업 기 출 　 일 반 상 식

최다 기출 200선

최다 기출 200선

🎙 **알짜 학습팁**

▶ 공기업 상식 시험은 최신상식보다 기초·일반상식의 출제 비율이 높습니다. 각 분야의 개론을 모두 섭렵하고 있다면 좋겠지만, 현실적으로 어려우니 시험에 단골로 출제되는 키워드부터 학습해야 합니다.

▶ 최다 기출 200선은 지난 수년간 공기업 상식시험에 가장 많이 출제된 상식 키워드만 모아 두었습니다. 기출 복원된 문제를 위주로 출제 스타일을 파악하세요.

▶ 여러 번 읽으며 키워드 위주로 이해하고 표로 정리된 내용, 관련 용어는 꼼꼼히 암기해야 높은 점수를 얻을 수 있습니다.

---

001 최신기출

대통령 ★★★
大統領

- 키워드: 40세 이상, 5년 단임
- 기출처: 한국도로공사, 한국폴리텍대학, 전남신용보증재단, 수원시공공기관통합채용

국가의 원수(元首)로서, 외국에 대해 국가를 대표하고 행정권의 수반이 되는 최고 통치권자

선출	• 최고득표자가 2인 이상인 때에는 국회의 재적의원 과반수가 출석한 공개회의에서 다수표를 얻은 자가 당선자 • 대통령 후보자가 1인일 때에는 그 득표수가 선거권자 총수의 3분의 1 이상이 아니면 대통령으로 당선될 수 없음 • 대통령으로 선거될 수 있는 자는 국회의원의 피선거권이 있고 선거일 현재 40세 이상
임기	• 대통령의 임기는 5년으로 하며, 중임할 수 없음(단임제) • 임기가 만료되는 때에는 임기만료 70일 내지 40일 전에 후임자를 선거
예문	국회·정치권에서 대통령 4년 연임·중임제(최대 8년) 개헌안이 공개 논의 중이나 개헌 확정은 아직 없다.
기출	대통령의 임기는 몇 년인가? : 5년

역대 대통령

정부명칭	대통령	재임기간
제1공화국	이승만(1~3대)	1948~1960
제2공화국	윤보선(4대)	1960~1962
제3공화국	박정희(5~7대)	1963~1979
제4공화국	박정희(8~9대)	
	최규하(10대)	1979~1980
제5공화국	전두환(11~12대)	1980~1988
제6공화국	노태우(13대)	1988~1993
문민정부	김영삼(14대)	1993~1998
국민의 정부	김대중(15대)	1998~2003
참여정부	노무현(16대)	2003~2008
이명박정부	이명박(17대)	2008~2013
박근혜정부	박근혜(18대)	2013~2017(파면)
문재인정부	문재인(19대)	2017~2022
윤석열정부	윤석열(20대)	2022~2025(파면)
국민주권정부	이재명(21대)	2025~현재

기출 IMF 외환 위기 당시의 대통령은?
: 김영삼

기출변형 이재명 대통령은 몇 대 대통령인가?
: 21대

> ● **대통령제 (大統領制)**
> 대통령을 중심으로 국정이 운영되는 정부 형태

자세히 이해하기

대통령제에서는 국민이 대통령을 선출하지만 의원내각제에서는 의회의 다수 의석을 차지한 정당 대표가 수상이 되어 내각을 구성한다. 대통령제를 채택한 국가는 대표적으로 ▲한국 ▲미국 등이 있으며, 프랑스는 대통령 중심 권한이 강한 이원집정부제를 운영한다. 의원내각제를 채택한 국가는 ▲영국 ▲일본 ▲독일이 대표적이다.

기출 대통령제를 채택한 나라가 아닌 것은?
: 영국(⇨ 의원내각제 채택)

002
대통령의 권한 ★★☆

- 행정부 수반
- 전남신용보증재단, 부천시협력기관

국가 원수	• 긴급 처분·명령권 • 계엄 선포권 • 국민투표 부의권
행정부 수반	• 행정에 관한 최고 결정권 및 지휘권 • 법률 집행권 • 국가 대표 및 외교에 관한 권한 • 정부 구성권 • 공무원 임면권 • 국군 통수권 • 재정에 관한 권한(예산안 편성·제출권 포함) • 훈장 등 영전 수여권
입법권	• 국회 임시회의 집회 요구권 • 국회 출석 발언권 • 헌법 개정에 관한 권한 • 법률안 제출권과 거부권 및 공포권 • 명령 제정권
사법 관련 권한	• 위헌 정당 해산 제소권 • 사면·감형·복권에 관한 권한
기출	대통령의 입법권에 포함되지 않는 것은? : 예산안 거부권

003
대통령과 국회 동의 ★★☆

- 긴급명령, 계엄선포
- 서울대학교병원, 영화진흥위원회

대통령의 직권	특별사면
국회의 동의를 얻어야 하는 경우	• 조약의 체결·비준 • 일반사면 • 국무총리, 감사원장, 대법원장의 임명 • 예비비 설치 • 선전포고 및 강화 • 국군의 해외 파병 • 외국 군대의 국내 주둔 • 국채 모집이나 예산 외 부담이 될 계약 체결
국회의 승인을 받아야 하는 경우	• 예비비의 지출 • 긴급명령 • 긴급재정경제처분 및 명령
국회에 통고하여야 하는 경우	계엄선포
기출	• 국회의 동의 없이 대통령의 직권으로 할 수 있는 것은? : 특별사면 • 대통령이 임명할 때 국회의 동의를 받아야 하는 직책은? : 국무총리

004 최신기출
레임덕 ★★★
Lame Duck

- 현직 대통령, 권력 누수
- 화성도시공사, 서울시설공단, 강서구시설공단

현직 대통령의 임기 만료를 앞두고 나타나는 권력누수 현상

> ✓ **데드덕 (Dead Duck)**
> 레임덕보다 더 심각한 권력 공백 현상을 뜻하는 언론·정치권의 비유적 표현으로, 공식 학술 개념은 아님

---

005 최신기출
엽관제 ★★★
獵官制

- 승리의 대가
- 경기도일자리재단, 경기문화재단, 충북대학교병원

선거에서 이긴 정당이 충성도가 높은 지지자에게 승리의 대가로 관직 임명이나 다른 혜택을 주는 관행

엽관제의 장점과 단점

장점	• 정당 이념의 철저한 실현 가능 • 공무원의 높은 충성심 확보 가능 • 강력한 정책추진·정책변동에 대한 빠른 대응
단점	• 부정부패와 행정기강의 문란 초래 • 행정의 무책임성 조장

006
필리버스터 ★★★
Filibuster

- 의사진행 방해
- 방송통신심의위원회, 국립공원관리공단, 광주광역시공공기관통합채용

의회에서 고의로 합법적인 방법을 이용하여 의사진행을 방해하는 행위

> **자세히 이해하기** 🔍
> 의회의 의사진행을 방해하는 구체적인 행위로는 법안의 통과·의결 등을 막기 위해 발언시간을 고의로 늘리는 것, 유회(流會), 산회(散會)의 동의, 불신임안 제출, 투표의 지연 등이 있다.
>
> **기출** 필리버스터에 대한 찬반 견해를 작성하시오.

---

007 최신기출
추가경정예산 ★☆☆
追加更正豫算

- 경비 부족, 본예산 변경
- 건강보험심사평, 서울시설공단

줄여서 '추경'이라고도 함. 국회에서 예산이 의결된 후 새로운 사정으로 소요경비의 과부족이 생길 때 본예산에 변경을 가하는 예산

> **자세히 이해하기** 🔍
> 코로나19 영향으로 2020년 59년 만에 4차 추경을 진행했으며, 최근에는 AI 등 신산업 투자 확대 및 소비쿠폰 지급을 위한 추경도 집행했다.

008 최신기출
국세 ***
國稅

- 국가 재정수입
- 한국도로교통공단, 대전교통공사, 한국수자원공사, 국민건강보험공단, 서울시설공단

국가 재정 확보를 위해 국가가 국민에게 부과하는 조세. 조세 징수 주체에 따라 국세와 지방세로 구분

국세·지방세

국세 (國稅)	소득세, 법인세, 상속세, 증여세, 종합부동산세, 부가가치세, 개별소비세, 교통·에너지·환경세, 주세(酒稅), 인지세(印紙稅), 증권거래세, 교육세, 농어촌특별세
지방세 (地方稅)	취득세, 등록면허세, 레저세, 담배소비세, 지방소비세, 주민세, 지방소득세, 재산세, 자동차세, 지역자원시설세, 지방교육세

> **기출** 다음 중 국세에 해당하지 않는 것은?
> : 재산세

009 최신기출
부가가치세 ***
VAT
Value Added Tax

- 국세, 소비세
- 한전원자력원료, 한국가스공사, IBK기업은행, 부평구문화재단

제품이나 그 부품이 팔릴 때마다 과세되는 소비세

일반과세자의 부가가치세 세율

모든 업종	10%

간이과세자의 업종별 부가가치율(2021.7.1. 이후)

소매업, 재생용 재료수집 및 판매업, 음식점업	15%
제조업, 농업·임업 및 어업, 소화물 전문 운송업	20%
숙박업	25%
건설업, 운수 및 창고업(소화물 전문 운송업은 제외), 정보통신업	30%
금융 및 보험 관련 서비스업, 전문·과학 및 기술서비스업(인물사진 및 행사용 영상 촬영업은 제외), 사업시설관리·사업지원 및 임대서비스업, 부동산 관련 서비스업, 부동산임대업	40%
그 밖의 서비스업	30%

> **기출** 2020년 국세청 세수 중 가장 높은 비중을 차지하는 세목은?
> : 소득세(부가가치세 2위)

010
국민참여재판 ★★☆
國民參與裁判

- 법적 구속력 없음
- 대구광역시시설관리공단, 부산경제진흥원

국민이 형사재판에 배심원으로 참여하는 제도. 배심원의 평결은 법적 구속력을 가지지 않음

자세히 이해하기

2025년 8월 대법원은 국민참여재판에서 만장일치 무죄 평결을 토대로 1심이 무죄를 선고한 사건에서, 항소심이 결론을 바꾼 것은 신중치 못하다고 판단하였다. 이에 항소심 판결을 파기하고 사건을 환송하며, 무죄 평결 존중의 필요성을 강조하였다.

기출: 우리나라 국민참여재판에 대한 설명으로 틀린 것은?
: 만장일치제(⇨ 다수결제)

---

011 최신기출
김영란법 ★★★
金英蘭法

- 청탁금지법
- 부정부패 방지
- 은평구시설관리공단, 한국산업인력공단, 한국남부발전

부정부패를 방지하기 위해 김영란 전 대법관의 제안으로 만들어진 「부정청탁 및 금품 등 수수의 금지에 관한 법률」

항목	기존 기준	현행 기준
식사	3만 원	5만 원
일반 선물	5만 원	5만 원
농·수산물 선물	10만 원 (명절) 20만 원	15만 원 (명절) 30만 원
경조사비	5만 원 (화환) 10만 원	5만 원 (화환) 10만 원

기출: 김영란법의 시행 시기는?
: 2016년 9월

---

012 최신기출
촉법소년 ★★★
觸法少年

- 형사미성년자
- 건강보험심사평가원, 한국철도공사, 서울공공보건의료재단, 광주광역시공공기관통합채용

만 10세 이상~14세 미만으로 형벌을 받을 범법행위를 한 형사미성년자

자세히 이해하기

촉법소년은 범법행위를 저질렀더라도 형사책임능력이 없으므로 형벌 처벌을 받지 않는다. 대신 가정법원 등에서 감호위탁, 사회봉사, 소년원 송치 등 보호처분을 받게 된다.

소년범 유형 구분
- 우범소년: 범죄나 비행을 저지를 우려가 있는 10세 이상 소년
- 비행소년: 범죄소년, 촉법소년, 우범소년 중 어느 하나에 해당하는 사람

013
파킨슨 법칙 ***
Parkinson's Law

- 공무원 수 증가
- 대구공공시설관리공단, 천안시시설관리공단, 한국교통안전공단

업무의 양과 중요성에 관계없이 공무원의 수는 계속 증가한다는 행정학 법칙

자세히 이해하기

공무원은 업무가 늘어나면 자신의 지위와 권력 신장을 위해 부하수를 늘리고(부하 배증의 법칙) 그에 따른 지시·보고·승인·감독 등 파생적 업무가 증가한다(업무 배증의 법칙).

014 최신기출
헌법재판소 ***
憲法裁判所

- 탄핵 및 정당의 해산 심판
- 한국보훈복지의료공단, 한국도로공사, 근로복지공단, 국민연금공단

법령이 실정법 최고 규범인 헌법에 위배되는지를 심판하기 위해 설치된 특별재판소

헌법재판소의 구성
헌법재판소의 재판관은 헌법재판소장을 포함해 총 9명. 헌법재판소 재판관의 임기는 6년이며 연임 가능

헌법재판소의 역할
- 법원의 제청에 의한 법률의 위헌 여부 심판
- 탄핵 및 정당의 해산 심판
- 국가기관 상호 간, 국가기관과 지방자치단체 간, 지방자치단체 상호 간의 권한쟁의에 관한 심판
- 법률이 정하는 헌법소원에 관한 심판

기출 헌법재판소에서 하지 않는 것은?
: 국민참여재판

015 최신기출
헌법개정 절차 ***

- 재적의원 3분의 2 이상의 찬성
- 한국산업인력공단, 한국중부발전, 인천글로벌캠퍼스운영재단

제안	국회 재적의원 과반수 또는 대통령의 발의
공고	대통령이 20일 이상 공고
국회 의결	헌법개정안이 공고된 날로부터 60일 이내, 국회 재적의원 3분의 2 이상의 찬성으로 의결
국민투표	국회를 통과한 헌법개정안을 30일 이내에 국민투표에 부쳐 국회의원선거권자 과반수의 투표와 투표자 과반수의 찬성을 얻으면 확정
공포	헌법개정이 확정되면 대통령이 즉시 이를 공포

016

정당해산 심판 ***
政黨解散 審判

- 헌법재판소
- 한국보훈복지의료공단, 국민연금공단, 한국마사회

헌법재판소의 권한 중 하나로, 어떤 정당의 목적이나 활동이 헌법이 정하는 민주적 기본질서를 인정하지 아니하는 경우 정부의 청구에 의하여 그 정당을 해산할 것인지 여부를 심판하는 절차

> **자세히 이해하기**
> 정부가 정당해산 심판을 청구할 경우 헌법재판관 9명 중 7명 이상 출석해 전체 3분의 2인, 6명 이상이 찬성하면 정당해산이 결정된다.

> **정당의 기능**
> ▲여론형성 및 조직화 ▲정치지도자 배출 ▲정치교육 및 사회화 기능 ▲권력통제 등

> **기출**
> 정당해산에 대해 옳지 않은 것은?
> : 대법원 결정으로 해산한다.(⇨ 헌법재판소 결정으로 해산)

017 최신기출

소멸시효 ***
消滅時效

- 권리소멸
- 한국에너지공단, 예금보험공사, 기장군도시관리공단, 국민연금공단

권리를 행사하지 않은(불행사) 사실상태가 일정기간 계속된 경우에 권리소멸의 효과가 발생

> **자세히 이해하기**
> 소멸시효는 어떤 사실상태가 오래 지속되면 그 기간 동안 증거 인멸의 우려가 있고 권리관계가 밝혀지기 쉽지 않으므로, 실제 권리관계와 일치하는지 여부와 상관없이 그 사실상태를 존중하기 위해 인정된다. 또한 오랜 기간 자신의 권리를 행사하지 않는 자, 즉 권리 위에 잠자고 있었던 자는 **법률의 보호를 받을 가치가 없다는** 취지에서 마련되었다.

> **● 보증채무 (保證債務)**
> 주채무자가 채무를 이행하지 않을 경우 그 이행의 책임을 지는 제3자의 채무. 주채무가 없으면 보증채무가 성립할 수 없고 주채무의 무효·취소는 보증채무의 무효·취소를 가져오는데 이처럼 주된 권리·의무에 부수적 권리·의무가 따르는 성질을 부종성(附從性)이라 함

> **기출**
> • 행정법상 금전 소멸시효는?
> : 5년
> • 소멸시효가 걸리는 권리가 아닌 것은?
> : 소유권

018 최신기출
양적완화 ***
QE
Quantitative Easing

- 경기부양, 통화공급
- 한국원자력원료, 한국주택금융공사, 한국산업단지공단

경기부양을 위해 국채매입 등의 수단으로 시장에 유동성을 직접 공급하는 정책

자세히 이해하기

미국이 양적완화를 시행하면 달러 공급이 증가해 달러 약세로 한국 원화가 강세가 되어 한국 제품의 가격이 상승한다. 여기에 달러 약세로 인한 투기자금이 원자재로 몰리면서 국제원자재 가격 상승까지 맞물린다면 한국의 대미수출은 타격이 불가피하다. 2014년 10월 29일 미국 정부는 경기 회복에 따라 양적완화를 공식 종료했다. 그러나 코로나19의 유행으로 경기가 안 좋아지자 2020년 3월 무제한 양적완화를 시행했다. 이후 유동성 과잉이 나타나자 2022년부터 양적완화 중단하고 양적긴축을 시행했다.

● **유동성 (Liquidity)**
기업의 자산을 현금으로 전환할 수 있는 능력

● **양적긴축 (QT, Quantitative Tightening)**
중앙은행이 보유한 국채나 자산을 매각하거나 만기 상환분을 재투자하지 않아 시중 유동성을 흡수하는 정책. 인플레이션 억제와 경기 과열 완화를 목적으로 시행됨

기출 미국의 양적완화가 국내에 미치는 영향 중 옳지 않은 것은?
: 미국 내 구매력 증가로 한국의 대미수출이 증가한다.
(⇨ 한국의 대미수출이 감소한다.)

019 최신기출
케인즈 ***
John Maynard Keynes
1883~1946

- 완전고용 · 유효수요 · 재정정책
- 경기도공공기관통합채용, 한국장학재단, 한국관광공사

영국의 경제학자로, 완전고용 실현을 위해 공공지출 등 정부의 적극적 개입이 필요하다고 주장. 대표 저작 『고용·이자 및 화폐에 관한 일반이론』에서 유효수요 확대를 강조하며, 재정·금융정책을 통한 경기 부양을 제시함

케인즈의 주요 주장
- 절약의 역설(Paradox of Thrift) : 개인의 저축 확대가 사회 전체적으로는 소득 감소를 초래할 수 있다는 이론
- 유동성 함정(Liquidity Trap) : 금리 인하와 통화량 확대에도 사람들이 현금을 보유해 경기 부양 효과가 나타나지 않는 상황

020 최신기출
세이의 법칙 ★★★
Say's Ratio

- 공급이 수요 창조
- 국민연금공단, 광주도시철도공사, 영화진흥위원회

공급은 스스로 수요를 창출하기 때문에 과잉생산은 발생할 수 없다는 이론

자세히 이해하기

1930년대 대공황 때 상품은 공급되었지만 판매되지 않아 폐업하는 공장들이 생겨나면서 비판을 받았다. 이에 케인즈는 총수요의 크기가 총공급을 결정한다는 유효수요의 원리를 주장하며 세이의 법칙을 반박했다.

021 최신기출
롱테일 법칙 ★★★
Long Tail Theory

- 역 파레토 법칙
- 경기도공공기관통합채용, 국민체육진흥공단, 한국공항공사, 대구시설공단

인터넷과 유통환경의 변화로 인해 소수의 인기 상품(상위 20%)보다 다수의 비주류 상품(하위 80%)이 전체적으로 더 큰 매출과 가치를 창출할 수 있다는 이론

자세히 이해하기

전통적인 파레토 법칙(20:80 법칙)은 상위 20%의 핵심 상품·고객이 대부분의 성과를 만든다고 보았다. 그러나 롱테일 법칙은 인터넷 플랫폼과 같은 무한에 가까운 유통망에서 하위 80%의 다양한 상품이 모여 만들어내는 매출이 상위 소수 상품의 매출을 능가할 수 있음을 강조한다. 아마존, 넷플릭스 등은 이 전략을 활용해 방대한 비주류 상품 판매로 경쟁력을 확보했다.

022
베블런 효과 ★★☆
Veblen Effect

- 과시욕, 허영심
- 국민연금공단, 한국주택금융공사, 영화진흥위원회

상품의 가격이 상승해도 허영심이나 과시욕으로 인해 수요가 오히려 증가하는 현상

예문

미국의 사회학자 베블런은 『유한계급론』(1899)에서 베블런 효과와 같이 사회적 지위를 과시하기 위한 소비형태를 지적했다.

023 최신기출
필립스 곡선 ★★★
Phillips Curve

- 임금상승률, 실업률
- 공항철도, 한국장학재단, 주택도시보증공사, 한국수자원공사

임금상승률과 실업률의 함수 관계를 나타내는 곡선

자세히 이해하기

세로축을 임금상승률(물가상승률), 가로축을 실업률로 하여 실업률이 높을수록 임금상승률이 낮아지고, 실업률이 낮을수록 임금상승률이 높아지는 부(-)의 상관관계를 표시했다.

024 최신기출
생산가능인구★★★
生産可能人口

- 15~64세
- 한국토지주택공사, 충북대학교병원, 한국전력공사, 한국가스기술공사

경제활동을 할 수 있는 연령대(15~64세)의 인구

> **자세히 이해하기**
>
> 2025년 생산가능인구는 3626만3000명으로 전년보다 28만3000명 줄었으며, 총인구 대비 비중은 사상 처음 70% 아래(69.9%)로 하락했다.

- 15세 이상 인구 : 경제활동인구 + 비경제활동인구
- 경제활동인구 : 15세 이상 인구 중 일할 의사와 능력이 있는 사람 (취업자 + 실업자)
- 비경제활동인구 : 15세 이상 인구 중 일할 의사가 없는 사람(생산가능인구)

025 최신기출
환율★★★
換率

- 평가절하, 원화 가치
- 한국소비자원, 한국장학재단, 주택도시보증공사, 한국중부발전

외화 1단위를 얻기 위해 지불해야 하는 자국통화의 양으로서, 자국통화와 외국통화 간의 교환 비율을 의미

- (원-달러)환율상승 = 평가절하 = 원화 가치 하락 : 수출 증가, 수입 감소, 물가 상승, 경상수지 개선, 외채 상환 부담 가중
- (원-달러)환율하락 = 평가절상 = 원화 가치 상승 : 수출 감소, 수입 증가, 물가 하락, 경상수지 악화, 외채 상환 부담 감소

✓ **명목환율 (名目換率)**
한 나라의 통화를 다른 나라 통화로 바꾸는 환율로, 물가 수준은 고려하지 않은 시장에서 형성되는 겉보기 환율

✓ **실질환율 (實質換率)**
명목환율에 자국과 외국의 상대 물가 수준을 반영한 지표로, 수출 경쟁력과 무역수지에 영향을 주는 실질 구매력 기준 환율

026 최신기출
스태그플레이션★★★
Stagflation

- 경기침체 물가 상승
- 한전원자력연료, 서울시복지재단, 동대문시설관리공단, 중소벤처기업진흥공단

침체를 뜻하는 '스태그네이션(Stagnation)'과 물가 상승을 의미하는 '인플레이션(Inflation)'의 합성어로, 경기침체에도 불구하고 오히려 물가가 오르는 현상

경기·물가 주요 용어
- 인플레이션 : 통화량 증가 → 물가 상승
- 디플레이션 : 경기 하락 → 물가 하락
- 리세션 : 호황 중단 → 생산활동 저하, 실업률 상승
- 애그플레이션 : 농산물 가격 급등 → 전반적인 인플레이션

기출 경기침체와 물가 인상이 합쳐진 현상은?
: 스태그플레이션

027
리디노미네이션 ***
Redenomination

- 화폐개혁
- 경남신용보증재단, 한국원자력환경공단, 부천시공공기관통합채용

화폐의 실질가치를 바꾸지 않고 액면가만 일정 비율로 조정하는 정책

기출 화폐의 실질가치는 유지하되, 액면가만 바꾸는 것을 일컫는 용어는?
: 리디노미네이션

---

028 최신기출
GDP ***
Gross Domestic Product
국내총생산

- 국가, 영토
- 서울에너지공사, IBK기업은행, 경기도공공기관통합채용, 한국수자원공사, 한전KPS

일정 기간 동안 한 나라 영토 안에서 생산된 모든 최종 생산물의 시장가치를 모두 합한 것

◉ GDP 디플레이터 (Deflator)
명목GDP를 실질GDP로 나눈 후 100을 곱하여 계산하는 물가지수로 국가경제의 포괄적인 물가수준을 나타냄

기출
- 국내 GDP에 포함되지 않는 것은?
: 대한민국 사람이 해외에서 강의해 받은 돈
- GDP에서 G는 무엇의 약자인가?
: Gross

---

029 최신기출
GNP ***
Gross National Product
국민총생산

- 국민, 국적
- 한국소비자원, IBK기업은행, 광주광역시공공기관통합채용

한 나라의 국민이 일정 기간 동안 생산한 모든 최종 생산물을 시장가격으로 평가한 총액

자세히 이해하기
GDP는 영토를 기준으로 산출되며, GNP는 국적을 기준으로 한다. 현재는 GNP지표가 발표되지 않고 이를 GNI로 대신하고 있다.

---

030 최신기출
GNI ***
Gross National Income
국민총소득

- 국민의 평균 생활수준
- 서울에너지공사, 기술보증기금, 경기도공공기관통합채용

한 나라의 국민이 생산 활동에 참여한 대가로 받은 소득의 합계

자세히 이해하기
일반적으로 국민들의 평균 생활수준을 파악할 때는 1인당 국민총소득(GNI)이 지표로 활용되는데, 이는 자국민이 외국에서 얻은 소득은 포함되는 반면 외국인에게 지급한 소득은 제외된다.

031
PPL ★★★
Product PLacement
간접광고

- 드라마 광고
- 전남신용보증재단, 서울시설공단

영화, 드라마 등에 특정 제품을 노출시켜 간접적으로 홍보하는 것

자세히 이해하기

현행 방송법은 보도와 뉴스 프로그램, 오락·교양 프로그램에 한해 방송 시간의 5(지상파)~7(유료방송)% 이내, 전체 화면 크기의 4분의 1 이내에서 PPL을 허용하고 있다.

기출
(드라마 '용팔이'에서 부동산 앱 '직방'이 등장하는 사진 제시) 다음에서 사용한 광고 기법은?
: PPL

---

032 최신기출
지니계수 ★★★
Gini's Coefficient

- 소득분배의 불평등
- 경기도공공기관통합채용, 공무원연금단, 주택도시보증공사, 한국산업단지공단, IBK기업은행

소득분배의 불평등정도를 나타내기 위한 수치로, 0은 완전평등, 1은 완전불평등을 의미하며 1에 가까울수록 빈부의 격차가 크다는 뜻

자세히 이해하기

소득 분포를 나타내는 로렌츠 곡선과 균등 분배선(45도 직선) 사이의 면적을 구하면 소득 불평등 정도가 나오는데 이를 지니계수라고 한다.

기출
지니계수에 대한 설명으로 틀린 것은?
: 0에 가까울수록 불평등하다.(⇨ 0에 가까울수록 평등)

---

033 최신기출
엥겔지수 ★★★
Engel's Coefficient

- 식료품비 차지 비중
- 한국소비자원, 한국환경공단, 서울시복지재단, 부평구문화재단

가계 소비지출 총액에서 식료품비가 차지하는 비율로, 가계의 생활수준을 가늠하는 척도

자세히 이해하기

독일의 통계학자 에른스트 엥겔은 소득이 낮을수록 전체의 생계비에서 식료품비가 차지하는 비중이 커진다는 '엥겔의 법칙'을 발견했다.

예문
1인 가구는 엥겔지수가 낮고 소득의 많은 부분을 자기개발과 여가 및 취미활동 등에 투자한다는 통계가 있다.

034 최신기출
사회적기업 ★★★
Social Enterprise

- 사회서비스, 영리
- 성남도시개발공사, 서울시복지재단, 부산광역시공공기관통합채용

사회서비스 및 일자리 제공으로 지역주민의 삶의 질을 높이는 등 사회적 목적을 추구하는 동시에 영리활동도 함께 수행하는 기업

> ✅ **사회적책임 (社會的責任)**
> 단순한 이윤 추구를 넘어 윤리, 환경, 소비자, 지역사회 등을 고려해 지속가능한 발전을 추구하는 기업의 의무 개념

기출 사회적기업의 특징이 아닌 것은?
: 주주나 소유자의 권리가 우선이다.

035
통화스와프 ★★★
Currency Swaps

- 통화 교환
- 중소벤처기업진흥공단, 전라남도공공기관통합채용

두 나라가 약정된 환율에 따라 일정한 시점에 서로 다른 통화를 교환하는 외환거래를 의미

기출 2022년 6월 기준 한국과 통화스와프를 체결하지 않은 국가는?
: 일본

---

036 최신기출
코넥스 ★★★
KONEX
KOrea New EXchange

- 중소·벤처 전용 주식시장
- 대전시공공기관통합채용, 부산경제진흥원, 한국산업인력공단, 한국폴리텍대학교

코스닥 전 단계의 주식시장으로, 창업 초기 중소·벤처기업의 원활한 자금 조달을 위해 만들어진 전용 주식시장

> **주식시장 구분 : 코스피와 코스닥**
> - 코스피(KOSPI) : 증권거래소에 상장된 상장기업의 주식시장 및 그 지표. 우리나라를 대표할 만한 대기업들이 상장
> - 코스닥(KOSDAQ) : 코스피에 상장되기에는 미치지 못하지만 앞으로 발전가능성이 많은 중소·벤처기업들의 원활한 자금 조달을 위해 열리는 시장

037
세이프 가드 ★★☆
Safe Guard

- 무역보호조치
- 대구광역시교육청, 부산경제진흥원, 충북대학교병원

특정 품목의 수입이 급증하여 국내 산업에 커다란 손실을 입힐 것으로 판단되는 경우 일시적으로 발동하는 긴급 수입제한조치

기출 다음 중 무역보호조치와 관련된 것은?
: 세이프 가드

038 최신기출
사이드카 ***
Sidecar

- 매매 일시 정지
- 한국마사회, 한전KPS, 한국주택금융공사

주가의 등락 폭이 갑자기 커질 경우 시장에 미치는 영향을 완화하기 위해 주식 매매를 일시 정지시키는 제도

자세히 이해하기

선물가격이 전일 종가 대비 코스피 5%, 코스닥 6%(현물은 3%) 이상 상승 또는 하락이 1분간 지속될 때 발동된다. 이후 주식시장 프로그램 매매호가의 효력이 5분간 정지된다. 2025년 4월에는 미국 관세 정책으로 코스피200 선물지수가 급등락하면서 매도·매수 사이드카가 연이어 가동되어, 급락뿐 아니라 급등 시에도 시장 충격을 완화하는 안전장치로 기능했다.

039
서킷브레이커 ***
Circuit Breaker

- 주식 거래 일시 정지
- 대구도시개발공사, 광주관광공단, 한국주택금융공사

종합주가지수나 선물 가격이 큰 폭으로 변동하였을 때 시장에 미치는 영향을 완화하기 위해 일정 시간 거래를 정지하는 제도

자세히 이해하기

지수가 8%, 15%, 20% 하락 시 각각 서킷브레이커를 단계적으로 발동하게 되며, 3단계 발동 시에는 당일 거래가 정지된다. 2024년 8월 5일에는 코스피·코스닥 지수가 8% 넘게 폭락해 4년 5개월 만에 코스피 서킷브레이커가 발동됐다. 같은 날 사이드카와 함께 작동해 드문 사례로 기록됐으며, 코스피와 코스닥 양 시장에서 동시 발동된 것은 코로나19 이후 처음이었다.

040 최신기출
기준금리 ***
Base Rate

- 금융통화위원회
- 주택금융공사, 부산교통공사, IBK기업은행

한국은행(중앙은행) 안에 설치된 금융통화위원회에서 매달 회의를 통해 결정하는 금리

자세히 이해하기

한국은행이 금융기관과 환매조건부증권(RP) 매매나 자금조정 예금 및 대출 등의 거래를 할 때 기준이 되는 정책금리이다. 한국은행에서 기준금리를 발표하면 시중은행들이 이를 기준으로 금리를 책정하기 때문에 시중 통화량과 물가를 조정할 수 있다. 2024년 말부터 2025년 상반기까지 한국은행은 기준금리를 연속적으로 인하하여 2월 25일 2.75%로, 5월에는 2.50%로 조정하였다. 2025년 7월과 8월에는 2.50%를 유지하였으며, 이는 가계부채와 주택시장 리스크를 고려한 결정으로 평가된다.

기출
- 기준금리를 정하는 곳은?
  : 한국은행 금융통화위원회
- (시험일 기준) 한국과 미국의 이번 달 기준금리는?

041 최신기출
DTI ★★★
Debt To Income
총부채상환비율

- 대출 한도 규제
- 국가철도공단, 국민연금공단

주택담보대출을 받을 때 매년 상환해야 하는 금액이 연소득의 일정 비율을 넘지 않도록 제한하기 위해서 대출 한도를 정하는 계산 비율

예문 부동산 경기 회복의 부작용으로 가계부채 증가세가 지속돼 DTI 규제를 강화해야 한다는 지적이 제기됐다.

◎ LTV (Loan To Value ratio, 주택담보대출비율)
주택가격에 비해 주택담보대출금액이 차지하는 비율. 2022년 12월부터 규제지역 내 지역별, 주택가격별로 차등화된 LTV를 50%로 단일화, 투기 및 투기과열지구 내 시가 15억 원 초과 아파트 구입목적 주택담보대출 허용, 규제지역 내 서민, 실수요자[부부합산 연소득 9천만 원 이하, (투기, 투과지역)주택가격 9억 원 이하(단, 조정대상지역의 경우 8억 원 이하), 무주택세대주 등의 요건을 모두 충족)]의 경우 최대 6억 원 한도 내에서 70%까지 LTV 우대 가능으로 규제를 완화했다.

042 최신기출
물가 변동의 종류 ★★★

- 화폐가치 변동
- 종로구시설관리공단, 광주교통공사, 한국도로공사, 경남신용보증재단, 수원시공공기관통합채용

인플레이션 (Inflation)	통화량의 증가로 화폐가치가 하락하고 물가가 상승하는 현상
디플레이션 (Deflation)	경기가 하강하면서 물가도 지속적으로 하락하는 현상
하이퍼인플레이션 (Hyperinflation)	인플레이션이 상상을 초월할 정도로 과도해 화폐의 액면가치가 사실상 상실된 상태
스태그플레이션 (Stagflation)	경기침체에도 불구하고 물가가 오히려 오르는 현상
슈링크플레이션 (Shrinkflation)	제품의 가격은 유지한 채, 제품의 수량이나 크기·품질을 낮추는 현상
리플레이션 (Reflation)	디플레이션 상태에서 벗어나 심한 인플레이션까지는 이르지 않은 상태
애그플레이션 (Agflation)	농업(Agriculture)과 인플레이션(Inflation)의 합성어로, 농산물의 가격 급등이 다른 물가에도 영향을 주어 전반적인 인플레이션을 일으키는 것

기출
- 인플레이션 상황에서 알맞은 정책으로 옳은 것은?
  : 흑자재정(긴축재정)(⇨ 정부가 세금을 많이 거두고 지출을 줄여 경기를 안정화시키는 정책)
- 주어진 설명에 해당하는 인플레이션은?

043 최신기출
비교우위 ***
比較優位

- 비교우위 상품 특화
- 신용보증기금, 한국관광공사, 한국산업단지공단

각국이 상대적으로 생산비가 낮은 재화에 특화해 무역하면 상호 이익을 얻을 수 있다는 이론. 한 나라가 모든 재화를 잘 생산하더라도 상대적으로 더 유리한 분야에 집중하고, 다른 국가는 덜 불리한 분야에 집중해 교역하면 효율성을 극대화할 수 있음

> ✅ **절대우위 (絕對優位)**
> 아담 스미스가 주장한 이론으로, 각국은 절대우위를 가진 생산물을 수출하고 절대열위의 제품은 수입하는 것이 유리하다는 이론

044 최신기출
SWOT ***
Strength·Weakness·Opportunity·Threat

- 경영 전략
- 한국장학재단, 서울산업진흥원, 한국특허전략개발원, 한국보훈복지의료공단

조직의 강점(Strength)·약점(Weakness), 외부 환경의 기회(Opportunity)·위협(Threat)을 4가지 요인별로 분석하여 경영 전략을 세우는 방법론

> **기출** SWOT의 요소(영문)가 아닌 것은?

045 최신기출
BCG 매트릭스 ***
BCG Matrix

- 경영전략, 분석기법
- 중소벤처기업진흥공단, 수원시공공기관통합채용, 경기도공공기관통합채용, 한국지방재정공제회

성장-점유율 매트릭스(Growth-share matrix)라고도 부르며, 시장 성장률과 상대적 시장점유율이란 기준으로 사업을 네 가지 유형으로 구분하는 경영전략 분석 모형

> **BCG 매트릭스(사업 포트폴리오) 유형**
> - 스타(Star)사업 : 수익성과 성장성이 크므로 지속적인 투자 필요
> - 캐시카우(Cash Cow)사업 : 안정적 수익을 창출하는 자금 원천 사업
> - 물음표(Question Mark)사업 : 신규사업으로 향후 스타사업이 되거나, 도그사업이 될 수 있음
> - 도그(Dog)사업 : 성장성과 수익성이 없어 철수 대상 사업

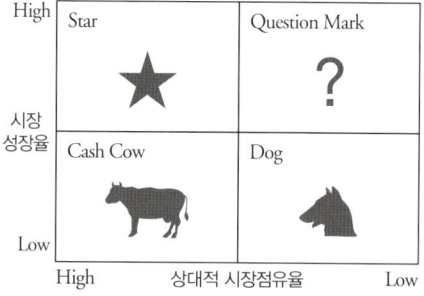

▲ BCG 매트릭스

046 최신기출
맥킨지 매트릭스 ***
McKinsey Matrix

- 산업 매력도, 사업 강점
- 부산교통공사, 서울교통공사, 경상남도공공기관통합채용, 전라북도공공기관통합채용, 한국중부발전

산업 매력도와 사업 강점으로 기업의 사업 포트폴리오를 평가·관리하는 기법. 이는 단순한 성장-점유율 분석(BCG 매트릭스)의 한계를 보완하며, 산업 매력도와 사업 강점이라는 다차원적 요소를 반영함

구분		사업 강점		
		강	중	약
산업 매력도	상	승리자 (우위 사수)	승리자 (성장 투자)	의문표 (선택적 성장)
	중	승리자 (이익 극대화)	평균 사업 (현상 유지)	패배자 (선택적 투자/철수)
	하	이익창출자	패배자 (선택적 수확)	패배자 (철수 및 손실 최소화)

맥킨지 7S 모델 (조직 분석 도구)
▲공유가치(Shared value) ▲전략(Strategy) ▲조직구조(Structure)
▲시스템(System) ▲구성원(Staff) ▲스킬(Skill) ▲스타일(Style)

047
4차 산업혁명 ***
The Fourth Industrial Revolution

- 제조업 ICT 융합
- 한국공항공사, 수원시공공기관통합채용

로봇기술, 인공지능(AI), 생명과학 등의 주도로 제조업과 정보통신기술(ICT)을 융합해 산업 전반의 경쟁력을 높이는 차세대 산업혁명

산업의 분류
- 1차 산업 : 농림수산업, 목축·수렵업
- 2차 산업 : 광업, 제조업, 건설업
- 3차 산업 : 상업, 금융·보험, 운송·수송 등 기타 서비스업
- 4차 산업 : 정보통신, 교육, 서비스 등 지식집약적 산업

048
젠트리피케이션 ***
Gentrification

- 원주민 내몰림
- 광주광역시공공기관통합채용, 충남문화재단, 한국문화예술위원회

중산층 이상의 사람들이 도심 지역의 노후 주거지로 유입되면서 주거비가 상승해 기존의 저소득층 주민(원주민)이 내몰리는 현상

자세히 이해하기

충남 예산시장은 지역 활성화의 대표 사례로 손꼽히지만, 활성화 이후 임대료와 매매가가 급격히 상승하면서 기존 상인들이 내몰리고 있다. 이는 전형적인 젠트리피케이션 현상이다.

049 최신기출
피그말리온 효과 ***
Pygmalion Effect

- 기대에 부응
- 국민연금공단, 서울교통공사, 수원시공공기관통합채용

타인의 기대나 관심을 받으면 그 기대에 부응하여 긍정적인 행동이나 성과를 보이는 현상

> **로젠탈 효과 (Rosenthal Effect)**
> 칭찬의 긍정적 효과를 설명하는 용어로 피그말리온 효과와 같은 의미. 교사의 기대에 따라 학습자의 성적이 향상되는 효과가 대표 사례

기출 피그말리온 효과와 의미가 다른 것은?
: 카타르시스(⇨ 마음속 억압된 감정을 해소해 마음의 안정을 찾는 일)

050 최신기출
외부 효과 ***
External Effect

- 경제(혜택), 불경제(손해)
- 경기신용보증재단, 한국도로공사, 주택도시보증공사

어떤 경제주체의 행위가 다른 경제주체에게 의도치 않은 영향을 미치는 효과

> **자세히 이해하기**
> 외부 효과는 외부불경제(다른 경제주체에게 손해를 발생시키는 것 ⓔ 대기오염, 소음공해)와 외부경제(다른 경제주체에게 혜택을 유발하는 것 ⓔ 과수농가와 양봉농가 관계)로 구분된다.

051 최신기출
미세먼지 ***
Particulate Matter

- 지름 PM10 이하 먼지
- 경기도일자리재단, 화성시문화재단, 해양환경공단

지름이 PM10(10㎛) 이하로 눈에 보이지 않을 정도로 작은 먼지 입자

> **초미세먼지 (Ultrafine Particles)**
> 황산염·질산염·탄소류와 금속 성분으로 이뤄진 PM2.5 이하 크기의 중금속·화학분

> **미세먼지 계절관리제 (Particulate Matter Seasonal Management System)**
> 고농도 미세먼지가 집중 발생하는 12월부터 이듬해 3월까지 평상시보다 강화된 미세먼지 배출 저감·관리조치를 시행하는 제도

052 최신기출
24절기 ***

- 전통적인 계절구분
- 한국폴리텍대학, 대전도시공사, 서울시설공단, 천안시시설관리공단, 기장군도시관리공단, 포항시시설관리공단

태양의 황도상 위치에 따라 계절의 변화를 구분한 전통적 절기

24절기 구분

계절	절기	일자	내용
봄	입춘	2월 4일 또는 5일	봄의 시작
	우수	2월 18일 또는 19일	봄비가 내리고 싹이 트는 시기
	경칩	3월 5일 또는 6일	개구리가 겨울잠에서 깨어남
	춘분	3월 20일 또는 21일	낮이 길어짐
	청명	4월 5일 또는 6일	봄 농사 준비
	곡우	4월 20일 또는 21일	농사비가 내림
여름	입하	5월 5일 또는 6일	여름의 시작
	소만	5월 21일 또는 22일	본격적인 농사 시작
	망종	6월 5일 또는 6일	씨를 뿌리기 시작하는 때
	하지	6월 21일 또는 22일	낮이 가장 긴 시기
	소서	7월 7일 또는 8일	더위의 시작
	대서	7월 22일 또는 23일	더위가 가장 심함
가을	입추	8월 7일 또는 8일	가을의 시작
	처서	8월 23일 또는 24일	더위가 식고 일교차가 커지는 시기
	백로	9월 7일 또는 8일	찬 이슬이 맺히기 시작
	추분	9월 23일 또는 24일	밤이 길어짐
	한로	10월 8일 또는 9일	찬이슬이 내리기 시작
	상강	10월 23일 또는 24일	서리가 내리기 시작
겨울	입동	11월 7일 또는 8일	겨울의 시작
	소설	11월 22일 또는 23일	얼음이 얼기 시작
	대설	12월 7일 또는 8일	큰 눈이 내리는 시기
	동지	12월 21일 또는 22일	밤이 가장 긴 시기
	소한	1월 5일 또는 6일	본격적으로 추워지는 시기
	대한	1월 20일 또는 21일	한해에 제일 추운 날

기출
- '개구리가 겨울잠을 깨고 나온다'는 절기는? : 경칩
- 24절기 중 가장 밤이 긴 시기는? : 동지
- 다음 중 겨울을 설명하는 단어가 아닌 것은? : 처서
- '하늘이 차차 넓어진다'는 뜻을 지닌 절기는? : 청명

053 최신기출
최저임금 제도 ***
最低賃金 制度

- 법정 임금 하한선. 2026년 10,320원
- 은평구시설관리공단, 영화진흥위원회, 전라남도공공기관통합채용

국가가 임금액의 최저 한도를 결정하고 사용자가 이를 지급하도록 법적으로 강제하는 제도

> **자세히 이해하기** 🔍
> 근로자의 생활안정과 노동력의 질적 향상을 꾀하고 국민경제 발전에 기여하기 위한 제도이다. 2025년 시간당 최저임금은 10,030원으로 2024년보다 1.7%(170원) 올랐고, 2026년은 10,320원으로 2025년보다 2.9%(290원)올랐다.

> **기출** 2025년 최저임금은 얼마인가?
> : 시급 10,030원

054
통상임금 ★★☆
通常賃金

- 일률적·고정적 임금
- 한국남동발전, 근로복지공단

근로자에게 일률적·고정적·정기적으로 지급되는 임금의 총칭. 월급·주급·일급·시급뿐 아니라 정기상여금, 근속수당 등도 포함

> **기출** 통상임금에 대해 옳지 않은 설명은?
> : 3개월 동안 총임금을 일한 날로 나눈 것이다.(⇨ 평균임금에 대한 설명)

---

055 최신기출
노동3권 ***

- 노동자 기본권
- 경기도경제과학진흥원, 부산디자인진흥원, 한국공항공사

헌법상 노동자에게 인정되는 기본권. ▲단결권 ▲단체교섭권 ▲단체행동권을 의미

- **단결권** : 근로자가 근로조건을 유지·개선하기 위해 단결할 수 있는 권리
- **단체교섭권** : 노동조합이 사용자와 근로조건의 유지·개선에 관해 교섭할 수 있는 권리
- **단체행동권** : 근로자가 근로조건의 유지·개선을 위하여 사용자에 대항하여 단체적인 행동을 할 수 있는 권리

> ✓ **노동조합 (Labor Union)**
> 근로자가 자주적으로 조직하여 임금, 근로시간, 복지 등 노동조건 개선과 권익 보호를 목적으로 사용자와 교섭하는 단체

> **기출** 다음 중 노동3권이 아닌 것은?
> : 단체결성권

056 최신기출

노동쟁의 ★★★
勞動爭議

- 노동 분쟁
- 한국중부발전, 한국보훈복지의료공단, 부산교통공사, 한국철도공사

노동관계 당사자 간의 근로조건에 관한 분쟁

> **자세히 이해하기**
>
> 2025년 8월에 통과된 노란봉투법은 「노동조합 및 노동관계조정법」 개정안으로, 노동쟁의 시 기업이 제기하는 과도한 손해배상 청구를 제한해 노동3권 보장과 쟁의행위의 정당성 강화를 목표로 한다.

노동쟁의 종류

파업	근로를 거부하는 것
태업	근로를 게을리 하는 것
보이콧	회사의 상품이나 회사와 거래관계에 있는 제3자의 상품에 대한 불매운동
피케팅	플래카드, 피켓, 확성기 등을 사용하여 파업에 동참할 것을 호소하는 것
직장폐쇄	사용자가 일정기간 직장을 폐쇄하는 것

> **기출**
> 노동부 장관이 긴급조정 결정을 통고하면 공표일로부터 며칠 이내에 쟁의행위를 할 수 없는가?
> : 30일

---

057 최신기출

숍제도 ★★☆
Shop System

- 노동조합 가입 조건에 따른 고용 형태 제도
- 경기도공공기관통합채용, 한국보훈복지의료공단

근로자의 노동조합 가입 여부에 따라 고용을 제한하거나 허용하는 제도. 대표적으로 클로즈드숍(Closed shop), 유니온숍(Union shop), 오픈숍(Open shop), 에이전시숍(Agency shop) 등이 있으며 노동시장 내 조합의 영향력을 반영

노동조합 운영 제도

제도명	노동조합 가입 조건	노동조합과의 관련성
클로즈드숍	조합원만 채용 가능	조합의 영향력 매우 큼
유니온숍	채용 후 일정 기간 내 가입 의무	법적 제도에 따라 조합 가입 강제
오픈숍	가입 여부와 관계없이 고용	조합 자유, 강제 없음
에이전시숍	가입은 강제 아님, 조합비 상당액 납부 의무	재정적 의무 부과

> **기출**
> 다음 설명이 말하고자 하는 숍제도는?
> : 에이전시숍

058
워크아웃***
Workout

- 기업 회생
- 한국수자원공사, 부산경제진흥원, SGI서울보증

부실기업의 구조조정을 위해 기업과 금융기관이 서로 협의해 진행하는 기업 개선 작업

059 최신기출
WTO***
World Trade Organization
세계무역기구

- 서비스, 지식재산권
- 시흥산업진흥원, 충북대학교, 서울시설공단, 경기관광공사

회원국 간 무역 협정을 관리·감독하고, 분쟁을 조정하는 국제기구. 1947년 시작된 가트(GATT) 체제를 대체하기 위해 1995년 출범

> **자세히 이해하기**
>
> 2025년 8월 미국 무역대표부(USTR)는 지난 30여 년간 전 세계 자유무역질서를 이끌어온 세계무역기구(WTO) 체제 종료를 선언하며, 글로벌 무역질서를 이른바 '트럼프 라운드'로 재편하겠다는 구상을 제시했다.

060
FTA***
Free Trade Agreement
자유무역협정

- 무역 특혜
- 대전도시공사, 해양환경공단, 한국환경공단

국가 간 상품 이동을 자유롭게 하기 위해 관세 등 제한 조건을 완화하거나 제거하여 무역 특혜를 상호 부여하는 협정

> **한국 FTA 체결 및 발효 현황(59개국, 2024년 12월 기준)**
> ASEAN(동남아시아국가연합), EFTA(유럽자유무역연합), EU(유럽연합), 중미(5개국), 미국, 싱가포르, 칠레, 페루, 튀르키예(터키), 인도, 호주, 캐나다, 중국, 뉴질랜드, 베트남, 콜롬비아, 영국, RCEP, 이스라엘, 캄보디아, 인도네시아

> **기출** 2024년에 한국과 FTA 체결한지 20주년이 된 나라는?
> : 칠레

061
ASEAN***
Association of South-East Asian Nations
동남아시아국가연합

- 동남아시아 공동체
- 건설근로자공제회, 서대문구도시관리공단

1967년에 창설된 동남아시아의 정치·경제·사회·문화 공동체. ▲태국 ▲인도네시아 ▲필리핀 ▲말레이시아 ▲싱가포르 ▲브루나이 ▲베트남 ▲라오스 ▲미얀마 ▲캄보디아 등 총 10개국으로 구성

> **ASEM (ASia-Europe Meeting, 아시아·유럽정상회의)**
> 한국·중국·일본 동북아 3개국과 ASEAN 회원국, 유럽연합(EU) 등 총 52개국의 정상이 참여하는 협의체

062 몬트리올의정서 ★★★
Montreal Protocol

- 오존층, 국제 협약
- 한국장애인고용공단, 한국남동발전, 한국시설안전공단

오존층 파괴 물질(프레온가스, 할론 등)의 생산 및 사용을 규제하기 위해 제정된 국제협약(1989년에 발효)

> **오존층 (Ozone Layer)**
> 성층권에서 많은 양의 오존을 함유하고 있는 두께 약 2~4mm의 층

기출 오존층을 파괴하는 물질로 옳은 것은?
: 프레온가스, 할론가스

---

063 파리협정 ★★☆
Paris Agreement

- 교토의정서 대체 협약
- 충북대학교병원, 인천교통공사

교토의정서의 효력이 2020년 만료됨에 따라 이를 대체하는 신기후체제 협약

자세히 이해하기
2015년 12월 12일 유엔기후변화협약(UNFCCC) 당사국 총회에서 채택됐다. 산업화 이전 수준 대비 지구 평균 기온이 2도 이상 상승하지 않도록 온실가스 배출량을 단계적으로 감축하는 내용이 골자다.

> **교토의정서 (Kyoto Protocol)**
> 온실가스 감축목표를 규정하고 의무를 달성하지 못하면 규제를 부과할 수 있도록 한 국제규약. 2012년 종료 예정이었지만 2020년까지 연장되었고, 이후 2021년부터 파리기후변화협정이 시행됨

---

064 유로존 ★★☆
Eurozone

- 단일통화, 유럽중앙은행
- 서울특별시농수산식품공사, 경북개발공사

유로를 국가 동화로 도입해 사용하는 국가나 지역을 통틀어 부르는 말

자세히 이해하기
유럽중앙은행(ECB, European Central Bank)은 유로존의 통화 정책을 담당한다. 현재 유로존은 20개국으로 오스트리아, 벨기에, 키프로스, 핀란드, 프랑스, 독일, 그리스, 아일랜드, 이탈리아, 룩셈부르크, 몰타, 네덜란드, 포르투갈, 슬로베니아, 스페인, 슬로바키아, 에스토니아, 라트비아, 라투아니아, 크로아티아이며 크로아티아는 2023년 1월 1일에 20번째로 가입했다. 불가리아는 2026년 1월 1일 유로존 가입이 확정되어 있다.

기출 변형 (2025년 기준) 유로화를 쓰지 않는 EU(유럽연합) 국가는?
: 덴마크, 스웨덴, 불가리아, 체코, 헝가리, 폴란드, 루마니아(7개국)

065
각국의 화폐단위 ★★★

- 바트, 링깃
- 부산경제진흥원, 농촌진흥청, 한국디자인진흥원, 한국지방재정공제회

한국	원(₩)	일본	엔(¥)
중국	위안(¥)	대만	뉴타이완달러(NT$)
홍콩	홍콩달러(HK$)	싱가포르	싱가포르달러(S$)
태국	바트(฿)	필리핀	페소(PHP)
멕시코	페소(MXN)	아르헨티나	페소(ARS)
말레이시아	링깃(MYR)	인도	루피(INR)
스리랑카	루피(LKR)	파키스탄	루피(PKR)
베트남	동(VND)	몽골	투그릭(MNT)
방글라데시	타카(BDT)	라오스	킵(LAK)
캄보디아	리엘(KHR)	브라질	헤알(BRL)
튀르키예	리라(TRY)	러시아	루블(RUB)
유럽연합	유로(€)	–	–

> **기출** 화폐단위가 옳지 않은 것은?
> : 영국-달러 (⇨ 영국은 파운드)

066
수니파·시아파 ★☆☆
Suunis · Shiis

- 이슬람교, 분파
- 한국문화예술위원회

이슬람교에서 가장 세력이 큰 양대 분파

자세히 이해하기

두 종파는 '예언자' 무함마드(Muhammad, 570~632)의 정통 후계자를 둘러싼 의견 대립으로 갈라졌다. 수니파는 공동체가 선출한 통치자를 후계자로 인정했으나, 시아파는 무함마드의 혈통만을 정통으로 보아 알리를 계승자로 삼았다. 현재 무슬림의 약 90%가 수니파이며, 시아파는 이란·이라크·시리아·레바논 등 일부 지역에서 주류를 이룬다.

예문 시아파 신정국가인 이란은 수니파 무장 단체 IS가 시리아·이라크에서 세력을 넓히는 것을 경계해왔다.

067
마키아벨리즘 ★★☆
Machiavellism

- 군주론
- 공무원연금공단, 한국공항공사, 한국전력거래소

정치적 목적을 달성하기 위해 수단과 방법을 가리지 않는 국가지상주의적 이념

자세히 이해하기

르네상스 시기의 정치이론가인 마키아벨리의 『군주론』(1513)에서 나온 용어로 정치는 도덕과 종교로부터 독립성을 가지므로 정치 목적의 달성을 위해서는 혹여나 수단이 도덕에 반하거나 종교에 반하더라도 정당화시킬 수 있다는 정치 사상이다.

068
사서오경 ★☆☆
四書五經

- 유교경전
- 국민연금공단, 한국환경공단

『논어』, 『맹자』, 『중용』, 『대학』의 네 경전(사서)과 『시경』, 『서경』, 『주역』, 『예기』, 『춘추』의 다섯 경서(오경)

> **기출** 사서에 해당되지 않는 것은?
> : 춘추(⇨ 오경에 해당)

069
노벨상 ★★☆
Nobel Prize

- 인류 발전 공헌, 6개 부문
- 경기도시공사, 방송통신심의위원회

인류 발전에 크게 기여한 이들에게 수여되는 최고 권위의 상. 매년 12월 10일 알프레드 노벨의 서거일에 스웨덴 스톡홀름(평화상은 노르웨이 오슬로)에서 수여됨

> **노벨상 종류**
> ▲물리학상 ▲화학상 ▲생리의학상 ▲문학상 ▲평화상▲경제학상

> **기출** 노벨문학상 수상자와 작품의 연결이 틀린 것은?
> : 무라카미 하루키-싯다르타(⇨ 헤르만 헤세 작품)

070 최신기출
한강 ★★★
韓江
1970~

- 한국 소설가, 노벨문학상
- 한국문화예술위원회, 전남신용보증재단

2016년 맨부커상 인터내셔널 부문, 2024년 노벨문학상을 수상한 한국 소설가. 아시아 여성 최초로 노벨문학상을 받아 한국 문학의 위상을 높임

> **한강 작가 주요 작품**
> 「소년이 온다」, 「채식주의자」, 「흰」, 「몽고반점」, 「희랍어 시간」 등

> **기출**
> - 5·18 광주 민주화운동을 다뤘고 이탈리아 말라파르테 문학상을 수상한 작품은? : 「소년이 온다」
> - 다음 중 한강의 작품이 아닌 것은?

071 최신기출
김소월 ★★★
金素月
1902~1934

- 향토성, 진달래꽃
- 국민진흥공단, 한국농어촌공사, 농촌진흥청, 부산시통합채용

짙은 향토성과 전통적인 서정을 바탕으로 이별의 정한을 노래한 한국 근대 대표 시인

> **자세히 이해하기**
> 2025년 3월, 김소월의 유일한 시집인 『진달래꽃』이 발간 100주년을 맞아 초판 원본 그대로 복각되었다.

> **김소월 작가 주요 작품**
> 「진달래꽃」, 「초혼」, 「접동새」, 「산유화」, 「바라건대는 우리에게 우리의 보습 대일 땅이 있었더면」 등

> **기출** 다음 중 김소월의 작품은? : 진달래꽃, 접동새

072 최신기출

유네스코 유산 ★★★
UNESCO Heritage

- 반구천의 암각화, 경북 동해안
- 화성시공공기관통합채용, 광주광역시공공기관통합채용, 서울시설공단

유네스코(국제연합교육과학문화기구)가 인류 보편적 가치와 중요성을 인정하고 보호하는 유·무형의 유산

한국의 유네스코 유산(2025년 10월 기준)

세계유산 (문화·자연· 복합유산)	▲한국의 서원 ▲한국의 갯벌 ▲산사, 한국의 산지승원 ▲백제역사유적지구 ▲남한산성 ▲한국의 역사마을:하회와 양동 ▲조선 왕릉 ▲제주 화산섬과 용암 동굴 ▲고창, 화순, 강화의 고인돌 ▲경주 역사지구 ▲창덕궁 ▲화성 ▲해인사 장경판전 ▲종묘 ▲석굴암과 불국사 ▲가야고분군 ▲반구천의 암각화(2025년 신규 등재)
인류무형 문화유산	▲연등회 ▲씨름(남북한 공동 등재) ▲제주해녀문화 ▲줄다리기 ▲농악 ▲김장 ▲아리랑(남북한 개별 등재) ▲줄타기 ▲택견 ▲한산 모시짜기 ▲대목장(大木匠) ▲매사냥 ▲가곡 ▲처용무 ▲강강술래 ▲제주칠머리당 영등굿 ▲남사당놀이 ▲영산재 ▲강릉단오제 ▲판소리 ▲종묘제례 및 종묘제례악 ▲한국의 탈춤 ▲한국의 장 담그기 문화
세계기록유산	▲국채보상운동 기록물 ▲조선통신사에 관한 기록 ▲조선왕실 어보와 어책 ▲한국의 유교책판 ▲KBS 특별생방송 '이산가족을 찾습니다' 기록물 ▲새마을운동 기록물 ▲난중일기 ▲5·18 광주 민주화운동 기록물 ▲일성록 ▲동의보감 ▲고려대장경판 및 제경판 ▲조선왕조 의궤 ▲불조직지심체요절 하권 ▲승정원일기 ▲조선왕조실록 ▲훈민정음 해례본 ▲4·19혁명 기록물 ▲동학농민혁명 기록물 ▲산림녹화기록물 ▲제주4·3기록문
생물권보전지역	▲창녕 ▲완도 ▲연천 임진강 ▲강원 생태평화 ▲순천 ▲고창 ▲광릉숲 ▲신안 다도해 ▲제주도 ▲설악산
세계지질공원	▲전북 서해안 ▲한탄강 ▲무등산권 ▲청송 ▲제주도 ▲단양 ▲경북 동해안

북한의 유네스코 유산

구분	개정 후
세계유산	▲개성의 역사기념물과 유적 ▲고구려고분군 ▲금강산
세계기록유산	▲무예도보통지 ▲혼천전도(조선후기 천문도 북한 소재 판본)
인류무형 문화유산	▲조선민요 '아리랑' ▲김치 담그기 전통 ▲씨름 ▲평양냉면 풍습 ▲조선 옷차림 풍습
생물권보전지역	▲백두산 ▲구월산 ▲묘향산 ▲칠보산 ▲금강산

기출
- 인류무형문화유산이 아닌 것은? : 사물놀이
- 유네스코 세계유산으로 옳은 것은?
- 한국과 북한의 인류무형문화유산이 올바르게 짝지어진 것은? : 줄타기, 씨름

073 최신기출
플라톤 ★★★
Plato
BC 427~347

- 이데아설
- 대전교통공사, 한국보훈복지의료공단, 한국철도공사

고대 그리스의 철학자로, 객관적 관념론의 창시자이며 이데아설을 제창

✓ 이데아(Idea)설
이데아는 비물질적이고 영원한 실재이며, 감각에 호소하는 경험적 사물의 세계는 이데아를 모방한 것이라는 이원론적 세계관

플라톤의 4주덕
지혜, 용기, 절제, 정의

예문	플라톤은 국가 존재의 목적은 정의의 실현에 있다고 보아, 국가는 정의의 원리에 기초해 건설되어야 한다고 주장하였다.
기출	플라톤과 관련 없는 사상은? : 정의론(⇨ 존 롤스의 사상)

074
맹자 ★★☆
孟子
BC 372?~289

- 유교, 4단
- 한국농어촌공사, 근로복지공단, 국립생태원

중국 전국시대 유교 사상가로 4단(인간의 4가지 마음)과 성선설(인간의 성품은 본래부터 선하다는 학설) 주장

맹자의 4단(四端)
측은지심(惻隱之心), 수오지심(羞惡之心), 사양지심(辭讓之心), 시비지심(是非之心)

기출	맹자의 4단이 아닌 것은? : 교우이신(交友以信)

075 최신기출
데카르트 ★★★
René Descartes
1596~1650

- 근대철학의 아버지
- 부산광역시공무직, 부산교통공사, 한국방송광고진흥공사

서양 근대철학의 출발점으로 평가되는 프랑스 철학자로, 지식의 근원을 이성에서 찾는 합리론을 주장

경험론과 합리론 비교

개관	경험론	합리론
공통점	지성을 통한 새로운 지식과 진리의 발견	
사유와 지식의 근원	후천적 경험	선천적 이성
지식의 획득 과정	관찰과 실험	논리와 추리
방법론	귀납법	연역법
대표 사상가	베이컨, 홉스, 흄	데카르트, 스피노자

기출	데카르트가 한 말로 적절한 것은? : 나는 생각한다. 고로 존재한다.

076 최신기출
르네상스 ***
Renaissance

- 이탈리아 시작, 인본주의
- 수원시공공기관통합채용, 산업단지공단, 한국토지주택공사, 포항시설관리공단

14세기 말~16세기 초 이탈리아에서 시작되어 유럽 전역에 파급된 예술문화운동. 인본주의(인간중심) 학문 발달

자세히 이해하기

르네상스란 '재생', '부활'을 의미하는 프랑스어로, 중세기의 종교적 속박에서 벗어나 그리스·로마 시대의 인간성과 문화가 재조명되었다. 개인의 존중, 개성의 해방, 자연과 인간의 발견 등을 강조하며, 이는 유럽 근대 문화의 사상적 원동력이 되었다.

- 대표적 인문주의자: 단테, 페트라르카, 보카치오
- 르네상스 3대 미술가: 레오나르도 다빈치, 미켈란젤로, 라파엘로

기출 르네상스 시대의 특징은?
: 인본주의 학문 발달

077
레오나르도 다 빈치 **☆
Leonardo da Vinci
1452~1519

- 최후의 만찬
- 구미문화재단, 한국국제협력단, 농촌진흥청, 방송통신심의위원회

르네상스 시대 이탈리아의 대표적 예술가

레오나르도 다 빈치 예술가 주요 작품
『최후의 만찬』, 『모나리자』, 『동굴의 성모』, 『동방박사의 예배』 등

기출
- 레오나르도 다 빈치의 작품이 아닌 것은?
: 다비드상(⇨ 미켈란젤로 작품)
- 다음 중 라파엘로의 작품이 아닌 것은?
: 피에타(⇨ 미켈란젤로 작품)
- 다음 중 레오나르도 다 빈치의 출생지는?
: 토스카나 빈치(이탈리아)

---

078 최신기출
메세나 ***
Mecenat

- 예술, 기업 지원
- 경기도공공기관통합채용, 인천문화재단, 노원문화재단

문화예술·스포츠 등에 대한 기업의 지원 활동을 총칭하는 용어

자세히 이해하기

로마 제국 시대에 문화예술가들을 후원했던 정치가 가이우스 마에케나스(Gaius Cilnius Maecenas, BC 68~8)에서 유래됐다. 오늘날에는 기업의 사회공헌활동 중 하나로 자리 잡았다.

079 빈센트 반 고흐 ★★☆
Vincent van Gogh
1853~1890

- 강렬한 색감과 감정을 담은 후기 인상주의 화가
- 광주광역시공공재단, 중앙보훈병원, 광명도시공사

서양 미술사상 가장 위대한 화가 중 한 명으로 꼽히는 네덜란드 출신 화가. 후기인상주의 화가로 분류

빈센트 반 고흐 화가 주요 작품
『빈센트의 방』, 『별이 빛나는 밤』, 『밤의 카페』, 『감자 먹는 사람들』, 『아를의 도개교』, 『해바라기』 등

기출 '별이 빛나는 밤'을 그린 사람은?
: 빈센트 반 고흐

080 최신기출 레퀴엠 ★★★
Requiem

- 위령 미사, 진혼곡
- 광주광역시공공기관통합채용, 대구시설관리공단, 한국석유공사, 한국문화예술위원회

사자(死者)를 위한 미사곡으로, 진혼곡(鎭魂曲) 또는 위령미사곡이라고도 함

081 도슨트 ★★☆
Docent

- 전시 안내
- 화성도시공사, 한국공항공사, 한국문화예술위원회

박물관·미술관 등에서 관람객에게 전시물을 설명하는 안내인

082 메이킹필름 ★★☆
Making film

- 제작 과정
- 한국장애인고용공단, 한국사회적기업진흥원, 경기콘텐츠진흥원

영화·드라마 등의 촬영과 제작 과정을 담은 영상물

시놉시스 (Synopsis)
작가가 작품의 주제를 알리기 위해 적은 간단한 줄거리·개요

기출 영화 제작 과정과 뒷이야기를 보여주는 영상물은?
: 메이킹필름

083 미장센 ★★☆
Miseenscène

- 시각적 요소
- 화성시공공기관통합채용, 영화진흥위원회, 방송통신심의위원회

연극의 무대나 영화의 화면에서 나타나는 모든 시각적 요소를 배열·구성하는 행위

> **기출** 관객에게 감독의 의도를 전달할 목적으로 등장인물의 동작이나, 소품, 무대 장치 등을 계획하고 구성하는 행위는?
> : 미장센

084 세계 3대 영화제 ★★★ *최신기출*

- 이탈리아, 프랑스, 독일
- 구미문화재단, 예술의전당, 전라남도공공기관통합채용, 화성도시공사

세계적 권위를 자랑하는 ▲베니스영화제 ▲칸영화제 ▲베를린영화제를 일컫는 말

영화제	개최지	특징
베니스영화제 (1932)	이탈리아	• 가장 오랜 전통을 가진 영화제 • 통상 매년 8월 말에서 9월 초에 개최 • 최고상: 황금사자상
칸영화제 (1946)	프랑스	• 3대 영화제 중 최고 권위 • 통상 매년 5월에 개최 • 최고상: 황금종려상
베를린영화제 (1951)	독일	• 독일의 통일을 기원하는 영화제로 시작 • 통상 매년 2월 중순에 개최 • 최고상: 황금곰상

> **기출**
> - 칸영화제의 대상은?
>   : 황금종려상
> - 다음 중 세계 3대 영화제에 속하지 않는 것은?

085 선댄스 영화제 ★★☆
The Sundance Filim Festival

- 독립영화제, 미나리
- 대전광역시공공기관통합채용, 서대문구도시관리공단, 영화진흥위원회

미국 최고 권위의 국제 독립영화제로, 배우 로버트 레드포드가 설립. 한국 영화 〈미나리〉가 제36회 심사위원대상과 관객상 수상

> ● **에쿼티 펀딩 (Equity Funding)**
> 프로젝트를 통해 종잣돈을 마련하거나 자본을 사적으로 조달한 뒤 투자 책임을 나눠 가지는 대표적인 독립영화 제작비 조달 방식
>
> ● **프리세일 (Presale)**
> 미리 판권을 판매해 자금을 조달하는 영화 선매 방식으로 미국 독립영화의 전형적인 투자·제작 방식

> **기출** 세계 최고의 독립영화제 이름은?
> : 선댄스 영화제

086 최신기출
비엔날레 ★★★
Biennale

- 2년, 미술전
- 오산문화재단, 근로복지공단, 예술의전당, 서울시설공단

2년마다 열리는 국제 미술전

> **자세히 이해하기**
>
> 2025년 9월 "Korea Art Festival"를 통해 전국 미술 축제가 한 달간 펼쳐졌다. 이 기간에 광주디자인비엔날레, 청주공예비엔날레, 대구사진비엔날레, 전남국제수묵비엔날레, 세계서예전북비엔날레, Sea Art Festival, 서울미디어시티비엔날레 등 7개 행사가 동시 개막하였다. 이들 행사는 도시 공간을 활용한 전시와 공연, 시민 참여 프로그램, 국제 심포지엄을 결합해 예술과 도시 문화의 융합을 선보였다.

- 트리엔날레(triennale) : 3년마다 열리는 미술행사
- 콰드리엔날레(quadriennale) : 4년마다 열리는 미술행사
- 3대 비엔날레 : 베니스(이탈리아), 휘트니(미국), 상파울루(브라질) 비엔날레
- 5대 비엔날레 : 3대 비엔날레+시드니(호주), 광주(대한민국) 비엔날레

기출
- 2년마다 한 번씩 열리는 예술축제는? : 비엔날레
- 우리나라에서 비엔날레가 처음 열린 곳은? : 광주광역시

087
문화가 있는 날 ★★☆

- 매달 마지막 수요일
- 인천서구문화재단, 서울시설공단

매달 마지막 수요일에 국민이 영화관, 공연장, 미술관 등의 문화예술 시설을 무료 또는 할인된 가격으로 이용할 수 있도록 한 문화 향유 확대 캠페인

> ✓ **문화누리카드**
>
> 기초생활수급자, 차상위계층 등을 대상으로 공연·전시·영화 등 다양한 문화예술을 누리도록 지원하는 카드

088
카피레프트 ★★☆
Copyleft

- 카피라이트, 공유
- 신용보증재단중앙회, 한국수력원자력

지식재산권(저작권)을 의미하는 카피라이트(Copyright)에 반대되는 개념으로, 저작물을 독점하지 않고 자유롭게 공유·활용하자는 운동

089
엠바고 ★★☆
Embargo

- 통상금지, 보도유보
- 서대문구도시관리공단, 부천시공공기관통합채용

특정 뉴스 기사의 보도를 일정 시점까지 유보·제한하는 것

> **자세히 이해하기**
>
> 본래는 한 나라가 특정 국가와의 모든 경제교류를 중단하는 통상금지(通商禁止)를 뜻하는 경제 용어이다.

090 최신기출
구석기 시대 ★★★
Paleolithic Age

- 뗀석기 사용
- 한국산업인력공단, 한국산업인력공단, 경기도일자리재단, 남양주도시공사

지구상에 인류의 출현해 약 1만 년 전까지 돌을 깨뜨려 만든 뗀석기를 도구로 사용하던 시대

▶ 자세히 이해하기

구석기 시대 사람들은 수렵·채집·낚시를 하며 집단으로 이동 생활을 했고 불을 사용했다. 또한 자연을 숭배하는 신앙생활과 원시 예술활동도 있었다.

091
단군신화 ★★☆
檀君神話

- 고조선, 건국신화
- 한국공항공사, 중앙보훈병원

우리 민족의 시조인 단군과 고조선에 대한 신화

기출
- 단군왕검의 뜻은?
  : 제정일치 시대의 우두머리
- 단군신화가 수록되지 않은 문헌은?
  : 삼국사기(⇨ 삼국유사, 제왕운기, 세종실록지리지, 응제시주, 동국여지승람에 수록)

092
골품제 ★★☆
骨品制

- 신라 신분제도
- 부천시공공기관통합채용, 수원시공공기관통합채용, 경기도시공사

혈통을 따져 사회적 제약이 가해지는 신라의 신분제도

● 독서삼품과 (讀書三品科)
골품제를 기초로 한 종래의 인재 등용 방식을 지양하고 유교 경전의 이해 정도를 시험해 관리를 채용한 관리채용시험제도. 하지만 골품제 때문에 그 기능을 제대로 발휘하지 못함

기출 다음 중 골품제와 관련이 깊은 왕은?
: 선덕여왕

093 최신기출
법흥왕 ★★★
法興王
?~540

- 불교 공인, 율령 반포
- 한국수력원자력, 한국산업인력공단, 한국보훈복지의료공단

신라 제23대 임금으로, 이차돈의 순교를 계기로 불교 공인, 율령 반포, 병부 설치, 독자적 연호 '건원' 사용, 금관가야 병합 등의 업적을 남김

기출 법흥왕 업적은?
: 불교 공인, 율령 반포, 병부 설치 등

094 최신기출
광종 ★★☆
光宗
925~975

- 왕권 강화
- 한국보훈복지의료공단, 수원시공공기관통합채용

고려 제4대 왕으로, 노비안검법과 과거제 실시, 관리의 공복 제정, 광덕(光德)·준풍(峻豊) 등 독자적 연호 사용 등 왕권 강화와 개혁 정치로 국가 기반을 닦음

> ● **노비안검법(奴婢按檢法)**
> 불법으로 노비가 된 자를 조사해 양인으로 해방시켜주기 위한 법으로, 고려 광종 7년(956) 귀족들의 세력 증대 억제를 위해 실시

기출	쌍기의 건의를 받아들여 우리나라 역사 최초로 과거제를 도입한 왕은?

095 최신기출
묘청의 난 ★★★

- 서경천도
- 한국산업인력공단, 부산시공무직, 한국중부발전, 근로복지공단, 장애인고용공단, 한국산업단지공단

1135년 고려 인종 때, 묘청이 김부식 등 문벌귀족 세력을 누르고 정권을 장악하고자 서경(평양) 천도를 주장하며 군사를 일으킨 사건

배경	고려 인종이 정치 개혁을 추진하는 과정에서 개경파(김부식)와 서경파(묘청)의 대립 발생
결과	김부식이 이끈 관군이 서경에서 발생한 난을 진압
의의	• 문벌귀족 사회 내부 분열과 지역세력 간 대립 • 귀족사회 내부 모순을 드러냄

096 최신기출
삼별초 ★★★
三別抄

- 고려 무신정권의 사병 조직
- 수원시공공기관통합채용, 부산광역시공공기관통합채용, 부평구문화재단

고려 때 최씨 무신정권이 조직한 군대로, 몽골과의 항쟁에서 끝까지 저항한 반몽 부대. 진도와 제주에서 항전하다 결국 진압됨

기출	삼별초의 마지막 항쟁지는? : 제주도

097 최신기출
삼국유사 ★★★
三國遺事

- 일연, 단군신화
- 한국산업인력공단, 한국석유공사, 한국남동발전, 한국산업단지공사, 포항시청소년재단

고려 후기 승려 일연이 지은 삼국시대 역사서로, 삼국의 역사뿐 아니라 단군신화, 가락국기, 불교 전래 등 고대 전설과 기록을 포함

> **삼국사기 (三國史記)**
> 고려 중기 유학자인 김부식이 지은 삼국시대 역사서로 기전체(인물을 중심으로 시대의 역사를 기술하는 역사 편찬 방식)로 서술. 삼국사기가 정사(正史)라면, 삼국유사는 야사(野史)라고 할 수 있음

> **기출**
> - 일연의 『삼국유사』, 이승휴의 『제왕운기』, 권람의 『응제시주』의 공통점은?
>   : 단군신화가 실린 책이다.
> - 삼국유사에 대한 설명으로 맞는 것은?

098 최신기출
공민왕의 개혁정책 ★★★

- 반원 자주 정책
- 한국산업인력공단, 한국중부발전, 부산보훈병원, 한국동부발전

고려 후기 권문세족들이 토지와 노비를 늘려 국가기반이 크게 악화되자 이를 시정하기 위해 펼친 정치

개혁정치 내용

반원 자주 정책	왕권 강화 정책
• 정동행성 이문소 폐지 • 몽골풍 금지 • 원의 간섭으로 바뀐 관제 복구 • 쌍성총관부 공격 • 친원 세력 숙청	• 전민변정도감 설치 • 신진사대부의 정계 진출 확대

> **기출**
> 공민왕의 개혁정책으로 옳은 것은?
> : 쌍성총관부 공격

099 최신기출
정도전 ★★★
鄭道傳
1342~1398

- 재상정치, 이방원
- 한국중부발전, 한국산업인력공단, 광주광역시공공기관통합채용

급진개혁파로 왕권과 신권의 조화를 추구하는 이상적 왕도정치(재상정치)를 내세우며 조선 왕조를 설계한 인물. 이방원에게 죽임을 당함

> **재상정치 (宰相政治)**
> 왕권과 신권이 조화를 이루며 신하와 왕이 협의하는 이상적인 정치 사상이나, 왕권이 약화되는 결과를 낳음

100 최신기출
세조 ★★★
世祖
1417~1468

- 계유정난
- 한국수력원자력, 부산교통공사, 광주광역시공공기관통합채용, 화성여성가족청소년재단

1453년 계유정난으로 단종을 폐위하고 스스로 왕의 자리에 오른 조선 제7대 왕

세조의 업적
▲6조 직계제 실시 ▲경연제도 폐지 ▲진관체제 실시 ▲경국대전 편찬 시작 ▲직전법 실시 ▲유향소 폐지 ▲간경도감 설치 ▲원각사 건립

✅ **계유정난 (癸酉靖難)**
1453년 수양대군(首陽大君·세조)이 왕위를 빼앗기 위하여 일으킨 사건

101 최신기출
향약 ★★☆
鄕約

- 향촌 자치규약
- 한국동서발전, 한국산업인력공단

조선 중종 때 권선징악·상호부조 정신을 바탕으로 한 향촌 자치 규약

- 덕업상권(德業相勸) : 좋은 일은 서로 권한다.
- 과실상규(過失相規) : 잘못은 서로 규제한다.
- 예속상교(禮俗相交) : 예의로 서로 사귄다.
- 환난상휼(患難相恤) : 어려운 일은 서로 돕는다.

| 기출 | 향약의 기본강령은?
: 덕업상권, 과실상규, 예속상교, 환난상휼 |

102 최신기출
4대 사화 ★★★
四大士禍

- 학파 간 대립
- 수원시공공기관통합채용, 광주광역시공공기관통합채용, 한국수력원자력

조선시대에 학파 간의 대립(사림파 vs 훈구파)과 권력쟁탈로 많은 선비들이 화를 입은 네 차례 큰 사건. 중앙 정계에 진출한 사림파가 훈구파의 비리를 공격하면서 양자 간의 갈등이 격화되었고, 결국 무오사화·갑자사화·기묘사화·을사사화가 발생

무오사화 (戊午士禍)	김종직의 제자인 김일손이 사관으로 있으면서 김종직이 지은 「조의제문(弔義帝文)」을 사초에 기록한 것을 빌미로 훈구파가 사림파를 죽이거나 귀양 보낸 사건
갑자사화 (甲子士禍)	연산군이 폐비 윤씨와 관련된 인물은 물론 자신의 독주를 견제하려는 훈구파 및 사림파의 잔존 세력을 처형하거나 유배시킨 사건
기묘사화 (己卯士禍)	사림파 조광조의 혁신 정치에 불만을 품은 훈구파가 위훈 삭제 사건을 계기로 조광조 등의 일파를 대거 숙청한 사건
을사사화 (乙巳士禍)	1545년(명종 즉위 직후), 문정왕후·윤원형 세력이 윤임계 등 사림 세력을 대거 숙청한 정치적 탄압 사건

| 기출 | • 위훈 삭제와 관련된 사화는? : 기묘사화
• 사화의 순서는? : 무오사화-갑자사화-기묘사화-을사사화 |

103 최신기출
광해군 ***
光海君
1575~1641

- 조선 제15대 국왕
- 한국도로공사, 한국동서발전, 부산광역시공공기관통합채용

임진왜란 후 외교와 내정에 힘쓴 실리외교 군주. 중립 외교를 펼쳤지만 인조반정으로 폐위되어 군주로 복권되지 못함

> **기출** 광해군이 실리 외교를 펼친 두 나라는?
> : 명, 후금

---

104 최신기출
동의보감 ***
東醫寶鑑

- 허준, 조선 한의학 백과사전
- 코레일네트웍스, 국민건강보험공단, 한국산업단지공단, 광명도시공사

1610년 허준이 왕명을 받아 편찬한 의학서로, 예방·치료·약재 정보를 집대성함. 동양의학 발전에 크게 기여하며 유네스코 세계기록유산으로 등재됨

> **자세히 이해하기**
> 국보이자 유네스코 세계기록유산인 허준의 『동의보감』 초고본이 발견되었으며, 1592년 임진왜란 직전 허준이 집필을 마쳤다는 묵기와 서명이 남아 있어 당시의 긴박한 역사 상황을 보여준다.

> ● **향약집성방 (鄕藥集成方)**
> 1433년(세종)에 왕명을 받아 황희·맹사성·정인지·권채 등 여러 유신들과 의관들이 집필한 약재와 한방에 관한 의약서

---

105 최신기출
대동법 ***
大同法

- 조선 중기 납세제도, 쌀
- 수원시공공기관통합채용, 은평구시설관리공단, JDC제주국제자유도시개발센터, 한국문화예술위원회, 한국장애인고용공단

조선 중기 공납의 폐단을 없애기 위해 특산물(공물)로 납부하던 세금을 쌀(지역에 따라 포·전)로 통일해 바치도록 한 납세제도

> **기출** 대동법에 대해 옳지 않은 것은?
> : 양반 지주는 부담이 줄었고 농민은 부담이 늘었다.
> (⇨ 농민의 부담을 줄임)

> **자세히 이해하기**
> 농민의 부담을 줄이고 국가 재정을 확충하기 위해 실시했다. 숙종 때에는 세액을 1결당 12두로 통일해 평안도·함경도를 제외한 전국에서 실시했다.

106 최신기출
다산 정약용 ★★★
茶山 丁若鏞
1762~1836

- 다산초당, 신유박해
- 한국원자력환경공단, 한국산업단지공단, 수원시공공기관통합채용

18세기 실학사상을 집대성한 실학자이자 개혁가

> **정약용의 저서**
> - 목민심서 : 목민관(지방 수령)의 지침서로 치민에 관한 도리를 논함
> - 흠흠신서 : 형법 연구서이자 살인사건 실무 지침서
> - 경세유표 : 국정 제도와 법규 개혁을 다룬 정치서
> - 마과회통 : 마진(痲疹:홍역)에 관한 의학서

> ◎ **자산어보 (玆山魚譜)**
> 정약전(정약용의 형)이 지은 우리나라 최초의 해양생물학서

목민심서 율기육조(律己六條)

칙궁(飭躬)	단정한 몸가짐
청심(淸心)	깨끗한 마음가짐
제가(齊家)	집안의 법도
병객(屛客)	청탁을 물리침
절용(節用)	씀씀이를 절약함
낙시(樂施)	은혜를 베풂

기출 정약용과 관련 있는 것은?
: 다산초당(정약용의 유배지), 정약전(정약용의 형), 신유박해(천주교 박해 사건)

107 최신기출
흥선대원군 ★★★
興宣大院君
1820~1898

- 경복궁 중건
- 한국중부발전, 한국산업인력공단, 광주광역시공공기관통합채용, 한국서부발전, 한국보훈복지의료공단

고종(조선 제26대 왕)의 아버지로 조선 말기의 왕족이며 정치가로 활동

개혁 정치

정치 개혁	삼정 개혁
• 법전 간행(대전회통, 육전조례) • 경복궁 중건 • 원납전 징수 • 비변사 폐지 • 의정부와 삼군부 설치 • 서원 철폐	• 호포법 실시 • 환곡제 폐지 • 사창제(지역 단위) 시행 • 양전사업 시행

기출
- 흥선대원군의 경복궁 중건 결과로 옳지 않은 것은?
: 흥선대원군의 권한이 강화됐다(⇨ 왕실의 위엄을 높인다는 명분으로 추진됐지만 당백전 발행 등 사회 혼란을 부추기며 권한을 약화시킴)
- 다음 중 호포법과 관련된 왕은?
: 흥선대원군

108 최신기출
병인양요 ***
丙寅洋擾

- 1866년 프랑스의 침략 사건
- 한국동서발전, 한국중부발전, 부산광역시공공기관통합채용, 한국전력거래소

1866년 병인박해를 구실로 프랑스 함대가 강화도를 침략한 사건. 조선군이 정족산성 등에서 항전했으며, 이후 척화비 건립 등 외세 배척 기조를 강화하는 계기가 됨

109 최신기출
신미양요 ***
辛未洋擾

- 1871년 미국의 무력 침공
- 한국산업단지공단, 남양주도시공사, 광주보훈병원, 한국남동발전, 부산광역시공공기관통합채용, 한국남동발전

1871년 제너럴셔먼호 사건을 빌미로 미국이 강화도를 공격한 사건. 어재연 장군 등이 광성보에서 항전했으며, 이후 조선은 척화비 건립 등 통상 거부 정책을 유지

✅ **제너럴셔먼호 사건 (General Sherman號 事件)**
1866년 조선과의 통상이 거절된 제너럴셔먼호가 횡포를 부리자 조선 백성이 배를 불태워버린 사건

기출
- 신미양요의 원인이 된 사건은?
  : 제너럴셔먼호 사건
- 다음 중 신미양요 이후의 사건으로 옳은 것은?
  : 척화비

110 최신기출
동학농민운동 ***
東學農民運動

- 전봉준
- 종로구시설관리공단, 부천산업진흥원, 한국중부발전, 중소기업유통센터, 한국보훈복지의료공단

1894년 동학교도 전봉준 등이 농민과 함께 반봉건·반외세의 가치를 내걸고 궐기한 농민운동

폐정 개혁안 12조	▲동학교도는 정부와의 원한을 일소하고 서정에 협력 ▲탐관오리 엄벌 ▲횡포한 부호 엄징 ▲양반 무리 징벌 ▲노비문서 소각 ▲천인 대우 개선 ▲청상과부 개가 허용 ▲무명잡세 폐지 ▲관리채용 시 지벌을 타파하고 인재 등용 ▲왜와 통한 자 엄징 ▲기존의 공사채 무효화 ▲토지는 평균하여 분작
의의	비록 실패했지만 역사상 처음으로 시도된 아래로부터의 민중혁명운동
기출	동학농민운동의 폐정 개혁안 12조 항목이 아닌 것은? : 청의 종주권 부정(⇨ 왜와 통한 자 엄징)

111 최신기출
갑오개혁 ★★★
甲午改革

- 군국기무처, 홍범 14조
- 한국폴리텍대학교, 서울특별시도시철도공사, 한국산업인력공단, 대구도시공사, 한국보훈복지의료공단

1894~1896년 김홍집을 수반으로 군국기무처에서 주도하여 3차에 걸쳐 행해진 내정 개혁

1차 (1894, 군국기무처)	• 노비제 등 신분제도 철폐 • 과거제도 폐지
2차 (1895, 홍범 14조)	사법권 독립

- 군국기무처: 1차 갑오개혁을 추진하기 위해 설립된 개혁기구
- 홍범 14조: 내정 개혁과 독립 국가로서의 기초를 확고히 하기 위해 반포한 최초의 근대적 헌법

기출
- 다음 중 1차 갑오개혁의 내용은?
  : 신분제 폐지
- 발생순서가 올바른 것은?
  : 동학농민운동-갑오개혁-을미개혁-아관파천
- 군국기무처에서 주도한 개혁은?
  : 갑오개혁

112 최신기출
을미사변 ★★☆
乙未事變

- 명성황후 시해사건
- 한국산업인력공단, 국민건강보험공단, 한국중부발전, 서대문구도시관리공단

1895년(고종 32) 일본공사 미우라가 친러 세력을 제거하기 위해 일본 자객들을 궁궐에 침투시켜 명성황후를 시해한 사건

자세히 이해하기

을미사변 후 친일내각이 들어서고 단발령이 시행되었는데, 이는 민족감정을 크게 자극해 의병을 일으키는 계기가 됐다. 이후 고종이 러시아 공관으로 거처를 옮긴 아관파천(1896)으로 이어지며 조선의 정치·외교적 불안정을 심화시켰다.

항일의병운동

을미의병 (1895)	을미사변과 단발령에 분격한 유생들이 친일내각 타도를 목표로 일으킨 항일의병으로, 농민층이 합세해 전국적으로 확대
을사의병 (1905)	을사조약(을사늑약)으로 상실된 독립국으로서의 자주권을 회복하기 위해 일으킨 항일 무력투쟁
정미의병 (1907)	고종 강제 퇴위와 군대 해산을 계기로 의병투쟁이 확대된 의병전쟁

113 최신기출
광무개혁 ★★★
光武改革

- 대한제국, 자주 독립
- 대전시공공기관통합채용, 광주교통공사, 부산도시공사, 한국남동발전, 수원시청소년재단

1897년 성립된 대한제국이 완전한 자주적 독립권을 지켜나가기 위해 러일전쟁이 일어난 1904년까지 자주적으로 단행한 내정 개혁

지계 발급	근대적 토지 소유권 제도 확립(러일전쟁으로 중단)
학교 설립	기술자와 경영인 양성
원수부 설치	황제가 육해군을 직접 통솔해 외세 침략에 대항하고 황제권 강화

자세히 이해하기

명성황후가 시해된 을미사변으로 일본군 공격에 의한 신변위협을 느낀 고종은 약 1년간 러시아 공사관에 있다가(아관파천) 경운궁(덕수궁)으로 돌아왔다. 환궁 후 국호를 대한제국, 연호를 광무(光武)로 고치고, 왕을 황제라 칭하여 국외에 자주 국가임을 선포하였다.

기출
- '구본신참'과 관련있는 것은?
  : 광무개혁

114
박은식 ★★☆
朴殷植
1859~1925

- 한국통사
- 한국중부발전, 부산교통공사, 경기도시공사

일제강점기의 독립운동가이자 학자·언론인. 『한국통사』, 『한국독립운동지혈사』 등을 남기며 애국계몽사상가로서 큰 역할을 하며, 국혼(국어·국사)이 멸망하지 않으면 반드시 국권을 회복할 수 있다고 강조

기출
- 『한국통사』를 저술한 일제강점기의 학자는?
- '국혼'을 강조한 민족주의 사학자는?
  : 박은식

115 최신기출
신채호 ★★★
申采浩
1880~1936

- 황성신문
- 은평구시설관리공단, 공주광역시공공기관통합채용, 코레일네트웍스

일제강점기의 독립운동가이자 민족주의 사학자·언론인. 『황성신문』, 『대한매일신보』 등에서 활동하며, 『을지문덕전』(1908), 『이순신전』(1908 전후) 등 민족 영웅전과 역사 논문을 발표해 민족의식 고취

기출
- 신채호와 박은식의 공통점은?
  : 민족주의 역사서 연구
- 신채호가 저술한 문학작품은?
  : 『을지문덕전』

116 최신기출
신민회 ★★★
新民會

- 안창호, 항일 단체
- 한국폴리텍대학교, 인천글로벌캠퍼스운영재단, 광주광역시공공기관통합채용

1907년 안창호가 국권 회복을 목적으로 양기탁, 이동녕, 이갑 등과 함께 조직한 항일 비밀결사 단체

활동 내용	• 민족주의 교육 실시 • 국민의 근대적 자주의식을 고취 • 민족 산업 육성 • 국외 독립운동 기지 설립
결과	일제에 의한 조작 사건으로 탄압받아 결국 해체

근대 민족운동의 주요 단체
- 신간회 : 1927년 민족주의계와 사회주의계의 합작 항일 단체
- 대한자강회 : 1906년 4월 장지연 등 20여 명이 조직한 애국계몽단체
- 독립협회 : 1896년 7월 설립한 한국 최초의 근대적인 사회정치단체로 국내 산업 진흥과 상권 보호를 위한 다양한 방안을 제시하고, 외국의 이권탈취 및 경제침략 저지를 위해 활동

기출	• 신민회에 대한 설명으로 옳지 않은 것은? : 민족유일당 운동과 관련이 있다.(⇨ 신간회에 대한 설명) • 독립협회와 관계없는 것은? : 전제군주제를 지향했다. (⇨ 입헌군주제 지향) • 신민회에 대한 설명으로 옳은 것은? : 안창호와 관련이 있다.

117 최신기출
3·1운동 ★★★

- 1919년
- 수원시공공기관통합채용, 부산광역시공공기관통합채용, 한국산업단지공단

1919년 3월 1일을 기점으로 일어난 독립만세운동. 대한민국 임시정부 수립의 계기가 됨

기출	3·1운동의 원인으로 볼 수 없는 것은? : 대한민국 임시정부 수립(⇨ 3·1운동의 결과)

118
광복 이후 사건 ★★☆

- 제헌국회로 남한 정부 수립
- 철도시설공단, 한국환경공단, 경기도일자리재단

모스크바 3상 회의 (1945)	미국·영국·소련 3국의 외무장관이 모여 미소공동위원회 설치와 한국에 대한 신탁통치 실시를 합의

↓

5·10 총선거 (1948.5.10)	우리나라 제헌국회를 구성하기 위하여 실시된 국회의원 총선거. 남한 단독으로 진행

제헌국회 (1948)	5·10 총선거 이후 구성된 한국 헌정사상 최초의 의회로 남한 정부 수립 기반

119 최신기출
한국전쟁 ★★★
Korean War

- 1950년 북한 남침 전쟁(6·25전쟁)
- 대전시공공기관통합채용, 한국중부발전, 한국산업기술시험원

1950년 6월 25일 북한군이 남한을 침략하며 시작된 전쟁. 유엔(UN)군과 중공군이 개입했고, 1953년 휴전협정으로 정전되며 한반도 분단이 고착화됨

✅ **정전협정 (停戰協定)**
1953년 7월 27일 국제연합(UN)군 총사령관과 북한군 최고사령관 및 중국인민지원군 사령관 사이에 맺은 한국 군사정전 협정(대한민국은 서명하지 못함)

기출
6·25전쟁 정전협정에 대한 설명으로 틀린 것은?
: 정전협정에 중국, 미국, 북한, 한국이 참여했다.(⇨ 한국은 참여 못함)

120 최신기출
민주화 운동 ★★★

- 4·19혁명 시작
- 한국서부발전, 서울신용보증재단, 광주광역시도시공사, 한국보훈복지의료공단

4·19혁명 (1960)		이승만 정권이 자행한 부정선거에 반발한 시민과 학생들의 반부정(反不正)·반정부(反政府) 항쟁
↓		
5·16군사정변 (1961)		박정희가 일으킨 군사정변으로 이후 약 18년간 박정희 1인 독재를 유지
↓		
12·12사태 (1979.12.12)		전두환·노태우 등이 이끌던 신군부 세력이 일으킨 군사반란사건
↓		
5·18민주화운동 (1980.5.18)		1980년 5월 18에서 27일까지 광주 시민들이 군사독재 반대, 계엄령 철폐, 민주정치 지도자 석방 등을 요구하며 벌인 민주화운동
↓		
6월 민주항쟁 (1987)		전두환이 개헌 논의 중지와 제5공화국 헌법에 의한 정부 이양을 발표하자 약 20일 동안 계속된 민주화 시위(대통령 직선제 개헌 쟁취)

기출
- 아래 사건을 순서대로 나열하시오.
  > 4·19혁명, 5·16군사정변, 7·4남북공동성명
  : 4·19혁명(1960년) → 5·16군사정변(1961년) → 7·4남북공동성명(1972년)
- 6월 민주항쟁이 발생한 연도는? : 1987년
- 1980년대 학생들을 반국가단체 조직범으로 몰아 처벌한 대표적 공안 사건은? : 학림사건
- 1960년 김주열 열사의 죽음으로 발발한 민주화 운동은? : 4·19혁명

121 현대 혁명 ***

- 민주화 혁명
- 한국문화예술위원회, 한국산업인력공단, 영화진흥위원회, 한국마사회, 공무원연금공단

현대 세계 민주화 혁명

장미 혁명 (2003)	조지아 시민들이 부정선거에 항의해 대통령을 퇴진시킨 무혈혁명
오렌지 혁명 (2004)	우크라이나에서 부정선거를 규탄하며 일어난 시민혁명
튤립 혁명 (2005)	14년 동안 장기 집권한 아카예프 정권의 부정선거에 반발하여 키르기스스탄에서 일어난 민주화운동
백향목 혁명 (2005)	레바논 시민이 시리아군의 철수를 요구하여 주요 세력이 사퇴한 사건
재스민 혁명 (2010)	23년간의 독재 정권에 반대해 전국적 확산된 튀니지의 민주화 혁명
우산 혁명 (2014)	홍콩 행정장관 선거의 완전 직선제를 요구한 민주화 시위

> **자세히 이해하기**
>
> 재스민 혁명은 2010년 튀니지에서 시작된 반독재·반부패 시민봉기로, 소셜미디어를 통해 전국으로 확산되며 벤 알리 정권 퇴진을 이끌었고 '아랍의 봄'의 도화선이 되었다. 이후 시민사회가 대화와 타협으로 이행을 주도했고, 이를 주도한 튀니지 국민4자대화기구는 2015년 노벨평화상을 받았다. 다만 민주주의 공고화는 각국별로 성과와 한계가 병존했다는 평가가 뒤따른다.

122 최신기출 월드컵 축구대회 ***
FIFA World Cup

- 10회 연속 본선 진출
- 은평구시설관리공단, 부산교통공사, 한국보훈복지의료공단

국제축구연맹(FIFA)이 4년마다 주최하는 세계 축구선수권 대회

> **자세히 이해하기**
>
> 월드컵은 1930년 우루과이에서 시작해, 지역 예선을 거친 32개국이 본선에서 토너먼트로 우승을 겨룬다. 2026년 미국·캐나다·멕시코 공동 개최부터는 48개국 체제로 확대된다. 한국은 1986년 멕시코 대회부터 2022년 카타르 대회까지 10회 연속 본선 진출했으며, 2002년 4강에, 2010년과 2022년에는 16강에 진출했다.

기출
- 한국은 2022 카타르 월드컵까지 몇 회 연속 월드컵 본선에 진출했는가?
  : 10회
- 한국의 월드컵 본선 첫 골과 상대 국가는?
  : 박창선, 아르헨티나
- 2018 러시아 월드컵 우승국은?
  : 프랑스
- 2022 카타르 월드컵에서 한국과 같은 조 나라는?
  : 포르투갈, 우루과이, 가나

123
LPGA ★☆☆
Ladies Professional Golf Association
여자프로골프협회

- 여자, 골프
- 부산교통공사

미국 여자프로골프협회를 지칭하는 말. 보통 국가 명칭의 약자를 앞에 붙여 KLPGA(한국) 등으로 구분하지만, 미국은 약자 생략

LPGA 5대 메이저 대회
▲US 여자오픈 ▲KPMG 위민스 PGA 챔피언십 ▲아문디 에비앙 챔피언십 ▲AIG 위민스 오픈 ▲더 셰브론 챔피언십

기출: LPGA 5대 메이저 대회가 아닌 것은?

124 최신기출
올림픽 ★★★
Olympic

- 평창, 도쿄
- 강원랜드, 한국중부발전, 광주광역시공공기관통합채용

국제올림픽위원회(IOC)가 4년마다 개최하는 국제 스포츠 대회

올림픽 개최지

하계올림픽	2016년 브라질 리우데자네이루 → 2020년 일본 도쿄 (2021년으로 연기) → 2024년 프랑스 파리 → 2028년 미국 로스앤젤레스 → 2032년 호주 브리즈번
동계올림픽	2014년 러시아 소치 → 2018년 대한민국 평창 → 2022년 중국 베이징 → 2026년 이탈리아 밀라노와 코르티나담페초 → 2030년 프랑스 알프스 → 2034년 미국 유타주 및 솔트레이크시티

자세히 이해하기
2024년 파리 올림픽에서는 브레이킹이 정식 종목으로 채택되었으며, 근대5종의 승마는 2028년 LA 올림픽부터 장애물 경주로 대체된다. 또한 LA 2028 LA 올림픽에서는 야구·소프트볼, 크리켓, 플래그 풋볼, 라크로스, 스쿼시가 신규 종목으로 추가되며, 권투는 남녀 동수 체급으로 복귀하고 수영 단거리와 혼성 종목이 확대된다.

기출:
- 동계올림픽 종목 중 성격이 다른 한 종목은?
- 올림픽 육상 종목의 트랙 경기가 아닌 것은?
  : 세단뛰기 (⇨ 필드 경기다.)
- 서울올림픽이 개최된 시기는?
  : 1988년

125
오륜기 ★★★
五輪旗

- 근대 올림픽을 상징
- 화성여성가족청소년재단, 한국산업인력공단, 인천보훈병원, 한국디자인진흥원

세계 여러 나라 국기에 보편적으로 가장 많이 쓰이는 다섯 개 색깔의 동그라미 모양의 올림픽기

기출	오륜기의 색깔은? : 파랑, 노랑, 검정, 초록, 빨강

126
엘니뇨 ★★☆
El Niño

- 고온 현상
- 한국마사회, 대한장애인체육회, 화성도시공사

동태평양 적도 부근 해수면 온도가 0.5도 이상 높은 상태로 5개월 이상 지속되는 고온 현상

✅ **라니냐 (La Nina)**
동태평양 해수면 온도가 평년보다 0.5도 이상 낮은 상태로 5개월 이상 지속되는 저온 현상

127
세종과학기지 ★★☆
世宗科學基地

- 남극과학기지
- 한국연구재단, 부산경제진흥원, 한국폴리텍대학교

남극대륙 부근의 섬에 위치한 상설 과학 연구기지

한국의 극지 과학기지
- 장보고과학기지: 남극대륙에 위치한 우리나라 과학기지(대륙에 위치해 있어 대륙 부근의 섬에 위치한 세종과학기지와 구분)
- 다산과학기지: 북극에 위치한 우리나라 과학기지

128 최신기출
블랙아웃 ★★★
Blackout

- 대규모 정전사태
- 부산광역시공공기관통합채용, 한국장애인고용공단, 한국전력공사, 종로구시설관리공단

발전소나 송전소, 변전소 등의 고장이나 전력 과부하로 특정 지역에서 대규모로 전기가 완전히 끊기는 현상

전력수급 경보 단계

구분	상황
준비	예비전력 400만kW 이상~500만kW 미만 수준
관심	예비전력 300만kW 이상~400만kW 미만 수준
주의	예비전력 200만kW 이상~300만kW 미만 수준
경계	예비전력 100만kW 이상~200만kW 미만 수준
심각	예비전력 100만kW 미만 수준(블랙아웃 위험)

129
질소 ★★★
Nitrogen

- 공기 중 비율 최다
- 서울시설공단, 종로구시설관리공단, 한국언론진흥재단, 광명도시교통공사

공기의 성분 중 비중이 가장 큰 기체(78%)로, 냄새·색깔·맛이 없으며 화학 반응성이 매우 낮음

> **기출** 공기의 성분 중 가장 많이 차지하고 있는 기체는?
> : 질소

130
마이데이터 ★★☆
My Data

- 개인정보활용
- 소상공인시장진흥공단, 국민건강보험공단

흩어진 개인 신용정보를 본인이 원하는 대로 관리할 수 있도록 해주는 서비스로, 2022년 1월 5일 전면 시행

자세히 이해하기

빅데이터 산업의 발달과 함께, 개인 데이터의 양이 폭발적으로 증가하고 종류도 다양해지면서 개인 데이터의 통제권과 개인정보 보호도 사회적 문제로 제기되었다. 2020년 1월 데이터 3법이 통과되면서 개인 데이터에 대한 범위를 구체화했고, '마이데이터'라는 개인신용정보관리 개념을 도입하여, 개인에게 통제권을 부여함과 함께 편의성을 높일 수 있도록 했다.

◉ API (Application Programming Interface)
운영체제가 제공하는 함수의 집합체. 사이트 간 연결 통로를 만들어 필요한 데이터 및 정보를 한 곳에 모아 제공하는 서비스

131 최신기출
컴퓨터 저장용량 단위 ★★★

- 비트, 바이트
- 한국보훈복지의료공단, 대전도시공사(MB), 서울교통공사, 소상공인시장진흥공단

단위	환산
1 Byte (B)	8 bit
1 KB	1024 B
1 MB	1024 KB
1 GB	1024 MB
1 TB	1024 GB (약 1조 B)
1 PB	1024 TB (10억 MB)
1 EB	1024 PB (1조 MB)
1 ZB	1024 EB
1 YB	1024 ZB

> **기출** 1테라바이트는 몇 바이트인가?
> : 약 1조 바이트

132 최신기출
블록체인***
Blockchain

- 거래 조작 불가능
- 한국체육산업개발, 수원시공공기관통합채용, 경기도공공기관통합채용

거래 정보를 기록한 원장을 특정 기관 중앙 서버가 아니라 여러 네트워크에 분산해, 참가자들이 공동으로 기록·관리하는 기술

> **자세히 이해하기**
> P2P 방식으로 모두가 데이터를 나눠 갖기 때문에 누구나 열람할 수는 있지만, 아무도 임의로 수정할 수는 없다. 중앙 서버에 데이터베이스를 운영할 필요가 없어 관리 비용을 절감할 수 있다. 보안성과 비용을 모두 챙길 수 있어 4차 산업혁명의 핵심 기술로 꼽힌다.

133 최신기출
비트코인***
Bitcoin

- 가상화폐
- 기술보증기금, IBK기업은행, 광주광역시공공기관통합채용

세계적으로 널리 쓰이는 온라인 가상화폐(암호화폐)

> **자세히 이해하기**
> 2009년 '나카모토 사토시'라는 정체불명의 프로그래머가 개발했다. 비트코인 주소를 가진 사람들끼리 P2P 기반의 공개 키 암호방식으로 거래되며, 거리나 시간에 구애받지 않고 송금할 수 있다. 비트코인은 2024년 말 처음으로 10만 달러를 돌파한 이후 꾸준히 상승하여, 2025년에 11만 달러를 넘어 사상 최고치를 기록하였다.

134 최신기출
핀테크***
Fintech

- 모바일 결제
- 중소벤처기업진흥공단, 신용회복위원회, 국립공원공단

모바일 결제나 송금, 개인자산관리, 크라우드 펀딩 등 금융 서비스와 결합된 정보통신(IT) 기술

> **자세히 이해하기**
> '파이낸셜(Financial)'과 '기술(Technology)'의 합성어다. 인터넷·모바일 뱅킹 등 금융 서비스와 관련된 소프트웨어나 운용 성과를 향상시킬 수 있는 모든 기술 과정을 핀테크라고 부른다.

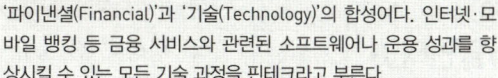

● **테크핀 (Techfin)**
정보기술(IT) 업체가 주도하는 금융 혁신

135
메타버스***
Metaverse

- 3차원 가상세계
- 한국관광공사, 밀양시설관리공단, 경기도공공기관통합채용, 동대문구시설관리공단

웹과 인터넷 등의 가상세계가 현실과 융합된 3차원 가상공간

● **제페토 (ZEPETO)**
2018년 8월에 출시된 네이버제트(Z)가 운영하는 메타버스 플랫폼

136 최신기출
5G ★★★
5th Generation

- 20Gbps
- 한국마사회, 전라남도공공기관통합채용, 대구시설공단, IBK기업은행

5세대 이동통신 기술로, 28GHz의 초고역대 주파수를 이용하며 최대 전송속도가 20Gbps로 기존 4G(1Gbps)보다 20배 빠름

세대별 이동통신 기술(1G → 6G)
- 1세대(1G): 아날로그
- 2세대(2G): GSM, CDMA(코드분할다중접속)
- 3세대(3G): WCDMA(광대역부호분할다중접속), CDMA2000, 와이브로
- 4세대(4G): LTE-advanced, 와이브로-에볼루션
- 5세대(5G): IMT-2020
- 6세대(6G): 초당 100Gbps 이상 전송 속도 구현 예상

137 최신기출
빅데이터 ★★★
Big Data

- 비정형 정보 포함
- 독립기념관, 소상공인시장진흥공단, 정보통신산업진흥원

기존 체계로 처리하기 어려운 방대한 양의 데이터, 또는 이러한 데이터를 수집·분류·분석하는 기술과 기법을 포괄하는 말

기출
- 빅데이터에 대한 설명으로 옳지 않은 것은?
  : 비정형적인 텍스트와 이미지는 포함하지 않는다.(⇨ 모든 데이터를 포괄한다.)
- 빅데이터의 3요소는?
  : volume(규모), velocity(속도), variety(다양성)

138
사물인터넷 ★★☆
IoT
Internet of Things

- 사물 연결
- 화성도시공사, 수원시공공기관통합채용

사람과 사물, 사물과 사물끼리 인터넷으로 연결돼 정보를 생성·수집·공유·활용하는 기술 및 서비스

자세히 이해하기

기존의 인터넷이 인간과 인간의 소통에 한정됐다면 사물인터넷의 쓰임새는 무궁무진하다. 건물에 센서를 붙여 전력량을 원격으로 관리하거나 자동차를 인터넷으로 연결해 무인 자율주행 서비스를 실시하는 등 다양한 활용 사례로 확장된다.

139 최신기출
클라우드 서비스 ★★★
Cloud Service

- 온라인 서버
- 한국은행, 한전KPS, 광주도시철도공사

사용자의 콘텐츠나 정보 등을 온라인 서버에 저장해 두고 사용할 수 있는 서비스

> ● 클라우드 컴퓨팅 (Cloud Computing)
> 클라우드 서비스가 가능한 환경을 가진 인터넷 기반의 컴퓨터 기술

140 최신기출
랜섬웨어 ★★★
Ransomware

- 파일 몸값 요구
- 한국농어촌공사, 한국가스공사, 한국전력공사, 인천교통공사

사용자의 컴퓨터에 침투하여 중요 파일을 암호화한 뒤, 이를 복호화(암호 해제)해주겠다며 금전을 요구하는 악성 프로그램

자세히 이해하기

2025년 8월 국내 최대 인터넷서점 예스24가 랜섬웨어 공격을 받아 접속이 전면 차단되었고, 6월에도 동일한 피해로 서비스가 마비된 사례가 있었다. 같은 해 7월 SGI서울보증도 공격을 받았으나 금융보안원이 복호화 키를 확보해 피해를 최소화하였다.

악성코드 종류

바이러스	다른 사람의 컴퓨터 프로그램을 변형해 자신 또는 자신의 변형을 복사하는 프로그램
웜	네트워크를 통해 컴퓨터에서 컴퓨터로 전파되는 악성코드
트로이 목마	다른 사람의 컴퓨터에 침투하여 대상 컴퓨터를 조종하는 프로그램
스파이웨어	다른 사람의 컴퓨터에 침투하여 중요한 개인정보를 빼가는 소프트웨어

기출 랜섬웨어와 트로이목마의 차이점은?

141
딥페이크 ★★☆
Deepfake

- 합성물
- 농협중앙회, 방송통신심의위원회, 화성여성기록청소년재단

특정 인물의 얼굴이나 음성을 인공지능(AI) 기술로 다른 영상에 합성한 편집물

> ● 로맨스 스캠 (Romance Scam)
> 온라인상으로 이성에게 접근하여 호감을 표시하고 신뢰를 쌓아 여러 가지 이유로 금전을 요구하는 사기행각. 최근에는 딥페이크 기술을 활용해 얼굴과 음성을 합성·위조하여 매력적인 인물로 가장하는 방식이 늘어나면서 피해가 확대되고 있음

142
피싱 ★★☆
Phishing

- 전자금융사기
- 한국관광공사, 영화진흥위원회, 전라남도공공기관통합채용

이메일이나 위장된 홈페이지 등 가짜 정보를 매개로 사용자의 개인정보를 빼가는 수법. 최근에는 메신저 피싱이나 인공지능(AI) 기술을 이용한 음성·영상 합성까지 활용되는 추세임

네트워크·피싱 공격 기법

스머핑 (Smurfing)	대량의 접속 신호를 한꺼번에 보내 서버를 마비시키는 공격
큐싱 (Qshing)	악성 QR코드로 앱 설치·가짜 사이트 접속을 유도해 개인정보를 빼가는 신종 피싱
스푸핑 (Spoofing)	가짜 웹사이트나 발신자로 위장해 사용자의 개인정보를 속여 빼내는 수법
스니핑 (Sniffing)	네트워크를 오가는 데이터를 몰래 가로채 계정·비밀번호 같은 정보를 빼내는 행위
스누핑 (Snooping)	네트워크에서 남의 메일·대화·파일 등을 염탐하며 불법으로 정보를 가로채는 행위
기출	정상 사이트에 접속해도 위조 사이트로 연결되어 개인정보를 빼가는 방식은? : 파밍

143
OTT ★★☆
Over The Top

- 온라인 미디어 콘텐츠
- 광주광역시도시철도공사, 한국산업인력공단, 방송통신심의위원회

기존 통신·방송사업자 이외 제3사업자가 온라인을 통해 드라마, 영화 등 다양한 미디어 콘텐츠를 TV, PC, 스마트폰 등에 제공하는 서비스. 대표적으로 넷플릭스, 디즈니+, 왓챠, 웨이브, 티빙, 쿠팡플레이 등이 있음

> ✔ **스트림플레이션 (Streamflation)**
> 온라인 동영상 서비스(OTT) 업체들의 경쟁 심화와 제작비 상승 등으로 인해 구독료가 연달아 인상되는 현상을 일컫는 신조어

기출	인터넷을 통해 다양한 미디어 콘텐츠를 제공하는 서비스는? : OTT(Over The Top)

144 최신기출
AI ★★★
Artificial Intelligence

- 인공지능
- 부산광역시공무직, 한국가스공사, 중소기업유통센터

인간의 지적 능력을 컴퓨터를 통해 구현하는 기술. 최근에는 생성형 AI와 대규모 언어모델(LLM)의 발전으로 교육·금융·의료 등 다양한 분야에 활용이 확대되고 있음

> ● **머신러닝 (Machine Learning)**
> 컴퓨터가 스스로 방대한 데이터를 분석해서 미래를 예측하는 기술
>
> ● **호모프롬프트 (Homo Prompt)**
> AI와 같은 신기술을 능숙하게 사용할 수 있는 능력을 가진 인간

기출
- 인공지능과 머신러닝, 딥러닝 개념의 범주를 큰 순서대로 나열하시오.
  : 인공지능 > 머신러닝 > 딥러닝
- 미국 콜로라도주 미술대회에서 우승한 'Thetre D'opera Spatial' 그림은 어떤 AI로 작업되었나?
  : Midjourney(미드저니)

145
마이클 포터의 5요인 모델 ★★★
Porter's Five Forces Model

- 산업의 수익성, 경쟁 강도 분석 모델
- IBK기업은행, 한국도로공사, 한국철도공사

산업 내 경쟁자, 신규 진입자, 대체재, 공급자, 구매자의 5가지 요인이 기업의 수익성에 미치는 영향을 분석하여 경영 전략 수립에 활용하는 산업구조분석 모형

> ● **마이클 포터 (Michael E. Porter)**
> 산업 구조 분석 기법인 '파이브 포스 모델(Five Forces Model, 산업구조분석모형)'을 발명한 미국 하버드대 경영대학 교수

146 최신기출
NPV ★☆☆
Net Present Value

- 순수현재가치
- 한국예탁결제원

투자했을 때 예상되는 미래의 현금흐름을 현재가치로 환산한 것

자세히 이해하기
현금유입-현금유출의 현재가치 총합으로 계산하며, NPV가 0보다 크면 투자 시 요구수익율보다 높은 수익을 예상할 수 있다.

> ● **IRR (Internal Rate of Return, 내부수익률)**
> 투자안의 미래 현금흐름의 현재가치를 0으로 만드는 수익률. NPV가 0이 되도록 하는 할인율이며, IRR이 자본비용보다 높으면 수익성 있는 투자로 판단함

147 최신기출
듀레이션 ***
Duration

- 채권 가격의 금리 민감도를 나타내는 지표
- 한국토지주택공사, 한국자산관리공단, 한국도로교통공단, 서민금융진흥원

채권에서 미래 현금흐름의 가중 평균 회수 기간을 뜻하며, 금리가 변할 때 채권 가격이 얼마나 변동하는지를 측정하는 민감도 지표

> ◉ **채권 (Bond)**
> 정부·기업 등이 자금을 조달하기 위해 발행하는 차용증서로, 안정성과 수익성을 고려해 투자자들이 선택하는 대표적 금융상품. 발행주체에 따라 국채, 지방채, 특수채, 금융채 및 회사채 등으로 분류

기출 듀레이션의 특징은?

148
허츠버그 2요인 ***
Herzberg's Two-Factor Theory

- 동기부여 이론
- 화성산업진흥원, 대한체육회, 한국철도공사, 근로복지공단, 한국도로교통공단, 한국자산관리공단, 경남신용보증재단

동기를 유발하는 만족요인(Motivators)과 불만족을 방지하는 위생요인(Hygiene factors)을 구분하여 조직 내 동기부여 전략을 제시함

[기존의 관점]

불만족 ─────────── 만족

[허츠버그의 관점]

위생요인(hygiene factors)
불만족 多 ─── 불만족 無

동기요인(motivator)
만족 無 ─── 만족 多

위생요인과 동기요인

위생요인(불만족 해소요인)	동기요인(만족 증진요인)
고용안정, 임금, 대인관계 등 직무 외적인 요인	직무 자체 또는 개인의 성장과 관련된 요인
• 급여 • 작업조건 • 기술적 감독 • 개인 사생활 • 회사의 정책 • 직위 • 감독자와 관계 • 직장의 안정성 • 동료와의 관계	• 성취감 • 성장 가능성 • 칭찬이나 인정 • 책임감 • 도전성 • 발전성

기출 허츠버그의 2요인 이론에서 위생요인인 것은?
: 동료와의 관계

149 최신기출
민츠버그의 5가지 조직 구조 ★★★
Mintzberg's Five Organizational Structures

- 조직을 5가지 기본 유형으로 분류
- 한국수자원공사,
  부산광역시공공기관통합채용,
  화성시공공기관통합채용,
  한국토지주택공사, 국토안전관리원,
  공무원연금공단,
  경상남도공공기관통합채용

민츠버그는 조직을 단순구조, 기계적 관료제, 전문적 관료제, 사업부제, 임시체제로 구분했으며, 핵심부문·조정기제에 따라 조직의 유형을 설명함

조직 구조	특징	적합 환경
단순구조	최고경영자가 직접 통제하고, 중간계층이 적어 의사결정이 빠름	소규모 조직
기계적 관료제	중간계층이 비대하고, 작업과정을 표준화함	대량생산과 안정적인 환경
전문적 관료제	직무기술을 표준화하고, 전문가의 자율성이 큼	병원·학교 등 전문 조직
사업부제	제품이나 지역별로 사업부를 독립적으로 운영하고, 본사가 성과를 통제함	대규모 조직
임시체제 (애드호크라시)	전문가 팀을 중심으로 운영하고, 비공식 협력과 유연성이 큼	변화와 혁신이 요구되는 환경

> **관료주의 (官僚主義)**
> 관료제가 소수 지배자들의 일방적인 지배형태로 나타날 경우 출현하는 형식주의·무사안일·비밀주의 등 관료제의 병리적 측면

150 최신기출
매트릭스 조직 ★★★
Matrix Organization

- 기능별·사업별 조직 구조를 동시에 적용
- 한국지방재정공제회,
  새마을금고중앙회, 경남신용보증재단,
  한국자산관리공사

구성원이 원래 속해 있던 부서 업무를 수행하면서, 동시에 프로젝트팀의 일원으로서 다른 부서와 협력하는 조직 형태

> **자세히 이해하기**
> 한 구성원이 두 개의 팀에 속하게 되므로 다양한 환경에 대응할 수 있지만, 역할 갈등이 심화될 수 있다.

> **네트워크 조직 (Network Organization)**
> 조직 자체 기능은 핵심 전문 분야를 추구하며 여타 프로젝트 수행은 외부 기관과 계약 관계를 형성해 상호 협력하는 조직

151 최신기출
수요의 가격탄력성 ★★★
Price Elasticity of Demand

- 가격 변동에 따른 수요량의 민감도
- 한전KDN, 한국중부발전, 서울에너지공사, 서민금융진흥원, 경남신용보증재단, 경기신용보증재단

상품의 가격이 변동할 때, 이에 따라 수요량이 얼마나 변동하는지를 나타내는 지표. 수요의 가격탄력성이 1보다 크면 탄력적, 1보다 작으면 비탄력적이라고 봄

> **자세히 이해하기**
> 가격과 수요량은 상품 가격이 낮아질수록 수요량이 대체로 늘어나는 반비례 관계다. 만약 가격이 1% 상승할 때 수요량이 2% 감소했다면 이 재화의 수요의 가격탄력성은 2가 된다.

> ✅ **수요공급의 법칙**
> 시장에서 다른 조건이 일정할 때 가격이 오르면 수요량은 감소하고 공급량은 증가하며, 가격이 내리면 수요량은 증가하고 공급량은 감소. 감소함수인 수요곡선과 증가함수인 공급곡선의 교차점에서 가격이 형성되며 이를 시장가격 또는 균형가격이라고 함

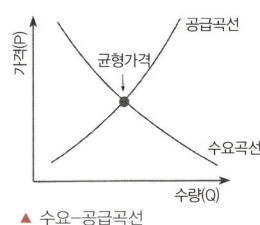
▲ 수요-공급곡선

152 최신기출
카르텔 ★★★
Cartel

- 기업, 연합
- 인천도시공사, 서울주택도시공사, 한국해양교통안전공단, 한국우편사업진흥원, 한국철도공사, 한국가스공사, 서울교통공사, 국민연금공단, 한국수자원공사, 안전테크노파크

시장을 통제하기 위해 동종 또는 유사 산업 분야의 기업들이 연합하는 것

> **독점·기업집단의 주요 형태**
> - 콘체른(konzern): 각 기업이 법률적으로는 독립성을 유지하지만, 기업 지배 구조상 수직으로 결합된 기업집단
> - 트러스트(Trust): 시장 독점을 위해 동일 부문의 여러 기업체가 독립성을 잃고 합병하는 것
> - 신디케이트(Syndicate): 카르텔에서 협정을 체결하고 공동 판매소를 만들어 판매하는, 고도화된 카르텔 형태

153 최신기출
과점시장 ★★★
寡占市場

- 소수기업 경쟁시장
- 소상공인시장진흥공단, 한국산업단지공단, 한국교통안전공단, 한국관광공사

소수의 기업만이 서로 경쟁하면서 한 상품을 생산·공급하는 시장 형태

> **과점시장의 특징**
> ▲시장 내 기업 간 상호의존관계 ▲비가격경쟁과 가격 경직성 ▲담합 등 비경쟁행위 ▲진입장벽 존재 ▲기술혁신

> **기출** 과점시장의 특징으로 적절한 것은?

154 최신기출
주식회사***
株式會社

- 주식발행을 통해 자본을 조달하며, 유한책임사원으로만 구성된 기업 형태
- 한국장학재단, 한국가스기술공사, 한국우편사업진흥원, 국민연금, 한국중부발전, 울산항만공사

주주는 출자한 금액 한도 내에서만 책임을 지며, 회사는 법인격을 가진 독립체로 이사회 중심의 경영 구조를 가짐

회사 형태

합자회사	출자만 하는 유한책임사원과 경영까지 참여하는 무한책임사원으로 구성된 혼합형 회사로, 책임과 권한이 분리됨
유한회사	영리 목적으로 설립된 사단법인으로, 모든 사원이 출자금 한도 내에서만 책임을 지며 지분 양도가 제한되는 폐쇄적 구조
지주회사	다른 회사의 주식을 소유해 그 사업 활동을 지배·관리하는 것을 주된 목적으로 하는 회사로, 주식회사나 유한회사 등 다양한 형태로 설립 가능

사원의 종류
- **무한책임 사원**(General Partner): 회사의 채무에 대해 출자금 한도를 넘어서까지 전 재산으로 연대책임을 지며, 경영에도 직접 참여하는 사원 형태
- **유한책임 사원**(Limited Partner): 회사의 채무에 대해 출자한 금액까지만 책임을 지며, 보통 경영에는 관여하지 않고 자본 제공자로서 역할하는 사원

155 최신기출
합명회사***
合名會社

- 2인 이상 무한책임사원 구성
- 서울에너지공사, 해양환경공단, 경북신용보증재단, 서울주택도시공사, 부산동구시설관리공단

2인 이상의 무한책임사원으로만 구성된 인적 회사. 모든 사원이 회사의 채무에 대해 직접적이고 무한한 연대책임을 지며, 개인의 신용과 능력이 중시됨

✓ 공동회사 (共同會社)
법률 용어가 아닌 여러 사람이 함께 출자하여 운영하는 기업을 포괄적으로 일컫는 일반적 표현으로, 합명회사는 이러한 공동회사의 대표적인 형태 중 하나

156 최신기출
PER***
Price Earning Ratio

- 주가수익비율
- 인천관광공사, 인천교통공사, 광주광역시공공기관통합채용, 서민금융진흥원

주가를 주당순이익(EPS)으로 나눈 값으로, 기업의 투자 가치를 판단하는 데 사용

자세히 이해하기
주가의 적정 수준을 평가할 때 사용되는 지표로서 PER이 낮은 주식은 향후 주가가 상승할 가능성이 크다고 볼 수 있다.

157 최신기출
풋옵션 ***
Put Option

- 미래의 특정 시점에 정해진 가격으로 자산을 팔 수 있는 권리
- 중소벤처기업진흥공단, 한국도로공사, 한국토지주택공사, 한국마사회

풋옵션은 매수자가 일정한 기초 자산(예: 주식)을 미리 정한 행사 가격으로 팔 수 있는 권리를 매매하는 계약. 일반적으로 자산 가격 하락에 대비하거나 헤지(위험 회피) 목적으로 사용됨. 옵션 보유자는 행사할지 말지를 선택할 수 있는 권리가 있지만, 의무는 없음

> ✅ **콜옵션 (Call Option)**
> 옵션 보유자가 미래의 일정 시점에 미리 정한 가격(행사가격)으로 특정 자산을 구매할 수 있는 권리를 가진 계약으로, 자산 가격 상승에 대비할 때 사용
>
> ✅ **이항모형 (Binomial Model)**
> 자산 가격이 일정 기간 두 방향(상승·하락)으로만 움직인다고 가정하는 옵션 평가 모형

158 최신기출
JIT ***
Just In Time

- 적기생산방식
- 경상남도공공기관통합채용, 대전광역시시설관리공단, 전라남도공공기관통합채용, 한국철도공사, 경기보증재단, 한국도로교통공단, 울산항만공사

재고를 남겨두지 않고 필요할 때 적기에 제품을 공급하는 생산방식(적기공급생산)

자세히 이해하기
일본 도요타 자동차사가 개발한 생산방식으로서 전 세계 자동차 업계의 벤치마킹 대상이 되기도 했지만 2008년 글로벌 금융위기 당시 엄청난 재고가 쌓여 문제점이 드러났다.

기출 JIT의 특징이 아닌 것은?
: 표준화된 반복 작업

159 최신기출
ESG ***
Environmental, Social, Governance

- 지속가능경영을 위한 환경 · 사회 · 지배구조 요소
- 한국전력공사, 신용보증기금, 부산광역시공공기관통합채용, 금융감독원

기업이 재무성과뿐 아니라 환경 보호, 사회적 책임, 투명한 지배구조 등을 고려한 경영을 통해 장기적 가치를 창출하는 기준

자세히 이해하기
기업이 환경보호에 앞장서고, 사회적 약자에 대한 지원 및 사회공헌 활동을 활발히 하며, 법과 윤리를 철저히 준수하는 윤리경영을 실천하는 것을 말한다. 유럽연합(EU)이나 미국 등에서는 이미 기업을 평가할 때 ESG가 중요한 기준으로 자리 잡고 있다.

기출 ESG가 무엇의 약자인지 쓰시오
: Environment · Social · Governance

160 최신기출
딥러닝 ***
Deep Learning

- 다층 신경망 기반 AI 학습
- 광명도시공사

다층 신경망(Neural Network)을 통해 방대한 데이터를 스스로 학습하고 추론하는 방식. GPT-5와 중국 DeepSeek의 R1이 대표적 성과임

161 최신기출
델파이법 ***
Delphi Method

- 전문가 의견 반복 수렴으로 예측
- 경기도공공기관통합채용, 대구도시철도공사, 지방공기업평가원, 주택도시보증공사, 국민연금공단, 종로구시설관리공단

각 전문가의 의견을 익명으로 반복 수렴하고 피드백을 통해 의견을 좁혀가는 방식. 정성적 예측에 적합함

기출
- 응답자의 익명을 보장하여 의견을 모으는 기법은?
- 델파이 기법의 특징이 아닌 것은?
  : 의사 결정이 빠르다.(⇨ 오래 걸린다.)

162 최신기출
공직자 임기 ***

- 국회의원 4년
- 한국도로공사, 서울주택도시공사, 한국소비자원, 한국사학진흥재단, 은평구시설관리공단

헌법 및 법률상 주요 공직자 임기

2년	국회의장(국회법상)
4년	국회의원, 감사원장·감사위원, 지방자치단체장·지방자치의원
5년	대통령
6년	대법원장 및 대법관, 선거관리위원회 위원, 헌법재판소 재판관
10년	일반법관

기출 대통령, 국회의장, 대법원장, 헌법재판소장 임기를 모두 더하면?
: 19(5+2+6+6)

163 최신기출
신공공관리론 ***
NPM
New Public Management

- 기업형 정부
- 한국중부발전, 한국고용정보원, 광명도시공사, 한국지방재정공제회

신관리주의와 시장주의가 결합된 행정이론으로, 행정을 기업처럼 운영하여 효율성을 추구하는 접근

구분		신공공관리	뉴거버넌스
공통점		• 노젓기(Rowing)보다는 방향잡기(Steering) • 투입보다는 산출	
차이점	인식론적 기초	신자유주의	공동체주의
	관리기구	시장	연계망(네트워크)
	관료역할	공공기업가	조정자
	작동원리	경쟁	협력
	서비스 공급	민영화, 민간위탁	공동공급
	관리방식	고객지향	임무중심
	분석수준	조직 내	조직 간

164
신공공서비스론★☆☆
NPS
New Public Service

- 시민의 참여
- 충남대학교병원, 한국농어촌공사, 경기도일자리재단

시민들의 참여를 통해 민주주의적·공동체적 가치를 추구하는 행정이론

> **자세히 이해하기**
>
> 신공공관리론을 비판하는 이론으로 등장했으며, 정부를 '기업'이 아니라 시민 공동체를 위한 기관으로 본다. 공익은 공동체적 담론과 합의의 결과물로 간주하며, 행정은 경쟁보다는 협력과 참여적 거버넌스를 중시한다. 이는 행정의 목표를 '효율'이 아닌 '민주적 가치 실현'에 두는 특징이 있다.

165
정관★★☆
定款

- 근본 규칙
- 국민연금공단, 신용회복위원회, 예금보험공사, 금융감독원

회사 또는 사단법인의 조직과 활동을 정한 근본 규칙. 법인을 설립하려면 정관을 작성해야 하며, 일정 사항을 반드시 기재해야 함

> **주식회사 정관의 절대적 기재사항**
> ▲회사의 목적 ▲상호 ▲회사가 발행할 주식의 총수 ▲액면주식을 발행하는 경우 1주의 금액(액면가) ▲회사의 설립 시 발행하는 주식의 총수 ▲본점의 소재지 ▲회사가 공고를 하는 방법 ▲발기인의 성명, 주민등록번호 및 주소

> **기출** 정관의 절대적 기재사항이 아닌 것은?
> : 지점의 소재지

166 최신기출
신의성실의 원칙★★★
信義誠實의 原則

- 상대방의 신뢰
- 중소벤처기업진흥공단, 언론중재위원회, 광주보훈병원, 한국마사회, 수협, 한국공항공사

권리의 행사와 의무의 이행은 신의를 좇아 성실히 하여야 한다는 민법상의 일반 원칙

> **● 권리남용금지의 원칙 (權利濫用禁止의 原則)**
> 권리 행사의 목적이 오직 상대방에게 고통을 주고 손해를 입히려는 데 있을 뿐, 행사하는 사람에게 아무런 이익이 없는 경우 이를 금지하는 원칙

> **기출** 신의성실의 원칙에 대해 옳지 않은 설명은?
> : 권리남용금지의 파생원칙이다.(⇨ 권리남용금지의 원칙이 신의성실의 원칙에서 파생됐다.)

167 최신기출
친고죄***
親告罪

- 피해자의 고소
- 부산광역시공공기관통합채용, 한국마사회, 부산도시공사, 영화진흥위원회

피해자의 고소가 있어야 공소를 제기할 수 있는 범죄. 피해자나 피해자 가족의 명예훼손 등 불이익이 발생할 수 있는 범죄에 적용되며 대표적으로 사자(死者)명예훼손죄, 모욕죄 등이 있음

기출 다음 중 친고죄가 아닌 것은?
: 간통죄(⇨ 폐지됐다.)

168 최신기출
공동선언**☆
共同宣言

- 국가 간 합의 발표
- 한국산업인력공단, 한국전력거래소

국가 간 합의 사항을 공식적으로 발표하는 의사표시 형식으로, 중요도에 따라 법적·정치적 효과가 달라짐

남북 간 공동선언

7·4 남북공동성명	1972년 통일의 원칙에 대해 남북한이 동시에 발표한 공동성명
6·15 남북공동선언	2000년 김대중 전 대통령과 김정일 국방위원장이 평양 남북정상회담에서 합의한 선언
10·4 남북공동선언	2007년 노무현 전 대통령과 김정일 국방위원장이 평양 남북정상회담에서 합의한 선언
4·27 판문점선언	2018년 문재인 대통령과 김정은 국무위원장이 남측 판문점 남북정상회담에서 남북관계 개선·전쟁위험 해소·항구적 평화체제 구축 등에 합의해 발표한 선언
9·19 평양공동선언	2018년 문재인 대통령과 김정은 국무위원장이 **평양** 남북정상회담에서 비핵화·군사·경제·이산가족·문화 체육 분야 등에 합의해 발표한 선언

기출 다음 사건의 순서는?
: 4·19혁명 → 5·16군사정변 → 7·4 남북공동성명 → 6·15 남북공동선언 → 10·4 남북공동선언

169
퍼펙트스톰**☆
Perfect Storm

- 경제 위기
- 한국마사회, 영화진흥위원회, 종로구시설관리공단

두 가지 이상의 악재가 동시에 발생하는 금융·경제 위기 현상

자세히 이해하기

본래는 위력이 크지 않은 태풍이 다른 자연 현상과 함께 발생해 엄청난 파괴력을 나타내는 현상을 뜻하는 기상용어였다. 2008년 미국발 금융위기 당시 달러 가치가 하락하고 유가 및 곡물의 가격이 급등하며 물가 상승까지 겹치는 최악의 상황을 설명하는 경제용어로 사용됐다.

170
슈바베의 법칙★★☆
Schwabe's Law

- 주거 비용
- 서울에너지공사, 서울주택도시공사, 한국폴리텍대학교

소득 수준이 낮을수록 전체 생계비에서 주거 비용이 차지하는 비율이 높아진다는 법칙

> ✅ **슈바베 지수 (Schwabe Index)**
> 가계 총소비지출에서 주거비(임대료, 대출 상환, 세금, 보험, 관리비 등)의 비율을 나타내는 지표

171 최신기출
스놉 효과★★★
Snob Effect

- 속물 효과
- 한국수력원자력, 의정부시설관리공단, 용인시공공기관통합채용, 한국자산관리공단

타인의 소비와 차별화하려는 욕구 때문에 특정 상품에 대한 소비가 늘어날수록 오히려 그에 대한 수요가 줄어드는 소비현상

> **기출** 어떤 상품의 인기가 늘어날수록 수요가 줄어드는 현상은?
> : 스놉 효과

172 최신기출
구축 효과★★★
驅逐效果

- 민간 투자 감소
- 한국지방재정공제회, 인천교통공사, 주택도시보증공사, 국민연금공단

정부가 내수 진작을 위해 재정지출을 확대하면 민간 부문의 투자가 감소하는 현상

> **자세히 이해하기**
> 정부가 경기 부양을 위해 재정지출을 확대하려면 국채를 발행해서 돈을 빌려야 하는데 이 경우 민간에서 빌릴 수 있는 자금이 줄어들어 이자율이 상승하고 민간 투자가 감소할 수 있다.

> **기출** 케인즈학파의 승수효과와 반대되는 이론은?
> : 구축 효과

173 최신기출
레몬마켓★★★
Lemon Market

- 정보의 비대칭성
- 광명도시공사, 화성도시공사, 화성시문화재단

정보의 비대칭성으로 인해 고품질의 상품이 퇴출되고 불량품만 공급되는 시장

> ✅ **피치마켓 (Peach Market)**
> 정보의 비대칭성이 해소돼 고품질의 상품이 거래되는 시장

174 최신기출
백기사***
白騎士

- 우호적, M&A
- 성남시공공기관통합채용, 신용보증재단중앙회, 방송통신심의위원회, 한국주택금융공사

적대적 인수합병(M&A)의 대상이 된 기업에 우호적인 제3의 기업 인수자

적대적 M&A
- 경영층이 반대하는 가운데 시장에서 주식을 매입하여 경영권을 장악하는 M&A
- 적대적 M&A 방어법:백기사, 황금낙하산, 초토화법, 포이즌필 등

기출 다음 중 적대적 M&A 방어법이 아닌 것은?
: 위임장 대결

175 최신기출
케인즈주의***
Keynesianism

- 정부의 시장 개입
- 경기도공공기관통합채용, 한국도로공사, 한국주택금융공사, 한국장학재단

시장의 불완전성을 전제로 정부의 시장 개입 필요성을 강조한 영국 경제학자 케인즈의 경제학 이론

유효수요 이론
소비와 투자로 이루어지는 유효수요의 크기에 따라 소득 수준과 고용 수준이 결정된다고 주장한 1930년대 케인즈 고용이론의 기본

176 최신기출
무차별 곡선***
Indifference Curve

- 소비자 선택이론
- 경기도공공기관통합채용, 한국관광공사, 서울시설공단, 한국수자원공사

개인의 동일한 만족이나 효용을 주는 두 재화의 조합점을 연결한 곡선

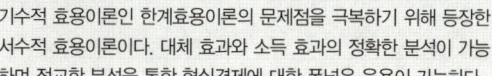

기수적 효용이론인 한계효용이론의 문제점을 극복하기 위해 등장한 서수적 효용이론이다. 대체 효과와 소득 효과의 정확한 분석이 가능하며 정교한 분석을 통한 현실경제에 대한 폭넓은 응용이 가능하다.

무차별곡선 특징

단조성	원점에서 멀어질수록 효용이 높음. 우하향 곡선
이행성	교차하지 않음
완비성	좌표평면상 어느 점에서도 무차별곡선을 그릴 수 있음
연속성	곡선의 형태가 단절되지 않음
볼록성	원점에 볼록한 무차별곡선

기출 무차별곡선의 특징으로 적절하지 않은 것은?
: 기수적 효용이론을 바탕으로 한다.(×)

177 최신기출
IS-LM 모형 ★★★

- 이자율-국민소득 관계 분석
- 한국지방재정공제회, 한국관광공사, 주택도시보증공사, IBK기업은행

이자율과 국민소득과의 관계를 분석하는 경제모형. 생산물시장의 균형(IS)과 화폐시장의 균형(LM)을 동시에 고려함

◎ **IS곡선**
생산물시장의 균형을 나타내는 이자율과 국민소득의 조합. C(소비)·I(투자)·G(정부지출)·X(수출)가 증가할수록, S(저축)·T(조세수입)·M(수입)이 감소할수록 곡선은 우측으로 이동

◎ **LM곡선**
화폐시장의 균형을 나타내는 이자율과 국민소득의 조합. 통화량이 증가할수록, 물가가 하락할수록, 화폐수요가 감소할수록 곡선은 우측으로 이동

IS-LM 모형과 정책적용

구분	IS	LM
연관성	재정정책과 연관	금융정책과 연관
내용	재정지출이 증가하거나 조세가 감소할 경우 IS곡선이 우측으로 이동	공채를 매입하거나, 지급준비율인하, 재할인율 인하할 경우 LM곡선이 우측으로 이동
특징	IS곡선 기울기가 클수록, LM곡선 기울기가 작을수록 재정정책이 효과적	IS곡선 기울기가 작을수록, LM곡선 기울기가 클수록 금융정책이 효과적

178 최신기출
포드시스템 ★★★
Ford System

- 대량생산
- 전라북도공공기관통합채용, 인천교통공사, 한국철도공사, 주택도시보증공사

각 작업이 동시에 시작되고 완료되며 운반되도록 하는 대량생산 시스템

자세히 이해하기

헨리 포드가 창안했으며, 봉사주의와 저가격·고임금의 원리를 이용한 생산 시스템이다. 생산의 표준화와 이동조립법을 중심으로 표준화·단순화·전문화(3S)를 시도하여 작업능률을 극대화했다. 그러나 노동자에게 단순 반복 작업을 강요하여 인간을 기계화했다는 비판을 받았다.

기출 포드시스템의 특징으로 옳지 않은 것은?
: 소량생산 시스템이다.(×)

179 최신기출
스캠퍼 ***
SCAMPER

- 창의적 발상
- 한국에너지공단, 한국수자원공사, 지방공기업평가원, 경기도시장상권진흥원

창의적 사고를 유도해서 새로운 제품이나 서비스, 프로세스의 혁신을 돕는 발상 기법

스캠퍼 기법

대체하기 (Substitute)	기존의 대상을 다른 대상으로 대체하면 어떠할 지 질문
결합하기 (Combine)	두 가지 이상의 것을 합치면 어떠할지 질문
응용하기 (Adapt)	기존 아이디어나 대상을 다른 방식으로 활용하거나 새로운 상황에 맞게 변형·적용할 수 있는지 질문
변형·확대·축소하기 (Modify, Magnify, Minify)	특정 대상의 색·형태·소리·특성 등을 바꾸거나 확대 또는 축소할 수 있는지 질문
용도 바꾸기 (Put to other uses)	특정 대상을 현재의 용도가 아닌 새로운 용도로 바꿀 수 있는지 질문
제거하기 (Eliminate)	특정 대상의 구성 요소나 기능 중에서 일부를 제거하면 어떠할지 질문
역발상·재배열하기 (Reverse, Rearrange)	특정 대상의 순서나 형식, 구성 등을 바꾸거나 재배열하면 어떠할지 질문

180 최신기출
마케팅믹스 ***
Marketing Mix

- 4P
- 성남시공공기관통합채용, 인천관광공사, 한국도로공사, 서울농수산식품공사

상품(Product), 유통(Place), 가격(Price), 촉진(Promotion)의 4P 요소를 활용해 마케팅 효과를 극대화하는 전략

> **기출** 마케팅믹스의 4P가 아닌 것은?
> : People, Package, Position

> ● **촉진믹스 (Promotion Mix)**
> 소비자에게 제품 정보를 전달하고 구매를 유도하기 위한 마케팅 커뮤니케이션 수단들의 조합. 광고·인적 판매·판매 촉진·PR(홍보)·직접 마케팅 등으로 구성되며, 기업은 제품 성격, 시장 환경, 목표 고객에 맞춰 적절한 비율로 활용함. 이는 마케팅 4P 중 'Promotion(촉진)' 전략의 핵심 요소로 촉진전략(Promotion Strategy)의 구체적 실행 수단을 의미

181 최신기출

매슬로의 욕구단계설★★★
Maslow's Hierarchy of Needs

- 인간 욕구, 5단계
- 한국철도공사, 인천도시공사, 근로복지공단, 공무원연금공단, 소상공인진흥공단, 화성시공공기관통합채용, 경기도공공기관통합채용, 한국산업기술기획평가원

인간의 욕구를 중요도에 따라 5단계로 분리한 동기이론. 하위 욕구가 충족되면 상위 욕구를 추구함

욕구 5단계

1단계	생리적 욕구
2단계	안전 욕구
3단계	사회적 소속감과 애정 욕구
4단계	존경 욕구(자기존중의 욕구)
5단계	자아실현 욕구

✓ **알더퍼의 ERG이론 (Alderfer's ERG Theory)**
심리학자 알더퍼가 매슬로의 욕구단계설을 보완한 이론. 하위 욕구에서 상위 욕구로 올라갈 수 있을 뿐만 아니라, 특정 욕구에서 충족이 좌절되면 하위 욕구를 갈망하는 좌절 퇴행 욕구도 존재함
[1단계: 존재(Existence) → 2단계: 관계(Relatedness) → 3단계: 성장(Growth)]

기출 매슬로의 욕구 5단계 중 최하위 욕구는?
: 생리적 욕구

182 최신기출

슈퍼 리더십★★★
Super Leadership

- 셀프 리더십 촉진
- 한국산업단지공단, 한국수력원자력, 한국철도공사, 국민연금공단, 에스알

구성원이 스스로 자기 자신을 이끌어갈 수 있게 도와주는 리더십

자세히 이해하기
리더의 특성이나 능력보다는 구성원들이 스스로 리더로서의 능력(셀프 리더십)을 개발할 수 있도록 이끌어 준다. 리더가 슈퍼 리더십을 효과적으로 발휘하기 위해서는 구성원들이 스스로 목표를 설정할 수 있도록 도와주고 과업을 수행하는 과정에서 내재적으로 동기부여를 유도하는 것이 중요하다.

기출 슈퍼 리더십은 구성원 각자가 스스로를 (　　)하여 필요한 결정을 내릴 수 있게 한다.
: 통제

183 최신기출
서번트 리더십***
Servant Leadership

- 섬기는 리더십
- 한국체육산업개발, 한국산업단지공단, 지방공기업평가원, 대구도시공사

구성원이 잠재력을 발휘할 수 있도록 뒤에서 지원하고, 의견을 경청하며 성장을 돕는 리더십

리더십의 종류

카리스마 리더십	강력한 카리스마와 뛰어난 지도력을 바탕으로 조직 구성원이 자신의 결정을 따르게 하는 리더십
변혁적 리더십	조직 구성원의 변화를 통해 동기를 부여하고 미래의 비전과 공동체적 사명감을 강조하며 장기적 목표를 이끌어 내는 리더십
거래적 리더십	거래 계약 관계에 기반을 두고 영향력을 발휘하는 리더십
문화적 리더십	구성원의 의미 추구 욕구를 만족시켜 구성원을 조직의 주인으로 만들고 조직의 제도적 통합을 가능케 하는 리더십
기출	조직구성원들의 의견을 경청하고, 조직 목표의 방향을 제시하여 조직성과를 이끌어 내는 리더십은? : 서번트 리더십

184 최신기출
앤소프 매트릭스***
Ansoff Matrix

- 시장, 제품
- 대구교통공사, 인천도시공사, 주택도시보증공사, 한국수자원공사, 한국장학재단

기업이 성장을 위해 어떠한 방향으로 나아갈지를 결정하기 위한 의사결정 도구

시장·제품 조합

구분	기존제품	신제품
기존시장	시장침투	제품개발
신시장	시장개발	다각화

성장전략 유형

시장침투	기존 제품을 변경하지 않고 기존 시장에 더 많이 판매하는 전략
시장개발	새로운 시장을 개발하여 기존 제품을 판매하는 전략
제품개발	기존 시장을 대상으로 새로운 제품을 판매하는 전략
다각화	새로운 제품을 개발하여 새로운 시장에 판매하는 전략

185 최신기출
사모펀드 ***
PEF
Private Equity Fund

- 비공개, 소수 투자자
- 화성시공공기관통합채용, 전라남도공공기관통합채용, 도로교통공단, 동대문구시설관리공단

비공개로 소수의 투자자의 자금을 모아 주식이나 채권 등에 투자하여 운용하는 펀드

> ✓ **공모펀드 (Public Offering Fund)**
> 공개적으로 불특정 다수의 투자자들로부터 자금을 모아 운용하는 펀드

186 최신기출
도덕적 해이 ***
Moral Hazard

- 이익만 추구
- 경기도공공기관통합채용, 신용보증기금, 한국관광공사, 주택도시보증공사, 울산시설공단

자신의 의무는 이행하지 않은 채 이익만을 추구하려는 행위

> **자세히 이해하기**
> 도덕적 해이는 본래 화재보험 가입자가 보험을 믿고 화재 예방을 소홀히 하는 사례에서 비롯되었다. 이는 정보 비대칭에서 발생하며, 거래 이전의 문제는 역선택, 거래 이후의 문제는 도덕적 해이라고 구분한다.

기출 도덕적 해이의 사례가 아닌 것은?

187
님비 현상 ***
NIMBY
Not In My Back Yard

- 지역이기주의
- 대전도시공사, 한국수자원공사, 한국폴리텍대학교, 한국문화예술위원회

혐오시설의 필요성을 인정하지만 지역 내 진입은 반대하는 지역이기주의

> ✓ **바나나 신드롬 (BANANA Syndrome)**
> 어디에도 아무것도 짓지 마라(Build Absolutely Nothing Anywhere Near Anybody). 환경오염 시설 등 혐오시설을 자기가 사는 지역에 절대 짓지 못하게 하는 극단적 지역이기주의

188
핌피 현상 **☆
PIMFY
Please In My Front Yard

- 사업 유치
- 화성도시공사, 한국문화예술위원회, 부산도시공사

수익성 있는 사업을 자신의 지역에 유치하려 하는 지역이기주의

> ✓ **눔프 현상 (NOOMP, Not Out Of My Pocket)**
> 복지 확대는 원하지만 필요 재원에 대한 부담은 지지 않으려는 현상

189
스티그마 효과 ★★☆
Stigma Effect

- 부정적 낙인
- 시설관리공단, 전남신용보증재단, 한국환경공단

다른 사람으로부터 지속적으로 부정적인 낙인이 찍히면 실제로 부정적인 상태가 되는 현상(낙인 효과)

> **자세히 이해하기**
>
> 스티그마(Stigma)는 고대 그리스 사회에서 노예·죄수·범죄자 등 사회적·도덕적으로 용납할 수 없는 사람들의 신체에 찍는 일종의 '낙인'을 가리키는 용어였다. 라틴어 'Stigma'는 빨갛게 달군 인두로 가축의 몸에 소유권을 표시하던 표식(烙印)을 뜻한다. 본래 사회심리학 용어이나, 경제학에서는 기업이 시장·소비자의 신뢰를 잃을 경우 이후 내놓는 서비스·상품까지 부정적으로 받아들여지는 현상을 설명할 때 널리 쓴다. 예컨대 한 번 부도난 기업은 건전성을 회복하더라도 신뢰를 되찾기 어렵고, 이후 신용위기 시 투자자들이 자금을 빠르게 회수해 위험이 커질 가능성이 높다.

190 최신기출
고희 ★★★
古稀

- 70세
- 수원시공공기관통합채용, 전남신용보증재단, 근로복지공단, 경남개발공사

나이 70세 또는 70세에 이른 것을 축하하는 의례

나이별 호칭

15세	지학(志學)	70세	고희(古稀)
20세	약관(弱冠)	77세	희수(喜壽)
30세	이립(而立)	80세	산수(傘壽)
40세	불혹(不惑)	88세	미수(米壽)
50세	지천명(知天命)	90세	졸수(卒壽)
60세	이순(耳順)	99세	백수(白壽)

기출	고희+지천명은 몇 세인가? : 70+50=120(세)

191 최신기출
미성년자 ★★★
未成年者

- 만 19세 미만
- 한국수력원자력, 한국산업안전보건공단, 한국사학진흥재단, 보훈복지의료공단

민법상 만 19세에 달하지 않은 자

기출	• 결혼 가능한 나이는? : 만 18세 (법적대리인 동의 없이는 만 19세) • 유언을 하지 못하는 나이는? : 만 17세에 달하지 못한 경우 • 미성년자의 근로계약에 관해 틀린 것은? : 법정대리인이 근로계약을 대리할 수 있다.(⇨ 대리할 수 없다.)

192
뉴노멀 ★★☆
New Normal

- 새로운 기준
- 지방공기업평가원, 서울시설공단, 화성시인재육성재단

시대의 변화에 따라 새롭게 부상하는 기준이나 표준

> **자세히 이해하기**
>
> 2003년 벤처캐피털리스트 로저 맥너미가 처음 제시하고 이후 2008년 세계 최대 채권운용회사 핌코의 최고경영자인 무하마드 엘 에리언이 자신의 저서 『새로운 부의 탄생』에서 언급하면서 널리 확산됐다. 코로나19 시기에는 재택근무·언택트 문화가 대표적 뉴노멀로 부상했으며, 최근에는 디지털 전환·AI 활용·기후위기 대응 등이 대표적 뉴노멀 사례로 꼽힌다.

193 최신기출
실업의 종류 ★★★

- 기술적, 마찰적
- 경기도공공기관통합채용, 공공보건의료재단, 서울시설공단, 주택도시보증공사

실업의 종류와 특징

구분	설명
경기적(Cyclical) 실업	자본주의 경제에 있어 경기악화로 나타나는 실업
구조적(Structural) 실업	경제구조의 변화로 특정노동력에 대한 수요가 감소되어 발생하는 실업
기술적(Technological) 실업	기술진보로 인해 노동력에 대한 수요가 감소하여 발생하는 실업
마찰적(Frictional) 실업	노동력의 이동이 원활하지 않아 발생. 노동시장의 불완전성이 원인
자발적(Voluntary) 실업	노동의 의사와 능력이 있음에도 현재의 임금수준에서는 일을 하지 않는 실업
잠재적(Latent) 실업	생계유지를 위해 일시적으로 만족스럽지 않은 다른 직업에 종사하고 있는 상태
계절적(Seasonal) 실업	계절이나 특정 시기에 따라 고용 수요가 변하면서 발생하는 실업

> ● **정리해고 (整理解雇)**
> 근로자의 귀책사유가 아니라 회사의 경영상의 어려움이나 양수·양도·합병 등을 사유로 단행되는 해고

기출 최저임금제의 변화로 발생하는 실업은?
: 구조적 실업

194 최신기출
고리 1호기 ★★★
古里 1號機

- 원자로 2017년 6월 18일 0시 정지
- 서울교통공사, 한국수력원자력, 한전KPS

1978년 가동을 시작한 대한민국 최초의 상업용 원자로. 노후화로 2017년 6월 19일부터 가동 영구 정지

자세히 이해하기

1978년 4월 상업운전을 시작해 한국 경제의 고도 성장을 이끌고 세계적인 원전 수출국으로 발돋움하는 데 기여했으나, 노후화로 잦은 사고가 발생했다.

기출
우리나라 최초로 영구정지 후 폐로될 예정인 원전은?
: 고리원전 1호기

195
월성 1호기 ★☆☆
月城 1號機

- 두 번째 영구정지 원전
- 서울교통공사, 한국폴리텍대학교

2019년 12월 24일 영구 정지된 국내 최초 가압중수로형 원자력발전소

기출
- 국내에서 영구 정지된 원전 2개는?
: 고리 1호기, 월성 1호기
- 고리·월성·한빛·한울 원자력발전소 상업운전 시기를 빠른 순서대로 나열한 것은?
: 고리(1978) – 월성(1983) – 한빛(1986) – 한울(1988)

---

196 최신기출
크기 단위 ★★★

- 마이크로, 나노, 피코, 펨토
- 부산교통공사, 한국지역난방공사, 경기관광공사, 원주시시설관리공단

마이크로(μ)	10^{-6}에 해당. 100만 분의 1을 의미. 1마이크로미터(μm)는 1m 길이의 100만 분의 1 길이
나노(n)	10^{-9}에 해당. 10억 분의 1을 의미. 1나노미터(nm), 1나노초(ns) 등으로 사용
피코(p)	10^{-12}에 해당. 1조 분의 1을 의미. 마이크로마이크로(μμ)라고도 함
펨토(f)	10^{-15}에 해당. 1000조 분의 1을 의미

기출
- 다음을 큰 순서대로 나열한 것은?
: 마이크로-나노-피코
- 10억 분의 1을 의미하는 단어로 고대 그리스어로 난쟁이라는 의미를 가진 크기 단위는?
: 나노

197
골드칼라 ★★★
Gold Collar

- 두뇌, 전문직
- 한국전력공사, 한국마사회, 한국석유공사, 종로구시설관리공단, 경기도공공기관통합채용

두뇌와 정보(아이디어와 창조적 사고)로 정보화 시대를 이끌어가는 전문직 종사자

다양한 칼라 직종

구분	의미	특징 및 적용 분야
레인보우칼라 (Rainbow Collar)	아이디어와 창의력으로 새로운 것을 창조하는 종사자	광고, 디자인, 마케팅 등 기획 분야
르네상스칼라 (Renaissance Collar)	다방면에 정통하며 디지털 능력도 겸비한 인재	정치·경제·문화·컴퓨터 활용
다이아몬드칼라 (Diamond Collar)	지력·체력·관계 능력까지 두루 갖춘 인재	자기관리·종합적 역량 강조
퍼플칼라 (Purple Collar)	근로 시간·장소를 유연하게 조정해 일하는 노동자	재택·플렉스 근무
뉴칼라 (New Collar)	4차 산업혁명 시대의 첨단 기술 노동자	AI·클라우드·빅데이터 등 신기술 분야

기출 생계를 꾸리기 위해 일터로 뛰어든 여성, 블루칼라와 화이트칼라의 중간층을 각각 뭐라고 하는가?
: 핑크칼라, 그레이칼라

198
상대성 이론 ★★☆
Theory of Relativity

- 특수, 일반
- 한국자원공사, 영화진흥위원회, 한국장애인고용촉진공단

독일 태생의 유대계 미국 물리학자 아인슈타인(Albert Einstein, 1879~1955)이 제시한 이론. 특수 상대성 이론과 일반 상대성 이론을 총칭함

아인슈타인의 상대성 이론 : 특수와 일반
- 특수 상대성 이론 : 등속도 운동을 하는 모든 관성 좌표계에서 빛의 속도는 일정하며, 모든 물리 법칙은 동일하게 적용된다는 이론. 이로 인해 시간과 공간, 물체의 운동은 관찰자의 속도에 따라 상대적이라는 것이 밝혀짐
- 일반 상대성 이론 : 1916년 아인슈타인이 특수 상대성 이론을 가속도 운동을 하는 비관성 좌표계에까지 확장하여 중력 현상을 시공간의 휘어짐으로 설명한 이론

199
높새바람 ★★☆

- 고온 건조
- 한국환경공단, 한국마사회, 영화진흥위원회

늦봄부터 초여름까지 동해에서 영서지방으로 불어오는 고온건조한 바람. 뱃사람들이 북동풍을 '높새'라고 부른 데서 유래

전통 바람 명칭과 특징

샛바람	동쪽에서 불어오는 바람
하늬바람	서쪽에서 불어오는 서늘하고 건조한 바람
마파람	남쪽에서 불어오는 바람
된바람	북쪽에서 빠르고 세게 부는 바람

기출	서쪽에서 불어오는 바람은? : 하늬바람

200
열대저기압 ★★☆
熱帶低氣壓

- 태풍
- 서울시설공단, 해양환경공단, 영화진흥위원회

열대지방에서 발생하여 강한 비바람을 동반하는 저기압. 발생 지역에 따라 다른 명칭으로 불림

지역별 열대저기압 명칭

태풍	북태평양 서부
윌리윌리	호주 부근 남태평양
허리케인	대서양·북태평양 동부
사이클론	인도양·아라비아해·벵골만

SPEED CHECK 스피드 체크

중요 용어! 제대로 이해했는지 빠르게 점검하고 넘어가자!
답이 바로 생각나면 ○, 고민했다면 △, 틀렸다면 × 표시해서 완벽하게 정리하세요.

객관식 문제 / 확인

01 우리나라 대통령의 임기는 몇 년인가?
① 3년 ② 4년
③ 5년 ④ 6년
◀ 정답 ③

02 다음 중 지방세에 해당하는 것은?
① 취득세 ② 소득세
③ 법인세 ④ 상속세
◀ 정답 ①

03 부서 업무와 프로젝트 업무를 동시에 수행하는 이중적 구조의 조직 형태는?
① 라인 조직 ② 기능 조직
③ 매트릭스 조직 ④ 사업부제 조직
◀ 정답 ③

04 중소·벤처기업 전용 주식시장으로 창업 초기 소규모 기업의 원활한 자금 조달을 위해 만들어진 것은?
① 코넥스 ② 코스피
③ 코스닥 ④ 나스닥
◀ 정답 ①

05 20%의 상품 또는 상위 20% 고객이 총매출의 80%를 차지한다는 경제 용어는?
① 파레토 법칙 ② 롱테일 법칙
③ 멘델의 법칙 ④ 메라비언 법칙
◀ 정답 ①

06 도심의 낡은 주거 지역에 중산층이 유입되어 기존 주민이 내몰리는 현상은?
① 인플레이션 ② 젠트리피케이션
③ 도시화 ④ 산업화
◀ 정답 ②

| 객관식 문제 | 확인 |

07 다음 중 맥킨지 7S 모델의 요소가 아닌 것은?
① 전략(Strategy)　　② 시스템(System)
③ 공유가치(Shared Value)　　④ 성과지표(Performance Index)

◀ 정답 ④

08 적도 태평양 동부 해수면 온도가 평년보다 낮아져 이상 기후를 일으키는 현상은?
① 제트기류　　② 라니냐
③ 엘니뇨　　④ 열섬현상

◀ 정답 ②

09 주가 급등락 시 프로그램 매매를 일정 시간 정지시키는 제도는?
① 사이드카　　② 서킷브레이커
③ 공매도　　④ 지정가 주문

◀ 정답 ①

10 가계 소비지출에서 식료품비 비중을 나타내는 지표는?
① GDP 디플레이터　　② 엥겔지수
③ 지니계수　　④ 소비자물가지수

◀ 정답 ②

11 다음 국가와 화폐단위의 연결이 적설하시 잃은 것은?
① 필리핀 – 루피　　② 몽골 – 투그릭
③ 브라질 – 헤알　　④ 러시아 – 루블

◀ 정답 ①

12 유네스코 인류무형문화유산이 아닌 것은?
① 농악　　② 김장
③ 택견　　④ 사물놀이

◀ 정답 ④

13 사서오경 중 사서에 해당되지 않는 것은?
① 논어　　② 맹자
③ 중용　　④ 춘추

◀ 정답 ④

| 객관식 문제 | 확인 |

14 고려 후기 공민왕 때 권문세족과 대립한 정치지배세력은?
① 호족 ② 권문세족
③ 문벌귀족 ④ 신진사대부

◀ 정답 ④

15 종합주가지수나 선물 가격이 큰 폭으로 변동하였을 때 시장에 미치는 영향을 최소화하기 위해 도입한 제도는?
① 리니언시 제도 ② 서킷브레이커
③ 옴부즈맨 ④ 롱테일 법칙

◀ 정답 ②

16 세계적으로 가장 널리 쓰이는 온라인 가상화폐 명칭은?
① 리플코인 ② 비트코인
③ 이더리움 ④ 라이트코인

◀ 정답 ②

17 24절기 중 밤이 가장 긴 시기는?
① 입동 ② 대설
③ 동지 ④ 대한

◀ 정답 ③

18 가격은 그대로 두고 제품 양이나 크기를 줄이는 현상은?
① 디플레이션 ② 인플레이션
③ 슈링크플레이션 ④ 스태그플레이션

◀ 정답 ③

19 주택가격 대비 주택담보대출 비율을 나타내는 지표는?
① DSR ② GDP 디플레이터
③ 지니계수 ④ LTV

◀ 정답 ④

20 다음 중 노동3권이 아닌 것은?
① 단결권 ② 단체교섭권
③ 단체행동권 ④ 단체결성권

◀ 정답 ④

| 객관식 문제 | 확인 |

21 문화예술·스포츠 등에 대한 기업의 지원활동의 총칭은?
  ① 메가   ② 메세나
  ③ 메라비언   ④ 메르코수르
  ◀ 정답 ②

22 이메일이나 위장된 홈페이지 등 가짜 정보를 매개로 사용자의 개인정보를 빼가는 수법은?
  ① 피싱   ② 파밍
  ③ 스푸핑   ④ 스미싱
  ◀ 정답 ①

23 경기침체에도 불구하고 물가가 오히려 오르는 현상은?
  ① 인플레이션   ② 디플레이션
  ③ 애그플레이션   ④ 스태그플레이션
  ◀ 정답 ④

24 영화, 드라마 등에 특정 제품을 노출시키는 광고 기법은?
  ① IBRD   ② AIIB
  ③ ELS   ④ PPL
  ◀ 정답 ④

25 교토의정서의 효력이 2020년 만료됨에 따라 이를 대체하는 협약은?
  ① 런던협약   ② 바젤협약
  ③ 유엔기후변화협약   ④ 파리협정
  ◀ 정답 ④

26 수입 급증으로 국내 산업 피해가 우려될 때 발동하는 긴급 수입제한조치는?
  ① 세이프가드   ② 반덤핑관세
  ③ 수출보조금   ④ 무역자유화
  ◀ 정답 ①

27 다음 중 50세를 일컫는 나이의 호칭은?
  ① 이립(而立)   ② 불혹(不惑)
  ③ 지천명(知天命)   ④ 산수(傘壽)
  ◀ 정답 ③

| 객관식 문제 | 확인 |

28 현직 대통령의 임기 만료를 앞두고 나타나는 권력누수 현상은?
① 레임덕　　　　　　　② 왝더독
③ 데드덕　　　　　　　④ 언더독

◀ 정답 ①

29 2026년부터 적용되는 대한민국 시간당 최저임금은?
① 10,030원　　　　　　② 9,860원
③ 10,320원　　　　　　④ 11,500원

◀ 정답 ③

30 타인의 기대나 관심을 받을 경우 그러한 기대에 부응하여 긍정적인 행태를 보이게 되는 현상은?
① 호손 효과　　　　　　② 바넘 효과
③ 스티그마 효과　　　　④ 피그말리온 효과

◀ 정답 ④

31 근로자에게 일률적·고정적으로 지급되는 임금을 무엇이라 하는가?
① 통상임금　　　　　　② 퇴직금
③ 연장수당　　　　　　④ 특별상여금

◀ 정답 ①

32 임금·근로조건 개선을 위해 근로자가 자주적으로 조직한 단체는?
① 고용노동부　　　　　② 근로복지공단
③ 경영자총협회　　　　④ 노동조합

◀ 정답 ④

33 친일내각이 들어서고 단발령이 시행되자 분격한 유생들이 친일내각 타도를 목표로 일으킨 항쟁은?
① 을미사변　　　　　　② 을미의병
③ 을사의병　　　　　　④ 정미의병

◀ 정답 ②

| 객관식 문제 | 확인 |

34 근로자가 고의로 일을 게을리하여 작업 능률을 떨어뜨리는 행위는?
① 직장폐쇄　　② 태업
③ 파업　　　　④ 로비

◀ 정답 ②

35 오존층 파괴 물질 CFC의 생산·사용을 규제하기 위해 제정된 협약은?
① 교토의정서　　② 파리협정
③ 몬트리올의정서　④ 리우선언

◀ 정답 ③

36 다음 중 단군신화가 실리지 않은 문헌은?
① 삼국사기　　② 삼국유사
③ 제왕운기　　④ 동국여지승람

◀ 정답 ①

37 동양의학 발전에 기여하여 유네스코 세계기록유산으로 등재된 의학서는?
① 삼국사기　　② 동의보감
③ 훈민정음　　④ 조선왕조실록

◀ 정답 ②

38 2026년 동계올림픽이 열릴 곳은?
① 러시아 소치　　② 중국 베이징
③ 프랑스 파리　　④ 이탈리아 밀라노, 코르티나담페초

◀ 정답 ④

39 경제위기 등 여러 악재가 동시에 발생하는 상황을 가리키는 말은?
① 블랙아웃　　② 빅뱅
③ 퍼펙트스톰　④ 메가톤

◀ 정답 ③

40 정보의 비대칭성으로 인해 고품질 상품이 퇴출되고 불량품만 남게 되는 시장 현상은?
① 피치마켓　　② 레몬마켓
③ 핌피 현상　　④ 스놉 효과

◀ 정답 ②

스피드 체크 • **135**

에듀윌이
너를
지지할게

ENERGY

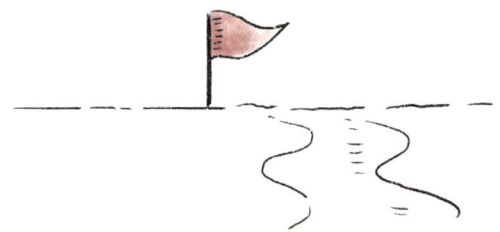

길이 가깝다고 해도 가지 않으면 도달하지 못하며,
일이 작다고 해도 행하지 않으면 성취되지 않는다.

– 순자

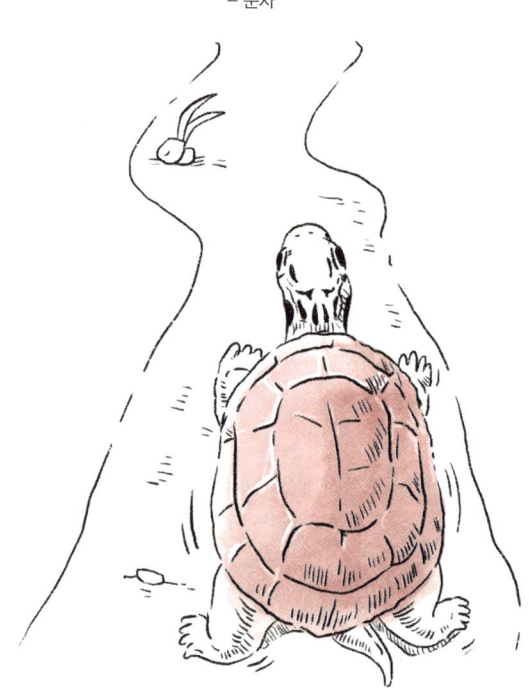

Part 03

공 기 업 기 출 일 반 상 식

핵심 기출 598선

Chapter 01. 정치
Chapter 02. 경제
Chapter 03. 사회
Chapter 04. 국제
Chapter 05. 문화
Chapter 06. 역사
Chapter 07. 스포츠
Chapter 08. 과학

Chapter 01 정치

🎙 알짜 학습팁

▶ 민감한 최신 정치 사안은 공기업에서 많이 출제되지 않고 있으나, 기본적인 정치·행정·법률 기본상식은 자주 출제되니 반드시 숙지해야 합니다.

▶ 법률의 경우 생소한 법률용어가 많으니 기출문제 중심으로 출제 경향을 익히고, 자세히 이해하기를 통해 이해의 폭을 넓히면서 공부하는 것이 좋습니다.

▶ 북한·안보의 경우 한반도 정세가 근래 급박하게 변화하고 있는 만큼, 기출용어 외에도 평소 관심을 갖고 최신 내용을 업데이트해가며 용어를 익혀두는 것이 필요합니다.

◀ 정치 행정

001
당 3역 ★★☆
黨三役

- 키워드: 정당의 중추적 역할
- 기출처: 국가정보원, 예탁결제원

하나의 정당에서 중추적인 역할을 수행하는 ▲원내대표 ▲사무총장 ▲정책위의장

- 원내대표: 국회 내에서 소속의원을 통솔하고, 원내(院內)에서의 당무(黨務)를 맡아보며, 각 교섭단체 간 교섭 시 소속 의원들의 의사를 사전에 종합·통일하여 대표로 활동하는 정당의 간부 의원
- 사무총장: 당의 조직을 관리하고 일상 업무의 집행을 총괄하는 자
- 정책위의장: 당의 이념과 기본 정책의 연구 및 입안을 위한 정책위원회의 의장

002
임시국회 ★★☆
臨時國會

- 국회법 제5조의2 제2항
- 국회 재적의원 4분의 1
- 근로복지공단, 보훈복지의료공단

정기국회와 별도로 필요에 의해 소집되는 국회

언제	2월, 3월, 4월, 5월, 6월의 1일과 8월 16일에 임시회를 집회(국회의원 총선이 있는 경우 임시회를 집회하지 않으며, 집회일이 공휴일인 경우에는 그 다음 날 집회)
소집 요건	대통령 또는 국회 재적의원의 4분의 1 이상이 요구 시
회기	해당 월의 말일까지(임시회의 회기가 30일을 초과하는 경우에는 30일)

기출	임시국회 소집 요건으로 옳은 것은?

003 최신기출
제헌국회 ★★★
制憲國會

- 최초의 국회
- 근로복지공단, 경기도일자리재단, 광주광역시공공기관통합채용

5·10 총선(1948)에 의해 구성된 대한민국 최초의 국회

> ● 대한민국 헌법 (大韓民國 憲法)
> 1987년 10월 27일 국민투표에 의해 개정된 단일 법전. 1948년 7월 17일 제헌국회에서 제정된 이후 9차의 개정을 거침

004 최신기출
국회의원 수 ★★☆

- 200인 이상
- 국민연금공단, 한국남동발전, 근로복지공단

자세히 이해하기

헌법에서는 "국회의원의 수는 법률로 정하되, 200인 이상으로 한다"라고 명시하여 최소 기준을 제시한다. 2024년 3월 8일 개정된 「공직선거법」에는 "국회의원 정수는 지역구 국회의원 254명과 비례대표 국회의원 46명을 합하여 300인으로 한다. 그리고 하나의 국회의원 지역선거구에서 선출할 국회의원의 정수는 1인으로 한다"라고 규정되어 있다.

기출 대한민국 헌법상 국회의원 수는 몇 인 이상인가?
: 200인

005
국회의원직 상실 요건 ★★☆

- 100만 원 이상 벌금
- 두시개발공사, 동대문구시설관리공단

선거법 위반으로 징역 또는 100만 원 이상의 벌금 선고 혹은, 선거사무장, 회계책임자, 직계 존·비속 배우자가 정치자금법 위반으로 300만 원 이상의 벌금형 선고 시

자세히 이해하기

형사사건의 경우 국회의원이 금고 이상의 형(집행유예 포함)을 받으면 의원직을 상실한다. 또한 국회는 의원의 자격을 심사해 징계할 수 있는데, 국회본회의에서 국회 재적의원 3분의 2 이상의 찬성이 있을 경우 제명(구성원 자격 박탈)이 가능하다.

기출 국회의원직이 상실되는 벌금의 기준은 얼마인가?
: 100만 원 이상(「공직선거법」 상)

006 최신기출
교섭단체 ★★★
交涉團體

- 20인 이상
- 주택도시보증공사, 의정부도시공사, 한국전력거래소, 충북대학교병원, LH토지주택공사

국회 중요 안건 협의를 위해 의원들로 구성된 단체

자세히 이해하기

국회에서 20인 이상의 소속의원을 가진 정당은 하나의 교섭단체가 된다. 그러나 다른 교섭단체에 속하지 아니하는 20인 이상의 의원으로 따로 교섭단체를 구성할 수 있다.

기출 국회 교섭단체 구성을 위한 최소 국회의원 수는?
: 20인

007 국회의장 ★☆☆
國會議長

- 입법부 수장, 임기 2년
- 대구시설관리공단

국회를 대표하는 입법부 수장으로 국회 질서 유지·의사 정리·사무를 감독

> **자세히 이해하기**
> 국회의장은 국회에서 무기명투표로 선거하되 재적의원 과반수의 득표로 당선되며, 임기는 2년이다.

008 국무회의 ★★☆
國務會議

- 정책심의기관
- 서울메트로, 한국마사회

대한민국 정부 권한에 속하는 주요 정책을 심의하는 최고 정책심의기관

> **자세히 이해하기**
> 국무회의는 대통령 및 국무총리와 15명 이상 30명 이하의 국무위원으로 구성된다. 대통령이 국무회의 의장이 되며, 국무총리가 부의장이 된다.

> **기출**
> 국무회의 개의와 의결 기준은?
> : 구성원 2분의 1 이상(과반수) 출석으로 개의하고, 출석 구성원 3분의 2 이상 찬성으로 의결한다.

009 국무위원 ★★☆
國務委員

- 국무회의 구성원
- 한국언론진흥재단

국정에 관해 대통령을 보좌하고 국정을 심의하는 국무회의 구성원

> **자세히 이해하기**
> 국무위원은 국무회의 소집을 요구하고 의장을 통하여 국무회의에 의안을 제출하며, 국무회의에 출석·발언하고 그 심의에 참가할 권한과 의무가 있다. 또한 대통령과 국무총리의 유고 시(특별한 사정이나 사고가 있는 상태)에는 서열에 따라서 그 직무를 대행할 수 있는 권한이 있다.
>
> **국무회의 직무대행(「정부조직법」 제12조 제2항)**
> 대통령 → 국무총리 → 기획재정부장관(부총리) → 교육부장관 → 「정부조직법」 제26조 제1항에 규정된 순서에 따라 국무위원 직무 대행

> **기출**
> 국무위원의 권한으로 옳지 않은 것은?
> : 행정 각부의 장에 대한 임명권이 있다.(⇨ 없다)

010
3권 분립 ★★☆
三權分立

- 로크, 법의 정신
- 서울특별시도시철도공사, 은평구시설관리공단

국가 권력을 입법·행정·사법으로 분립

무엇을	국가의 통치권을
어떻게	• 입법·행정·사법으로 나눈 후 • 각각 국회·정부·법원에 맡겨 상호 간 견제와 균형 유지
왜	국가권력의 집중과 남용 방지를 위해

자세히 이해하기

로크(John Locke, 1632~1704)가 제일 먼저 3권 분립을 주장했고, 몽테스키외(Montesquieu, 1689~1755)가 저서 『법의 정신』을 통해 완성했다. 3권 분립 이론을 처음으로 받아들인 것은 1787년 미국 연방헌법이었으며 1791년 프랑스 헌법도 이를 채택했다. 영국은 대헌장(마그나카르타), 권리청원, 권리장전 등에 의해 헌법 원칙이 문서화됨으로써 3권 분립이 서서히 나타났다.

기출 『법의 정신』의 저자로 3권 분립을 주장한 인물은?
: 몽테스키외

011
입법부 ★☆☆
立法府

- 법률 제장 및 국가정책 심의 국가기관
- 광명도시공사

국민의 대표로 구성되어 법률을 제정·개정하며, 국가예산 심의, 행정부 감시, 고위 공직자 임명 동의 등을 수행하는 헌법상 국가기관. 대한민국에서는 국회가 이에 해당하며, 3권 분립 원칙에 따라 행정부·사법부와 권한을 나누어 가짐

012 최신기출
선거 ★★☆
選擧

- 만 18세 이상
- 충북대학교병원, 한국폴리텍대학, 한국도로공사

투표로 공직자나 대표자를 뽑는 절차

자세히 이해하기

2019년 「공직선거법」 개정으로 국내 선거권 연령이 만 19세에서 만 18세로 하향되었다. 2022년부터 지방선거 출마 최저 연령은 만 25세에서 만 18세로 하향되었다.

선거의 4대 원칙
▲보통선거 ▲비밀선거 ▲직접선거 ▲평등선거

● 오픈 프라이머리 (Open Primary)
대통령 등 공직 후보자를 선발할 때 일반 국민이 직접 참여해 선출하는 방식

기출 선거에 대한 설명으로 옳지 않은 것은?
: 선거권은 만 19세 이상에게 부여된다.(⇨ 만 18세 이상)

013 최신기출
대통령 피선거권 나이 *☆☆
Age of Candidacy for President

- 대한민국 대통령에 출마할 수 있는 최소 연령 기준
- 한국전력기술

대한민국 대통령 출마 최소 연령 기준. 헌법 제67조 제4항은 '만 40세 이상'으로 규정하며, 선거일 기준으로 40세 이상인 사람만 후보 등록이 가능

주요 공직별 피선거권 연령 기준

구분	피선거권 연령	법적 근거
대통령	만 40세 이상	헌법 제67조 제4항
국회의원	만 25세 이상	공직선거법 제16조
지방자치단체장·지방의원	만 18세 이상	공직선거법 제16조(2022년 개정)

014
보궐선거 **☆
補闕選擧

- 임기 중 궐위
- 근로복지공단

대통령 또는 국회의원이 임기 중에 사망 등의 사유로 궐원 또는 궐위가 생긴 때 실시하는 선거

✅ **재선거(再選擧)**
당선인이 임기 개시 전에 사망하거나 선거과정에서 불법을 저질러 당선 무효 처분을 받게 된 경우에 치러짐

기출 보궐선거와 재선거의 차이점은?
: 재선거는 (임기 개시 전) 애초의 선거 자체를 무효로 하고 다시 치르는 것이며, 보궐선거는 (임기 개시 후) 선거 결과는 인정하되 빈 자리를 채우기 위해 실시한다는 차이점이 있다.

015
캐스팅보트 **☆
Casting Vote

- 양쪽 세력 동일
- 한국전력공사, 전남신용보증재단

의회의 표결에서 가부수가 동수인 때에 의장이 가지는 결정권. 더 넓게는 양대 정당 세력이 비슷할 때 제3당이나 특정 집단의 투표로 승패를 결정하는 것

✅ **스윙보터(Swing Voter)**
선거 때마다 지지가 바뀌는 유권자로, 선거 결과를 결정짓는 캐스팅보트 역할을 하는 집단

예문 2025년 대선을 앞두고 무당층과 중도층이 캐스팅보트로 떠오르며 충청권 표심과 2030 세대의 선택이 선거 결과를 좌우할 핵심 변수로 주목받고 있다.

016 인사청문회 대상**☆

- 임명 동의 필요 vs 없음
- 경상대학교병원, 서울시설공단

구분	청문주체	대상
국회 임명 동의 필요	인사 청문 특별위원회	▲대법원장 ▲대법관 ▲국무총리 ▲헌법재판소장 ▲감사원장 국회에서 선출하는 ▲헌법재판관 ▲중앙선거관리위원
국회 인준 절차 없음	소관 상임위원회	대통령이 임명하는 직책의 후보자(헌법재판관, 중앙선거관리위원, 국무위원, 방송통신위원장, 공정거래위원장, 금융위원장, 국가인권위원장, 고위공직자범죄수사처장, 국가정보원장, 국세청장, 검찰총장, 경찰청장, 합동참모의장, 한국은행 총재, 특별감찰관, 한국방송공사 사장 등) 대통령 당선인이 대통령직 인수에 관한 법률에 따라 지명하는 국무위원 후보자 대법원장이 지명하는 직책의 후보자(헌법재판관 또는 중앙선거관리위원)
기출	인사청문회 대상 중 국회의 인준 절차가 필요 없는 공직자는? : 검찰총장	

017 최신기출
포풀리즘**☆
Populism

- 대중의 인기
- 화성도시공사, 서울시설공단, 한국폴리텍대학교

정책의 실현성이나 본래의 목적을 외면하고 대중의 인기에만 영합하는 정치 형태

예문 국회의원 선거를 앞두고 선심성 공약이 난무하는 등 포퓰리즘이 기승을 부리고 있다.

018 최신기출
스포츠워싱***
Sportswashing

- 스포츠를 이용한 평판 세탁
- 인천시설공단

스포츠 이벤트 개최나 스포츠 팀을 운영 및 후원함으로써 국가나 조직이 부정적인 이미지를 희석시키고자 하는 행위

자세히 이해하기
사우디아라비아는 '비전 2030' 정책에 따라 축구·골프·테니스 등 다양한 분야에서 수백 건의 계약을 체결하며, 국가 이미지를 긍정적으로 바꾸려 하고 있다. 이와 같은 사례는 스포츠워싱이 실제로 작동하는 방식을 보여주는 대표적 예시이다.

019 검찰★★☆
檢察

- 공소 제기
- 동대문시설관리공단

범죄 수사 및 공소 제기, 재판 집행 등을 담당하는 국가 형사사법 기관

> ● 기소독점주의 (起訴獨占主義)
> 검사만이 공소를 제기할 수 있는 권한을 가진다는 원칙. 그러나 2021년 공수처 출범과 2022년 검찰청법·형사소송법 개정으로 약화되고 있었으며, 2025년 「정부조직법」 개정안으로 폐지 수순에 있다.

020 그린북★★☆
Green Book

- 경제동향분석, 기획재정부
- 주택도시보증공사, 영화진흥위원회

기획재정부가 매월 1회 발간하는 '최근 경제동향' 분석 책자

> ● 베이지북 (Beige Book)
> 미국 연방준비제도(Fed)가 연 8회 발표하는 경제동향 보고서

021 경제사회노동위원회★★☆
經濟社會勞動委員會

- 대통령 자문기구
- 주택도시보증공사

노동자·사용자·정부(노사정) 등이 노동정책 및 이와 관련된 경제·사회정책 등을 협의하는 대통령 소속 자문기구

자세히 이해하기
1998년 '노사정위원회'로 출범 → 2006년 '경제사회발전노사정위원회'로 개편 → 2018년 문재인 정부에서 '경제사회노동위원회(경사노위)'로 재출범하였다. 이때 청년·여성·비정규직·중소기업·소상공인 등까지 참여 주체를 확대해 총 18명으로 구성되었다.

022 사회간접자본★★☆
SOC
Social Overhead Capital

- 생산 기반 시설
- 한국자산관리공사

생산활동에 직접적으로 사용되지는 않으나, 간접적으로 기여하는 자본

자세히 이해하기
물건을 생산하는 데에는 직접적으로 사용되지 않지만 도로, 전력, 통신, 항만, 철도 등 생산활동에 간접적으로 도움을 주는 시설을 말한다. 일정하게 사회간접자본으로 규정되어 있는 것은 아니며, 어떠한 생산을 위하여 간접적으로 제공되는 모든 시설을 포괄한다.

기출 사회간접자본으로 옳은 것은?

023
게리맨더링 ★★☆
Gerrymandering

- 유리한 선거구 설정
- 우리은행, 한전케이피에스, 포항시시설관리공단

특정 정당 혹은 특정 후보자에게 유리하도록 자의적으로 선거구를 정하는 것

자세히 이해하기
1812년 미국 매사추세츠주 주지사 E.게리가 자신이 속한 공화당에 유리하도록 자의적으로 선거구를 정한 것을 반대당에서 비꼬는 말에서 시작됐다.

024
브래들리 효과 ★★☆
Bradley Effect

- 여론조사와 다른 결과
- 국립공원관리공단, 부천시협력기관, 한국소비자원

선거 여론조사 당시 지지율이 높게 나왔던 후보가 실제 선거에서는 낮은 득표율을 얻는 현상

자세히 이해하기
1982년 미국 캘리포니아 주지사 선거에서 흑인 후보 톰 브래들리가 여론조사에서는 앞섰지만 실제로는 패배한 사건에서 유래했다. 이는 일부 백인이 편견을 숨기고 조사에는 흑인 후보 지지를 표명했으나 실제 투표에서는 백인 후보를 선택한 데서 비롯됐다.

기출 여론조사와 다른 투표 결과가 나타나는 현상은?
: 브래들리 효과

025
스핀닥터 ★☆☆
Spin Doctor

- 정치홍보가
- 전라남도공공기관통합채용, 한국소비자원

정당에서 여론 조정을 담당하는 정치 홍보 전문가

자세히 이해하기
언론에 특정 정치인이나 정당에 유리한 해석을 심어주기 위해 메시지를 설계하고, 위기 상황에서는 부정적 이미지를 완화하는 역할을 맡는다.

기출 고위 관료 측근에서 정치적 목적을 위해 여론 조정을 담당하는 자는?
: 스핀닥터

026
컨벤션 효과 ★★☆
Convention Effect

- 행사 후 지지율 상승
- 부산경제진흥원, 대한체육회

정당대회 등 정치 이벤트 직후, 매스컴의 조명을 받아 후보자나 정당의 지지율이 일시적으로 상승하는 현상

027
패스트트랙 ★☆☆
Fast Track

- 법안 긴급 처리
- 한국전기안전공사

국회에서 중요하고 긴급성이 있는 특별한 법안을 더 신속히 처리할 수 있도록 하는 절차

패스트트랙 주요 절차

지정 요건	전체 재적의원 또는 상임위원회 재적의원 5분의 3 이상 찬성
심사 기간	상임위원회 180일 → 법제사법위원회 90일 → 본회의 60일
자동 상정	총 330일이 지나면 본회의에 자동 상정

기출	• 패스트트랙 안건으로 지정되려면 필요한 재적 의원 수는? : 5분의 3 • 국내 정치 분야에서는 국회에서 발의된 안건의 신속한 처리를 위한 제도를 뜻하는 용어는? : 패스트트랙 • 패스트트랙 안건이 본회의로 자동 상정되기 위한 필요한 일정수는? : 330일(180일+90일+60일)

028 최신기출
그린뉴딜 ★★☆
Green New Deal

- 친환경 뉴딜 정책
- 중소기업기술정보진흥원, 한국전력공사

기후변화와 경제 침체 문제를 동시에 해결하기 위해 친환경 사업에 대규모 투자하는 정책

029 최신기출
직접세 ★★★
直接稅

- 납세의무자=조세의무자
- 한국도로공사, 국립공원관리공단, 한국소비자원, 영화진흥위원회

세금을 부담하는 담세자와 세금을 납부하는 납세자가 같은 세금. 소득세, 법인세, 상속세, 종합부동산세 등

> ● 간접세 (間接稅)
> 세금을 납부하는 사람과 실제로 부담하는 사람이 다른 세금. 주세, 개별소비세, 인지세, 부가가치세, 증권거래세 등

기출	• 직접세에 해당하지 않는 것은? : 개별소비세 • 현재 국내 기업 법인세 최고세율은? : (2024년 7월 기준) 24%(지방세 포함 26.4%)

030 최신기출
종합소득세 ★★☆
綜合所得稅

- 종합 과세
- 경기신용보증재단, 한국석유공사, 대전광역시공공기관통합채용

개인에게 귀속되는 각종 소득을 종합하여 과세하는 조세

종합소득세 과세 대상 소득
▲이자소득 ▲근로소득 ▲사업소득 ▲연금소득 ▲배당소득 ▲기타소득

종합소득세 세율(2025년 기준)

과세표준	세율	누진공제
1,400만 원 이하	6%	–
1,400만 원 초과 5,000만 원 이하	15%	126만 원
5,000만 원 초과 8,800만 원 이하	24%	576만 원
8,800만 원 초과 1억5,000만 원 이하	35%	1,544만 원
1억5,000만 원 초과 3억 원 이하	38%	1,994만 원
3억 원 초과 5억 원 이하	40%	2,594만 원
5억 원 초과 10억 원 이하	42%	3,594만 원
10억 원 초과	45%	6,594만 원

031
종합부동산세 ★☆☆
綜合不動産稅

- 주택·토지 보유세
- 충북대학교, 한국폴리텍대학교

고액의 부동산 보유자에게 부과하는 국세. 과세 기준일(매년 6월 1일) 현재 보유한 부동산을 기준으로 공시가격 합산액이 공제금액을 초과하면 과세 부과

종합부동산세 과세 요약(2025년 기준)

주택	주택 공시가격 합계액 9억 원 초과(1세대 1주택자 12억 원), 21년 귀속분부터 법인은 0원
종합합산토지	전국합산 토지의 공시가격 합계액 5억 원 초과
별도합산토지	전국합산 토지의 공시가격 합계액 80억 원 초과

032 최신기출
준예산★★☆
準豫算

- 국회 예산 성립 X
- 한국수자원공사, 국민체육진흥공단

새로운 회계연도가 개시될 때까지 국회에서 예산이 성립되지 못할 경우 전년도에 준해 세우는 예산

> **자세히 이해하기**
> 특정 기관의 유지 및 운영비, 공무원의 보수 등의 필수 경비만 지출할 수 있으며, 국회의 의결은 필요로 하지 않는다. 현재까지 준예산이 편성된 적은 없다.

정부 예산의 구분

재정	일반회계, 특별회계, 기금
절차	가예산, 준예산, 잠정예산(우리나라 ×)
분류	기능별 분류, 사업별 분류, 조직별 분류, 품목별 분류, 경제성질별

주요 예산의 종류
- 본예산 : 회계연도 개시 전 행정부가 편성한 예산안이 국회를 통과한 예산
- 성인지 예산 : 국가의 세입·세출 예산이 남성과 여성에게 미치는 영향이 다르다는 전제하에 예산 정책의 남녀 차별적 영향을 해소하기 위한 예산

033
예산안 심의 절차★★★

- 제출 : 120일 전(법) / 90일 전(헌법)
- 한국농어촌공사, 한국환경공단, 한국중부발전, 대전시공공기관통합채용, 한국토지주택공단, 한국산업안전보건공단, 한국지방재정공제회, 소상공인시장진흥공단, 한국보훈복지의료공단

제출 → 회부 → 상임위원회 예비심사 → 예산결산특별위원회 종합심사 → 본회의 심의·의결 → 정부 이송 및 공고

예산안 제출·의결 기한 (회계연도 기준)

항목	기한(회계연도 개시 n일 전)
정부의 국회 제출(정부 → 국회)	국가재정법 120일 전(법) / 헌법 90일 전(참고)
회부(국회의장 → 소관상임위)	제출 직후(국회의장이 소관상임위에 회부)
국회 본회의 의결	30일 전(헌법)
광역(시·도) 예산안 제출	50일 전
광역의회 의결	15일 전
기초(시·군·구) 예산안 제출	40일 전
기초의회 의결	10일 전

전공
행정

034 행정법의 기본 원칙 ★☆☆

- 과잉금지
- 서울시설공단

행정작용에 일반적으로 적용되는 기본 원리

> **행정법 주요 원칙**
> ▲부당결부금지의 원칙 ▲신뢰보호의 원칙 ▲행정의 자기구속의 원칙 ▲과잉금지의 원칙(비례의 원칙)

> 기출 | 행정법의 기본 원칙이 아닌 것은?
> : 법률유보원칙

035 최신기출 행정심판 ★★☆
行政審判

- 약식쟁송
- 근로복지공단, 소상공인시장진흥공단

행정청의 위법·부당한 처분으로 권리나 이익을 침해받은 국민이 법적으로 구제받도록 하는 제도

> **자세히 이해하기**
> 행정심판은 행정작용에 속하는 약식쟁송으로, 행정기관 내부 절차를 통해 다투는 구제 방식이다. 반면 행정소송은 사법작용에 속하는 정식쟁송으로, 법원을 통해 권리 구제를 받는 절차이다.

036 최신기출 윌슨의 규제정치 모형 ★★☆

- 규제의 비용과 편익
- 한국남동발전, 서울대학교병원, 소상공인시장진흥공단

비용과 편익의 분포에 따라 규제정치현상을 4가지 유형으로 구분

구분		규제의 편익	
		좁게 집중	넓게 분산
규제의 비용	좁게 집중	이익집단 서로의 이익확보를 위해 대립 예) 의약분업 등	기업가 정치 규제집행 저항·사회적 규제 예) 환경오염 규제 등
	넓게 분산	고객 정치 규제 집행 촉구·높은 수익성 예) 수입규제 등	대중 정치 공익단체가 제기 예) 음란물 규제 등

037 최신기출 브레인스토밍
Brainstorming

- 집단 창의력 기법
- 한국철도공사, 경남신용보증재단, 소상공인진흥공단, 광주광역시공공기관통합채용

비판 없이 자유롭게 아이디어를 제시하고, 이를 조합·확장하며 새로운 해결책을 찾는 집단 창의력 기법

> ● **집단의사결정 (Group Decision Making)**
> 여러 구성원이 함께 참여해 결정을 내리는 과정. 다양한 의견 반영이 가능하지만 이해 상충이나 책임 분산이 발생할 수 있으며, 브레인스토밍이 집단의사결정에서 활용되는 대표적 창의 기법

038 리더십 이론
Leadership Theory

- 리더의 영향력과 효과를 설명

리더의 영향력과 효과를 설명하는 이론

리더십 주요 이론

특성론	리더는 타고난 자질과 성격적 특성을 가진다는 관점
행동이론	과업 중심·관계 중심 행동 패턴에 따라 리더십이 변화
상황이론	효과적인 리더십은 조직의 상황과 환경에 따라 변화
변혁적 리더십	구성원의 가치와 동기를 자극하여 변화를 이끄는 유형

039 최신기출
피들러 상황이론
Fiedler's Contingency Theory

- 리더십 효과 상황에 따라 다름
- 한국도로교통공단, 신용보증기금

과업 중심형 또는 관계 중심형 리더십이 조직의 상황(과업 구조, 리더-구성원 관계, 권한 수준 등)에 따라 효과가 달라짐

이상적 리더 유형

상황 통제 수준	적합한 리더 스타일
높음(통제 용이)	과업 중심형 리더
중간(애매함)	관계 중심형 리더
낮음(통제 어려움)	과업 중심형 리더

040 최신기출
조직 유형의 분류 ★★☆

- 조직 유형
- 한국농어촌공사, 한국수자원공사, 인천교통공사

조직의 편제 및 관리에 적용되는 일반적인 원칙

Blau & Scott(블라우와 스콧)의 조직 유형

구분	특징	예
호혜적 조직	조직 구성원이 수혜자	정당, 노동조합, 종교단체 등
기업 조직	조직 소유자가 수혜자	기업체, 은행 등
봉사 조직	조직을 이용하는 고객이 수혜자	병원, 학교 등
공익 조직	일반대중이 수혜자	군대, 경찰 등

기출 Blau & Scott의 조직유형과 예시가 잘 연결된 것은?
: 호혜적 조직-노동조합

041 최신기출
애드호크라시★★☆
Adhocracy

- 앨빈 토플러, 「미래의 충격」
- 국민연금공단,
  한국시설안전공단, 한국도로교통공단

기존의 관료조직을 대체할 미래의 새로운 조직. 전문적인 훈련에 의해 유연하게 기능별로 분화된 횡적 조직

> **자세히 이해하기**
>
> 미국의 미래학자 앨빈 토플러(Alvin Toffler, 1927~2016)가 저서 「미래의 충격」에서 사용한 용어다. 고정적·반영구적인 관료조직이 해결하기 어려운 문제에 대응하기 위해 상황에 맞는 전문 인력이 팀을 이뤄 해결해 나가는 특징이 있다.

기출 애드호크라시의 특징으로 적절한 것은?

042 최신기출
공공기관의 분류★★☆

- 공공기관 분류
- 전라북도콘텐츠융합진흥원, 한국지역난방공사

공공기관은 「공공기관의 운영에 관한 법률」 기준으로 크게 공기업·준정부기관·기타 공공기관으로 분류

공공기관 분류(2025년 10월 기준)

공기업		정원 300인 이상, 자체수입비율 50% 이상인 기관
	시장형	자산규모가 2조원, 자체수입비율 85% 이상인 기관 예 한국전력공사, 한국가스공사, 한국석유공사 등
	준시장형	자체수입비율 50~85%인 기관 예 한국마사회, 한국조폐공사 등
준정부기관		정원 300인 이상, 자체수입비율 50% 미만인 기관
	기금관리형	중앙정부 기금을 관리하는 기관 예 신용보증기금, 국민연금공단 등
	위탁집행형	기금관리형 아닌 준정부기관 예 한국농어촌공사, 한국관광공사 등
기타 공공기관		공기업·준정부기관을 제외한 공공기관 예 한국산업은행, 한국투자공사 등

기출 다음 중 시장형 공기업이 아닌 것은?
: 한국공항공사, 한국투자공사(×), 한국석유공사, 한국가스공사

043 최신기출
실적주의★★☆
實績主義

- 공개경쟁시험
- 한국남동발전, 충남대학교병원, 소상공인시장진흥공단

공개경쟁시험 등을 통해 능력과 자격 위주로 공무원을 임용하는 제도

> **자세히 이해하기**
>
> 2025년 6월 15일 국회는 세무공무원의 실적주의와 관련해 추징세액 규모에 따라 포상금을 지급하는 기본법 개정안을 의결하였다.

044 최신기출
대표관료제 ★★☆
代表官僚制

- 사회집단 대표
- 소상공인시장진흥공단, 한국에너지공단

사회집단의 인구 비례에 따라 관료를 구성하는 제도

> **자세히 이해하기**
>
> 대표관료제는 실적주의의 폐단을 극복하기 위해 등장했다. 이는 인간의 행동은 출신과 이익을 위해 움직인다는 전제를 두고 있으며, 특징으로는 관료의 대표성 강화와 책임성 제고, 수직적 형평성 제공 등이 있다. 그러나 행정의 전문성이 저해되고, 역차별의 우려가 있으며, 재사회화에 대한 고려가 부족하다는 단점이 있다.

045 최신기출
직위분류제 ★★☆
職位分類制

- 수행능력 기준
- 한국교통안전공단, 지방공기업평가원, 인천교통공사

직무의 수행능력과 성과 기준의 직급 분류 방식

> **자세히 이해하기**
>
> 직위분류제는 개방형 충원체제로 적재적소에 인재를 임용할 수 있고, 권한과 책임의 한계가 명확해 조직 관리에 합리적이며, 보상의 공정성을 추구한다. 그러나 전문행정가 중심이어서 일반행정가의 양성이 어렵고, 인사관리의 탄력성이 떨어지며 공무원 신분 보장이 약하다.

> ✅ **계급제 (階級制)**
> 학력·경력·자격 등 개인의 자격과 능력을 기준으로 계급을 분류하는 방식. 연공서열 중심으로 소규모 조직에 적합함

046 최신기출
직무평가 ★★☆
職務評價

- 수평적 분류
- 한국장학재단, 한국철도공사, 신용보증기금

직무의 상대적 가치를 산정하는 작업

직무평가 방법

서열법	직무를 구성요소별로 나누지 않고 종합적으로 평가하여 직위의 서열을 매기는 방법
분류법	등급기준표에 따라 직무 전체를 종합적으로 평가하는 방법
점수법	각 직위의 직무요소에 대해 점수를 부여하고 직무평가 기준표에 따라 평가하는 방법
요소비교법	조직 내 가장 핵심직위를 선정하고, 평가요소별로 비교·평가하는 방법

047 최신기출
권력의 원천 ★★☆

- 권력의 5가지 원천
- 한국공항공사, 인천교통공사, 서울시설공단

타인 또는 조직단위의 행태를 좌우할 수 있는 능력

권력의 5가지 원천[프렌치(French)와 레이븐(Raven)]

합법적 권력	공식적 직위에 기반을 둔 권력
보상적 권력	보상(승진, 급여)을 제공할 수 있는 능력에 기반을 둔 권력
강압적 권력	다른 사람을 처벌할 수 있는 능력에 기반을 둔 권력
전문적 권력	전문적 기술이나 지식에 기반을 둔 권력
준거적 권력	카리스마·신뢰·존경 등 성품에 기반을 둔 권력

기출	상사의 성품에 기반을 둔 권력은? : 준거적 권력

048
옴부즈만 ★☆☆
Ombudsman

- 행정 감찰관
- 지방공기업평가원, 서울주택도시공사

정부의 독주를 막기 위한 일종의 행정 감찰관 제도

자세히 이해하기

1809년 스웨덴에서 국가의 행정권에 대한 감시와 견제의 목적에서 처음 시작됐다. 일반적인 옴부즈만 제도(의회형)는 의회 소속으로 행정부로부터 독립되어 있으며 조사권·시찰권을 가진다. 우리나라 옴부즈만 제도는 1994년 '국민고충처리위원회'로 시작해 현재는 국민권익위원회가 그 기능을 수행하고 있다. 행정부 소속이라 독립성은 제한적이지만, 국민의 민원을 조사하고 관계 기관에 개선을 권고할 수 있다.

049 최신기출
공무원 징계 ★★☆

- 감봉 · 해임
- 지방공기업평가원, 한국산업인력공단, 한국보훈복지의료공단

공무원의 의무 위반에 대해 행정상의 책임을 묻는 제재

경징계

견책	승급제한 6개월
감봉	승급제한 12개월, 1~3개월 보수 1/3 제함

중징계

정직	승급제한 18개월, 1~3개월 보수 전액 제함, 직무수행 정지
강등	승급제한 18개월, 3개월 보수 전액 제함, 3개월 직무수행 정지, 1계급 강등
해임	강제퇴직, 3년간 공직 취임제한, 금전 문제로 해임 시 퇴직급여 및 수당 1/4 감액(5년 미만 재직 시 퇴직급여 1/8 감액)
파면	강제퇴직, 5년간 공직 취임제한, 퇴직급여 및 수당 1/2감액 (5년 미만 재직 시 퇴직급여 1/4 감액)

법률 ◀

050
헌법불합치 ★☆☆
憲法不合致

- 조건부 위헌 판결
- 노원문화재단

관련법이 개정될 때까지 한시적으로 법적 효력을 인정해 주는 헌법재판소의 결정. 위헌선언·헌법불합치 판결에는 재판관 6인 이상 찬성이 필요

> **자세히 이해하기**
>
> 2025년 2월 27일 헌법재판소는 「탄소중립·녹색성장 기본법」 제8조 제1항이 2031년 이후 온실가스 감축목표를 규정하지 않은 것은 헌법에 합치되지 않는다며, 2026년 2월 28일까지 국회가 법을 개정하도록 하는 헌법불합치 결정을 내렸다.

051
법정계량단위 ★★☆
法定計量單位

- 물리적 상태의 양 측정
- 서울특별시농수산식품공사

「계량법」에서 규정한 물리적 양을 측정할 때 쓰이는 단위

구분	개념	단위
기본단위	기본이 되는 7개의 단위	• 길이 : 미터(m) • 질량 : 킬로그램(kg) • 시간 : 초(s) • 전류 : 암페어(A) • 온도 : 켈빈(K) • 물질량 : 몰(mol) • 광도 : 칸델라(cd)
유도단위	기본단위의 조합 또는 기본단위 및 다른 유도단위의 조합에 의하여 형성되는 단위	• 넓이 : 제곱미터(m^2) • 속도 : 미터퍼 세컨드(m/s) • 방사선 : 그레이(Gy) • 부피 : 세제곱미터(m^3) • 주파수 : 헤르츠(Hz)
보조단위	기본단위 및 유도단위를 십진배수나 분수로 표기하는 것	• 데카(da) : 10^1 • 킬로(k) : 10^3 • 기가(G) : 10^9 • 테라(T) : 10^{12} • 밀리(m) : 10^{-3} • 나노(n) : 10^{-9}
특수단위	특수한 계량의 용도에 쓰이는 단위	• 해리 : 1해리=1852m • 헥타르(ha) : 1ha=1hm^2=$10^4 m^2$ • 다인(dyn) : 1dyn=1g·cm/s^2 　　　　　　　=10^{-5}N • 가우스(G) : 1G=10^{-4}T

052
법관 ★★☆
法官

- 재판사무 담당 공무원
- 한국산업인력공단, 인천신용보증재단

헌법과 「법원조직법」에 따라 임명되어 대법원과 각급 법원에서 재판을 담당하는 사법부 공무원

> **자세히 이해하기**
>
> 법관은 대법원장·대법관·일반법관으로 구분된다. 대법원장은 국회의 동의를 얻어 대통령이 임명하고, ▲대법관은 대법원장의 제청으로 국회의 동의를 얻어 대통령이 임명한다. ▲판사는 법관인사위원회의 심의 후 대법관 회의의 동의를 얻어 대법원장이 임명한다. 2025년부터 신규 판사 임용 시 법조경력 요건이 기존 5년에서 7년 이상으로 강화되었고, 전담법관 제도가 형사단독사건까지 확대되어, 관련·분야 경험이 많은 법조인이 전담법관으로 임명될 수 있게 변경되었다.

> **기출** 대법관의 임명은 어떻게 이뤄지는가?
> : 대법원장의 제청으로 국회의 동의를 얻어 대통령이 임명

053
상고 ★★☆
上告

- 제2심 판결, 대법원
- 한국공항공사, 방송통신심의위원회, 충북대학교

제2심 판결에 대한 상소(불복신청)

상소		하급법원의 판결에 불복해 상급법원에 다시 재판을 청구하는 절차
	항소	1심 판결 불복해 고등·지방법원에 재판 청구
	상고	2심 판결 불복해 대법원에 재판 청구
	항고	법원의 결정이나 명령에 불복해 상급 법원에 상소

> **기출** 제2심에서 불복신청해 대법원으로 가는 것은?
> : 상고

054
재정신청 ★☆☆
裁定申請

- 불복신청
- 한국장애인고용공단, 방송통신심의위원회

고소를 한 자가 검사로부터 공소를 제기하지 아니한다는 통지를 받은 때에 그 검사 소속의 지방검찰청 소재지를 관할하는 고등법원에 그 처분에 관한 불복을 신청하는 절차

> **자세히 이해하기**
>
> 검사의 처분에 대한 불복신청인 재정신청은 법원 재판에 대한 불복신청인 상소와 다르다.

055 최신기출
취소소송 ★★★
取消訴訟

- 취소 및 변경
- 한국도로공사(당사자소송), 한국무역보험공사, 한국마사회, 한국환경공단, 한국에너지공단, 한국관광공사

행정청의 위법한 처분 등을 취소 또는 변경하는 소송

취소소송의 세부 유형
▲처분취소소송 ▲처분변경소송 ▲재결취소소송 ▲재결변경소송
▲(판례상 인정)무효확인소송

행정소송의 종류

구분		설명
항고소송	취소소송	위법한 행정행위의 취소나 변경 등을 구하는 소송
	무효등확인소송	
	부작위 위법확인소송	
당사자소송		공법상 법률관계에서 당사자를 피고로 하는 소송
민중소송		국가나 공공단체가 법률 위반 행위에 대해 법률상 이익과 무관하게 시정을 구하는 소송
기관소송		국가 또는 공공단체 기관 상호 간 소송

056
일몰제 ★★☆
日沒制

- 자동소멸
- 한국산업인력공단

법률이나 각종 규제의 효력이 일정 기간이 지나면 자동적으로 없어지도록 하는 제도

자세히 이해하기
입법 당시와 여건이 달라져 필요 없게 된 후에도 법률·규제는 좀처럼 없어지지 않는 폐단을 없애기 위해 도입되었다.

057
배임죄 ★★☆
背任罪

- 불법 이익 취득
- 국립공원관리공단, 한국마사회

불법적인 방법으로 자기 또는 제3자가 이익을 취득하게 하여 본인에게 손해를 끼치는 죄

● 횡령죄 (橫領罪)
타인의 재물을 보관하는 자가 그 재물을 횡령하거나 반환을 거부하는 범죄

● 수뢰죄 (收賂罪)
공무원 또는 중재인이 직무와 관련해 뇌물을 수수·요구 또는 약속한 때에 성립하는 범죄

기출 : 재물죄에 속하지 않는 것은?
: 배임죄[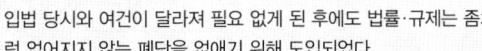 재산죄에는 재물죄(절도죄·횡령죄·장물죄·손괴죄 등)와 이득죄(배임죄 등)가 있다.]

058 법적용 우선순위 ★☆☆

- 상위, 특별, 신법
- 한국산업인력공단, 방송통신심의위원회

- 상위법 우선의 원칙(하위법보다 우선)
- 특별법 우선의 원칙(일반법보다 우선)
- 신법 우선의 원칙(구법보다 우선)
- 법률 불소급의 원칙(사후입법으로 소급해 범죄에 적용할 수 없음)

059 무죄추정의 원칙 ★☆☆

- 무죄, 인권
- aT한국농수산식품유통공사, 부산경제진흥원

유죄 판결이 나기 전까지 피의자를 무죄로 추정하여 인권이 침해되지 않도록 하는 원칙

> ✔ 인 두비오 프로 레오 (In dubio pro reo)
> 의심스러운 것은 피고인에게 유리하게 해석해야 한다는 원칙

> 기출 'In dubio pro reo'와 관련 있는 것은?
> : 무죄추정의 원칙

060 정당방위 ★☆☆
正當防衛

- 부당한 공격에 대응
- 국민체육진흥공단, 서울주택금융공사

긴급 부당한 침해에 대해 자기 또는 타인의 권리를 방위하기 위해 부득이하게 행한 가해행위

> ✔ 긴급피난 (緊急避難)
> 자기 또는 타인의 법익에 대해 현재의 위난을 피하기 위한 이유 있는 행위로, 부당하지 않은 침해에 대해서도 할 수 있는 것이 특징

061 유치권 ★☆☆
留置權

- 담보물권
- 한국산업단지공단, 소상공인시장진흥공단

타인의 물건 또는 유가증권을 점유하는 자가 그 물건 등에 관하여 생긴 채권을 가지는 경우 그 채권을 변제받을 때까지 그 목적물을 유치할 수 있는 권리

> 자세히 이해하기
> 채권을 담보로 타인의 물건을 점유하는 것을 목적으로 하는 담보물권의 한 종류다. 담보물권에는 유치권, 질권, 저당권이 있다.

062 최신기출
구상권★★☆
求償權

- 일종의 반환청구권
- 인천시설공단

본래 채무자를 대신해 변제를 한 사람이 그 본래 채무자에 대하여 가지는 상환청구권

> **자세히 이해하기**
>
> 구상권은 타인의 손실로 인해 의무 내지 부담을 면한 채무자의 부당이득을 형평성의 원칙에 의해 청구 및 지급한다는 것, 출연분담의 주관적 공동관계(연대채무자), 상호보증관계에서 주로 발생한다.

063 최신기출
물권의 종류★★☆

- 점유권, 본권
- 경기도공공기관통합채용, 한국공항공사, 한국수력원자력 서울특별시농수산식품공사

물권의 종류와 내용은 물권법정주의의 제한을 받음

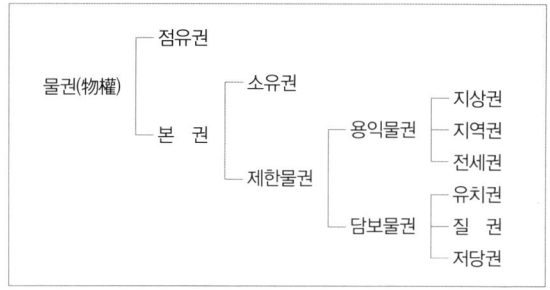

- 소유권 : 물건을 자유롭게 쓰고, 이익을 얻고, 처분할 수 있는 권리
- 제한물권 : 소유권을 일부 제한해 인정되는 권리
  - 용익물권 : 정해진 목적에 따라 남의 토지나 건물을 사용·이익을 얻는 권리
    - 지역권 : 자기 땅의 편의를 위해 남의 토지를 이용할 수 있는 권리
    - 전세권 : 전세금을 내고 남의 집이나 땅을 차지해 쓰고 이익을 얻는 권리
  - 담보물권 : 돈을 빌릴 때 갚지 않으면 물건의 가치를 대신 확보하기 위한 권리

064
사회법★★☆
社會法

- 공법과 사법의 혼합법
- 국민연금공단, 한국마사회, 서울시복지재단

공법과 사법이 혼합된 법으로서 새로운 제3종의 법

> **자세히 이해하기**
>
> 자본주의 폐단을 완화하기 위해 국가가 사권에 제한을 두고 사회·노동·경제 정책 입법을 확대하면서, 공법과 사법과는 구별되는 사회법이 형성되었다.

> **기출** 사회법의 종류는?
> : 노동법, 경제법, 사회보장법, 사회복지법 등

065
민식이법 ★☆☆

- 어린이보호구역 교통법
- 영화진흥위원회

어린이보호구역(스쿨존) 내 어린이 교통안전을 강화한 법

자세히 이해하기

운전자의 부주의로 어린이보호구역에서 어린이를 사망이나 상해에 이르게 한 경우 1년 이상의 징역에 처하는 민식이법은 2020년 3월 25일 본격 시행됐다. 어린이 안전사고 관련 법안으로 ▲해인이법 ▲한음이법 ▲하준이법이 있다.

066 최신기출
데이터 3법 ★☆☆

- 데이터 규제 해제
- 기술보증기금, 소상공인시장진흥공단

개인정보 보호법·정보통신망법·신용정보법 개정안

자세히 이해하기

빅데이터 산업 육성을 위해 데이터 이용에 따른 규제를 푸는 법으로 2018년 11월 국회에 발의됐으나 1년 넘게 계류되다 2020년 1월 9일 열린 본회의에서 통과됐으며 2020년 8월 5일 본격 시행됐다.

067
주택임대차보호법 ★★☆
住宅賃貸借保護法

- 주거생활 안정 보장
- 영화진흥위원회, 한국산업인력공단, 한국중부발전

국민 주거생활의 안정을 보장하기 위해 주거용 건물의 임대차에 관한 민법 특례를 규정한 법

기출
「주택임대차보호법」에 따르면 임대차 계약 갱신을 원치 않는 경우 임대인과 임차인 모두 계약이 끝나기 전 언제까지 상대방에게 알려야 하는가?
: 6개월 전부터 2개월 전까지

068 최신기출
집행유예 ★★☆
執行猶豫

- 형의 집행을 유예
- 대구의료원, 한국과학기술정보연구원

형을 선고하되 정상을 참작하여 일정 기간 형 집행을 유예하고 일정 기간이 지나면 그 효력을 잃게 하는 제도

자세히 이해하기

3년 이하의 징역 또는 금고형을 선고할 때, 범인의 연령·성행·환경 등 정상 참작 사유가 있으면 1년 이상 5년 이하의 기간 형 집행을 유예할 수 있다. 단, 금고 이상의 형을 선고받고 집행 종료 또는 면제 후 3년 이내에 다시 범한 죄에는 집행유예를 선고할 수 없다.

069 윤창호법 ★★☆

- 음주운전 처벌 강화
- 전라남도공공기관통합채용, 한국전기안전공사, 충북대학교병원

인명 피해를 낸 음주운전자에 대한 처벌을 강화하고, 음주운전의 기준을 낮춘 법. 2021년 헌법재판소가 '2회 이상 가중처벌 규정'을 위헌으로 결정해 일부 효력 상실

음주운전 처벌 내용

구분	개정 전	개정 후
음주운전 상해사고	1~10년 징역 또는 500만 원 이상 3000만 원 이하 벌금	1~15년 징역 또는 1000만 원 이상 3000만 원 이하 벌금
음주운전 사망사고	1년 이상의 유기징역	3년 이상 유기징역 또는 무기징역

운전면허 정지 및 취소 기준

구분	개정 전	개정 후
운전면허 정지 기준	혈중 알코올 농도 0.05~0.1%	혈중 알코올 농도 0.03~0.08%
운전면허 취소 기준	혈중 알코올 농도 0.1% 이상	혈중 알코올 농도 0.08% 이상

> **기출** 윤창호법에 따라 혈중 알코올 농도 몇 % 이상일 때 운전면허가 취소되는가?
> : 0.08%

070 레몬법 ★★☆
Lemon Law

- 자동차 리콜
- 대전광역시도시철도공사, 천안시시설관리공단

자동차를 구입한 소비자를 불량 제품으로부터 보호하기 위한 리콜 법안. 1975년 미국에서 '레몬법'이라 불리는 소비자보호법을 제정

> **예문** 2025년에도 한국형 레몬법 중재 신청은 늘었지만, 교환·환불 사례는 적어 실효성 논란이 이어지고 있다.

071 일사부재리 ★★☆
一事不再理

- 형사소송법상 원칙
- 영화진흥위원회, 한국소비자원

판결이 내려진 확정판결에 대해 두 번 이상 공소의 제기를 허용하지 않는다는 원칙

> ● **불고불리 (不告不理)**
> 검사의 공소제기가 있을 때에만 법원이 심판할 수 있다는 형사소송의 원칙
>
> ● **일사부재의 (一事不再議)**
> 국회에서 부결된 안건은 같은 회기 중에 다시 발의 또는 제출하지 못한다는 원칙

072 최신기출
공소시효***
公訴時效

- 사형 25년
- 대전도시공사, 한국서부발전, 대구시설관리공단, 인천시설공단

일정 기간이 지나면 국가의 형벌권을 소멸되는 제도

> **자세히 이해하기**
>
> 「형사소송법」 제326조는 '공소의 시효가 완성되었을 때에는 판결로써 면소의 선고를 하여야 한다.'고 규정하고 있다.

범죄별 공소시효

사형	25년
무기징역 또는 무기금고	15년
장기 10년 이상 징역 또는 금고	10년
장기 10년 미만의 징역 또는 금고	7년
장기 5년 미만의 징역 또는 금고, 장기 10년 이상의 자격정지 또는 벌금	5년
장기 5년 이상의 자격정지	3년
장기 5년 미만의 자격정지, 구류, 과료 또는 몰수	1년

공소시효 배제 범죄
▲헌정질서 파괴범죄(내란·외환죄 등) ▲집단살해 ▲강간 등 살인 ▲13세 미만 및 장애인에 대한 특정 성범죄 ▲사형에 해당하는 살인 범죄 등

073 최신기출
Rescissions Act of 2025*☆☆
H.R. 4, Public Law 119-30

- 2025년 예산 철회 법안
- 기술보증기금

2025년 제정된 미국법으로, 정부지출 일부를 철회(Rescind)하여 재정 건전성을 강화하고 특정 항목의 지출을 줄이기 위해 제정된 법. 일반적으로 집행되지 않은 잔여 예산 항목을 줄이는 데 초점을 둠

074 최신기출
One Big Beautiful Bill Act*☆☆
H.R. 1, Public Law 119-21

- 다양한 정책을 한데 묶은 법안
- 기술보증기금

여러 입법안을 하나로 묶은 대형 통합 법안. 다양한 분야의 규제 개편, 감세, 인프라 투자 등의 내용을 포함하며, 단일 법안으로 다수의 입법 목적을 추진하기 위한 포괄적 전략으로 사용

> 북한
> 안보

075 최신기출
쿼드 플러스 ★★☆
Quad Plus

- 비공식 안보 협의
- 한국폴리텍대학, 포항시청소년재단

미국·인도·일본·호주 4개국이 참여하고 있는 쿼드에 한국·베트남·뉴질랜드·브라질·이스라엘 5개국을 추가한 구상

> ✅ **쿼드 (Quad)**
> 미국·인도·일본·호주 4개국이 참여하고 있는 비공식 안보 협의체

> **기출** 다음 중 쿼드에 소속된 국가가 아닌 것은?
> : 미국, 인도, 일본, 호주, 캐나다(×), 뉴질랜드(×)

076 최신기출
NPT ★★★
Nuclear Non-Proliferation Treaty

- 핵확산금지조약
- 충북대학교병원, 한국산업단지공단

1970년 발효된 조약으로 비핵보유국의 핵무기 보유와 핵보유국이 비보유국에 대해 핵무기를 이전하는 것을 동시에 금지한 조약

> **기출** NPT에서 공인한 핵 보유국은?
> : 미국, 영국, 프랑스, 러시아, 중국

077
CVID ★☆☆
Complete, Verifiable, Irreversible Dismantlement

- 북핵
- 광주도시철도공사

완전하고 검증 가능하며 불가역적인 핵 폐기를 뜻하는 미국 조지 W. 부시 행정부 1기 당시 수립된 북핵 문제 해결 원칙

> **핵 폐기·비핵화 단계별 주요 개념**
> - CPD(Complete and Permanent Dismantlement) : 완전하고 영구적인 핵 폐기
> - FFVD(Final, Fully Verified Denuclearization) : 최종적이고 충분히 검증된 비핵화
> - PVID(Permanent, Verifiable, Irreversible Dismantling) : 영구적이고 검증 가능하며 돌이킬 수 없는 핵 폐기

078
사드 ★☆☆
THAAD
Terminal High Altitude Area Defense

- 미사일, 미국
- aT한국농수산식품유통공사

적의 탄도미사일 공격으로부터 방어할 목적으로 제작된 미국의 고(高)고도 미사일 방어체계

> ✅ **아이언돔 (Iron Dome)**
> 이스라엘이 개발한 단거리 미사일 방어체계로 영토를 돔(Dome) 형태의 방공망으로 둘러싼 구조. 사드(THAAD)의 고고도 방어와 대비되는 저고도 방어 특화 체계

079
DMZ ★★☆
DeMilitarized Zone

- 비무장지대, 통제지역
- 경상북도개발공사, The-K한국교직원공제회, 기장군도시관리공단

국제 조약에 따라 군대 주둔과 무기 배치가 금지되고 출입이 통제된 지역. 우리나라는 휴전선 남북 각각 2km 지대

> **평화의 마을 (Peace Village)**
> 비무장지대(DMZ) 내에 위치한 마을로, 남북 평화와 통일을 상징하는 공간. 대성동 마을이라 불리며 자유와 평화의 의미를 담음

기출 DMZ 내 공동경비구역은?
: JSA(Joint Security Area)

080
공동경비구역 ★★★
JSA
Joint Security Area

- 판문점
- 화성시공공기관통합채용

비무장지대 내 군사분계선상에 위치한 특수 지역

> **자세히 이해하기**
> 본래 휴전 관리 장소로 사용하였으나 1971년 남북 적십자예비회담을 계기로 남북 접촉 및 회담을 위한 장소나 남북 통과지점으로도 활용되고 있다. 공동경비구역에서 남쪽 경비임무는 유엔(UN)사 경비대대에서 맡았으나, 2008년 모든 미군 시설이 철수함에 따라 전권을 한국군이 받게 되었다. 2025년 5월 북한은 판문점 공동경비구역 내 건물 명칭을 '통일각'에서 '판문관'으로 변경하였다.

081
NLL ★☆☆
Northern Limit Line

- 북방한계선, 해상경계선
- 경상북도개발공사

1953년 한국전쟁 정전 직후 유엔(UN)군 사령관이 북한과 협의 없이 일방적으로 설정한 해상 경계선. 국제법적 효력 논란이 있으나 사실상 해상 경계선 역할을 하며, 현재까지 남북 간 무력 충돌 위험이 상존

기출 NLL은 무엇의 약자인가?
: Northern Limit Line

082 최신기출
사보타주 ★☆☆
Sabotage

- 근로자의 쟁의 행위
- 화성시공공기관통합채용

근로자가 고의적으로 사용자의 사유 재산을 파괴하거나 업무를 게을리 하는 쟁의 행위

> **자세히 이해하기**
> 중세 유럽 농민들이 영주의 부당한 처사에 항의하여 사보(Sabot : 나막신)로 추수한 농작물을 짓밟은 데서 유래한 말로, 우리나라에서는 흔히 '태업(怠業)'이라고 한다. 파업과는 달리 형식상으로는 작업에 참여하지만 불량품 생산, 원자재 과소비, 시설파괴 등을 통해 작업 능률을 저하시키는 것을 말한다.

083
파이브 아이즈 ★★☆
Five Eyes

- 상호 첩보 동맹
- 의정부시설관리공단, IBK기업은행

영어권 기밀정보 동맹체로 상호 첩보 동맹을 맺고 있는 ▲미국 ▲영국 ▲캐나다 ▲호주 ▲뉴질랜드 5개국을 이르는 말. 냉전 시기 미국·영국 정보협정에서 출발해 현재도 안보·첩보 협력의 핵심 축으로 기능

기출	파이브 아이즈 회원국이 아닌 곳은? : 일본

084
데프콘 ★★☆
DEFCON
Defense Readiness Condition

- 방어 준비태세
- 근로복지공단, 한국전력공사

전군에 하달되는 대북 전투 준비태세

데프콘 단계별 상황

단계	상황	작전통제권 행사
데프콘5	군사적 위협이 없는 안전한 상태	한국군
데프콘4	적과 대립하고 있으나 군사개입의 가능성이 없는 상태	
데프콘3	적의 도발 징후로 군사개입의 가능성이 있는 상태	한미연합사령부
데프콘2	공격 준비태세를 강화하려는 움직임이 있는 상태	
데프콘1	전쟁이 임박하여 전쟁계획 시행을 위한 준비가 요구되는 최고 준비태세	

085
광개토대왕함 ★★☆
廣開土大王艦

- 최초 한국형 구축함
- 경기신용보증재단, 인천시설공단

KDX-I 계획으로 건조된 최초의 한국형 구축함

자세히 이해하기

KDX 사업은 1981년 연구를 시작해 1998년 KDX-I(광개토대왕급)을 취역시켰다. 이후 KDX-II(충무공이순신급), KDX-III(세종대왕급)으로 이어지며, 노후 미 해군 제공 구축함을 대체하고 대양해군 기반을 마련한 상징적 전력이 되었다.

기출	최초의 한국형 구축함은? : 광개토대왕함

086
화이트리스트 ★★☆
White List

- 백색국가
- 금융감독원, 전략물자관리원, 화성도시공사

자국의 안전보장에 위협이 되는 첨단기술이나 전자부품 등을 정부의 허락 없이 다른 국가 등에 수출 가능한 국가. 2021년부터 'A국가'로 명칭이 변경되었으나, 여전히 '화이트리스트'와 혼용되어 사용되고 있음

> **자세히 이해하기**
>
> 한국은 2004년 일본의 화이트리스트에 포함되었으나, 2019년 7월 일본 정부가 반도체 핵심 소재인 ▲포토레지스트 ▲고순도 불화수소(에칭가스) ▲플루오린 폴리이미드의 수출을 규제하고, 이어 8월 2일 한국을 화이트리스트에서 제외해 전략물자 857개 비민감품목의 간소화 혜택이 사라졌다. 이로써 한일 무역 갈등이 본격화되었다. 이후 한국은 2023년 4월 일본을 다시 화이트리스트에 복원했고, 일본도 6월 27일 한국 복원을 결정하여 7월 21일부터 시행되면서 상호 복원이 완료되었다.

일본의 그룹 A 국가(총 27국, 2025년 4월 발표)

아시아(1개)	▲한국
유럽(21개)	▲오스트리아 ▲프랑스 ▲벨기에 ▲독일 ▲불가리아 ▲체코 ▲영국 ▲그리스 ▲덴마크 ▲핀란드 ▲헝가리 ▲아일랜드 ▲포르투갈 ▲폴란드 ▲룩셈부르크 ▲네덜란드 ▲이탈리아 ▲노르웨이 ▲스페인 ▲스웨덴 ▲스위스
북미(2개)	▲미국 ▲캐나다
오세아니아(2개)	▲호주 ▲뉴질랜드
남미(1개)	▲아르헨티나

기출 다음 중 일본의 화이트리스트 배제 국가는?
: 싱가포르

SPEED CHECK 스피드 체크

중요 용어! 제대로 이해했는지 빠르게 점검하고 넘어가자!
답이 바로 생각나면 ○, 고민했다면 △, 틀렸다면 × 표시해서 완벽하게 정리하세요.

객관식 문제	확인
01 당 3역에 해당하지 않는 직책은 무엇인가? ① 원내대표　　　　② 사무총장 ③ 정책위의장　　　④ 당 대표 ◀ 정답 ④	○ □ × □ △ □
02 능력과 자격을 기준으로 공무원을 임용하는 제도는? ① 엽관주의　　　　② 실적주의 ③ 직업공무원제　　④ 대의제 ◀ 정답 ②	○ □ × □ △ □
03 의회의 표결에서 가부수가 동수인 경우 의장이 가지는 결정권은? ① 스윙보터　　　　② 캐스팅보트 ③ 필리버스터　　　④ 오픈 프라이머리 ◀ 정답 ②	○ □ × □ △ □
04 새로운 회계연도가 개시될 때까지 국회에서 예산이 성립되지 못할 경우 전년도에 준해 짜는 예산은? ① 준예산　　　　　② 본예산 ③ 성인지예산　　　④ 추가경정예산 ◀ 정답 ①	○ □ × □ △ □
05 근로자가 고의적으로 사용자의 사유 재산을 파괴하거나 업무를 게을리 하는 쟁의 행위는? ① 사보타주　　　　② 피케팅 ③ 태업　　　　　　④ 동맹 파업 ◀ 정답 ①	○ □ × □ △ □
06 정치 이벤트(전당대회나 경선행사 등) 직후, 지지율 상승 현상은? ① 컨벤션 효과　　　② 밴드왜건 효과 ③ 브래들리 효과　　④ 게리맨더링 효과 ◀ 정답 ①	○ □ × □ △ □

	객관식 문제	확인

07 권위주의 정권이 국제 스포츠 대회를 활용해 정치적 이미지를 세탁하거나 홍보하는 것은 무엇의 사례인가?
① 스포츠외교　　　　　　② 스포츠 내셔널리즘
③ 스포츠토픽　　　　　　④ 스포츠워싱

◀ 정답 ④

08 직접세에 해당되지 않는 것은?
① 소득세　　　　　　　　② 법인세
③ 상속세　　　　　　　　④ 인지세

◀ 정답 ④

09 행정소송 중 공법상 법률관계에서 당사자를 피고로 하는 소송은?
① 취소소송　　　　　　　② 부작위 위법확인소송
③ 당사자소송　　　　　　④ 민중소송

◀ 정답 ③

10 Blau & Scott의 조직유형 중 성격이 다른 하나는?
① 정당　　　　　　　　　② 은행
③ 노동조합　　　　　　　④ 종교단체

◀ 정답 ②

11 대한민국 헌법에 따라 대통령 선거에 출마할 수 있는 최소 연령 기준은?
① 만 25세　　　　　　　　② 만 30세
③ 만 35세　　　　　　　　④ 만 40세

◀ 정답 ④

12 정부의 독주를 막기 위한 일종의 행정 감찰관 제도는?
① 크레덴덤　　　　　　　② 옴부즈만
③ 레퍼랜덤　　　　　　　④ 플레비사이트

◀ 정답 ②

13 제2심 판결에 불복할 때 신청하는 것은?
① 항소　　　　　　　　　② 항고
③ 상소　　　　　　　　　④ 상고

◀ 정답 ④

스피드 체크 • **167**

| 객관식 문제 | 확인 |

14 윤창호법에 따르면 혈중 알코올 몇 % 이상부터 운전면허가 취소되는가?
① 0.03% ② 0.05%
③ 0.08% ④ 0.1%

◀ 정답 ③

15 직무평가에서 기준 직무를 정하고 핵심 요소별로 비교해 상대 가치를 산정하는 방법은?
① 서열법 ② 요소비교법
③ 분류법 ④ 점수법

◀ 정답 ②

16 NLL(북방한계선)은 무엇의 약자인가?
① Northern Left Latitude ② Northern Left Line
③ Northern Limit Line ④ Northern Limit Latitude

◀ 정답 ③

17 국민의 대표로 구성되어 법률 제정과 예산 심의 등을 수행하는 기관은?
① 감사원 ② 입법부
③ 헌법재판소 ④ 선거관리위원회

◀ 정답 ②

18 NPT에서 공인한 핵 보유국이 아닌 국가는?
① 미국 ② 영국
③ 프랑스 ④ 이탈리아

◀ 정답 ④

19 파이브 아이즈와 쿼드 플러스에 동시에 속한 국가는?
① 영국 ② 일본
③ 호주 ④ 캐나다

◀ 정답 ③

20 KDX-I 계획에 의해 건조된 최초의 한국형 구축함은?
① 대조영함 ② 세종대왕함
③ 광개토대왕함 ④ 충무공이순신함

◀ 정답 ③

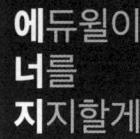

바람이 돕지 않는다면 노를 저어라.

– 윈스턴 처칠(Winston Churchill)

Chapter 02 경제

알짜 학습팁

▶ 무작정 뜻을 암기하기보다는 경상수지, 인플레이션 등 기초적인 내용의 개념을 이해하고 넘어가야만 다른 용어도 효율적으로 학습할 수 있습니다.

▶ 다양한 마케팅 기법의 비슷한 단어가 선택지로 출제되는 경우가 많습니다. 확실히 구분할 수 있도록 묶어서 공부하는 것이 좋습니다.

▶ 경제5단체, 과세표준처럼 개략적인 의미 파악뿐만 아니라 구체적인 내용과 수치까지 암기해야 하는 용어에 대해 철저한 학습이 요구됩니다.

경제 ◀

001 최신기출
공유경제 ★★☆
共有經濟

- 키워드: 협력 소비경제
- 기출처: 중구시설관리공단, 신용보증기금, 한국소비자원

이미 생산된 물품, 서비스 등을 여러 소비자가 공유해서 사용하는 협력 소비경제

> **자세히 이해하기**
>
> 2008년 하버드대학교의 로런스 레식 교수가 디지털 시대의 공유와 협업 경제에 대한 이론적 기반을 제시하면서 주목받기 시작한 개념으로, 제품이나 서비스를 소유하는 대신 필요에 따라 공유하는 활동을 말한다. 대표적인 사례는 숙박 공유 서비스 '에어비앤비'와 자동차 공유 서비스 '우버' 등이 있다.

002
경제5단체 ★★☆

- 재계 이익 대변
- EBS, 충북대학교

재계의 이익을 대변하고 대정부 압력단체 역할을 수행하는 5개의 경제 단체

> **경제5단체의 구성**
> ▲대한상공회의소 ▲한국경제인협회 ▲한국무역협회 ▲한국경영자총협회 ▲중소기업중앙회
>
> ✅ **경제8단체**
> 경제5단체+한국중견기업연합회+한국상장회사협의회+코스닥협회

003 최신기출
디커플링 ★★★
Decoupling

- 탈동조화
- 부산환경공단, 밀양시설관리공단 수원시청소년문화재단, 광주광역시도시공사

한 나라의 경제 또는 특정 산업이 다른 국가나 세계 경기 등과 달리 독자적인 흐름을 보이면서 탈동조화 되는 현상

| 예문 | 미국은 2025년 12월부터 중국 내 TSMC 공장이 미국산 반도체 장비를 라이선스 없이 들여오지 못하게 제한했다. 이로써 중국 내 TSMC 시설은 첨단 장비 접근에 제약을 받게 되었으며, 이는 미·중 간 기술적 디커플링이 반도체 공급망에 작동하는 대표적 사례로 평가된다. |

004
핫머니 ★☆☆
Hot Money

- 단기 자금
- 한국방송광고진흥공사

국제 금융시장에서 각국의 금리 및 환율 차이를 이용해 단기적 투기 이익을 목적으로 이동하는 단기 자금

| 예문 | 2025년 8월 이후 원화 약세가 두드러지자, 구조적 요인과 함께 핫머니의 이탈이 주요 원인으로 지목되었다. |

005 최신기출
블랙스완 ★★☆
Black Swan

- 충격, 파급
- 부산항보안공사, 한국폴리텍대학교, 원주시시설관리공단

발생 가능성이 거의 없지만 일단 발생하면 예기치 못한 충격과 엄청난 파급 효과를 가져오는 사건

백조와 관련된 경제 용어

그린스완	기후변화로 발생하는 위험
그레이스완	예측 가능한 악재지만, 미땅한 해결책이 없는 위험
화이트스완	반복되는 위기라서 충분히 예측·예방이 가능하나, 제때 적절한 대응책을 마련하지 않아 발생하는 위험

006
하인리히 법칙 ★★★
Heinrich's Law

- 산업재해의 통계학적 규칙
- 광명도시공사, 국립공원공단, 해양환경공단

대형사고가 발생하기 전에 관련된 수많은 경미한 사고와 징후들이 반드시 존재한다는 산업재해 통계 법칙

자세히 이해하기

1931년 미국 보험사 엔지니어 허버트 윌리엄 하인리히는 산업재해 사례 분석을 통해 큰 사고는 우연히 발생하는 것이 아니라 작은 사고들이 반복되며 누적된 결과라는 점을 밝혔다.

007 최신기출
파레토 법칙★★☆
Pareto's Law

- 80:20
- 한국중부발전, 충북대학교병원, 한국해양진흥공사

20%의 원인(상품, 고객 등)이 결과(총매출 등)의 80%를 차지한다는 경영·경제 용어

> ✅ **파레토 개선 (Pareto Improvement)**
> 하나의 자원 배분 상태에서 어느 누구에게도 손해가 가지 않게 하면서 최소한 한 사람 이상에게 이득을 가져다주는 변화
>
> ✅ **파레토 최적 (Pareto Optimum) / 파레토 효율 (Pareto efficiency)**
> 파레도 개선이 불가능한 상태로, 다른 실현 가능한 배분과 비교했을 때 이보다 더 효율적인 배분이 없는 상태

008
테이퍼링★★☆
Tapering

- QE 축소
- 한국보훈복지의료공단, 부천시협력기관, 주택금융공사

중앙은행이 시행한 양적완화(QE) 조치를 점진적으로 축소하는 것

009
긱 이코노미★☆☆
Gig Economy

- 플랫폼 노동 경제
- 지방공기업평가원

기업들이 사람이 필요할 때마다 계약직 혹은 임시직으로 사람을 고용하는 경향이 확산되는 경제 현상

> ✅ **AB5 법안 (Assembly Bill 5)**
> 우버 드라이버 등 플랫폼 노동자를 포함한 특수 고용 노동자들의 법 지위를 독립 계약자(개인 사업자)에서 피고용인으로 분류하는 내용이 담긴 법안(2020년 1월 1일부터 미국 캘리포니아주에서 시행, 단 일부 예외 적용으로 인해 논란 지속 중)

010 최신기출
통화정책★☆☆
通貨政策

- 금리·통화량을 조절하는 정책
- 부산광역시공공기관통합채용

물가 안정, 경기 부양, 고용 유지 등을 목적으로 중앙은행이 금리 조정, 공개시장조작, 지급준비율 변경 등을 통해 자금 공급을 조절하는 정책

011
트리핀의 딜레마 ★★★
Triffin's Dilemma

- 미국 달러
- 서울시설공단, 종로구시설관리공단

기축통화로서 미국 달러가 갖는 역설적 상황

자세히 이해하기
기축통화인 달러의 국제 유동성을 확보하려면 미국이 경상수지 적자나 순자본 유출·미 국채 발행 등으로 달러를 해외에 공급해야 하는데, 이는 기축통화의 신뢰와 대외건전성 사이의 긴장을 일으킨다는 뜻이다.

012 최신기출
거미집 이론 ★★★
Cobweb Theorem

- 가격, 공급량
- 한국산업단지공단, 한국중부발전, 한국자산관리공단

가격 변동에 대해 수요와 공급이 시간차를 두고 대응하는 과정을 규명한 이론

자세히 이해하기
거미집 이론은 가격과 공급량의 균형점을 시간 순으로 이으면 거미집 모양이 되는 데서 유래됐다. 농산물 가격이 오르면 다음 해 생산이 늘고 과잉공급으로 가격이 떨어지는 등, 수요·공급이 시차를 두고 반응해 가격이 반복적으로 출렁이는 현상을 설명한다.

013
그레셤 법칙 ★★☆
Gresham's Law

- 양화, 악화
- 전라남도공공기관통합채용, 경기문화재단, 방송통신심의위원회

가치가 서로 다른 화폐가 동일한 명목 가치를 가진 화폐로 통용될 때, 가치가 높은 화폐(양화)는 사라지고, 가치가 낮은 화폐(악화)만 유통되는 현상

014 최신기출
왈라스 법칙 ★☆☆
Walras' Law

- 모든 시장의 초과수요 총합은 항상 0
- 한국전력기술

경제의 모든 시장에서 수요 초과와 공급 초과가 상쇄되어 총초과수요의 가치는 항상 0이 된다는 원리

자세히 이해하기
레옹 왈라스가 제시한 신고전파 경제이론의 핵심 개념으로, 하나의 시장이 균형이면 다른 시장도 균형에 가까워진다는 일반균형 이론의 기초 가정이다.

015 최신기출
이윤극대화 ★☆☆
Profit Maximization

- 이윤을 가장 크게 만드는 생산 수준
- 서민금융진흥원

기업이 이윤을 가장 크게 만드는 생산 수준. 총수입(TR)과 총비용(TC)의 차이가 가장 큰 지점 또는 한계수입(MR)과 한계비용(MC)이 일치할 때 달성

016
밴드왜건 효과★★★
Bandwagon Effect

- 다수의 선택에 편승
- 국민연금공단, 한국자산관리공사

다수의 선택에 무작정 따르게 되는 현상. 편승 효과, 악대 효과라고도 함

> ✅ **언더독 효과 (Underdog Effect)**
> 강자가 지배하는 세상에서 약자에게 연민을 느끼며 이들이 강자를 이겨주기를 바라는 심리 현상

017 최신기출
펭귄 효과★★★
Penguin Effect

- 소비 동조
- 전라남도공무직, 천안시시설관리공단, IBK기업은행, 광주광역시공공기관통합채용

타인의 구매 행동에 자극받아 덩달아 구매하는 소비 동조 현상

> **기출** 밴드왜건 효과와 의미가 유사한 것은?
> : 펭귄 효과

018
낙수효과★☆☆
落水效果

- 부유층, 경기부양
- 한국증권금융, 의정부시설관리공단

대기업의 성장이 중소기업과 소비자에게도 혜택으로 이어져 경기가 전체적으로 활성화된다는 경제 이론. 트리클다운(Trickle Down) 효과, 적하 효과라고도 함

019
방카슈랑스★★☆
Bancassurance

- 보험 상품 판매
- 경기신용보증재단, 화성시문화재단

은행과 보험사가 협력하여 보험 상품을 판매하는 전략

> **자세히 이해하기**
> 은행은 고객 데이터를 활용해 맞춤형 보험 상품을 추천함으로써 사업비 절감과 리스크 관리가 가능하다. 그러나 불완전 판매 위험과 은행원의 전문성 부족은 한계로 지적된다.

020 최신기출
체리피커★★☆
Cherry Picker

- 부가 혜택, 실속 차리기
- 부산경제진흥원, 한국항만공사

기업의 상품이나 서비스는 구매하지 않으면서 부가 혜택을 통해 실속만 차리려는 소비자

> **예문** 2025년 상반기 일부 금융사에서는 고금리 특판 상품에만 가입하는 '체리피커' 고객이 급증해 수익성 악화 우려가 제기되었다.

021 최신기출
디플레이션 ★★★
Deflation

- 통화량 감소, 경기 하강
- 수원시정연구원, 한국자산관리공사, 경남신용보증재단, 부산광역시공무직

통화량 감소 혹은 수요 부족 등으로 경기가 하강하면서, 물가도 지속적으로 하락하는 현상. 고용 위축과 소득 악화, 경기침체로 이어져 경제 전반의 퇴보를 가져옴

기출 디플레이션의 해결책이 아닌 것은?
: 소비·투자 억제(⇨ 소비·투자를 늘려 경기를 활성화시켜야 함)

022
골디락스 ★★☆
Goldilocks

- 이상적인 경제 상황
- 인천신용보증재단, 경기콘텐츠진흥원

성장세가 지속되면서도 인플레이션 우려가 거의 없는 이상적인 경제 상황

자세히 이해하기
영국의 전래 동화에 등장하는 금발 머리 소녀 골디락스에서 유래한 말이다. 골디락스는 숲속의 곰 가족이 사는 집에 무단침입한 뒤 곰이 끓인 뜨겁고 차갑고 적당한 수프 중 적당한 것을 먹고 기뻐한다. 적당하고 이상적인 경제 상황을 여기에 비유한 것이다.

023
데드크로스 ★☆☆
Dead Cross

- 약세징의 신호
- 인천신용보증재단, 서울산업진흥원

단기 주가이동평균선이 장기 주가이동평균선을 뚫고 아래로 향하는 상황. 약세장의 신호

✓ 골든크로스 (Golden Cross)
단기 주가이동평균선이 장기 주가이동평균선을 아래서 위로 급속히 돌파하는 상황. 강세장의 신호

024 최신기출
회수기간법 ★☆☆
Payback Period Method

- 투자비 회수 기간 기준 투자안 평가
- 공무원연금공단

초기 투자비용을 회수하는 데 걸리는 시간을 계산해 투자안의 회수 가능성과 안정성을 평가하는 방식. 단순하고 직관적이지만, 회수 이후의 현금흐름과 화폐의 시간가치를 반영하지 않는 한계가 존재

025 최신기출
코스닥★★☆
KOSDAQ
Korea Securities Dealers Automated Quotation

- 한국 장외시장
- 화성시인재육성재단, 경기콘텐츠진흥원, 종로구시설관리공단

전자거래시스템으로 운영되는 한국의 장외 주식시장. 코스피보다 하위시장으로 분류

> **자세히 이해하기**
>
> 미국의 기술주 중심 주식시장인 나스닥을 벤치마킹한, 중소·벤처 기업을 위한 증권시장으로, 1996년 7월 1일 개설했다. 코스닥은 전자시스템을 이용한 불특정 다수자의 참여라는 경쟁매매방식을 도입해 기존의 장외시장을 새롭게 개편하는 계기를 마련했다. 코스피보다는 하위시장으로 분류된다.

026 최신기출
블록딜★★★
Block Deal

- 주식 대량 매매
- 대구도시개발공사, 대구의료원, 한국폴리텍대학

증권시장에서 기관이나 '큰손'들의 주식 대량 매매를 의미하는 증권 용어. 마감 후의 시간 외 매매를 통해 사전 약정된 가격으로 한꺼번에 거래하는 것이 특징

◀ 전공 경제

027 최신기출
토지재평가모형★☆☆
Land Revaluation Model

- 토지가치 변화 반영하여 재산가치 재산정 경제 분석 모형
- 한국자산관리공사

시장 변화나 제도 개편 등으로 인한 토지가치의 변동을 반영하여 자산 및 투자 수익률을 재산정하는 분석 방식. 부동산 자산의 현실화된 가치를 반영하여 경제 정책 수립, 조세 기반 조정, 재무제표 평가 등에 활용

028 최신기출
세계 3대 신용평가기관★☆☆

- 국가신용도 평가 기관
- 의정부도시공사

▲무디스(Moody's) ▲S&P(Standard and Poor's) ▲피치(Fitch)가 있음

> **자세히 이해하기**
>
> 무디스(1909년 설립)는 미국 뉴욕시에 본사를 둔 신용평가회사로 기업체 및 정부를 대상으로 한 조사·분석 업무를 한다. S&P(스탠다드 앤 푸어스) 역시 신용평가회사로, 세계적인 신용, 금융분석 및 신용등급기관이다. 피치 역시 전 세계적으로 신용평가를 실시하며, 국가신용등급도 평가한다.

029 최신기출
정부지출승수 ★★☆
Government Expenditure Multiplier

- 정부 지출 증가가 국민소득에 미치는 배수 효과
- 한국전력기술, 기술정보기금

정부가 재화를 구매하거나 공공사업에 지출을 늘릴 때, 그 지출이 경제 전체의 총수요를 증가시켜 국민소득을 얼마나 늘리는지를 나타내는 계수. 승수 값이 1보다 크면 정부지출이 국민소득을 더 크게 증가시킴

030 최신기출
환율의 오버슈팅 ★★☆
Overshooting

- 균형 수렴
- 한국자산관리공사, 예금보험공사, 인천신용보증

생산물시장의 가격 조정은 더디지만 금융시장의 이자율·환율 조정은 빠르게 진행되어, 환율이 단기적으로 크게 출렁인 뒤 점차 장기균형으로 수렴하는 현상

031 최신기출
소비자물가지수 ★★★
CPI
Consumer Price Index

- 물가상승률
- 한국자산관리공사, 한국석유공사, 한국산업안전보건공단, 공항철도공사

소비자가 구입하는 상품이나 서비스의 가격 수준을 나타내는 지수

> **자세히 이해하기**
> 물가상승률을 계산할 때 사용되는 가장 대표적인 물가지수다. 2025년 현재 기준연도(5년 주기로 교체)인 2020년을 기준(=100)으로 전국 40개 도시의 458개 재화와 서비스 가격을 조사해 작성한다.

032 최신기출
빅맥지수 ★★☆
Big Mac Index

- 물가·환율, 비교 지표
- IBK기업은행, 영화진흥위원회, 부평구문화재단

미국 맥도날드사의 햄버거 메뉴인 '빅맥'의 각국 판매가를 달러로 환산해 미국 내 빅맥 가격과 비교한 지수

> **자세히 이해하기**
> 각국의 상대적 물가 수준과 환율 수준을 비교하는 지표로 활용된다. 빅맥지수가 낮을수록 해당국의 통화가 달러화보다 저평가된 것으로, 높을수록 고평가된 것으로 해석된다.

> ● **라테지수 (Latte Index)**
> 커피 전문점 스타벅스의 카페라테가 각국에서 얼마에 팔리느냐를 통해 세계 도시의 물가를 가늠해보는 척도

033 최신기출
AS곡선 ★★☆
Aggregate Supply Curve

- 총공급곡선
- 서민금융진흥원, 한국보훈복지의료공단

단기에는 우상향하고 물가 상승 시 생산이 늘지만, 장기에는 생산 한계로 수직 형태를 띠는 경우가 많음

---

034 최신기출
승수 효과 ★☆☆
Multiplier Effect

- 초기 투입량 대비 큰 결과 창출 효과
- 한국지방재정공제회

하나의 변량이 다방면으로 파급되어 초기 투입량보다 더 큰 결과를 창출하는 효과

> **자세히 이해하기**
> 지출이나 투자가 경제 전반에 연쇄적으로 작용해 국민소득이 초기 지출보다 더 크게 증가하는 현상이다. 케인즈는 불황기에 정부지출을 확대하면 소비와 투자가 늘어나 총수요가 증가한다고 보았다. 폐쇄경제의 단순모형에서 승수는 1/(1−한계소비성향)으로, 한계소비성향이 높을수록 승수효과도 커진다.

---

035 최신기출
지급준비율 ★★★
支給準備率

- 의무 적립 비율
- 기장군도시관리공단, 광주서구시설관리공단, 공항철도

은행이 예금자의 예금 인출에 대비하여 중앙은행에 의무적으로 적립해야 하는 비율

> **자세히 이해하기**
> 본래 목적은 예금주의 청구권에 대비해 은행이 충분한 자금을 확보하도록 하는 것이나, 현재는 통화량을 조절하는 통화정책 수단으로 활용된다.

> **지급준비율에 따른 경기영향**
> - 지급준비율 인하 → 통화량 증가 → 화폐가치 하락 → 금리 하락 → 경기 상승
> - 지급준비율 인상 → 통화량 감소 → 화폐가치 상승 → 금리 상승 → 경기 하락

---

036 최신기출
테일러 준칙 ★★★
Taylor's Rule

- 통화정책 운용 준칙
- 신용보증기금, 경기신용보증재단, 한국지역난방공사, 한국마사회, 서울주택도시공사, 서민금융진흥원, 한국관광공사

인플레이션이 목표치를 초과하면 경기를 식히기 위해 명목이자율을 인플레이션의 상승폭 대비 '1 대 1 이상' 올려야 한다는 준칙

> **자세히 이해하기**
> 중앙은행이 물가 안정과 경제 성장을 목표로 기준금리를 결정할 때 사용하는 규칙으로, 인플레이션과 경제 상황을 고려하여 적정 금리를 계산한다.

037
피셔 효과 *☆☆
Fisher Effect

- 피셔효과
- 부산신용보증재단

명목이자율은 실질이자율과 기대 인플레이션율의 합으로 구성된다는 이론. 인플레이션이 예상되면 명목이자율도 상승함

- 명목이자율: 물가상승률을 반영하지 않은 이자율
- 실질이자율: 물가상승률을 반영한 실제 수익률

038 최신기출
가치재 **☆
價値財

- 메리트재
- 한국문화예술위원회, 중소기업유통센터

시장에 맡기면 바람직한 수준보다 적게 소비되어 사회적·정책적 판단에 따라 소비 촉진이 필요한 재화나 서비스(예 교육, 의료)

039 최신기출
기펜재 ***
Giffen Goods

- 열등재
- 국민연금공단, 신용보증기금, 중소벤처기업진흥공단, 한국수력원자력

열등재의 한 종류로서 가격의 하락(상승)이 오히려 수요량의 감소(증가)를 가져오는 재화

- ✓ 열등재 (劣等財)
  소비자의 실질소득이 증가할수록 수요가 감소하는 재화
- ✓ 기펜의 역설 (Giffen의 逆說)
  가격 하락에도 수요가 감소하는 예외적 현상

040
자유재 **☆
Free Goods

- 무한히 존재
- 인천국제공항공사, 부평구문화재단, 경기신용보증재단

무한히 존재해 희소성이 없고, 대가 없이 누구나 사용할 수 있는 재화

- ✓ 경제재 (Economic Goods)
  공급이 제한되고, 희소성을 지니며 경제적 거래의 대상이 되는 재화

041
독립재 **☆
獨立財

- 효용차이 없음
- 서대문구도시관리공단, 국민연금공단, 한국도로공사

함께 소비하든 따로 소비하든 효용의 차이가 없는 두 재화(예 쌀과 책, 옷과 안경)

042 최신기출
대체재 ★★☆
代替財

- 커피와 홍차
- IBK기업은행, 한국도로공사, 한국장학재단

한 상품 대신 다른 상품을 소비해도 효용에 큰 차이가 없는(다른 재화로 대체 가능한) 재화(예) 커피와 홍차)

> ● 보완재 (補完財)
> 두 재화를 함께 소비할 때 효용이 큰 재화(예) 커피와 설탕)

043 최신기출
공공재 ★★☆
公共財

- 비경합성, 비배제성
- 신용보증기금, 한국철도공사, 한국관광공사

한번 생산되면 누구나 함께 소비 혜택을 누릴 수 있는 재화나 서비스(예) 도로, 치안, 가로등, 공원)

> **자세히 이해하기**
> 여러 사람이 함께 사용해도 경쟁이 붙지 않는 '비경합성', 생산비를 부담하지 않은 경제주체라도 소비에 배제시킬 수 없는 '비배제성' 이 특징이다.

> ● 공유재 (共有財)
> 소비의 경합성이 있으나 배제가 어려운 재화(예) 천연자원, 희귀 동식물, 하천, 녹지)

044 최신기출
한계효용 체감의 법칙 ★☆☆

- 만족감
- 경기신용보증재단, 한국산업단지공단

소비자가 소비하여 얻는 재화가 많아질수록 총효용은 증가하지만, 추가 소비로 얻은 증가분에 대한 만족감의 크기는 점차 줄어든다는 원칙

> ● 한계비용 (限界費用)
> 한 단위의 생산물을 추가로 생산할 경우 필요한 총비용의 증가분

045
패리티 가격 ★★☆
Parity Price

- 농산물 정책 가격
- 한국무역보험공사, 한국예탁결제원

다른 물가와 균형(Parity)을 맞추도록 정부가 정책적으로 설정하는 농산물 가격

> ● 패리티 지수 (Parity Index)
> 기준연도의 농가 총구입가격을 100으로 하여 비교연도(가격결정 시)의 농가 총구입가격 등락률을 지수로 표시한 것. 패리티 지수를 기준연도의 농산물가격에 곱하여 구한 가격이 패리티 가격

046
매몰비용의 오류★★☆
Sunk Cost Fallacy

- 회수 불가능한 비용
- 한국철도공사, 화성도시공사, 한국신용보증재단

당장 멈추는 것이 더 이익이라는 것을 알고 있음에도 불구하고, 이미 투자한 비용이 아까워서 심리적으로 이를 정당화하거나 사업을 지속하는 오류

047 최신기출
기회비용★★★
機會費用

- 선택과 포기
- 경남신용보증재단, 서울에너지공사, 한국보훈복지의료공단, 한국장학재단

동시에 주어진 여러 가능성 중 하나를 선택했을 때 그로 인해 포기할 수밖에 없는 다른 쪽의 가치

048
로렌츠 곡선★★☆
Lorenz Curve

- 소득 불균형
- 공공보건의료재단, 광주관광재단, 경기신용보증재단

소득의 불균등한 정도를 나타내는 곡선

> **자세히 이해하기**
> 누적인원의 백분율은 x축에, 누적소득의 백분율은 y축에 표시한다. 곡선이 대각선에 가까울수록 소득 분포가 균등한 것이다.

049
래퍼 곡선★★☆
Laffer Curve

- 세율과 세수의 역설
- 공공보건의료재단, 종로구시설관리공단

일정 수준 이상으로 세율이 높아지면 근로 의욕이 감소돼 오히려 조세수입이 감소하기 시작한다는, 세율과 세수의 역설적 관계를 나타낸 곡선

050
토마 피케티★★☆
Thomas Piketty
1971~

- 『21세기 자본론』, 부의 불평등
- 한국공항공사, 언론중재위원회

부의 불평등에 대해 연구하는 프랑스 경제학자로, 『21세기 자본』의 저자

> **『21세기 자본』**
> 돈이 돈을 버는 속도(자본수익률)가 사람이 일해서 돈을 버는 속도(경제성장률)보다 빠르기 때문에 자본주의가 발전할수록 빈부격차가 심해진다고 주장

051 최신기출
솔로우 모형 ★★★
Solow Growth Model

- 자본축적
- 한국관광공사, 한국도로공사, 한전KDN, 주택도시보증공사, 기술보증기금

자본축적이 경제성장을 이루는 것을 설명한 모형

> 자세히 이해하기
>
> 솔로우 모형은 한계생산이 체감하는 생산함수와 외생적인 기술진보를 전제로 한다. 자본투입이 늘어날수록 생산량 증가분은 점차 줄어들어 결국 정상상태(균제상태·Steady State)에 도달하며, 장기 성장률은 기술진보율에 의해 결정된다. 이 과정에서 선진국과 후진국은 장기적으로 성장률이 수렴한다고 설명한다.

052 최신기출
리카도 대등정리 ★★★
Ricardian Equivalence Theorem

- 화폐 유통량
- 한국장학재단, 주택도시보증공사, 한국자산관리공사

정부지출을 조달하는 방법의 변화가 민간의 경제활동에 아무런 영향도 주지 못한다는 이론

> 자세히 이해하기
>
> 정부지출 규모가 일정한 상태에서 조세를 감면하더라도, 경제주체는 향후 조세 증가를 예상하여 저축을 증가시켜 민간소비는 변화가 없다고 전망했다.

리카도 대등정리 성립조건
- 모든 경제주체가 합리적일 것
- 유동성 제약이 없을 것
- 경제활동인구 증가율 = 0
- 조세는 정액세의 형태로 부과할 것
- 정부지출의 재원이 무엇이든 지출규모는 일정할 것

기출 리카도 대등정리의 조건으로 옳은 것은?

053 최신기출
내쉬균형 ★★★
Nash Equilibrium

- 전략적 선택, 최적 균형
- 주택도시보증공사, 한국자산관리공단, 한국장학재단

상대방의 전략이 주어진 경우 자신의 이익을 극대화하는 전략을 선택해 형성되는 균형 상태

> ✓ 우월전략균형 (Dominant Strategy Equilibrium)
> 모든 경우에 상대방의 전략과 무관하게 가장 유리한 전략(우월전략)을 선택했을 때 형성되는 균형.

내쉬균형과 우월전략균형
- 모든 우월전략균형은 내쉬균형이 되지만 그 반대는 성립하지 않음
- 우월전략균형과 내쉬균형 모두 파레토 최적을 보장하지 않음
- 우월전략균형은 1개이지만, 내쉬균형은 1개 이상이 될 수 있음

054
립스틱 효과 **☆
Lipstick Effect

- 저가 사치품
- 대구시설관리공단,
  전라남도공공기관통합채용

경기 불황기에도 사치 욕구로 인해 고급 브랜드의 비교적 저렴한 제품군의 소비가 증가하는 현상

055
치킨게임 **☆
Chicken Game

- 파국
- 한국가스기술공사,
  The-K한국교직원공제회

어느 한쪽이 양보하지 않을 경우 양쪽이 모두 파국으로 치닫게 되는 극단적인 상황

> **자세히 이해하기**
>
> 1950년대 미국에서 유행하던 자동차 게임에서 유래했다. 이 게임은 도로의 양쪽에서 두 명의 경쟁자가 자신의 차를 몰고 정면으로 돌진하다가 충돌 직전에 먼저 핸들을 꺾는 사람이 지는 경기이다.

056 최신기출
넛지 ***
Nudge

- 부드러운 개입
- 광주광역시공공기관통합채용,
  한국전력공사, 광명도시공사,
  한국산업안전보건공단

타인에게 어떤 일을 강요하기보다는 스스로 자연스럽게 행동을 변화하도록 유도하는 부드러운 개입

> **자세히 이해하기**
>
> 몸에 좋은 야채를 눈에 잘 띄는 위치에 두는 것은 넛지이지만, 패스트푸드를 먹지 말라고 강요하는 것은 넛지가 아니다.

057 최신기출
이력현상 *☆☆
Hysteresis

- 일시 충격의 장기 지속
- 한국관광공사

경기 침체와 같은 일시적 충격이 고용률 등 경제 변수에 장기적으로 영향을 미쳐 회복 이후에도 이전 상태로 돌아가지 않는 현상. 특히 실업률과 관련해 많이 사용

경영

058
사외이사 ★☆☆
社外理事

- 비상근이사
- 서울특별시도시철도공사, 경기도시공사

기업 경영 전반에 걸쳐 폭넓은 조언과 전문지식을 구하기 위해 선임되는 기업 외부의 비상근이사

자세히 이해하기

현행 상법상 자산 총액이 2조 원 이상의 상장회사는 전체 이사회의 과반을 사외이사로 선임하도록 규정하고 있다. 2025년 추진 중인 상법 개정안에서는 '사외이사'를 '독립이사'로 명칭을 변경하고, 비율을 1/3 이상으로 확대하는 방안이 담겨 있다. 또한 감사위원 선임 시 대주주 의결권 제한(3% 룰)도 강화해 이사회의 독립성과 견제 기능을 보완하려는 방향이다.

059
K-IFRS ★★☆
Korean International Financial Reporting Standards

- 한국채택국제회계기준
- 한국방송광고진흥공사, 기장군도시관리공단

국제회계기준(IFRS)에 맞춰 제정된 새로운 한국채택 국제회계기준

자세히 이해하기

2011년부터 모든 상장기업이 의무적으로 K-IFRS를 채택하게 됐다. K-IFRS는 개별재무제표만 공시하면 됐던 기존과 달리 연결재무제표 공시가 의무화됐고 투자부동산, 유형자산 등 객관적 평가가 어려운 항목에 대해서는 취득원가가 아닌 공정가치 기준으로 평가 방식이 변경됐다. 또한 재무제표 구성 항목이 바뀌어 대차대조표는 재무상태표로, 손익계산서는 대차대조표의 기타포괄손익을 포함하는 포괄 손익계산서로 변경됐다.

060 최신기출
시장실패 ★★★
市場失敗

- 자원배분
- 경기도공공기관통합채용, 한국도로공사, 경기문화재단

시장에서 효율적 자원배분이 이루어지지 않는 상태

자세히 이해하기

고전학파 경제학자들은 애덤 스미스의 '보이지 않는 손'이 작동하면 생산자의 한계비용과 소비자의 지불 가격이 일치해 시장의 자원배분이 효율적으로 이루어진다고 봤다. 그러나 ▲정보의 비대칭성 ▲외부 효과 ▲공공재 등의 요인으로 보이지 않는 손이 제대로 작동하지 못하면 시장실패가 나타난다. 이때 정부 개입이 필요하지만, 지나친 개입은 효율성을 떨어뜨리며 정부실패가 나타난다.

기출	• 시장실패에 대해 논하시오. • 시장실패를 막기 위한 해결책 중 성격이 다른 하나는? : 자기부담금 제도 실시(⇨ 자기부담금은 공공재로 인한 무임승차를 막기 위한 해결방안이다.)

061 최신기출
정부실패 ★★★
政府失敗

- 정부 개입 실패
- 대구도시철도공사, 소상공인시장진흥공단, 한국사회보장정보원, 한국산업안전보건공단

시장실패를 줄이려는 정부의 개입이 의도와 달리 기존의 상태를 더욱 악화시키는 현상

정부실패의 원인

내부성	공익보다는 개인과 조직의 이익, 즉 사적 목표를 더 우선시하는 현상
X-비효율성	경제주체가 독점적 지위를 가질 때 관리 효율성을 극대화하려는 유인이 부족하여 생산의 평균비용이 증가
파생적 외부효과	정부가 개입함으로 인하여 발생하는 비의도적이거나 잠재적인 확산 효과와 부작용
권력의 편재	정부가 개입하더라도 권력과 특혜에 의한 남용이 이루어질 때 발생하는 분배적 불공평
비용과 편익의 절연	공공재 특성상 비용에 대해 둔감해지며 자원을 효율적으로 활용하는 것이 어려워지는 현상

062
6차 산업 ★★☆

- 융·복합
- aT한국농수산식품유통공사, 농협하나로유통

1차·2차·3차 산업을 융·복합화해 농가에 부가가치를 창출하는 산업. 1×2×3=6이라는 의미

1차 산업	농림수산업
2차 산업	제조업
3차 산업	서비스업

063 최신기출
경영전략 ★★★
Strategic Management

- 기업 목표 달성을 위한 장기 방향·계획
- 한국철도공사, 한국지역난방공사, 부산광역시공공기관통합채용

기업 전체 수준의 방향성과 목표를 수립하고, 자원을 효율적으로 배분해 경쟁우위를 확보하는 전략 활동

수준에 따른 경영전략

기업전략 (Corporate Strategy)	기업 전체의 성장과 생존을 위해 신규 사업 진출, 인수합병, 구조조정 등 거시적 의사결정을 포함한 전략적 틀
사업전략 (Business Strategy)	각 사업부가 시장에서 경쟁력을 유지하고 성과를 내기 위해 세우는 전략으로, 차별화·원가우위 등이 대표 유형
기능전략 (Functional Strategy)	사업전략을 실행하기 위한 하위 전략으로, 각 기능 부서가 협력해 효율적으로 자원을 활용하고 목표를 달성하는 데 집중

064 최신기출
전략적 제휴★★★
Strategic Alliance

- 상호 협력
- 한국남동발전, 인천교통공사, 한국법무보호복지공단, 한국수자원공사

상호 협력을 바탕으로 기술·생산·자본 등 기업 기능에 2개 또는 다수의 기업이 제휴하는 경영 전략

예문	2025년 현대자동차와 삼성SDI는 전기차 배터리 공동 개발을 위해 전략적 제휴를 체결하며, 기술·생산·자본에서 상호 협력하는 전형적인 전략적 제휴를 보여주었다.

065
소비자 구매의사 결정 과정★☆☆

- 5단계 의사결정
- 국민연금공단

1단계	구매의 필요성 인식
2단계	정보의 탐색
3단계	대안의 평가
4단계	구매
5단계	구매 결과의 평가

기출	소비자 구매의사결정 과정 2단계는? : 정보의 탐색

066 최신기출
선매품★★★
Shopping Goods

- 비교 후 신중히 구입하는 소비재
- 서울에너지공사, 전남신용보증재단, 한국장학재단

가격, 품질, 디자인 등을 비교한 후 구매하는 상품으로 소비자의 정보 탐색이 활발한 품목(예 가전제품, 의류, 가구)

> ● 편의품 (便宜品)
> 시간과 노력을 들이지 않고 자주 구매하는 일상재로 구매 빈도는 높고 가격은 저렴함(예 식료품, 생수, 일회용품)

067
소셜벤처★☆☆
Social Venture

- 사회문제 해결
- 한국사회적기업진흥원

사회문제를 해결하기 위해 사회적 기업가가 설립한 기업 또는 조직. 일반 기업처럼 영업활동을 하지만 취약계층에 사회서비스나 일자리를 제공하는 기업

068
BTL ★★☆
Build Transfer Lease

- 민간투자사업
- 한국도로공사, 지방공기업평가원

민간사업자가 공공시설을 건설하고, 정부가 이를 임대해서 쓰는 민간투자사업 방식

> ◉ BTO (Build Transfer Operate)
> 민간이 건설하고 소유권은 정부나 지자체로 양도한 채 일정 기간 동안 민간이 직접 운영하여 투자비를 회수하고 수익을 창출하는 민간투자사업 방식

069 최신기출
STP ★★★
Segmentation·Targeting·Positioning

- 마케팅 전략
- 과학기술분야정부출연연구기관, 한국문화재재단, 한국관광공사, 근로복지공단

소비자 패턴에 따라 시장을 세분화(Segmentation)하고 이에 따라 타깃 시장을 설정(Targeting)한 후 제품을 포지셔닝(Positioning)하는 마케팅 전략

> ◉ 타깃팅 (Targeting)
> 타깃팅은 STP(세분화, 타깃팅, 포지셔닝) 전략 중 하나로, 기업이 세분화된 시장 중에서 가장 매력적이고 경쟁 우위가 가능한 시장을 선정하여 마케팅 자원을 집중하는 과정

070 최신기출
총괄생산계획 ★☆☆
APP
Aggregate Production Planning

- 총생산·자원계획
- 서울주택도시공사, 경기도공공기관통합채용

수요 예측과 자원 상황을 바탕으로 생산능력, 재고, 고용 수준을 조절하며 장기적 생산 전략을 수립하는 핵심 과정

071 최신기출
기준생산계획 ★☆☆
MPS
Master Production Schedule

- 제품 주·일 단위 생산계획
- 한국도로교통공사

최종 제품의 수량과 납기일을 기준으로 주·일 단위 생산계획을 수립하는 일정 관리 도구. 수요 예측과 수주 정보를 바탕으로 제조 자원 활용을 최적화하며, 자재소요계획(MRP)의 기초 자료로 활용

072 최신기출
ERP★★★
Enterprise Resource Planning

- 전사적 자원관리
- 중소벤처기업진흥공단, 부산산업과학혁신원, 경기도공공기관통합채용

기업 내 인적·물적 자원의 활용도를 극대화하기 위해 인사, 재무, 회계, 구매, 생산, 판매 등 모든 업무의 흐름을 자동으로 조절해주는 전산 시스템

| 기출 | ERP의 정의를 약술하시오. |

073
SPA★★☆
Specialty store retailer of Private label Apparel brand

- 제조 직매형
- 한국주택금융공사, IBK기업은행, 부산항보안공사

의류 기획·디자인부터 생산·제조, 유통·판매까지 전 과정을 제조회사가 맡는 제조 직매형 의류전문 회사 (예) ZARA, H&M, 유니클로)

074 최신기출
공동상표★☆☆
共同商標

- 특정 단체의 공동 사용 상표
- 주택도시보증공사

협동조합, 단체, 조합 등이 공동으로 사용하는 상표. 제품이나 서비스의 출처와 품질을 보증하는 역할을 함

> **자세히 이해하기**
> 개별 기업이 아닌 집단의 신뢰와 이미지를 바탕으로 소비자에게 품질 신뢰를 제공하며, 지리적 특산물이나 인증제품 등에 활용

075 최신기출
CI★★☆
Corporate Identity

- 기업 이미지 통합
- 부산교통공사, 한국에너지기술평가원, 서울교통공사

기업의 비전·이미지 등을 통합해 시각적으로 표현

> ✅ **BI (Brand Identity)**
> 제품의 특성과 장점을 시각적으로 표현하여 다른 상품과 명확하게 구분 짓는 디자인

076
카니발라이-
제이션★☆☆
Cannibalization

- 자기시장잠식
- 부산교통공사, SH공사

신상품이 기존 자사 제품의 시장을 잠식하는 현상

| 예문 | 보급형 신제품 스마트폰의 기능을 제한한 것은 기존 프리미엄 상품에 대한 카니발라이제이션 우려 때문으로 분석된다. |

077 최신기출
RBC ★★☆
Risk Based Capital

- 보험회사 지급 능력
- 한국관광공사, 주택도시보증공사, 경기보증재단

보험회사의 지급 여력 비율. 보험회사가 가입자에게 보험금을 제때 지급할 수 있는지를 나타내는 지표

> **자세히 이해하기**
> 보험회사의 경영 상태를 판단하는 가장 중요한 기준으로서 그 비율이 100% 미만이면 경영개선명령을 통해 퇴출조치를 내릴 수 있다.

078 최신기출
B2B ★★☆
Business to Business

- 기업 간 거래
- 한국수자원공사, 신용보증기금, 한국철도공사

기업이 다른 기업을 대상으로 각종 물품을 판매하거나 서비스를 제공하는 전자상거래

전자상거래 유형

B2C	기업 대 소비자의 전자상거래 예)인터넷 쇼핑몰
C2C	개인 대 개인의 전자상거래 예)인터넷 경매 사이트
B2G	기업 대 정부의 전자상거래 예)조달물품의 구매
G2C	정부 대 개인의 전자상거래 예)민원의 전산망 처리

079 최신기출
유상증자 ★★☆
有償增資

- 주식대금 징수
- IBK기업은행, 인천도시공사, 경상북도공공기관통합채용

회사가 자본금을 늘리기 위해 주식을 발행할 경우 주주로부터 주식대금을 직접 징수하는 증자

> ✔ **무상증자 (無償增資)**
> 주식대금을 받지 않고 주주에게 주식을 나누어주는 것. 기업 가치 제고 및 주가 상승이 목적

080 최신기출
규제 샌드박스 ★★☆

- 네거티브 규제
- 한국폴리텍대학교, 한국전력공사

신기술·신제품이 출시될 때 기업에 불합리한 규제를 면제하거나 유예해 시험·사업화를 지원하는 제도

기출 새로운 제품이나 서비스가 출시될 때 일정 기간 동안 기존 규제를 면제 혹은 유예시켜주는 제도는?
: 규제 샌드박스

081
오픈 이노베이션 ★☆☆
Open Innovation

- 외부 협력
- 대전시설공단

기업이 업체·대학·연구기관 등 외부 전문가와 협업해 기술을 확보하는 방식

082 유니콘★☆☆
Unicorn

- 성공 벤처기업
- 충북대학교병원, 기술보증기금

기업 가치가 10억 달러 이상인 비상장 스타트업 기업

대한민국 주요 유니콘 기업 (2025년 10월 기준)
▲비바리퍼블리카(토스) ▲야놀자 ▲무신사 ▲당근마켓 ▲마켓컬리
▲리디 ▲메가존클라우드 ▲버킷플레이스 ▲시프트업 ▲트릿지 등

글로벌 유니콘 프로젝트 개요
한국의 유니콘으로 성장할 유망기업을 발굴 및 지원하는 정부 사업으로 아기유니콘, 예비유니콘 지원사업으로 구분
- 아기유니콘 육성사업 : 유망기업을 선정해 시장개척자금, 특별보증, 글로벌 컨설팅 등 지원을 통해 예비유니콘으로 육성하는 사업
- 예비유니콘 특별보증 : 혁신기업에 스케일을 키울 수 있는 금융을 지원하여 유니콘 기업으로의 도약을 촉진하는 사업

자세히 이해하기
예비유니콘 선정은 중소벤처기업부의 '글로벌 유니콘 프로젝트'의 일환으로, 고성장 잠재력을 가진 기업을 발굴·지원하는 제도다. 2025년에는 15개사가 선정되었으며, 정부 최대 규모의 스케일업 자금과 성과연동보증제도를 통해 금융·성장 지원을 강화하고 있다.

전공 경영

083 SECI 모델★☆☆
SECI Model

- 지식창출 4가지 모델

암묵지와 형식지의 상호 변환 과정을 통해 조직 내에서 새로운 지식이 창출된다는 경영 모델

SECI(지식전환) 모형의 4단계
- 사회화(Socialization) : 경험과 관찰을 통해 암묵지를 개인 간 공유하고 학습하는 과정
- 표출화(Externalization) : 암묵지를 언어, 메타포, 다이어그램 등으로 명문화하여 명시지로 전환하는 지식 변환 과정
- 연결화(Combination) : 기존 명시지를 수집·편집·통합해 더 구조화된 새 명시지를 생성하고 조직 내 확산하는 과정
- 내재화(Internalization) : 명시지를 실제 행동이나 실습으로 익혀 암묵지 형태로 개인의 숙련과 지식 구조에 통합하는 과정

084 시나리오 기법★☆☆
Scenario Technique

- 불확실한 미래 상황을 가정해 전략 수립

여러 가능한 미래 상황(정책, 환경, 경쟁 등)을 설정한 뒤 각각에 대비한 전략을 세우는 예측 및 의사결정 도구

085 최신기출
마코프분석 ★☆☆
Markov Analysis

- 현재 상태로 미래 예측
- 한국토지주택공사

이전 결과와 무관하게 현재 상태에만 의존해 다음 상태의 전이 확률을 계산하는 수학적 모델. 수요 예측, 고객 행동 분석, 재고관리 등에 활용

086 최신기출
6시그마 ★★☆
Six Sigma

- 품질경영
- 부산환경공단, 한국도로공사, 전남신용보증재단, 한국철도공사

시그마(σ)라는 통계척도를 사용하여 효율적으로 품질을 관리·혁신하고 고객 만족을 달성하기 위해 전사적으로 실행하는 품질경영 기법

> **기출** 100만 개 중 불량이 3~4개 수준이 되도록 하는 품질경영 기법은?
> : 6시그마

087
플래그십 마케팅 ★★☆
Flagship Marketing

- 대표 브랜드 판촉 집중
- 경기문화재단, 부산경제진흥원, 신용보증기금

시장에서 성공을 거둔 대표 브랜드의 긍정적 이미지를 중심으로 판촉 활동을 집중하는 마케팅 기법

> ● 플래그십 스토어 (Flagship Store)
> 시장에서 성공을 거둔 특정 상품이나 브랜드의 성격과 이미지를 극대화한 매장

088 최신기출
디마케팅 ★★★
Demarketing

- 선택과 집중
- 인천교통공사, 대구도시철도공사, 한국철도공사

의도적으로 고객 수를 줄이거나 제품 판매를 억제해 브랜드 가치를 높이는 선택과 집중 판매 방식

> **예문** 2025년 6월 19일부터 은행 앱에서 휴면계좌 일괄 해지가 가능해지자, 금융권은 관리비용만 늘리는 비활성 계좌 축소를 위한 디마케팅 전략을 강화하였다.

089 최신기출
노이즈 마케팅 ★★☆
Noise Marketing

- 구설·화제를 통한 마케팅 기법
- 인천시설공단, 한국철도공사

의도적으로 구설수에 오르도록 하거나 화젯거리를 만들어 소비자들에게 인지도를 높이고자 하는 마케팅 기법

> ● 버즈 마케팅 (Buzz Marketing)
> 소비자 사이의 자발적 입소문과 SNS 확산으로 화제를 만들어 브랜드 인지도를 높이는 기법. 비용 대비 파급력은 크지만 부정적 확산 위험이 있어 기획·리스크 관리가 필수

090 최신기출
프로슈머 마케팅 ★★★
Prosumer Marketing

- 소비자, 개발
- 지방공기업평가원, 신용보증기금, 주택금융공사, 부산동구시설관리공단

소비자가 제품에 대한 아이디어를 제안하거나 직접 제품 개발에 참여하는 마케팅 기법

자세히 이해하기

미래학자 앨빈 토플러가 저서 『제3의 물결』에서 처음 사용한 용어로, 기업의 생산자(Producer)와 소비자(Consumer)의 합성어이다.

기출 직접 생산에 참여하는 소비자는?
: 프로슈머

091
언택트 마케팅 ★☆☆
Untact Marketing

- 비대면 마케팅
- IBK기업은행

비대면 형태로 제품과 서비스를 제공하는 마케팅

자세히 이해하기

코로나19 확산으로 비대면 소비 성향이 강화되면서 각광받았으며, 무인 결제기기(키오스크)·챗봇·온라인 강의·VR(가상현실) 등이 대표 사례다. 이후에는 단순 비대면을 넘어 온라인으로 소통을 강화하는 '온택트(On-tact)' 개념으로 확장되어, 디지털 환경에서 소비자 경험을 유지·강화하는 전략으로 활용되고 있다.

기출 4차 산업혁명에서 언택트 서비스의 의미와 지원방향을 논하시오.

---

092 최신기출
엠부시 마케팅 ★★☆
Ambush Marketing

- 교묘한 매복 마케팅
- 한국공항공사, 충북대학교병원

공식 후원사가 아님에도 대회·행사의 이미지를 교묘히 활용해 소비자에게 후원사인 것처럼 인식시키는 마케팅 기법

⊙ 코즈 마케팅 (Cause Marketing)
사회적·공익적 대의와 연계해 제품 판매나 캠페인을 통해 브랜드 이미지를 제고하고 소비자의 공감·구매를 유도하는 전략. 진정성·투명성이 떨어지면 '그린워싱' 등 비판을 받을 수 있음

⊙ 그린워싱 (Greenwashing)
기업·단체가 실제로는 친환경적이지 않으면서도 친환경인 것처럼 과장하거나 거짓·오해 소지가 있게 홍보하는 행위

기출 올림픽 기간에 후원 업체가 아니면서 광고를 통해 올림픽과 관련 있는 업체라는 인상을 주는 전략은?
: 엠부시 마케팅

093
심바이오틱 마케팅 ★☆☆
Symbiotic Marketing

- 마케팅 제휴
- 광주보훈병원

서로 다른 기업이 생산과 판매를 분담하여 마케팅 문제를 해결하는 기법

> **자세히 이해하기**
> 제휴를 통해 시장에 진입하면, 시장 진입 기간 단축, 빠른 재고 순환으로 재고 비용 절감, 고객 서비스 향상 등의 장점이 있다. 그러나 문제나 사고 발생 시 책임소지가 불분명해질 수 있다는 단점이 있다.

094 최신기출
티저 광고 ★★☆
Teaser Advertising

- 궁금증 유발 광고
- 한국보훈복지의료공단, 국민연금공단, 국토안전관리원

소비자들의 궁금증을 유발시킨 후 서서히 또는 일시에 그 베일을 벗기는 광고 기법

> **서브리미널 광고 (Subliminal Advertising)**
> 잠재의식에 호소하는 광고. 1957년 미국의 동기 조사 전문가 비케리가 상영 중인 필름에 '콜라를 마시자', '팝콘을 먹자'라고 하는 광고를 3,000분의 1초로 5초마다 169회씩 6주간 영사한 결과 영화관 내 매점에서 두 상품의 매출액이 급증해 화제가 됨

095 최신기출
옵트아웃 ★☆☆
Opt-out

- 자동 동의된 상태에서 사용자가 거부 선택하는 방식
- 부산광역시공공기관통합채용

기본값으로 동의 처리된 상태에서 사용자가 의사 표현을 통해 거부하는 방식. 마케팅 수신 동의나 장기기증 제도 등에서 활용

096 최신기출
버저닝 ★☆☆
Versioning

- 고객 맞춤형 가격 차별 전략
- 한국고용정보원

동일한 상품이나 서비스를 기본형~프리미엄형 등 여러 버전으로 나눠 각기 다른 가격에 판매해 수익을 극대화하는 전략

097
차이식역 *☆☆
JND
Just Noticeable Difference

- 최소 변화 감지
- 한국토지주택공사

두 자극 간 차이를 인지할 수 있는 최소한의 변화. 마케팅 전략에 활용

> ● 절대식역 (Absolute Threshold)
> 자극을 인지할 수 있는 최소한의 수준

구분	차이식역 (Differential Threshold)	절대식역 (Absolute Threshold)
핵심 개념	소비자가 변화를 느끼지 못할 정도의 미세 조정	소비자가 처음으로 자극을 인지하는 순간
마케팅 활용	제품 변경 시 소비자 반발 없이 조정할 때 사용	신제품 출시·광고 등에서 인지되도록 강하게 자극
대표 전략	가격·성분·패키지 미세조정, 점진적 변화	눈에 띄는 색상, 향기, 소리 등 강한 인지 자극

098
디드로 효과 **☆
Diderot Effect

- 연쇄 구매
- 대구도시철도공사, 광주관광재단

하나의 물건을 사고 나서 그 물건에 어울릴 만한 물건을 계속 구매하며 또 다른 소비로 이어지는 현상

> **자세히 이해하기**
> 18세기 프랑스 철학자 디드로의 에세이에서 유래됐다. 그는 친구가 준 붉은 가운과 어울리도록 의자, 책상 등을 붉은색 계열로 교체하다가 결국 생활 전반이 바뀌는 경험을 하며 불편함을 토로했다.

099 최신기출
포이즌필 ***
Poison Pill

- 경영권 방어수단
- 한국전력기술, 한국무역보험공사, 농림식품기술기획평가원, 인천시설공단, 한국수력원자력

적대적 인수합병(M&A)이나 경영권 침해 시도가 발생할 때 기존 주주들에게 시가보다 훨씬 낮은 가격에 지분을 매입할 수 있도록 권리를 부여하는 경영권 방어 수단

> ● 황금낙하산 (Golden Parachute)
> 경영권 방어수단의 일종으로, 기존 경영진의 신분을 보장할 수 있도록 사전에 정관에 명시해 놓는 전략

100 최신기출
제조품질 *☆☆
製造品質

- 생산제품의 설계·기준 적합 여부
- 고양도시관리공사

제품의 일관성, 내구성, 안전성 등을 포괄하며, 공정 관리와 품질보증 활동이 제조품질 향상의 핵심

101 최신기출
주문생산 ★☆☆
MTO
Make to Order

- 소비자 주문 후 제품 생산 방식
- 한국철도공사

수요에 맞춰 생산하므로 재고 부담이 적고 맞춤화에 유리하지만, 생산 및 납기 시간이 길 수 있음. 대량생산과 대조

> ✅ **대량생산 (Mass Production)**
> 설비 자동화와 표준화된 공정을 통해 단가를 낮추고 생산성을 극대화하는 방식

102 최신기출
EOQ ★★★
Economic Order Quantity

- 총비용 최소 주문량
- 코레일유통, 한국장학재단, 경기도공공기관통합채용, 한국서민금융진흥원, 한국해양진흥원, 한국조폐공사, 건강보험심사평가원, 서울시복지재단

재고 유지비용과 주문비용을 최소화하는 이상적인 주문량을 계산하는 방식. 재고관리의 효율성 제고에 활용

$$EOQ = \sqrt{\frac{2DS}{H}}$$

D = 연간 수요량 (units/year)
S = 1회 주문비용(주문당 고정비)
H = 단위당 연간 보유비용(holding cost per unit per year)

103 최신기출
전방통합 ★☆☆
Forward Integration

- 생산자가 유통·판매까지 진출하는 수직계열화
- 근로복지공단

제조업체가 도매·소매 등 하위 유통 단계까지 사업을 확장해 유통망 통제 및 이윤 극대화를 도모함. 고객과의 접점 확보에도 효과적임

> ✅ **후방통합 (Backward Integration)**
> 유통업체나 완제품 제조업체가 원자재·부품 생산 단계로 진출하는 전략으로 공급망상 Upstream(공급·제조) 단계로 확장해 원가 절감, 품질 통제, 공급 안정성 확보를 꾀함

104
PB 상품 ★★☆
Private Brand products

- 자체 개발, 유통
- 한국철도공사, 국민연금공단

유통업체가 제조업체로부터 상품을 저렴하게 공급받아 유통업체가 자체 상표를 붙여 판매하는 상품

105 최신기출
가치사슬 ★★☆
Value Chain

- 기업의 가치 창출 체계
- 한국토지주택공사, 한국해양진흥공사, 한국전자통신연구원

마이클 포터가 제시한 개념으로, 제품 기획부터 생산, 유통, 서비스까지 가치가 더해지는 전 과정을 분석하여 경쟁우위를 찾는 전략 도구

---

106 최신기출
기계적 조직 ★★☆
Mechanistic Organization

- 경직된 조직
- 신용보증기금, 한국토지주택공사

권한과 책임이 명확히 구분되고 규칙과 절차 중심으로 운영되는 조직으로, 안정적 환경에 적합함

> ✅ **유기적 조직 (Organic Organization)**
> 조직 구성원 간 자유로운 소통과 협업이 강조되며, 변화에 빠르게 대응할 수 있는 유연한 조직 형태

---

107 최신기출
페욜의 일반관리론 ★★☆
Fayol's Administrative Theory

- 조직 전체 관리
- 한국철도공사, 근로복지공단

조직 전체의 관리에 중점을 둔 이론

페욜의 관리 5요소
계획 – 조직 – 지휘 – 조정 – 통제

기출	페욜의 관리 5요소를 순서대로 쓰시오 : 계획 – 조직 – 지휘 – 조정 – 통제

---

108 최신기출
조직행동론 ★★☆
Organization Behavior

- 성과 중심 행동 연구
- 부산광역시공공기관통합채용, 한국토지주택공사

개인의 태도, 동기, 리더십, 커뮤니케이션 등 조직 내 행동 양상을 연구해 효과적인 조직 관리와 성과 향상을 도모하는 학문

---

109 최신기출
지식경영 ★★☆
Knowledge Management

- 지식 공유
- 한국관광공사, 한국철도공사, 대구철도공사, 광주광역시공공기관통합채용

기업의 개개인이 가진 지식의 공유를 통해 기업의 문제해결 능력을 향상시키려는 경영 방식

110 최신기출
테일러의 과학적 관리법 ★★☆
Taylor's Scientific Management

- 효율을 높이려는 관리 기법
- 한국해양진흥공사, 해양환경공단, 전남신용보증재단

테일러가 창안한 과학적 관리법으로, 작업을 표준화하고 최적의 방법을 찾아 노동 효율과 생산성을 극대화하고자 한 관리 기법

111 최신기출
리엔지니어링 ★★★
Reengineering

- 경영 혁신
- 한국남동발전, 한국철도공사, 한국관광공사

기업의 체질 및 구조와 경영 방식을 근본적으로 뜯어고쳐 경쟁력을 확보하는 경영 혁신 방법

> ✅ **리스트럭처링 (Restructuring)**
> 사업구조 재편을 통한 경영 합리화(구조조정)
>
> ✅ **턴어라운드 (Turnaround)**
> 리엔지니어링과 리스트럭처링을 포함하는 넓은 의미의 기업 회생

112 최신기출
아웃소싱 ★★★
Outsourcing

- 위탁 처리
- 수원시공공기관통합채용, 한국철도공사, 부산동구시설관리공단

경영 효과 및 효율을 높이기 위해 기업의 일부 프로세스를 제3자에게 위탁하는 방식

> ✅ **크라우드소싱 (Crowdsourcing)**
> 생산과 서비스 과정에 소비자를 참여시켜 더 나은 제품과 서비스를 만들고 수익을 참여자와 공유하고자 하는 방법

113 최신기출
CTO ★☆☆
Chief Technology Officer

- 최고기술책임자
- 광명도시공사

기업 내 기술 개발 및 혁신을 총괄하는 최고위 임원. R&D(연구개발), 기술 경쟁력 확보, 신제품 개발, 기술 투자 등을 책임지며 특히 기술 중심 산업에서 중요한 의사결정권자로서, CEO나 COO와 협력해 기업의 기술 비전과 방향을 설계

114 최신기출
벤치마킹★★★
Benchmarking

- 따라 하기
- 과학기술분야정부출연연구기관, 한국고용정보원, 한국에너지개발평가원

기업에서 경쟁력을 제고하기 위한 방법의 일환으로 타사의 우수한 사례를 배우고 도입하는 혁신 기법

---

115 최신기출
카츠의 경영자 3역량★☆☆
Katz's Three Skills

- 기술적·인간적·개념적 역량
- 한국가스공사

경영자는 기술적 능력, 인간적 능력, 개념적 능력을 고르게 갖춰야 하며, 계층에 따라 요구되는 역량의 비중이 달라진다는 이론

---

116 최신기출
커크패트릭 모형★☆☆
Kirkpatrick Model

- 성과 평가 모형
- 한국토지주택공사

교육훈련의 효과성을 반응(Reaction), 학습(Learning), 행동(Behavior), 결과(Result)의 4단계로 측정하는 평가 모형. 교육 프로그램의 실질적 성과와 개선점을 체계적으로 분석하는 데 활용

---

117 최신기출
집단응집성★☆☆
Group Cohesiveness

- 집단 유대감과 결속력
- 한국토지주택공사

구성원들이 집단의 목표와 활동에 대해 느끼는 소속감과 유대감의 강도. 응집성이 높을수록 집단의 협력과 성과가 향상

---

118 최신기출
피터의 법칙★☆☆
Peter Principle

- 승진이 무능을 초래
- 서울주택도시공사

조직 내 승진은 직무 성과를 기준으로 하므로, 결국 능력 이상의 직위에 도달하게 되고 무능력이 드러난다는 이론

119 최신기출
브룸의 기대이론★★☆
Vroom's Expectancy Theory

- 기대감, 수단성, 유인가
- 경남신용보증재단, 한국해양진흥공사, 성남도시개발공사

노력이 성과로 이어질 기대(기대감), 성과가 보상으로 이어질 가능성(수단성), 보상의 매력도(유인가)가 동기 수준을 결정짓는다고 본 이론

> **자세히 이해하기**
> 기대감은 노력하면 성과를 낼 수 있다는 믿음이며, 수단성은 성과가 보상으로 이어질 것이라는 인식이다. 유인가는 보상이 개인에게 얼마나 매력적인지를 뜻한다. 세 요소 중 하나라도 낮으면 동기 수준은 낮아진다.

120 최신기출
귀인이론★★☆
歸因理論
Attribution Theory

- 행동 원인 해석
- 한국수자원공사, 한국토지주택공사

행동의 원인을 개인의 성격, 능력 등 내부 요인이나 환경 등 외부 요인으로 해석하는 이론. 이 과정에서 오류와 편향이 자주 발생

121 최신기출
자존적 편견★★☆
Self-serving Bias

- 성공은 자기 덕, 실패는 외부 탓
- 한국수자원공사, 한국도로교통공사

성과를 해석할 때 성공은 자신의 능력이나 노력 덕분이라 여기고, 실패는 운이나 외부요인(타인) 탓으로 돌리는 인지적 편향

122 최신기출
몰입의 에스컬레이터★★★
Escalator of Engagement

- 브랜드 몰입 유도 단계적 전략
- 한국도로교통공사

고객이 브랜드나 제품과의 반복적인 긍정적 상호작용을 통해 점차 깊은 몰입 상태로 이동하도록 유도하는 마케팅 전략

> **자세히 이해하기**
> 처음엔 가볍게 경험하거나 접촉한 고객이 점차 충성 고객으로 전환되도록 설계된 단계적 참여 모델이며, 고객 여정 관리나 충성도 마케팅에 활용된다. 특히 스포츠 마케팅 분야에서 자주 쓰인다.

123 최신기출
호손 연구 ★★☆
Hawthorne Studies

- 인간관계·사회적 요인
- 한국철도공사, 한국장학재단

미국 시카고 호손 공장에서 수행된 실험으로, 작업조건보다 관심과 심리적 요인이 생산성에 더 큰 영향을 준다는 결과를 얻음

---

124 최신기출
홉스테드 ★★☆
Hofstede

- 국가별 문화 차이
- 한국관광공사, 전북대학교병원

국가 간 문화 차이를 ▲권력 거리 ▲개인주의−집단주의 ▲남성성−여성성 ▲불확실성 회피 ▲장기지향 ▲관용−억제 6가지 차원으로 설명. 국가 간 문화적 특성이 조직문화와 경영 스타일에 미치는 영향을 분석

◀ 금융 무역

---

125 최신기출
금융실명제 ★★★
金融實名制

- 김영삼 대통령
- 보훈복지의료공단, 금융감독원, 의왕도시공사

금융거래 시 가명·무기명 거래를 금지하고 실명이 확인된 경우에만 이루어지도록 하는 제도. 1993년 김영삼 정부 때부터 실시하여 금융 투명성이 강화됨

> **기출** 김영삼 대통령과 관련 있는 것은?
> : 금융실명제, 문민정부, IMF

---

126 최신기출
궁핍화 성장 ★☆☆
Immiserizing Growth

- 수출 증가가 소득 감소로 이어지는 역설적 현상
- 한국관광공사

비교우위를 가진 재화를 지나치게 수출하여 교역 조건이 악화되고, 그 결과 실질 소득이 감소하는 현상

> **자세히 이해하기**
> 바그와티가 제시한 개념으로, 보호무역 필요성을 지지하는 논거 중 하나로 활용된다.

---

127 최신기출
배당 ★☆☆
配當

- 기업 이익의 일부를 주주에게 배분
- 한국토지주택공사

주식회사가 경영활동을 통해 얻은 이익 중 일부를 주주에게 현금이나 주식 형태로 분배하는 행위

128 최신기출
공매도 ★★☆
空賣渡
Short Selling

- 없는 것을 판다
- 전라남도신용보증재단, 한국철도공사, 한국예탁결제원

주식을 보유하지 않은 상태에서 빌려 판 뒤, 주가 하락 시 싼값에 되사 차익을 얻는 매매 기법. 상승장 과열을 억제할 수 있으나, 시장 교란과 기업·투자자 피해를 초래할 수 있음

129 최신기출
리츠 ★★☆
REITs
Real Estate Investment Trusts

- 부동산, 뮤추얼펀드
- 한국농수산식품유통공사, 광주광역시공공기관통합채용

부동산 관련 자산에 투자를 전문으로 하는 뮤추얼펀드 형태의 회사

> **뮤추얼펀드 (Mutual Fund)**
> 소액 투자자들의 자금을 모아 투자 회사를 설립해 채권·주식 등에 투자하고 그 수익을 나누어주는 주식회사 방식으로 운영되는 펀드

130
공시지가 ★★☆
公示地價

- 단위면적당 가격
- 한국산업단지공단, 경상대학교병원

국토교통부장관이 조사·평가해 공시한 표준지의 단위면적당 가격

자세히 이해하기
양도세·상속세·증여세 등 토지 관련 세금의 과세기준이 된다.

131 최신기출
BIS 자기자본비율 ★★★
BIS capital adequacy ratio

- 부실채권 대비
- 한전KPS, 한국주택금융공사, 경기신용보증재단, 한국지역난방공사

국제결제은행(BIS)이 은행에 권고하는 위험자산(부실채권) 대비 자기자본비율

자세히 이해하기
BIS 자기자본비율이 보통 8% 이상일 때 경영 안정권으로 분류된다.

132 최신기출
리보금리 ★★☆
LIBOR
London Interbank Offered Rates

- 기준금리
- 주택도시보증공사, 한국장학재단

각국의 국제 간 금융거래에 쓰이는 런던의 기준금리

자세히 이해하기
리보금리(LIBOR)는 2024년 9월 전면 폐지되었으며, 현재는 각국이 SOFR, SONIA, €STR, SARON, TONAR 등 무위험지표금리(RFR)를 대체금리로 사용하고 있다. 한국도 국채·통안증권 RP금리를 중심으로 전환을 추진 중이다.

133 최신기출
P2P 대출 ★☆☆
貸出
Peer to Peer Lending

- 다수의 투자자
- 광주광역시공공기관통합채용

은행과 같은 금융기관을 거치지 않고, 인터넷 또는 모바일을 통해 돈이 필요한 기업이나 개인이 다수의 투자자들에게 돈을 빌리는 서비스

134 최신기출
스튜어드십 코드 ★☆☆
Stewardship Code

- 기관투자자, 의결권
- 한국예탁결제원, 한국폴리텍대학교, 한국마사회

연기금과 자산운용사 등 기관투자가가 수탁자의 돈을 자기 돈처럼 여기고, 의결권 행사 등 주주 활동을 충실하게 이행해야 한다는 자율 지침

> **예문** 2025년 국민연금은 스튜어드십 코드를 통해 일부 대기업의 주주총회 안건에 반대하거나 의결권을 행사하며 주주권을 강화하였다.

135 최신기출
위험프리미엄 ★★★
Risk Premium

- 무위험 자산 대비 초과 수익률
- 한국토지주택공사, 기술보증기금

투자자가 불확실성과 손실 가능성을 감수하는 대가로 무위험 자산 수익률보다 추가로 요구하는 수익률 차이. 자산의 위험도가 클수록 위험프리미엄도 커지며, 자본자산가격결정모형(CAPM) 등 자산 평가 모델에서 핵심 요소로 활용

> ✅ **CAPM (Capital Asset Pricing Model)**
> 위험자산의 기대수익률은 무위험수익률에 시장 위험 프리미엄과 자산의 베타값을 곱한 값을 더해 결정된다는 이론적 모형

136 최신기출
MM이론 ★★★
Modigliani–Miller Theorem

- 기업가치는 자본구조와 무관
- 신용보증기금, 한국토지주택공사, 주택도시보증공사, 한국광해광업공단

완전경쟁시장 조건하에서 기업의 가치는 자본조달 방법(자기자본 vs. 부채)에 영향을 받지 않는다는 이론

137
목표시기 면역전략 ★★☆
Immunization Strategy for Target Date

- 목표시점에 따른 위험조정 전략
- 한국토지주택공사, 신용보증기금

목표 시점의 투자 수익률을 안정적으로 확보하기 위해 듀레이션을 조정해 금리 리스크를 상쇄하는 채권 운용 방식

138
출구전략 ★★★
出口戰略
Exit Strategy

- 완화정책을 거둬들이는 전략
- 광주광역시공공기관통합채용

경기가 침체되었을 때 경기를 부양하기 위해 시행했던 여러 완화정책들을 경제에 부작용이 일어나기 전에 천천히 회수하는 전략

> **자세히 이해하기**
> 경기침체기에는 기준금리 인하 또는 재정지출 확대를 통해 유동성 공급을 늘리게 되는데, 경기가 회복될 때에는 이러한 유동성이 물가상승 및 인플레이션을 초래할 우려가 있어 출구전략을 시행한다.

139 최신기출
합병프리미엄 ★★☆
Merger Premium

- 인수가격·시장가치 차이
- 신용보증기금, 한국토지주택공사

기업 인수 시 피인수기업 주주의 매각 유인을 높이기 위해 주가 대비 몇 % 더 높은 가격(프리미엄)을 얹어 지급하는 차액

140 최신기출
스톡옵션 ★★☆
Stock Option

- 능력 중심 인센티브
- 서울시설공단, 한국예탁결제원, 부천시공공기관통합채용

기업이 성과에 따라 임직원에게 자사 주식을 매입·처분할 수 있도록 한 인센티브 제도

> **기출** 스톡옵션에 대해 옳지 않은 것은?
> : 직급이나 근속연수를 중심으로 제공된다.
> (⇨ 우리사주조합제도에 대한 설명)

141 최신기출
재무상태표 ★★★
財務狀態表

- 차변·대변
- 경기도공공기관통합채용, 주택금융공사, 한국중부발전, 주택도시보증공사

일정 시점에 있어서 기업이 보유하고 있는 자산·부채·자본을 보여 주는 회계 보고서

> **자세히 이해하기**
>
> 재무상태표의 왼쪽 차변항목은 오른쪽 대변항목(재무활동)은 조달한 자금을 활용하는 내역을, 대변항목은 기업의 자산을 취득하기 위해 조달한 자금의 원천인 타인자본과 자기자본을 나타낸다.

● **기말 자본 (Ending Capital)**
회계기간 말 현재 보유한 순자산으로 기초자본에 당기순이익을 더하고 인출액을 차감한 값. 자본 변동의 최종 결과를 나타내며 재무상태표에 기재

● **기말 상품 재고 (Ending Inventory of Merchandise)**
회계기간 말 기준으로 판매되지 않고 남아 있는 상품. 총매출원가 산정에 영향을 미치며 재무제표상 자산으로 분류

142 최신기출
감가상각비 ★★★
減價償却費

- 자산가치 하락분 비용
- 경기주택도시공사, 경기문화재단, 대구신용보증재단, 하남도시공사

건물·기계 등 유형자산의 사용이나 시간 경과로 인한 가치 감소를 회계상 비용으로 처리한 금액. 손익계산서에 비용으로 계상됨

143 최신기출
재무제표 ★★★
財務諸表

- 회계 보고서
- 한국보훈복지의료공단, 경상북도공공기관통합채용, 한국도로교통공단, 한국도로공사

기업 경영·재정 상태를 기록·계산한 회계 보고서

연결재무제표	결합재무제표
독립된 법인이지만 경제적으로 유기적 관계에 있는 기업을 하나의 기업으로 보고 작성한 재무제표	특정인이 2개 이상의 기업을 운영하는 경우 회사 간 내부 거래를 제거하고 개별 재무제표를 수평적으로 결합한 재무제표

기출 재무제표 구성요소는?
: 재무상태표, 포괄손익계산서, 자본변동표, 현금흐름표, 주석

144
레버리지 비율 ★★☆
Leverage Ratio

- 타인자본
- 한국자산관리공사, 한국발명진흥회

기업이 타인자본에 의존하고 있는 정도를 나타내는 비율

- ✓ 레버리지 효과 (Leverage Effect)
  타인자본을 지렛대로 삼아 자기자본 이익률을 높이는 것으로 지렛대 효과라고도 함

- ✓ 재무레버리지 (Financial Leverage)
  총자산이 자기자본의 몇 배가 되는가를 나타내는 수치

  재무레버리지 = 총자산 / 자기자본 = (자기자본 + 부채) / 자기자본

145 최신기출
PBR ★★★
Price-to-Book-Ratio

- 주가순자산비율
- 한국가스공사, 한국중부발전, 인천교통공사, 신용보증기금

주가가 순자산(자본금, 자본잉여금, 이익잉여금의 합계)에 비해 1주당 몇 배로 거래되는지 측정하는 지표

자세히 이해하기

기업의 재무상태 면에서 주가를 판단하는 척도로서, 회사 청산 시 주주가 배당받을 수 있는 자산의 가치를 의미한다.

146 최신기출
ROE ★★☆
Return On Equity

- 자기자본이익률
- 경남신용보증재단, IBK기업은행, 한국수자원공사

주주가 투자한 자본을 사용해 경영자가 어느 정도의 이익을 얻었는지를 나타낸 것

$$ROE = \frac{당기순이익}{자기자본} \times 100$$

147 최신기출
ROA ★★☆
Return On Assets

- 총자본이익률
- 경남신용보증재단, 인천국제공항공사, 한국수자원공사

기업이 사용한 총자본에 대한 연간 이익의 비율

$$ROA = \frac{당기순이익}{총자본} \times 100$$

148 최신기출
DSR★★☆
Debt Service Ratio

- 총부채원리금상환비율
- 광주광역시공공기관통합채용, 영화진흥위원회

모든 신용대출 원리금을 포함한 총 대출 상환액이 연간 소득액에서 차지하는 비중으로, 대출심사지표가 됨

> **자세히 이해하기**
>
> 2025년 7월부터 금융당국은 스트레스 DSR 3단계를 도입해 모든 가계대출 심사에 가산금리(1.5%p)를 적용하도록 했다. 다만, 지방 주택담보대출은 연말까지 0.75%p만 적용해 실수요자 부담을 일부 완화했다.

149 최신기출
리쇼어링★★★
Reshoring

- 외국 진출 복귀
- IBK기업은행, 주택도시보증공사, 중소기업기술정보진흥원

기업이 해외로 생산 기지를 옮겼다가 다시 본국으로 돌아가는 현상. 리쇼어링 기업을 '유턴(U-Turn) 기업'이라고도 함

> **⊙ 오프쇼어링 (Off-Shoring)**
> 리쇼어링의 반대개념으로, 기업들이 경비를 절감하기 위해 생산, 용역, 일자리 등을 해외로 내보내는 현상

150 최신기출
디지털세★★☆
Digital Tax

- 구글세
- IBK기업은행, 부산기술창업투자원

구글이나 페이스북 등 고정사업장 없이 국경을 초월해 사업하는 디지털 기업에 물리는 세금

> **자세히 이해하기**
>
> 디지털세는 2020년 1월 말 IF(포괄적 이행체계) 총회에서 합의하고 2월 말에 G20 재무장관 회의를 통해 합의안이 정식 승인됐다. 프랑스는 이미 2019년 1월 1일부터 디지털세 부과를 시행했으며, 뒤이어 영국, 인도네시아 등이 잇따라 시행하고 있다.

> **⊙ 디지털서비스세 (Digital Services Tax)**
> 캐나다는 2024년 6월 28일 디지털서비스세(DST)를 시행했으나, 미국의 강력한 압박으로 2025년 6월 말 철회를 공식 발표하였다. 이후 구글도 같은 해 7월부터 DST 관련 수수료 부과를 중단하고 환급 절차를 진행한다고 밝혔다.

151
오픈뱅킹★★☆
Open Banking

- 개방형 금융결제망
- 신용회복위원회

개방형 금융결제망으로, 핀테크 기업과 은행권이 공동으로 이용할 수 있는 결제시스템

> **자세히 이해하기**
>
> 2025년 1월부터 법인도 오픈뱅킹으로 전 은행 계좌의 잔액과 거래 내역을 한 번에 조회할 수 있게 됐다. 개인 중심이던 서비스를 기업 고객으로 확대한 조치다.

152 최신기출
스파게티볼 효과 ★★★
Spaghetti bowl Effect

- FTA 활용률 저하
- 부산경제진흥원, 경기콘텐츠진흥원, 한국산업안전보건공단, 한국해양진흥공사

여러 나라와 자유무역협정(FTA)을 체결했지만 각 나라마다 교역 조건이 달라 FTA 활용률이 떨어지는 현상. 지역마다 다른 무역 규정이 스파게티 그릇처럼 복잡하게 얽히는 부작용을 의미

> 기출 여러 국가와 FTA를 맺었는데 각 국가의 법률과 여러 사정으로 FTA 효과를 보지 못하는 것은?
> : 스파게티볼 효과

153 최신기출
그린필드투자 ★☆☆
Greenfield 投資

- 신규 부지에 처음부터 시설을 건설하는 투자 방식
- 주택도시보증공사

해외 자본이 대상국의 토지를 직접 매입해 공장이나 사업장을 짓는 투자 방식. 처음부터 모든 것을 새로 구축하며, 완전한 통제권 확보가 가능하나 높은 비용과 시간이 듦

154 최신기출
브라운필드투자 ★☆☆
Brownfield 投資

- 기존의 기업이나 시설을 인수·활용하는 해외 투자 방식
- 주택도시보증공사

기존 인프라를 활용해 비용과 시간을 줄일 수 있지만, 통합·조직문화 충돌 등의 위험도 존재함

155 최신기출
영구채 ★★★
永久債
Perpetual Bonds

- 이자만 지급
- 국민연금공단, 한국주택금융공사, 신용보증기금, 한국장학재단

만기 없이 이자만 지급하는 채권으로, 원금 상환 의무가 없음. 회사가 부도날 경우 다른 채권보다 상환 순위가 밀리기 때문에 고위험·고수익 채권으로 분류됨

156
TRQ ★☆☆
Tariff Rate Quotas

- 저율관세할당
- aT한국농수산식품유통공사

정부가 허용한 일정한 물량에 대해서만 낮은 관세를 매기고, 이를 초과하는 물량에 대해서는 높은 관세를 부과하는 일종의 이중관세 제도

> **자세히 이해하기**
> 2025년 7월 미국은 영국산 자동차에 대해 연간 100,000대까지 10% 관세, 그 초과분에는 25% 관세를 적용하는 TRQ를 도입했다.

157
캐치올 규제 ★☆☆
Catch All Controls

- 전략물자 수출 통제
- 전략물자관리원

전략물자는 물론, 전략물자가 아니더라도 무기 전용 가능성이 있는 물품인 경우 정부의 허가를 받도록 하는 제도. 일본이 2019년 대한 무역규제 구실로 내세움

> **자세히 이해하기**
>
> 2023년 한국 정부는 러시아·벨라루스 수출품을 캐치올 규제 대상으로 지정했고, 2024년 EU(유럽연합)는 사이버 감시기술에 이를 적용하는 지침을 발표했다. 2025년 일본도 특정 품목을 '핵심(Core) 품목'으로 분류하며 제도를 개정해, 캐치올 규제가 여전히 국제 수출통제의 핵심 수단임을 보여준다.

캐치올 3대 요건

Know (인지)	수출자가 해당 물품이 대량파괴무기 등으로 전용될 의도를 알 경우
Suspect (의심)	수출자가 해당 물품이 대량파괴무기 등으로 전용될 의도가 의심될 경우
Inform (통보)	정부가 상황허가 대상품목으로 지정·공표하여 수출자에게 개별 통보할 경우

기출 캐치올 규제에 대해 약술하시오.

---

158 최신기출
경상수지 ★★★
經常收支

- 상품 무역
- 한국폴리텍대학교, 부산교통공사, 의정부시설관리공단, 한국도로공사

한 나라와 국제 간의 거래에서 자본거래를 제외한 상품 무역과 서비스 거래 등의 수출입 차액에 따른 수지

경상수지의 종류

상품수지	상품의 수출과 수입의 차액을 나타내는 수지
본원소득수지	투자의 결과로 발생한 수입과 지급의 차액을 나타내는 수지
이전소득수지	무상원조, 송금 등 대가 없이 주고받은 거래의 차액을 나타내는 수지
서비스수지	서비스 거래 관계가 있는 수입과 지출의 차액을 나타내는 수지

기출
- 다음 중 경상수지에 해당하지 않는 것은?
  : 국제수지(×) (⇨ 국제수지=경상수지+자본수지)
- 서비스 거래 관계가 있는 수입과 지출의 차액을 나타내는 수지는?
  : 서비스수지

159 최신기출
보호무역주의 ★★☆
保護貿易主義

- 관세
- 부산의료원, 한국보훈복지의료공단, 신용보증기금

자국 산업을 보호하려고 국가가 무역 활동에 적극 개입하여 관세나 수입할당제 등을 통해 외국 상품의 국내 수입을 억제하는 것

> **자세히 이해하기**
>
> 트럼프 미국 대통령은 보호무역주의 수단으로써 외국산 수입 제품이 미국의 국가 안보에 위협이 된다고 판단할 경우 수입을 제한하도록 한 「무역확장법」 232조를 다시 활용하여, 강력한 보호무역주의 정책을 펼치고 있다. 이 법을 근거로 2025년 6월 4일부터 외국산 철강 및 알루미늄 제품에 대한 관세를 최대 50%까지 인상했다.

160
탄력관세 ★★☆
彈力關稅

- 산업보호, 물가안정
- 한국공항공사, 대전도시철도공사, 수원시지속가능도시재단

국내 산업을 보호하고 물가를 안정시키기 위해 정부가 관세율을 탄력적으로 인상·인하할 수 있도록 한 관세

탄력관세의 종류

보복관세	자국 상품에 불리한 대우를 하는 나라의 상품에 보복 성격으로 부과
긴급관세	특정 상품이 과도하게 수입되어 국내 산업에 심각한 피해가 발생한다고 판단될 때 부과
할당관세	수입품의 일정 수량까지는 낮은 세율, 초과분은 높은 세율을 부과
반덤핑관세	덤핑 방지를 위해 수입품에 부과
상계관세	수출국이 보조금·장려금을 지급해 가격경쟁력을 높인 경우, 그만큼 수입국이 부과
조정관세	특정 물품의 수입 급증·저가 수입으로 국내 시장 교란 및 산업 기반 붕괴 우려 시 일정 기간 세율을 조정해 부과

SPEED CHECK 스피드 체크

중요 용어! 제대로 이해했는지 빠르게 점검하고 넘어가자!
답이 바로 생각나면 ○, 고민했다면 △, 틀렸다면 × 표시해서 완벽하게 정리하세요.

객관식 문제	확인
01 경제 전반의 모든 시장에서 초과수요와 초과공급의 총합이 항상 0이 된다는 일반균형 이론의 기본 가정은? ① 세이의 법칙　　② 왈라스법칙 ③ 구매력평가설　　④ 균형가격이론 ◀ 정답 ②	○ ☐ × ☐ △ ☐
02 캐치올 규제의 3대 요건에 해당하지 않는 것은? ① 인정　　② 의심 ③ 인지　　④ 통보 ◀ 정답 ①	○ ☐ × ☐ △ ☐
03 남들이 구매하기 시작하면 자신도 그에 자극돼 덩달아 구매를 결심하는 현상은? ① 핀볼 효과　　② 펭귄 효과 ③ 백로 효과　　④ 스놉 효과 ◀ 정답 ②	○ ☐ × ☐ △ ☐
04 정부가 공공사업에 지출한 자금이 경제 전체의 총수요를 자극하여 국민소득 증가로 이어지는 효과를 나타내는 계수는? ① 한계소비성향　　② 유상증자 ③ 정부지출승수　　④ 재정파급효과 ◀ 정답 ③	○ ☐ × ☐ △ ☐
05 경기 침체와 같은 일시적 충격이 장기적으로 고용 등 경제 변수에 지속적으로 영향을 미치는 현상은? ① 필립스곡선　　② 규제샌드박스 ③ 구조적실업　　④ 이력현상 ◀ 정답 ④	○ ☐ × ☐ △ ☐
06 일정 수준 이상으로 세율이 높아지면 조세수입이 감소한다는 이론과 관계있는 것은? ① 수요곡선　　② 래퍼 곡선 ③ 거미집 이론　　④ 로렌츠 곡선 ◀ 정답 ②	○ ☐ × ☐ △ ☐

| 객관식 문제 | 확인 |

07 '옵트아웃'의 특징으로 옳은 것은?
① 사전동의 ② 거부 시 제외
③ 자동결제 ④ 전면차단
◀ 정답 ②

08 기업이 우수 조직의 사례를 참고해 성과를 개선하는 기법은?
① 브레인스토밍 ② 리엔지니어링
③ 벤치마킹 ④ 아웃소싱
◀ 정답 ③

09 세계 3대 신용평가기관이 아닌 것은?
① 무디스 ② S&P
③ 피치 ④ Equifax
◀ 정답 ④

10 최종 제품별 수량과 납기일을 기준으로 주 단위 생산계획을 수립하는 일정관리 도구로, 자재소요계획의 기초자료가 되는 것은?
① 솔로우모형 ② 기준생산계획(MPS)
③ 테일러준칙 ④ 라우팅
◀ 정답 ②

11 다음 중 서로 대체재 관계에 있는 것은?
① 커피-홍차 ② 연필-지우개
③ 자동차-휘발유 ④ 빵-버터
◀ 정답 ①

12 고의로 구설수에 오르도록 하거나 화젯거리를 만들어 소비자들의 호기심을 불러일으키는 마케팅 기법은?
① 노이즈 마케팅 ② 엠부시 마케팅
③ 프로슈머 마케팅 ④ 디마케팅
◀ 정답 ①

13 특정 협동조합이나 단체 구성원이 공동으로 사용하며 제품의 출처와 품질을 보증하는 상표 형태는?
① 공동상표 ② 상표라이선스
③ 가치재 ④ 카르텔
◀ 정답 ①

| 객관식 문제 | 확인 |

14 소비자 구매의사결정 과정의 3단계는?
① 구매
② 정보의 탐색
③ 대안의 평가
④ 구매의 필요성 인식

◀ 정답 ③

15 정부의 무상원조는 무엇에 해당하는가?
① 상품수지
② 소득수지
③ 서비스수지
④ 이전소득수지

◀ 정답 ④

16 가격의 하락이 오히려 수요량의 감소를 가져오는 재화는?
① 기펜재
② 독립재
③ 가치재
④ 메리트재

◀ 정답 ①

17 선택 구조를 설계해 바람직한 선택을 유도하는 정책 기법은?
① 넛지
② 규제샌드박스
③ 스텔스마케팅
④ 레몬시장

◀ 정답 ①

18 기업이 기업을 대상으로 하는 전자상거래는?
① G2C
② B2C
③ B2B
④ B2G

◀ 정답 ③

19 고객이 브랜드와 반복적 긍정 경험을 통해 점진적으로 충성 고객으로 전환되도록 유도하는 단계적 마케팅 전략은?
① 몰입의 에스컬레이터
② 테이퍼링
③ 펭귄효과
④ 골디락스

◀ 정답 ①

20 혜택만 골라 이용하는 소비자를 부르는 말은?
① 얼리어답터
② 체리피커
③ 로열티고객
④ 스위처

◀ 정답 ②

비범한 사람을 부러워 말고,
비범한 고난을 두려워 마세요.

그 사람이 거기까지 간 것은
내가 피한 고난을
끝까지 견뎌냈기 때문입니다.

– 조정민, 「사람이 선물이다」, 두란노

Chapter 03 사회

🎤 알짜 학습팁

▶ 효과, 증후군 등 사회현상을 설명하는 비슷한 용어끼리 묶어서 학습해야 합니다. 오답으로 비슷한 용어가 등장하므로 확실하게 학습하지 않는다면 정답을 고르기 어렵습니다.

▶ 공휴일 지정 및 날짜 등 실생활에서 접하는 상식을 묻는 문제가 자주 등장하니 표로 정리된 내용은 숫자까지 암기해야 합니다.

▶ 노동조합, 실업, 사회보장제도 등은 그 종류까지 정리해 두어야 하며, 환경과 관련된 단체·협약 등도 단골로 출제되니 정확한 명칭을 정리하여 학습하는 게 좋습니다.

사회 일반

001 최신기출
님투 현상 ★★☆
NIMTOO

- 공직자, 무사안일
- 인천글로벌캠퍼스재단, 종로구시설관리공단

'Not In My Terms Of Office'의 약어. 공직자가 자신의 임기 중에 일을 무리하게 진행시키지 않고 무사안일하게 시간이 흐르기만 기다리는 현상

> ◎ 핌투 현상 (PIMTOO)
> 'Please In My Terms Of Office'의 약어. 공직자가 자신의 임기 중에 월드컵 경기장, 사회복지 시설 등 선호 시설을 유치하려는 현상

002
아노미 ★★☆
Anomie

- 무규범 상태, 혼돈
- 한국환경공단, 수원시공공기관통합채용

공통된 가치나 질서가 상실된 무규범적 혼돈 상태

> 자세히 이해하기 🔍
>
> 무질서 상태를 뜻하는 그리스어 아노미아(Anomia)가 어원이다. 사회학자 뒤르켐은 사회적 분업의 발달로 사회의 유기적 연대는 강화되지만, 동시에 사회의 전체적 의존관계가 교란되어 무규범·무질서의 아노미 상태에 빠질 수 있다고 설명했다.

003 최신기출
니트족★★★
NEET族

- 의욕 없음, 젊은 층
- 전라남도공공기관통합채용, 국민건강보험공단, IBK기업은행, 서울메트로환경

'Not in Education, Employment or Training'의 약어. 취업은 물론 학업이나 직업훈련을 할 의욕이 전혀 없는 15~34세의 젊은 층

- 다운시프트(Downshifts)족 : 고소득이나 빠른 승진보다는 여유 있는 직장생활을 즐기면서 삶의 만족을 찾으려는 사람들
- 딩크(DINK, Double Income No Kids)족 : 맞벌이를 하며 자녀를 가지지 않는 가족 형태
- 듀크(DEWK Dual Employed With Kids)족 : 아이가 있는 맞벌이 부부
- 통크(TONK Two Only No Kids)족 : 자녀에게 의존하지 않고 부부만의 인생을 추구하는 노인 세대

004
여피족★☆☆
yuppie族

- 도시, 전문직
- 신용보증재단중앙회

도시에서 전문직에 종사하는 고수입의 젊은 인텔리

- ✅ 더피족 (Duppies族)
경기침체로 원하는 직장을 찾지 못하고 임시직으로 근근이 생활하고 있는 도시 전문직

- ✅ 시피족 (Cipie族)
개성(Character)과 지성(Intelligence), 전문성(Professional)을 지향하는 젊은이들

005
욜로족★★☆
YOLO族

- 미래보다는 현재
- 화성도시공사, 한국산업인력공단, IBK기업은행

'You Only Live Once(한 번뿐인 인생)'의 약어. 미래를 준비하기보다는 현재를 즐기면서 하고 싶은 것을 하고 사는 라이프 스타일을 지향하는 사람들

006 최신기출
그루밍족★☆☆
Grooming族

- 외모를 가꾸는 남성
- 대구의료원

외모 가꾸는 것을 중시하며, 피부관리·헤어·미용 등에 시간과 돈을 아낌없이 투자하는 남성들

| 기출 | 외모를 가꾸는 것을 중시하는 남성을 뜻하는 것은?
: 그루밍족 |

007
로하스족 ★☆☆
LOHAS族

- 건강
- 수원문화재단

'Lifestyles Of Health And Sustainability'의 약어. 건강과 친환경을 중시하는 합리적이고 지속가능한 소비 형태를 지향하는 사람들

008
캥거루족 ★★☆
kangaroo族

- 부모에 의존
- 부천산업진흥원, 은평구시설관리공단, aT한국농수산식품유통공사

독립할 나이에도 불구하고 캥거루 배 속의 새끼처럼 부모에게 경제적으로 의존하며 사는 젊은이들

> ✅ 리터루족 (Returoo族)
> 'Return(돌아가다)과 '캥거루족'의 합성어. 독립했다가 경제적 어려움으로 다시 부모에게 돌아오는 이들을 지칭

009
오팔족 ★★☆
OPAL族

- 활동적, 노인
- 한국폴리텍대학교, 충북개발공사

'Old People with Active Life'의 약어. 고령화 사회의 새로운 주축으로 떠오르고 있는 '활동적인 삶을 살고 있는 노인들'

010
파이어족 ★★☆
FIRE族

- 돈 아껴서 빨리 은퇴
- 경기도시공사, 서울메트로9호선

'Financial Independence Retire Early'의 약어. 경제 독립과 동시에 조기 은퇴를 목표로 하는 젊은 세대

파이어족 종류

린 파이어 (Lean FIRE)	극단적으로 제한된 소비만 하는 사람들
팻 파이어 (Fat FIRE)	생활수준을 유지하면서 은퇴를 준비하는 사람들
사이드 파이어 (Side FIRE)	부수입으로 은퇴를 준비하는 사람들

011 최신기출
고령사회 ★★★
高齡社會

- 65세 이상 14%
- 부산광역시공공기관통합채용, 농촌진흥청, 한국폴리텍대학교, 한국산업인력공단

전체 인구 중 65세 이상 인구가 14% 이상인 사회

고령화 단계
- 고령화사회 : 전체 인구 중 65세 이상 인구가 7% 이상인 사회
- 초고령사회 : 전체 인구 중 65세 이상 인구가 20% 이상인 사회

기출 · 고령화사회, 고령사회, 초고령사회의 노인 비율은?
: 7%, 14%, 20%

012
아웃라이어 ★★☆
Outliers

- 이상표본
- 시설관리공단, 한국장애인고용공단

평균치에서 크게 벗어난 관측값. 각 분야에서 큰 성공을 거둔 탁월한 사람을 나타내는 말

자세히 이해하기
말콤 글래드웰(Malcolm Gladwell, 1963~)의 저서 『아웃라이어(Outliers)』에서 등장한 말이다. 그는 전문가가 되기 위해서는 1만 시간의 노력이 필요하다는 '1만 시간의 법칙'을 주장했다.

013 최신기출
프레카리아트 ★☆☆
Precariat

- 불안정 노동계급
- 부산광역시공공기관통합채용

저임금, 저숙련 노동을 하며 안정된 직업 없이 살아가는 신노동자계층. 비정규직, 파견직, 실업자를 통칭함

자세히 이해하기
일본의 잃어버린 세대, 한국의 88만원 세대, 유럽의 700유로 세대 등이 프레카리아트의 예로 들 수 있다.

014
림보세대 ★☆☆
Limbo Generation

- 희망 없는 일자리 청년
- 부천시공공기관통합채용

고등교육을 받았지만, 경력을 쌓을 기회조차 얻지 못하고 희망 내지 가능성이 없는 일자리에 내몰리고 있는 청년세대. 최근에는 이와 유사한 현상을 지칭하는 용어로 'N포 세대'나 '이태백(이십대 태반이 백수)' 등이 자주 사용됨

자세히 이해하기
림보세대는 2008년 글로벌 금융위기 이후 세계적인 사회적 현상이 되었다. 림보세대에 해당하는 청년들은 경기침체로 인해 대학을 졸업했지만 전공에 관련된 일자리를 얻을 기회를 갖지 못했으며, 단기간 일자리로 삶을 꾸려나간다. 또한 학자금 대출이나 생계비마련 등으로 인한 고충을 겪고 있는 세대이기도 하다.

015
X세대 *☆☆
Generation X

- 개인주의 성향의 세대
- 광명도시공사

기성세대와 다른 가치관을 가진 세대. 1965~1980년대 초 출생으로 자율·개성·디지털 적응력이 특징. 한국에선 1990년대 문화 주도층으로 주목받음

016
MZ세대 *☆☆

- 밀레니얼+Z세대
- IBK기업은행

'Millennial(밀레니얼) 세대'와 'Z세대'의 합성어. 디지털 친화적이고 새로운 가치관을 추구하는 특징이 있음

- 밀레니얼 세대 : 1980년대~2000년대 초 출생한 사람들
- Z세대 : 1990년대 중반~2000년대 초 출생한 사람들

017
프리터족 ***
Freeter族

- 아르바이트 생활
- 전라남도공공기관통합채용, 한국농수산식품유통공사, 서울메트로환경, 광명도시공사

'Free(자유)'와 'Arbeiter(노동자, 독일어)'의 합성어. 특정한 직업 없이 아르바이트로 생계를 유지하는 사람

018
업사이클링 **☆
Upcycling

- 쓰레기, 재탄생
- 경기콘텐츠진흥원, 대구시설공단, 국민연금공단

폐기물을 새 제품으로 재탄생시켜 부가가치를 창출하는 것. 단순 재활용인 리사이클링(Recycling)의 업그레이드 개념

019
제로웨이스트 *☆☆
Zero Waste

- 환경 운동
- 부천도시공사

쓰레기 배출을 '0(제로)'에 가깝게 최소화하자는 운동

> ✅ **GPGP (Great Pacific Garbage Patch)**
> 태평양 해역에 형성된 비닐과 플라스틱 쓰레기 지대. 2017년 환경단체가 '플라스틱 공화국(Trash Isles)'이라는 가상 국가 프로젝트를 벌였으나, 실제 유엔(UN) 국가 승인은 없었음

020 지식재산권 ★★★
知識財産權

- 지적 창작물
- 서울교통공사, 한국발명진흥회, 한국농어촌공사, 경북신용보증재단

지적 창작물에 대한 재산권

> **지식재산권의 종류**
> - 저작권 : 문학·예술·음악·방송 등 창작물에 대한 배타적 권리
> - 산업소유권 : 특허권, 실용신안권, 디자인권(의장권), 상표권
>
> 기출
> - 제품의 독창적이고 장식적인 외관 형상의 보호에 대한 권리는?
>   : 의장권
> - 다음 중 지식재산권이 아닌 것은?
>   : 저당권(⇨ 저당권은 부동산 등 물건에 대한 담보 권리다.)

021 최신기출 특허권 ★★☆
特許權

- 창작물, 독점
- 서울교통공사, 한국가스기술공사, 한국농어촌공사

기술적 사상의 창작물(발명)을 일정 기간 독점적·배타적으로 소유 또는 이용할 수 있는 권리

> ✓ **특허괴물 (Patent Troll, 패턴트 트롤)**
> 실질적인 생산·서비스를 제공하지 않고 지식재산권을 보유만 하면서 기업을 상대로 특허소송을 제기해 승소하는 방법으로 로열티를 챙기는 특허 전문 회사

022 출구조사 ★★☆
出口調査

- 여론조사
- aT한국농수산식품유통공사, 한국보훈복지의료공단

투표를 마치고 나오는 유권자들을 대상으로 투표 내용을 면접 조사하여 투표자 분포 및 정당별, 후보자별 지지율 등을 예측하는 여론조사 방법. 투표소로부터 50m 이내 거리에서는 출구조사 불가

023 스쿨존 ★★☆
School Zone

- 어린이 보호
- 한국산업인력공단, 국민연금공단, 언론중재위원회

어린이보호구역. 초등학교 및 유치원 학생들의 안전한 통학 공간을 확보하고 교통사고를 예방하기 위해 차량의 통행속도를 시속 30km 이내로 제한하거나 주·정차를 금지하는 구역

> 기출
> 스쿨존의 차량 운행 제한 속도는?
> : 시속 30km 이내

024
셧다운 제도 ★★☆
Shutdown 制度

- 16세 미만, 심야게임 제한
- 서대문구도시관리공단, 예금보험공사

16세 미만 청소년에게 심야시간의 인터넷 게임 제공을 제한하는 제도. 2011년 11월 20일 시행되었으나 2022년 1월 1일 폐지됨

> **기출** 셧다운 제도로 규정한 게임 제한 나이는 몇 세이고, 최초 시행일은 언제인가?
> : 16세 미만, 2011년 11월 20일 시행

025
스프롤 현상 ★★☆
Sprawl Phenomena

- 도시, 확대
- 서대문구도시관리공단, 한국토지주택공사, 평택도시공사

도시의 급격한 발전으로 인해 도시 주변이 무질서하게 확대되는 현상

026 최신기출
포토라인 ★☆☆
Photo Line

- 취재 경계선
- 대구의료원

취재 경쟁 과열로 인한 사고를 예방하기 위해 취재 대상자와 일정 거리를 두는 취재 경계선

027
ITS ★★☆
Intelligent Transport Systems

- 지능형 교통 시스템
- 한국도로공사, 한국마사회

전자·정보·통신 등의 기술을 교통체계에 접목한 지능형 교통 시스템

> **자세히 이해하기**
> 교통 혼잡을 완화하고 교통 사고를 감소시키는 효과를 창출한다.

028
HIRA 시스템 ★☆☆
Health Insurance Review & Assessment System

- 건강보험 심사·평가
- 건강보험심사평가원

건강보험심사평가원(HIRA)이 운영하는 보건의료 심사·평가 정보시스템. 요양기관의 진료비 청구를 전산 처리하고 의료 서비스의 적정성을 관리하는 역할

029 햄릿 증후군 ★★☆
Hamlet Syndrome

- 결정의 어려움
- 한국장애인고용공단, 한국사회적기업진흥원

선택 과잉의 시대에 쉽게 의사결정을 내리지 못하고 셰익스피어 희곡의 주인공 햄릿처럼 끊임없이 망설이는 사람을 뜻하는 비유적 표현

기출 일명 결정 장애를 일컫는 신조어는?
: 햄릿 증후군

030 램프 증후군 ★★☆
Lamp Syndrome

- 과도한 불안
- 경기관광공사, 경기도일자리재단

일어날 가능성이 거의 없거나 해결할 수 없는 일에 대해 필요 이상으로 걱정하고 불안해하는 현대인의 성향을 일컫는 심리적 현상

자세히 이해하기
'알라딘과 요술 램프'에서 주인공이 지니에게 의존해 문제를 해결하려는 모습처럼, 현대인들이 사소한 일에도 스스로 해결하기보다 필요 이상으로 걱정하며 불안해하는 태도를 빗대어 표현한 말이다.

031 디지털 포렌식 ★★☆
Digital Forensic

- 컴퓨터 법의학
- 충북대학교, 인진KPS, 서울시복지재단

PC, 휴대폰 등 저장매체 또는 인터넷에 남아있는 디지털 정보를 분석해 범죄 단서를 찾는 수사 기법

자세히 이해하기
2008년 서울 대검찰청 옆에 디지털포렌식센터(DFC, Digital Forensic Center)가 설치되어, 마약·유전자·위조문서·영상 등늘 정밀 분석하는 장비를 갖추어 증거물 감정과 감식을 통해 사건 해결에 활용되고 있다.

032 사회적 거리두기 ★☆☆
Social Distancing

- 개인방역 기본수칙
- 영화진흥위원회

전염병의 지역사회 감염 확산을 막기 위해 외출과 대면 접촉을 최소화하는 캠페인. 코로나19 확산을 막자는 취지로 시작되었으며 22년 4월 18일 해제

033 최신기출
가스라이팅★★☆
Gaslighting

- 정신 세뇌
- 한국원자력연구원, 과학기술분야정부출연연구기관

타인의 심리나 상황을 교묘하게 조작해 스스로를 의심하게 함으로써 그 사람에 대한 지배력을 강화하는 정신적 학대 행위

> **기출**
> - 가스라이팅에 대해 서술하시오.
> - 가스라이팅이란 용어가 유래한 영화는?
>   : 가스등

034
GTX★★☆
Great Train eXpress

- 수도권 광역급행철도
- 서울교통공사, 한국폴리텍대학교, 대구교통공사

수도권 외곽에서 서울 도심의 주요 거점을 연결하는 수도권 광역급행철도

> **자세히 이해하기**
> GTX는 A(경기 파주 운정~화성 동탄역), B(인천 송도~경기 마석역), C(경기 양주~경기 수원역), D노선(경기 김포 장기~경기 부천 종합운동장역) 등 4개 노선으로 나눠진다. 2024년 6월 GTX-A 노선의 수서~동탄역 구간이 개통되었다.

> **기출** 수도권 광역열차의 명칭은?
> : GTX

035
용적률★★☆
容積率

- 대지 면적
- 서울교통공사, 부산경제진흥원, 대구교통공사, 한국토지주택공사

대지 면적에 대한 건축물 연면적의 비율

> **자세히 이해하기**
> 건축물에 의한 토지 이용도를 나타내는 척도이다. 하나의 대지에 2층 이상의 건축물이 있는 경우에는 바닥면적을 모두 합계한 것이 연면적이 된다.

036
하얀 코끼리★★☆
White Elephant

- 애물단지
- 화성도시공사, 의정부시설관리공단

막대한 비용을 들였으나 쓸모가 없고 유지·관리비만 많이 드는 시설물이나 사업

> **예문** 2018년 평창동계올림픽 개최 이후, 경기장 사후 활용 방안이 제대로 수립되지 않아 1년째 흉물로 전락하고 있어, 대회 전 지적됐던 '하얀 코끼리'의 우려를 해소하지 못하고 있다.

> **기출** 막대한 비용을 들여 만들었지만 별 효과가 없는 시설물을 뜻하는 용어는?
> : 하얀 코끼리

037
회색 코뿔소 *☆☆
Gray Rhino

- 간과하는 위험
- 천안시시설관리공단

지속적인 경고가 나와서 충분히 예상할 수 있는데도 쉽게 간과하는 위험 요인

> ◉ 방 안의 코끼리 (Elephant in the room)
> 모두가 잘못됐다는 것을 알면서도 먼저 그 말을 꺼낼 경우 초래될 위험이 두려워 그 누구도 먼저 말하지 않는 커다란 문제

038 최신기출
퍼스트 펭귄 **☆
First Penguin

- 동기유발자
- 부산시공무직, 부산교통공사

위험한 상황에서 먼저 도전해 다른 이들에게도 참여의 동기를 유발하는 선발자

039 최신기출
디아스포라 *☆☆
Diaspora

- 고향을 떠나 다른 곳에 정착한 사람들
- 부산광역시공공기관통합채용

원래는 유대인처럼 정치·경제적 이유로 타지에 흩어진 이들을 뜻하며, 오늘날에는 다양한 민족·문화권 이주의 맥락에서도 사용

040
제노포비아 **☆
Xenophobia

- 외국인 혐오
- 대구시설공단, 영화진흥위원회

다른 문화권에서 온 이방인을 혐오하는 현상

> ◉ 시노포비아 (Sinophobia)
> 중국이나 중국인 혹은 중국 문화에 대해 반감을 일으키는 현상

| 기출 | 이방인에 대한 혐오현상을 이르는 말은?
: 제노포비아 |

041
라포 *☆☆
Rapport

- 상호신뢰관계
- 의정부시설관리공단

상담 또는 의사소통에서 상대방과 형성되는 친밀감 또는 신뢰관계

| 기출 | 마음이 서로 통한다는 뜻으로, 상호신뢰관계를 나타내는 말은?
: 텔레파시, 커넥트, 마인드, 라포(O) |

042 메라비언 법칙 ★★☆
The Law of Mehrabian

- 비언어적 요소
- 한국폴리텍대학교, 부산교통공사

대화 시 상대방의 이미지는 대화 내용과 직접 관계가 없는 시각(옷차림, 제스처), 청각(목소리) 등 비언어적 요소로 결정된다는 커뮤니케이션 이론

> **기출** 한 사람이 상대방으로부터 받는 이미지는 시각이 55%, 청각이 38%, 언어가 7%에 이른다는 법칙은?
> : 메라비언 법칙

043 그린러시 ★☆☆
Green Rush

- 대마초 합법
- 부산교통공사

의료용 및 기호용 대마초가 합법화된 나라로 자금이나 사람이 몰리는 현상

✅ 골드러시 (Gold Rush)
금광을 발견해 많은 사람들이 금을 캐기 위해 모여드는 현상

044 최신기출 레드오션 ★★★
Red Ocean

- 경쟁 치열
- 한국보훈복지의료공단, 인천교통공사, 한국공항공사, 한국수자원공사

이미 잘 알려져 있어 포화되고, 경쟁이 치열한 시장

✅ 블루오션 (Blue Ocean)
경쟁자가 없는 유망한 시장

✅ 퍼플오션 (Purple Ocean)
기존 업종에서 독창성을 더해 차별화한 시장

> **기출** 포화 상태의 치열한 경쟁이 펼쳐지는 기존 시장(레드오션)에서 아이디어나 기술을 적용해 새로운 시장을 만드는 것은?
> : 퍼플오션

045 최신기출 인보관 운동 ★☆☆
Settlement House Movement

- 토인비 홀
- 서울시복지재단, 경기복지재단

지역 주민과 함께 사회 문제를 해결하는 공동체 운동

▶ **자세히 이해하기**
1884년 바네트 목사가 런던 슬럼가에서 지역주민들과 함께 생활하며, 최초의 인보관(鄰保館)인 '토인비 홀'을 설립한 것이 시초다.

> **기출** 빈곤 등 산업화 문제를 사회구조적인 요인으로 보고 이를 해결하려 했던 운동은?
> : 인보관 운동

046
미투 운동 ★★☆
Me Too Campaign

- 나도 피해자
- 전남신용보증재단, 부산교통공사

'나도 피해자(Me too)'라며 자신이 겪은 성범죄를 폭로하고 그 심각성을 알리는 운동

> **자세히 이해하기**
>
> 2017년 할리우드 여배우들이 유명 영화 제작자 하비 와인스타인에게 당한 성추행을 고발하며 촉발됐다. 한국에서는 2018년 서지현 당시 현직 검사가 선배 검사에게 성추행을 당했다고 폭로하며 문화예술계, 학계, 정치권 등 각계로 확산됐다.

047 최신기출
사회적협동조합 ★★☆

- 비영리협동조합
- 한국문화예술위원회, 한국가스공사

영리를 목적으로 하지 않는 협동조합으로, 지역 주민 권익·복리 증진 사업을 수행하거나 취약계층에게 사회서비스 또는 일자리를 제공하는 조합

> **자세히 이해하기**
>
> 사회적협동조합은 공익적인 측면과 비영리성이 강조되어야 하며, 주사업이 공익 증진에 이바지 하는 사업이어야 한다. 설립은 주 사업 소관 중앙행정기관의 장의 인가가 있어야 가능하며, 행정기관의 감독이 있다. 또한 조세외의 부과금이 면제되는 세제상 혜택이 있다.

> **협동조합 (協同組合)**
> 5인 이상의 경제적 약자가 경제적 이익을 추구하기 위해 물자의 생산·판매 등을 협동으로 영위하는 조직

> **기출**
> - 협동조합은 몇 명 이상일 때 설립 가능한가?
>   : 5인 이상
> - 협동조합이 사회적협동조합이 되려면?
>   : 공익 목적 사업이 협동조합 전체 사업량의 40% 이상이어야 함

048
친족 ★★☆
親族

- 혈족, 인척, 배우자
- 한국장애인고용공단, 한국마사회

배우자, 8촌 이내의 혈족 및 4촌 이내의 인척

> **인척 (姻戚)**
> 혈족의 배우자, 배우자의 혈족, 배우자의 혈족의 배우자

049 수정핵가족 ★☆☆
修正核家族

- 같은 집, 독립생활
- 부산교통공사

부모와 결혼한 자녀 가족이 같은 집에 거주하지만, 분리된 생활공간에서 독립적으로 생활하는 가족 형태

주요 가족 형태

조손가족	조부모와 손자로 이루어진 가족
한부모가족	한쪽 부모와 자녀로 이루어진 가족
다문화가족	서로 다른 국적·인종이나 문화를 지닌 사람들로 이뤄진 가족
수정확대가족	부모와 결혼한 자녀의 가족이 근거리에 거주하며 자주 왕래하는 가족 형태

050 최신기출 피터팬 증후군 ★☆☆
Peterpan Syndrome

- 어른아이
- 화성시공공기관통합채용, 서울시복지재단

육체적으로는 어른이 되었지만, 어린이처럼 대우받고 보호받기를 원하는 심리

> **자세히 이해하기**
> 경제 분야에서는 중소·중견기업이 대기업 진입 시 각종 규제를 우려해 현재에 안주하는 현상을 나타낼 때도 사용한다.

051 리셋 증후군 ★☆☆
Reset Syndrome

- 회피 현상
- 서울시설공단

컴퓨터 리셋 버튼을 누르면 다시 시작할 수 있는 것처럼 현실에서도 리셋이 가능할 것으로 착각하는 회피 현상

> **⊘ 리플리 증후군 (Ripley Syndrome)**
> 현실 세계를 부정하고 허구의 세계만을 진실로 믿으며 상습적으로 거짓된 말과 행동을 일삼는 반사회적 인격 장애

052 최신기출 파노플리 효과 ★★☆
Panoplie Effet

- 상품 소비, 환상
- 한전KPS, 대한체육회, 서울메트로환경

어떠한 상품을 사용함으로써 그 상품의 전형적인 소비 집단에 속한다는 환상을 갖게 되는 현상

> **⊘ 전시 효과 (展示效果)**
> 사회의 일반적인 소비 성향에 영향을 받아 개인의 소비 행동이 타인의 소비 행동을 모방하려는 사회 현상

053
스톡홀름 증후군★☆☆
Stockholm Syndrome

- 인질의 동화
- 서울메트로환경, 한국산업인력공단

인질이 인질범에게 동화돼 오히려 호감을 갖고 동조하는 비이성적 범죄심리학 현상

> ✅ 리마 증후군 (Lima Syndrome)
> 스톡홀름 증후군과 반대로 인질범이 인질에게 동화돼 공격적 태도가 완화되는 현상

054
포노 사피엔스★★☆
Phono Sapiens

- 스마트폰 중독 세대
- 인천신용보증재단, 한국소비자원

스마트폰에 지나치게 의존하여, 스마트폰 없이 생활하기 어려운 사람

> ✅ 노모포비아 (Nomophobia)
> 스마트폰 등 휴대전화가 없을 때 초조해하거나 불안감을 느끼는 증상

기출: 스마트폰에 중독되어, 스마트폰 없이 생활하기 힘든 사람을 일컫는 용어는?
: 포노 사피엔스

055
외상 후 스트레스 장애★☆☆
PTSD
Post Traumatic Stress Disorder

- 정신적 후유증
- 대구의료원

신체·생명을 위협하는 심각한 상황에 직면한 후 나타나는 정신적인 장애

자세히 이해하기
전새시번, 전쟁, 사고, 폭행, 강간 등 신체적 손상이나 생명을 위협하는 심각한 상황에 직면한 후 발병한 정신적 장애가 1개월 이상 지속되는 질병을 말한다. 정신적 장애는 개인에 따라 충격 후 바로 나타나기도 하지만, 수일에서 수년이 지난 후에 나타나기도 한다. 주로 과민반응, 불면, 충격의 재경험, 감정회피, 마비 등의 증상이 나타나며, 알코올이나 약물남용, 자해·자살, 대인관계 장애 등의 반응을 보이기도 한다.

056
병목현상★☆☆
Bottleneck Phenomenon

- 교통 정체
- 서대문구도시관리공단

도로의 폭이 갑자기 좁아져 발생하는 교통 혼잡 상황

> ✅ 러시아워 (Rush Hour)
> 출퇴근 시간대 등 교통기관이 혼잡을 이루는 시간대

기출: 넓은 길이 갑자기 좁아져 발생하는 교통 정체를 일컫는 용어는?
: 병목현상

057
오버투어리즘 ★★☆
Overtourism

- 관광객 과잉
- 전라남도공공기관통합채용, 부산관광공사

관광객이 지나치게 몰려, 지역 주민이 피해를 입는 현상

여행 관련 용어

다크 투어리즘	전쟁·학살·재난 등 비극적인 현장을 돌아보며 교훈을 얻는 여행
투어리스티피케이션	주거 지역이 관광지로 변하면서 거주민이 생활에 불편을 겪다가 결국 이주하는 현상
투어리즘 포비아	관광산업의 양적 팽창으로 생긴 관광 공포증

058
미쉐린가이드 ★★☆
Michelin Guide

- 타이어, 레스토랑
- 한국국제협력단, 한국공항공사

타이어 회사인 미쉐린(미슐랭)에서 발간하는 세계적 권위의 레스토랑 평가 가이드북. 한국은 서울(2016년부터)과 부산(2024년부터)에서 발행

> ● 블루리본 서베이
> 한국에서 발간되는 대표적 음식점 평가서. 맛·서비스·분위기를 종합 평가해 '리본 개수'로 등급을 매김
>
> ● 갓(Good)자 서베이
> 미국 뉴욕에서 시작된 소비자 참여형 평가 제도. 일반 이용자의 설문을 바탕으로 맛·서비스·가격 등을 점수화하여 발표. 현재는 구글에 인수되어 온라인 리뷰 플랫폼으로 운영

기출 다음 중 타이어를 사면 주는 여행책자였던 것은?
: 미쉐린가이드

059
멜팅팟 ★☆☆
Melting Pot

- 문화 융합
- 화성시인재육성재단

인종·문화 등 여러 요소가 하나로 융합·동화되는 현상

> ● 샐러드 볼 (Salad Bowl)
> 샐러드 접시에 들어간 재료처럼 서로 다른 인종과 문화 등 다양한 사람들의 독립성을 중시하는 개념

기출 미국·캐나다처럼 다문화가 하나로 되는 현상은?
: 멜팅팟

060 노쇼★★☆
No Show

- 나타나지 않음
- 경기관광공사, 한국문화예술위원회

호텔, 식당 등에 고객이 예약을 해놓고 취소 연락 없이 나타나지 않는 것

> **기출** 평창 동계올림픽 주민들이 무슨 현상 때문에 어려움을 겪었나?
> : 노쇼

061 블랙 프라이데이★★☆
Black Friday

- 미국, 할인
- aT한국농수산식품유통공사, 경기도일자리재단

미국의 추수감사절 다음 날인 마지막 금요일(보통 11월 넷째 금요일)로, 미국의 다양한 브랜드들이 1년 중 가장 큰 폭의 할인 행사를 실시하는 기간

062 에코 챔버 효과★☆☆
Echo Chamber Effect

- 정보 편식
- 의정부시설관리공단

알고리즘으로 인한 정보의 필터링으로 편향된 정보만을 얻는 현상

> **자세히 이해하기**
> 자신의 목소리가 반사·증폭되는 현상에서 유래한 용어로, 소셜미디어에서는 알고리즘에 따라 비슷한 성향의 사람들끼리 모여 정보를 주고받으며 자신의 의견이 다수이자 주류라고 착각하기 쉬워진다.

> **기출** SNS에서 유사한 생각을 가진 사람들과 소통하면서 시야가 좁아지는 현상은?
> : 에코 챔버 효과

063 최신기출 확증편향★★☆
Confirmation Bias

- 인지적 편향
- 화성시공공기관통합채용, 한전KDN

기존의 가치나 신념 등에 일치하는 정보만을 받아들이고, 일치하지 않는 정보들은 무시하는 경향

> **자세히 이해하기**
> 확증편향의 사례로, 키멜 제독은 일본의 진주만 급습 가능성에 대한 여러 차례의 경고를 받았으나 '진주만은 안전하다'는 기존 신념에 사로잡혀 대비하지 않았고, 그 결과 미국은 큰 피해를 입었다.

064 최신기출
유리천장★★☆
Glass Ceiling

- 성차별, 인종차별
- 전라남도공공기관통합채용, 화성도시공사, 부산항보안공사

성차별이나 인종차별 등의 이유로 충분한 능력을 갖춘 사람(여성 및 소수민족 출신자 등)의 고위직 진출을 막는 보이지 않는 장벽

> **예문** 2025년 3월, 영국 이코노미스트가 발표한 유리천장 지수에서 한국은 OECD 29개 회원국 중 28위에 머물렀다.

065
감정노동★★☆
Emotional Labor

- 자신의 감정과 무관한 노동
- 경기도공공기관통합채용, 서대문구도시관리공단

직장인이 사람을 대하는 일을 수행할 때 자신의 감정과 무관하게 조직에서 바람직하게 여기는 감정을 행해야 하는 노동

> **자세히 이해하기**
> 접객을 주로 하는 서비스 업종 노동자가 고객에 맞추기 위해 억지로 친절한 말투나 웃음을 보여야 하는 경우이다. 감정노동으로 지나치게 심한 스트레스를 받게 되면 심할 경우 정신질환이나 자살에 이를 수도 있다.

066
파슨즈★☆☆
Talcott Parsons

- 기능주의 사회학 이론가

사회는 각 부분이 기능 수행으로 유지된다고 설명하며, AGIL 모형을 통해 적응(Adaptation), 목표달성(Goal attainment), 통합(Integration), 잠재유형 유지(Latency) 기능을 제시한 대표적 기능주의 학자

파슨스 AGIL 모형 정리

Adaptation (적응)	사회가 외부 환경에 적응하고 자원을 확보·분배하는 기능 (예 경제체계)
Goal attainment (목표달성)	사회가 집합적 목표를 설정하고 달성하는 기능 (예 정치체계)
Integration (통합)	사회 구성원 간 갈등을 조정하고 규범·가치를 공유하여 결속을 유지하는 기능 (예 법·사회규범)
Latency (잠재유형 유지)	사회의 기본 가치와 규범을 전승·유지하는 기능 (예 교육·가족·문화체계)

067
포모 증후군★★☆
FOMO Syndrome

- 고립공포증
- 부산시공무직, 부천도시공사, 광주광역시공공기관통합채용

'Fear Of Missing Out'의 약어. 자신만 세상의 흐름을 놓치며 소외될까 불안해 하는 심리

> **자세히 이해하기**
> 제품의 공급량을 줄여 소비자를 조급하게 만드는 마케팅 기법으로도 활용된다. '매진 임박', '한정 수량' 등이 그 예이다.

068 최신기출
마타도어 ★☆☆
Matador

- 흑색선전
- 부산광역시공공기관통합채용

근거 없는 사실을 조작해 상대를 중상모략하면서 내부를 교란시키기 위한 흑색선전

자세히 이해하기

사설 정보지를 통해 구색을 갖춘 뒤 SNS를 통해 유포되는 경우가 많은데, 경우에 따라 선거·여론 형성 등 당락에 결정적 영향을 미칠 정도로 파급력이 높다.

069
기울어진 운동장 ★☆☆
Uneven Playing Field

- 공정한 경쟁 불가

어느 한쪽에게 일방적으로 유리한 제도나 질서가 있을 때, 공정한 경쟁이 불가능한 상황

070
조작적 조건 형성 ★☆☆
Operant Conditioning

- 적응적 행동 학습
- 국토안전관리원

특정 환경, 자극, 대상에서 발생하는 다양한 행동과 그 행동에 따른 긍정적 또는 부정적 결과와 연합되어 추후의 행동이 증가하거나 감소하는 형태의 학습

자세히 이해하기

스키너(B. F. Skinner)가 제시한 개념으로, 행동은 결과에 따라 조절된다. 이는 ▲강화: 긍정적 결과로 행동이 증가하는 것, ▲처벌: 부정적 결과로 행동이 감소하거나 소멸하는 것이라는 두 가지 원리를 따른다.

노동
복지
환경

071 최신기출
중대재해 기업처벌법 ★★★
重大災害企業處罰法

- 경영자 직접책임
- 한국폴리텍대학, 한국과학기술연구원, 과학기술분야정부출연연구기관, 은평구시설관리공단, 오산도시공사

노동자 사망사고와 같은 중대한 재해가 발생 시 대표이사 등 경영책임자까지 처벌할 수 있도록 한 법

자세히 이해하기

2022년 1월부터 시행됐으며(50명 미만·공사금액 50억원 미만 공사현장은 2024년 1월부터 시행), 노동자 사망 또는 2명 이상 부상자 발생 시 경영책임자는 최소 1년 이상 징역, 10억원 이하의 벌금을 물어야 한다. 경영책임자가 안전보건 확보 의무를 충실히 이행했다면 처벌받지 않는다. 기존 산업안전보건법은 법인만 제재했으나 중대재해기업처벌법은 개인 사업주에게도 법적 책임을 묻는다는 차이가 있다.

072 최신기출
단체교섭 ★★★
團體交涉

- 근로조건 협의절차
- 한국토지주택공사, 주택도시보증공사, 한국보훈복지의료공단

임금·근로시간·복지 등 근로조건을 두고 노동조합과 사용자가 교섭해 단체협약을 체결하는 절차. 노사관계 핵심 제도

073
인구오너스 ★★☆
Demographic Onus

- 경제성장 지체
- 대구시설관리공단, 농촌진흥청

생산가능인구(15~64세) 비중이 줄어 경제성장이 둔화되는 현상

> ● 인구보너스 (Demographic Bonus)
> 전체 인구에서 생산가능인구의 비중이 증가하여 노동력과 소비가 늘어 경제성장이 촉진되는 현상

> 기출 생산가능인구 감소로 경제성장이 지체되는 것은?
> : 인구오너스

074
비정규직 근로 형태 ★★☆

- 시간제, 기간제
- 국립공원관리공단, 충북대학교병원

시간제근로자	주 36시간 이내 근무로 정해진 근로자
기간제근로자	일용직·임시직·촉탁직 등 일정한 기간을 정한 근로계약에 의하여 근로하고 있는 근로자
일일근로자	근로계약을 하지 않고 일거리가 생겼을 때 며칠에서 몇 주씩 일하는 근로자
파견제근로자	임금을 지급하고 고용관계가 유지되는 고용주와 업무지시를 내리는 사용자가 다른 경우의 근로자
용역근로자	용역업체에 고용돼 해당업체의 지휘 아래 그 업체와 용역계약을 맺은 다른 업체에서 근무하는 근로자(예 청소용역, 경비용역)
특수형태근로자	독자적인 사무실이나 점포 등을 보유하지 않으면서 비독립적 형태로 업무를 수행하는 근로자(예 배달, 운송, 판매)

075 최신기출
근로기준법 ★★★
勤勞基準法

- 근로자의 기본권
- 소상공인시장진흥공단, 보훈복지의료공단, 한전KDN, 한국전력기술, 강원랜드

근로자의 기본권을 보장하고 향상시키기 위해 근로조건의 최저 기준을 정한 법률

> ● 주당 근로시간
> 52시간 (2021년 7월 1일부터 근로자 5인 이상의 사업장까지 적용)

076 최신기출
고용보험 ★★★
雇傭保險

- 실업자 사회보장
- 수원시공공기관통합채용, 경기도공공기관통합채용, 근로복지공단

실업자에게 실업수당을 지급하고 직업훈련·재취업을 위한 장려금을 지원하는 사회보장제도

> **자세히 이해하기**
>
> 2025년 1월부터 최근 5년간 3회 이상 실업급여를 받은 경우 지급액이 감액되고, 실업급여 수급이 빈번한 사업장에는 고용보험료 추가 부담이 부과된다.

실업급여 수급요건
- 이직일 이전 18개월간(초단시간근로자의 경우 24개월) 피보험단위기간이 통산하여 180일 이상일 것
- 근로의 의사와 능력이 있음에도 불구하고 취업(영리를 목적으로 사업을 영위하는 경우 포함)하지 못한 상태에 있을 것
- 재취업을 위한 노력을 적극적으로 할 것
- 이직사유가 비자발적인 사유일 것(다만 불가피한 자발적 이직은 예외 인정)

077
국민연금 ★★☆
國民年金

- 정부, 공적연금
- 2025년 인상률 2.3%
- 경기도공공기관통합채용, 서울시복지재단

소득활동이 중단된 국민이 기본 생활을 유지할 수 있도록 정부가 직접 운영하는 대표적 공적연금제도

> **● 4대보험**
> 국가가 보험 원리·방식을 도입해 만든 대표적 사회복지제도(▲국민연금 ▲건강보험 ▲고용보험 ▲산재보험)
>
> **기출** 다음 중 4대 보험이 아닌 것은?
> : 종신보험

078 최신기출
기초연금 ★★★
基礎年金

- 65세 이상, 하위 70%
- 서울시복지재단, 한국폴리텍대학교, 경기도사회서비스원

65세 이상 노인 중 소득인정액 기준 하위 70% 이하를 대상으로 일정 금액의 연금을 지급하는 사회보장제도

2025년 기준 금액

기준연금액	월 342,510원
선정기준액	단독가구 2,280,000원 / 부부가구 3,648,000원
근로소득 기본공제액	월 1,120,000원
자연적 소비금액	단독가구 2,512,377원 / 부부가구 3,048,887원

079 최신기출
퇴직연금제도 ★★☆
Retirement Pension System

- 기업 운영 연금 제도, 노후 생활 안정
- 광주광역시공공기관통합채용, 소상공인시장진흥공단

근로자의 퇴직금을 연금으로 적립·운용해 노후에 지급하는 제도

퇴직급여 제도 유형
- 확정급여형(DB) : 기업이 퇴직급여를 사전에 약속하고, 이를 위해 적립·운용하는 방식. 투자 성과에 상관없이 근로자는 정해진 금액을 받음
- 확정기여형(DC) : 기업이 매년 일정 금액을 근로자 계좌에 납입하고, 근로자가 직접 운용. 투자 성과에 따라 퇴직금 수령액이 달라짐
- 개인형 퇴직연금(IRP) : 근로자가 퇴직급여나 추가 납입금을 개인 계좌에 적립·운용해 노후에 연금이나 일시금으로 받는 제도

080
영구연금 ★☆☆
永久年金

- 만기일 없이
- 경남신용보증재단, 한국주택금융공사

종신연금. 만기일이 없이 일정액의 현금흐름이 무한히 지속되는 연금 형태

영구연금의 현재가치 = 연금 액수 / 연이율

기출 2000년에 실시된 공공부조 제도 명칭은?
: 국민기초생활보장제도

081 최신기출
국민기초생활 보장제도 ★★☆
國民基礎生活保藏制度

- 공공부조
- 국민연금공단, 근로복지공단

1999년 9월 7일 제정되어 2000년 10월 1일 시행된 빈곤층 대상 공공부조 제도의 공식 명칭

기출 2000년에 실시된 공공부조 제도 명칭은?
: 국민기초생활보장제도

082
타임오프 제도 ★☆☆
Time-Off 제도

- 노조 활동, 임금 지급
- 국민연금공단, 장애인기업종합지원센터

노조의 필수 활동을 근로시간으로 인정하여 임금이 지급되는 유급 근로시간 면제 제도

자세히 이해하기
원칙적으로 '무노동무임금' 원칙에 따라 노조와 관련된 일만 하는 노조전임자에게 임금을 지급하지 않지만, 노조의 필수 활동(단체교섭·고충처리 등 노무관리적 성격의 업무)에 한해 근무시간으로 인정하고 임금을 지급한다는 내용이다.

083
대체휴일제 ★★☆
代替休日制

- 공휴일 보장
- 서대문구도시관리공단, 공무원연금공단

공휴일이 주말과 겹치면 평일 하루를 더 쉬게 해 공휴일이 줄어들지 않게 하는 제도

대체공휴일 적용 기준
- 설날·추석 연휴가 다른 공휴일과 겹치는 경우 그 날 다음의 첫 번째 비공휴일을 공휴일로 함
- 어린이날이 토요일 또는 다른 공휴일과 겹치는 경우 그 날 다음의 첫 번째 비공휴일을 공휴일로 함
- 어린이날 외의 토요일은 대체공휴일에 포함되지 않음
- 2021년 8월부터 대체공휴일 적용을 확대하는 법률이 통과됨

법정 공휴일

새해 첫날	1월 1일	광복절	8월 15일
설날	음력 1월 1일 전날·당일·다음날	추석	음력 8월 14일·15일·16일
삼일절	3월 1일	개천절	10월 3일
어린이날	5월 5일	한글날	10월 9일 (2013년 재지정)
부처님 오신날	음력 4월 8일		
현충일	6월 6일	성탄절	12월 25일

084 최신기출
탄력근무제 ★★☆
彈力勤務制

- 탄력적 근로시간제
- 양주도시공사, 서울교통공사

근로자의 근로 시간을 탄력적으로 운용하는 제도

자세히 이해하기

바쁠 때는 법정 근로 시간 이상으로 늘리고 한가할 때는 법정 근로 시간 이하로 줄이는데, 전체 근로 시간이 법정 근로 시간의 기준을 넘지 않으면 근로자에게 초과 근로 수당을 주지 않아도 된다.

○ 플렉스타임제 (Flextime)
출퇴근 시간을 자유롭게 조절할 수 있는 제도. 부서 간 업무협조를 위해 누구나 출근해서 일해야 하는 시간인 코어타임(Core Time)을 전제로 운영

085 최신기출
임금피크제 ★★★
Wage Peak System

- 임금 조정·정년 보장
- 서울경제진흥원, 한국중부발전, 경기도공공기관통합채용, 한국관광공사

일정 연령에 도달한 근로자의 임금을 단계적으로 줄이는 대신 정년까지 고용을 보장하는 제도

086 베버리지 보고서★★☆
Beveridge Report

- 영국, 사회보장제도
- 공공보건의료재단, 국민연금공단, 의정부시설관리공단

영국 사회보장제도의 아버지라 불리는 베버리지(William Henry Beveridge)가 1942년에 작성. 사회문제를 유발하는 5개의 사회악을 ▲궁핍 ▲질병 ▲무지 ▲불결 ▲나태로 규정하고 그 해결 필요성을 역설

> **기출**
> - 베버리지 보고서에서 지적한, 사회문제를 유발하는 5개의 사회악은?
>   : 궁핍, 질병, 무지, 불결, 나태
> - '요람에서 무덤까지' 국민들의 사회생활을 보장한다는 복지국가이념이 담긴 보고서는?
>   : 베버리지 보고서

087 최신기출 탄소중립★★★
Carbon Neutral

- 탄소제로
- 한국남부발전, 기술보증기금, 중소기업기술정보진흥원, 한국폴리텍대학

화석연료 사용 등으로 배출되는 온실가스의 실질적 배출량을 0으로 만드는 상태

> ● **탄소발자국 (Carbon Footprint)**
> 개인의 활동이나 상품의 생산·소비 과정에서 직·간접적으로 발생하는 온실가스 배출량을 이산화탄소(CO_2)로 환산한 총량

088 최신기출 신재생에너지★★☆
New Renewable Energy

- 화석, 변환
- 한국전력공사, 한국수력원자력

기존 화석연료를 변환하거나 햇빛·물·강수·생물유기체 등 재생 가능한 자원을 활용해 얻는 에너지

> **자세히 이해하기**
> 신에너지와 재생에너지를 합쳐 부르는 것으로 ▲신에너지에는 연료전지, 수소에너지 등이 있고, ▲재생에너지에는 태양열, 풍력, 수력 등이 있다.
>
> ● **1차 에너지 (Primary Energy)**
> 가공되지 않은 상태에서 공급되는 석유, 석탄 등의 에너지

089 최신기출 호스피스★★☆
Hospice

- 임종
- 천안시시설관리공단, 수도권매립지관리공단, 건강보험심사평가원

죽음을 앞둔 환자가 고통스러운 연명치료 대신 평안한 임종을 맞을 수 있도록 위안과 안락을 베푸는 봉사활동 혹은 시설

090
번아웃 증후군★★☆
Burnout Syndrome

- 극도의 피로
- 영화진흥위원회, 방송통신심의위원회

과도한 업무·스트레스·책임으로 인해 극도의 신체적·정신적 피로를 겪으며 무기력증이나 자기혐오에 빠지는 현상

091
플랫폼 노동자★☆☆

- 디지털 특수고용노동자
- 의정부시설관리공단

앱이나 SNS 등 디지털 플랫폼을 매개로 노동이 거래되는 고용 형태에 종사하는 노동자

> **자세히 이해하기**
> 정보통신 기술의 발달로 스마트폰 사용이 일상화되면서 등장했다. 플랫폼 노동자는 노무 제공자가 사용자에게 종속되지 않은 자영업자로서 특수고용노동자(특고)와 유사하다는 이유로 '디지털 특고'라고도 불린다.

092
퍼플잡★☆☆
Purple Job

- 일과 가정의 균형
- 전라남도공공기관통합채용

일과 가정의 균형을 위해 근로 시간과 장소를 유연하게 설계한 양질의 일자리

> **자세히 이해하기**
> 퍼플잡은 정규직 근로자로 근무하도록 하여 직업의 안정성 및 경력은 풀타임 근로자와 동일하게 유지하되 여건에 따라 근무시간과 형태를 조절할 수 있는 유연근무 제도로 단기간근로제, 시차출퇴근제, 요일제근무, 재택근무 등 여러 형태가 있다.

093 최신기출
직장 내 괴롭힘 금지법★★★

- 직장인 보호법
- 한국토지주택공사, 서울디자인재단, 서울교통공사, 대구교통공사, 한국마사회, 대구공공시설관리공단

사용자 또는 근로자가 지위나 관계 등의 우위를 이용하여 업무범위를 넘어 다른 근로자에게 신체적, 정신적 고통을 주는 행위를 금지한 법

> **자세히 이해하기**
> 직장에서의 지위 또는 관계 등의 우위를 이용하고, 업무상 적정 범위를 넘는 행위 등으로 신체적·정신적 고통을 주거나 근무환경을 악화시켰을 경우 직장 내 괴롭힘으로 인정된다. 이 법은 2019년 7월 16일부터 시행됐다.

094
포괄수가제★★☆
DRG
Diagnosis Related Group

- 정해진 진료비
- 국민연금공단, 건강보험심사평가원, 부산대학교병원, 공무원연금공단

환자에게 제공되는 의료 서비스의 양과 질에 관계없이 질병별로 미리 정해진 진료비를 지급하는 제도

> **자세히 이해하기**
> 우리나라의 경우 의사의 진료 행위별로 돈을 내는 행위별 수가제를 시행하고 있으나 진료를 많이 할수록 의사들의 수익이 늘어나는 구조가 과잉진료를 유발해 논란이 되고 있다.

포괄수가제 도입 질환
▲안과 : 백내장 수술 ▲이비인후과 : 편도 및 아데노이드 수술 ▲외과 : 항문 수술, 탈장 수술, 맹장 수술 ▲산부인과 : 제왕절개분만, 자궁 및 부속기(난소, 난관) 수술

095 최신기출
스캔론 플랜★★☆
Scanlon Plan

- 상여금 지급 방식
- 한국가스공사, 주택도시보증공사

근로자의 생산성 향상에 따라 매출액에 대한 인건비의 비율을 일정하게 정해놓고, 매출액이 증가하거나 인건비가 절약되었을 때의 차액을 상여금의 형태로 근로자에게 분배 지급하는 방식

> **⊙ 럭커 플랜 (Rucker Plan)**
> 창출된 부가가치(생산액에서 원재료비 등을 뺀 값)를 인건비 비율에 따라 배분하는 제도. 인건비 대비 더 많은 부가가치를 창출할 경우, 초과분을 기업과 근로자가 나누어 가짐

SPEED CHECK 스피드 체크

중요 용어! 제대로 이해했는지 빠르게 점검하고 넘어가자!
답이 바로 생각나면 ○, 고민했다면 △, 틀렸다면 × 표시해서 완벽하게 정리하세요.

객관식 문제	확인

01 전체 인구 중 65세 인구가 14% 이상인 사회를 무엇이라 하는가?
① 고령사회 ② 고령화사회
③ 초고령화사회 ④ 노령사회
◀ 정답 ①

02 고등교육을 받았지만 경력을 쌓을 기회조차 얻지 못하고 희망이 없는 일자리에 내몰린 청년세대는?
① 림보세대 ② 알파세대
③ 마처세대 ④ MZ세대
◀ 정답 ①

03 학업·취업·가사일을 할 의욕이 전혀 없는 15~34세의 젊은층은?
① 니트족 ② 듀크족
③ 딘트족 ④ 딩크족
◀ 정답 ①

04 업시이클링의 설명으로 옳은 것은?
① 폐자원의 고부가가치 재탄생 ② 단순 재사용
③ 에너지 회수 소각 ④ 매립 처리
◀ 정답 ①

05 다음 중 지식재산권에 해당하지 않는 것은?
① 특허권 ② 상표권
③ 저작권 ④ 부동산 소유권
◀ 정답 ④

06 말콤 글래드웰의 저서에서 등장한, 각 분야에서 큰 성공을 거둔 탁월한 사람을 일컫는 말은?
① 보보스족 ② 골드칼라
③ 아웃라이어 ④ 티핑 포인트
◀ 정답 ③

| 객관식 문제 | 확인 |

07 HIRA의 주요 기능으로 옳은 것은?
① 요양급여 심사·평가　② 국세 징수
③ 기준금리 결정　　　　④ 고속도로 관리

◀ 정답 ①

08 '기우'와 관련된 용어로 적절한 것은?
① 햄릿 증후군　　　　② 램프 증후군
③ 회색코뿔소　　　　　④ 방 안의 코끼리

◀ 정답 ②

09 타인의 심리를 교묘하게 조작하여 그 사람에 대한 지배력을 강화하는 정신적 학대 행위는?
① 라포　　　　　　　　② 그루밍
③ 제노포비아　　　　　④ 가스라이팅

◀ 정답 ④

10 결혼한 자녀 가족과 부모가 같은 집에 거주하지만 분리된 생활공간에서 독립적으로 생활하는 가족 형태는?
① 딩크족　　　　　　　② 조손가족
③ 수정핵가족　　　　　④ 수정확대가족

◀ 정답 ③

11 스쿨존의 차량 제한 속도는?
① 30km/h　　　　　　② 40km/h
③ 50km/h　　　　　　④ 60km/h

◀ 정답 ①

12 햄릿 증후군의 설명으로 옳은 것은?
① 선택 과잉으로 의사 결정을 망설임　② 타인의 성공을 질투
③ 신기술을 과도 추종　　　　　　　　④ 실패 공포를 극복

◀ 정답 ①

13 저임금, 저숙련 노동을 하는 불안정 노동계급은?
① 다운시프트족　　　　② 아웃라이어
③ 포토프레스　　　　　④ 프레카리아트

◀ 정답 ④

| | 객관식 문제 | 확인 |

14 일과 가정의 균형을 위해 근로 시간과 장소를 유연하게 조정하는 근무방식은?
① 퍼플잡 ② 퍼플오션
③ 퍼플카우 ④ 퍼플칼라
◀ 정답 ①

15 우리나라 기초연금 수급 연령 기준은?
① 만 60세 ② 만 62세 ③ 만 65세 ④ 만 70세
◀ 정답 ③

16 '회색 코뿔소' 위험의 특징은?
① 예측 가능·고확률·간과 ② 예측 불가·저확률
③ 통계 계산 오류 ④ 개인 심리 요인
◀ 정답 ①

17 리셋 증후군의 특징으로 옳은 것은?
① 문제를 '새 출발'로 해결하려는 경향 ② 장기 집중 유지
③ 미니멀리즘과 무관 ④ 계획 수립만 강조
◀ 정답 ①

18 노동조합과 사용자 측이 임금·근로시간·복지 등 근로조건을 정하기 위해 공식적으로 진행하는 협상 절차를 뜻하는 것은?
① 단체교섭 ② 노사정위원회
③ 조정위원회 ④ 산업안전위원회
◀ 정답 ①

19 다음 중 플랫폼 노동자에 해당하는 예는?
① 배달앱 라이더 ② 국가공무원
③ 공장 상시직 ④ 정규 교사
◀ 정답 ①

20 근로자가 일정 연령에 도달한 이후 임금을 단계적으로 줄이는 대신 정년까지 고용을 보장하는 제도는 무엇인가?
① 연공급제 ② 호봉제
③ 고정상여제 ④ 임금피크제
◀ 정답 ④

Chapter 04 국제

🎙️ **알짜 학습팁**

▶ 국제기구 및 단체의 명칭과 기능을 숙지하고 있어야 풀 수 있는 문제가 자주 출제됩니다. 기구 명칭이 한국어보다는 영문 약칭 형태로 출제되므로 이것만 보고도 어떤 기구인지 알 수 있어야 합니다.

▶ 각 공기업의 성격·업무 특성과 관계있는 국제·외교 상식 용어가 출제될 가능성이 높습니다. 국제 정치·금융·인물 등 분야가 다양하므로 준비하는 공기업의 특성에 따라 맞춤 학습을 해야 합니다.

▶ 최근에는 기후변화, 윤리, 국제 분쟁 등 글로벌 현안 관련 상식의 출제가 늘고 있습니다. 관련 용어와 국제 협약, 주요 관련 국가 및 인물도 함께 살펴보는 게 좋습니다.

◀ 국제기구
협약

001
WHO ★★★
World Health Organization

- 키워드: 보건·위생
- 기출처: 한국마사회, 국립생태원, 경기도공공기관통합채용

세계보건기구. 보건·위생 분야의 국제적 협력을 위해 설립한 유엔(UN) 전문기구

> **자세히 이해하기** 🔍
> 2025년 10월 기준 에티오피아 출신 테드로스 아드하놈 게브레예수스가 사무총장으로 있는 유엔 산하 기구 중 하나로, 본부는 스위스 제네바에 있다. 미국은 2024년 IHR 개정안과 2025년 WHO 팬데믹 협약을 주권 침해 우려를 이유로 공식 거부하여 국제 보건 거버넌스에 논란이 되고 있다.

기출 WHO가 감염병 세계 대유행을 선언할 때 쓰는 용어는?
: 팬데믹

002
런던협약 ★☆☆
London Dumping Convention

- 해양오염
- 국민연금공단, 대전도시공사

폐기물이나 기타 물질의 해양투기로 인한 해양오염을 방지하기 위한 국제협약. 우리나라는 1992년 가입해 1994년부터 효력이 발생

003
바젤협약 ★★☆
Basel Convention

- 유해폐기물, 교역
- 국민연금공단, 대한체육회, 인천시설공단

유해폐기물의 국가 간 교역을 규제하는 국제협약. 1992년 발효, 우리나라는 1994년 2월 가입 후 5월 국내법 시행

> **자세히 이해하기**
> 후진국이 선진국의 폐기물 처리장이 되어서는 안 된다는 위기의식에서 발안된 것으로서 다른 국제협약과 달리 선진국이 아닌 개발도상국들의 연합체(G77)가 주도하고 있다.

004
기후변화협약 ★★★
UNFCCC
United Nations Framework Convention on Climate Change

- 이상기후
- 한국마사회, 한국공항공사, 한국수력원자력

지구온난화에 따른 이상기후 현상을 예방하기 위한 유엔(UN) 국제협약

> **세계 3대 UN 환경협약**
> ▲기후변화협약(UNFCCC) ▲사막화방지협약(UNCCD) ▲생물다양성협약(UNCBD)

005
더블린 규정 ★★☆
Dublin Regulation

- 난민
- KBS, 영화진흥위원회

유럽으로 유입되는 난민의 망명 처리 원칙을 규정한 조약. 1997년 더블린협약에서 시작해 현재는 더블린 Ⅲ 규정으로 운영중

> **자세히 이해하기**
> 유럽으로 들어오는 난민은 처음 입국한 국가에서 망명 신청을 해야 한다는 것이 이 조약의 핵심이다.

006
국제사법재판소 ★★☆
ICJ
International Court of Justice

- 국가 분쟁
- 한국마사회, 해양환경공단

국가 간의 법률 분쟁을 해결하기 위해 설립된 국제사법기관으로, 유엔(UN)의 상설 국제사법기관

> **기출** UN의 국제사법재판소가 있는 도시는?
> : (네덜란드) 헤이그

007
IMF ★☆☆
International Monetary Fund
국제통화기금

- 금융기구, 경제위기
- 수원시공공기관통합채용, 부산항보안공사

세계 통화 안정을 목적으로 설립된 국제금융기구. 외환 시세 안정, 외환 제한 철폐, 자금 공여를 통해 가맹국의 고용 증대, 소득 증가, 자원 개발을 지원

> **기출**
> - 김영삼 정부 때 경제위기와 관련된 것은?
>   : IMF
> - 금모으기 운동의 시대적 배경과 관련된 것은?
>   : IMF

008
EU ★★★
European Union
유럽연합

- 유럽통합
- 한국환경공단, 한국공항공사, 영상물등급위원회

1993년 11월 1일 발효된 유럽통합조약에 따라 재탄생한 유럽 공동체 연합 기구

> **EU 회원국 (총 27개국, 2025년 10월 기준)**
> ▲독일 ▲프랑스 ▲이탈리아 ▲네덜란드 ▲벨기에 ▲룩셈부르크 ▲아일랜드 ▲덴마크 ▲그리스 ▲스페인 ▲포르투갈 ▲스웨덴 ▲핀란드 ▲오스트리아 ▲헝가리 ▲폴란드 ▲체코 ▲슬로베니아 ▲에스토니아 ▲사이프러스 ▲라트비아 ▲리투아니아 ▲몰타 ▲슬로바키아 ▲루마니아 ▲불가리아 ▲크로아티아

> **✓ 브렉시트 (Brexit)**
> 'Britain(영국)'과 'Exit(탈퇴)'의 합성어로 영국의 유럽연합(EU) 탈퇴를 의미. 2020년 1월 31일 탈퇴

009
G7 ★☆☆
Group of 7

- 서방 선진국
- 영화진흥위원회, 서울시복지재단

미국, 프랑스, 영국, 일본, 독일, 이탈리아, 캐나다 등 서방 선진 7개국 협의체

> **G20 회원국**
> G7(미국, 프랑스, 영국, 독일, 일본, 이탈리아, 캐나다)+러시아, 브라질, 인도, 중국, 남아프리카공화국, 멕시코, 사우디아라비아, 호주, 튀르키예(터키), 아르헨티나, 인도네시아)+유럽연합(EU) 의장국+대한민국

> **기출** G7 국가가 아닌 것은?
> : 러시아

010 최신기출
OECD ★★☆
Organization for Economic Cooperation and Development
경제협력기구

- 선진국 클럽
- 경기문화재단, 한국폴리텍대학교

경제·사회 정책 조정 및 협력을 모색하기 위한 정부 간 경제협력개발기구. 이른바 선진국 클럽이라고 하며 한국은 1996년 12월 12일 가입

> **OECD 가입국 (총 38개국, 2025년 10월 기준)**
> ▲그리스 ▲네덜란드 ▲노르웨이 ▲뉴질랜드 ▲대한민국 ▲덴마크 ▲독일 ▲라트비아 ▲룩셈부르크 ▲리투아니아 ▲멕시코 ▲미국 ▲벨기에 ▲스웨덴 ▲스위스 ▲스페인 ▲슬로바키아 ▲슬로베니아 ▲아이슬란드 ▲아일랜드 ▲에스토니아 ▲영국 ▲오스트리아 ▲이스라엘 ▲이탈리아 ▲일본 ▲체코 ▲칠레 ▲캐나다 ▲코스타리카 ▲콜롬비아 ▲튀르키예(터키) ▲포르투갈 ▲폴란드 ▲프랑스 ▲핀란드 ▲헝가리 ▲호주

> 기출 OECD 가입국이 아닌 나라는?
> : 중국

011
OPEC ★★☆
Organization of Petroleum Exporting Countries
석유수출국가

- 산유국, 석유
- 한국보훈복지의료공단, 장애인고용공단, 한국폴리텍대학교

이란, 이라크, 사우디아라비아, 쿠웨이트, 베네수엘라 등 산유국이 모여 1960년 국제석유자본에 대항하기 위해 설립한 석유수출국기구

> **OPEC 가입국 (총 12개국, 2025년 10월 기준)**
> ▲이란 ▲이라크 ▲쿠웨이트 ▲사우디아라비아 ▲베네수엘라 ▲리비아 ▲아랍에미리트(UAE) ▲알제리 ▲나이지리아 ▲가봉 ▲적도기니 ▲콩고공화국 (2016 인도네시아, 2019 카타르, 2020 에콰도르, 2023 앙골라 탈퇴)

세계 3대 원유

브렌트유	영국 북해 지역에서 생산되며 주로 유럽과 아프리카 지역에 거래
서부텍사스중질유 (WTI)	미국에서 생산되며 국제 원유 가격을 결정하는 대표적 유종으로 미국 뉴욕상품거래소(NYMEX)에서 거래
두바이유	아랍에미리트(UAE)에서 생산되며 한국이 수입하는 원유의 약 80%가 중동산이므로 유가에 절대적 영향을 미침

> 기출 OPEC 소속 국가는?
> : 나이지리아

012
RCEP ★★☆
Regional Comprehensive Economic Partnership
역내포괄적경제동반자협정

- 아시아·태평양 FTA
- 서울교통공사, 한국연구재단

아시아·태평양 지역을 하나의 자유무역지대로 통합하는 다자간 FTA

> **RCEP 회원국 (총 15개국, 2025년 10월 기준)**
> ▲ASEAN 10개국(브루나이, 캄보디아, 인도네시아, 라오스, 말레이시아, 미얀마, 필리핀, 싱가포르, 태국, 베트남) ▲한국 ▲중국 ▲일본 ▲호주 ▲뉴질랜드

013
다보스포럼 ★★☆
Davos Forum

- 세계경제포럼
- 서대문구도시관리공단, 강원도개발공사, 경기콘텐츠진흥원

세계경제포럼(WEF, World Economic Forum)의 별칭. 매년 1월 말 스위스 다보스에서 개최되는 전 세계 오피니언 리더들의 모임

> ✔ **보아오포럼 (BFA, Boao Forum for Asia)**
> 아시아판 다보스포럼. 매년 4월 중국 보아오에서 아시아 및 세계의 지도자들이 모여 토론하는 경제 협력·교류 모임

014 최신기출
APEC ★★★
Asia-Pacific Economic Cooperation
아시아·태평양 경제협력체

- 21개국
- 한국남부발전, 한국산림복지진흥원, 하남도시공사

아시아·태평양 지역 간 경제협력체. 아시아·태평양 지역 간 경제공동체의 달성과 이 지역의 경제성장 및 번영을 목표로 하는 지역 협력체

APEC 회원국 현황 (총 21개국, 2025년 10월 기준)

연도	가입국 수	가입국
1989	12개국	한국, 미국, 일본, 호주, 뉴질랜드, 캐나다, 아세안 6개국(말레이시아, 인도네시아, 태국, 싱가포르, 필리핀, 브루나이)
1991	3개국	중국, 홍콩, 대만
1993	2개국	멕시코, 파푸아뉴기니
1994	1개국	칠레
1998	3개국	러시아, 베트남, 페루
합계		21개국

> **기출** WTO, NATO, 유네스코, APEC, IOC 중 우리나라가 가입되어 있지 않은 국제기구는?
> : NATO(북대서양 조약 기구)

015 최신기출
국제민간 항공기구 ★☆☆
ICAO
International Civil
Aviation Organization

- 국제 항공, 유엔 산하 전문기구
- 대전광역시공공기관통합채용

1944년 시카고협약에 따라 설립된 유엔(UN) 산하 전문기구. 국제 항공 운항의 안전, 효율성, 보안, 환경 보호 등을 목표로 활동하며, 국제 항공 기준 제정, 회원국 간 협력, 항공 운항 관련 정책 조율 등의 역할을 수행

016
AIIB ★★☆
Asian Infrastructure
Investment Bank
아시아인프라투자은행

- 중국 주도, 아시아
- 한국환경공단, 서울교통공사

시진핑 중국 국가주석이 제안해 2016년 1월 설립된 국제투자은행. 아시아 국가들의 사회 기반 시설 확충 프로젝트에 쓰일 자금 마련이 주된 목적. 2016년 1월 창립회원국은 한국 포함 57개국, 2025년 10월 기준 110개국

| 기출 | • 중국이 주도하는 아시아 국가들의 은행은? : AIIB
• 다음 중 AIIB에 가입하지 않은 나라는? : 일본 |

인물
외교
국제일반

017 최신기출
NGO ★★★
Non-Governmental
Organization
비정부기구

- 시민, 자발적 참여
- 부천시공공기관통합채용, 한국농어촌공사, 한국지방재정공제회

권력이나 이윤을 추구하지 않고 시민사회의 공공성을 지향하는 비(非)정부기구. 정부기관이나 정부와 관련된 단체가 아닌 시민의 자발적 참여로 결성되어, 국제적 구호, 인권, 환경, 평화 활동 등 다양한 분야에서 활동

018 최신기출
제퍼슨 ★☆☆
Jefferson

- 미국 민주주의 이념 정립자
- 한국전력기술

미국 제3대 대통령으로, 독립선언서 초안을 작성한 계몽주의자. 자유, 평등, 시민 권리 등을 중시한 미국 민주주의의 기틀을 마련함

019
배타적경제수역 ★★☆
EEZ
Exclusive Economic Zone

- 경제주권
- The-K한국교직원공제회, 해양환경공단

영해기선으로부터 200해리(370.4km) 범위 내의 해역과 자원에 대해 연안국의 경제주권이 인정되는 수역

> ● 영해기선 (領海基線)
> 영토의 관할권을 확정할 때 기본이 되는 기선으로서, 통상기선과 직선기선으로 구분

> - 통상기선 : 저조선(썰물에서도 바닷물이 가장 많이 빠졌을 때의 해안선)을 기준으로 하며, 동해·울릉도·독도·제주도에 적용
> - 직선기선 : 육지로부터 가장 바깥쪽의 섬을 연결한 직선을 기준으로 하며, 서해·남해에 적용

020
코란 ★★☆
Qurán

- 이슬람 성전
- 의정부시설관리공단, 한국환경공단

이슬람의 예언자 무함마드(Muhammad)가 알라의 계시 내용을 집대성한 이슬람 성전

> ● 베다 (Veda)
> 고대 인도의 종교 지식과 제례규정을 담고 있는 문헌. 브라만교 성전

| 기출 | 무함마드가 집필한 이슬람 성전은?
: 코란
고대 인도의 종교 브라만교의 성전은?
: 베다 |

021
MOU ★★☆
Memorandum Of Understanding

- 양해각서
- 서울신용보증재단, 한국문화예술위원회

국가·기관 간의 외교 교섭으로 합의된 내용을 확인하고 기록하기 위해 정식 계약 체결 이전에 작성하는 문서

022 최신기출
아그레망 ★★☆
Agrément

- 외교사절 승인
- 한전KPS, 한국소비자원

외교사절을 파견할 때 주재국이 파견국의 사절을 받아들이는 사전 동의 내지 승인을 가리키는 외교 용어

> **자세히 이해하기**
> 주재국은 별다른 이유 없이도 파견국의 외교사절을 거부할 수 있다.

| 기출 | 아그레망에 대해 옳지 않은 것은?
: 외교사절 임명에 대한 거부의사표시다.(⇨ 동의 내지 승인을 뜻한다.) |

023 최신기출
페르소나 논 그라타***
Persona non grata

- 외교사절 거부 인물
- 대구의료원, 국립공원관리공단, 한국소비자원

외교상 기피 인물, 아그레망을 받지 못한 사람

> ✅ **페르소나 그라타 (Persona Grata)**
> 아그레망(외교사절을 파견할 때 주재국의 사전 동의 내지 승인)을 받은 사람

024
라마단*☆☆
Ramadan

- 한 달간 금식
- 의정부도시공사

이슬람교에서 이슬람력 9번째 달은 신성한 달로 여기며, 이 기간 동안 행하는 금식 기간으로 해가 뜨는 낮 시간에는 금식을 하고, 해가 지면 금식을 중지함

> ✅ **할랄 (Halal)**
> 할랄은 아랍어로 '허용된 것'이란 뜻으로, 이슬람교도인 무슬림이 먹고 쓸 수 있는 제품을 총칭

> ✅ **하람 (Haram)**
> '허용되지 않은 것'이란 뜻의 아랍어로 무슬림에게 금지된 음식이나 제품을 총칭. 규율에 따라 도축하지 않거나 자연사한 동물의 고기, 동물의 피와 그 피로 만든 식품, 돼지고기와 돼지의 부위로 만든 음식 등이 해당

025
쿠르드족*☆☆
Kurd族

- 이슬람, 소수 민족
- HUG주택도시보증공사

튀르키예(터키)·이라크·이란 지역에 걸쳐 거주하는 소수 민족. 종족으로 대부분이 이슬람교 수니파에 속하고, 소수의 시아파도 있음

> ✅ **이슬람국가 (IS, Islamic State)**
> 시리아와 이라크에서 활동하는 이슬람 극단주의 수니파 무장단체

026
버핏세***☆
Buffett Tax

- 부자 증세 방안
- aT한국농수산식품유통공사, 영화진흥위원회

미국 투자자 워런 버핏 회장이 제안한 부자 증세 방안. 간 100만 달러 이상 버는 고소득자가 상대적으로 낮은 세율로 세율을 적용받는 불공정을 시정하기 위해 추진됨

027
그레타 툰베리 ★☆☆
Greta Thunberg
2003~

- 10대 환경 운동가
- 경기관광공사

스웨덴 10대 청소년 환경 운동가

> **바른생활상 (The Right Livelihood Awards)**
> 정의·진실·평화 증진·환경보호·민주주의와 인권보호 등을 위한 활동을 벌인 개척자에게 수여하는 상. 그레타 툰베리는 2019년 바른생활상 수상자 중 한 명으로 선정됨

기출 2019년 바른생활상 수상자인 10대 환경 운동가는?
: 그레타 툰베리

028
조지 플로이드 사건 ★☆☆

- 인종차별
- 한국산업단지공단

2020년 5월 미국 미네소타주에서 흑인 남성 조지 플로이드가 경찰의 과잉진압으로 사망한 사건

자세히 이해하기

조지 플로이드 사건 영상이 확산되며 미국 전역에서 인종차별 항의 시위가 벌어졌고, 일부 지역은 폭동으로 번져 통행금지령과 방위군 소집이 내려졌다. 이후 경찰 개혁 요구가 커졌으나, 2025년 트럼프 행정부가 미니애폴리스·루이빌 등에서 추진되던 연방 개혁 합의를 법무부를 통해 철회하며 개혁은 좌초됐다.

029 최신기출
사베인스-옥슬리 법 ★☆☆
Sarbanes-Oxley Act

- 기업회계 투명성 제고
- 서울교통공사

2002년 7월 제정된 미국 기업회계개혁법. 기업이 회계상태를 속이거나 은폐할 경우 강력한 제재를 가할 수 있도록 한 법률

자세히 이해하기

기업이 회계상태를 제대로 알리지 않고 투자자들을 속이는 행위를 할 경우 강력한 제재를 할 수 있도록 하는 방안이 포함된 법안이다.

030 최신기출
IRA ★☆☆
Inflation Reduction Act

- 인플레이션 완화
- 광주광역시공공기관통합채용

2022년 제정된 미국 대규모 재정법. 기후변화 대응·청정에너지 투자·의료 지원·법인세 인상 등을 포함

기출 미국의 IRA에 해당하지 않는 것은?
: 북한 핵문제(⇦ 기후변화대응, 의료비 지원, 법인세는 관련있음)

031
호르무즈 해협 ★★☆
Strait of Hormuz

- 이란, 봉쇄
- 교통안전공단,
  HUG주택도시보증공사

페르시아만과 오만만을 잇는 좁은 해협. 중동 산유국의 중요한 원유 수송로

자세히 이해하기

2011~2012년 미국의 경제제재에 반발한 이란은 호르무즈 해협 봉쇄를 경고했으나, 2013년 하산 로하니 정부 출범 후 핵 프로그램 제한에 합의한 포괄적공동행동계획(JCPOA) 체결로 긴장이 완화되었다. 그러나 2018년 미국(트럼프 정부)이 일방적으로 JCPOA에서 탈퇴하고 대이란 제재를 복원하자, 이란은 2020년 핵 개발 재개를 선언하며 다시 긴장이 고조되었다.

032 최신기출
각 나라의 전통 의복 ★☆☆

- 전통이 담긴 옷
- 대전교통공사

각 나라의 역사와 문화, 시대별로 고유의 아름다움이 담겨 있어 현대까지 전해져 내려오는 옷

	나라	의복명칭	나라	의복명칭
기출	한국	한복	몽골	델
	중국	치파오	인도네시아	꼬바야
	태국	쑤타이	미얀마	론지
	일본	기모노	베트남	아오자이
	인도	사리	러시아	사라판

SPEED CHECK 스피드 체크

중요 용어! 제대로 이해했는지 빠르게 점검하고 넘어가자!
답이 바로 생각나면 ○, 고민했다면 △, 틀렸다면 × 표시해서 완벽하게 정리하세요.

객관식 문제	확인

01 국제 항공 운항의 안전·효율성·보안·환경 보호를 목표로 활동하며, 1944년 시카고협약에 따라 설립된 UN 산하 전문기구는?
① IMO(국제해사기구) ② ICAO(국제민간항공기구)
③ IATA(국제항공운송협회) ④ ACI(국제공항협의회)
◀ 정답 ②

02 다음 중 OECD 가입국이 아닌 것은?
① 호주 ② 멕시코
③ 러시아 ④ 리투아니아
◀ 정답 ③

03 다음 중 성격이 가장 다른 하나는?
① RCEP ② OPEC
③ USMCA ④ NAFTA
◀ 정답 ②

04 다음 중 아시아·태평양 지역의 경제협력 증진을 목적으로 1989년 설립된 다자간 협의체는?
① ASEAN ② APEC
③ SAARC ④ GCC
◀ 정답 ②

05 페르시아만과 오만만을 잇는 해협으로 중동 산유국의 중요한 원유 수송로는?
① 수에즈 운하 ② 파나마 운하
③ 말라카 해협 ④ 호르무즈 해협
◀ 정답 ④

06 주재국이 받아들이기를 거부한 외교관을 일컫는 용어는?
① 초치 ② 아타셰
③ 아그레망 ④ 페르소나 논 그라타
◀ 정답 ④

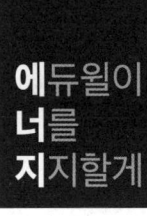

별은 바라보는 자에게 빛을 준다.

– 이영도, 『드래곤 라자』, 황금가지

Chapter 05 문화

알짜 학습팁

- 중·고등학교 때 배웠던 국문학의 갈래부터 주요 미술·음악·철학사조 등이 또 출제되니 기억을 되살려 보세요. 가장 핵심이 되는 내용만 추렸으니 반드시 정리해야 합니다.
- 영화·음악·보도 부문과 관련한 시상식 문제가 꾸준히 출제되니 주요 시상 부문의 취지를 익히고 평소에 뉴스를 통해 수상자 현황을 수시로 확인하세요.
- 작품과 작가를 연결하는 문제는 단골로 출제되는 영역이니 문학·미술·음악 작품과 작가를 연관지어 학습하는 것이 바람직합니다.

문학
철학

001
가전체문학 ★★☆
假傳體文學

- 키워드 : 교술, 의인화
- 기출처 : 대구시설관리공단, 국립생태원

계세징인(戒世懲人, 세상 사람들을 경계하고 징벌함)을 목적으로 사물을 의인화해 그 일생을 다룬 교술 문학

가전체문학 작품 개관

작품(작가)	의인화 대상	내용
국순전(임춘)	술	술이 미치는 영향과 폐단
공방전(임춘)	엽전	돈의 폐해와 재물 탐욕 경계
국선생전(이규보)	술	군자의 처신을 경계
청강사자현부전(이규보)	거북이	어진 사람의 행적을 기리며 매사에 신중해야 함
죽부인전(이곡)	대나무	여자의 굳은 절개와 지조
저생전(이첨)	종이	글공부하는 선비들의 행동 규범
정시자전(석식영암)	지팡이	스스로 자기 처지를 알아야 함

002 고려속요 ★☆☆
高麗俗謠

- 평민, 민요적 시가
- 경기콘텐츠진흥원

고려시대 평민들이 부른 민요적 성격의 시가

내용	남녀 간의 사랑, 자연 예찬, 이별의 안타까움 등 다양함
의의	당대 평민들의 진솔한 생활 감정을 소박하지만 아름다운 표현과 운율로 표현
작품	청산별곡, 가시리, 처용가 등

003 향가 ★☆☆
鄕歌

- 도솔가
- aT한국농수산식품유통공사, 충남개발공사

주로 승려와 화랑이 향찰(鄕札)로 표기한 신라의 노래

내용	연군(戀君), 안민(安民), 축사(逐邪), 주술적·불교적 내용 등
의의	통일신라 때 성행했던 우리나라 최초의 정형화된 서정시
작품	서동요, 헌화가, 도솔가, 제망매가 등
기출	신라향가가 아닌 것은? : 황조가(⇨ 고구려 유리왕이 지은 고대가요)

004 최신기출 사군자 ★★☆
四君子

- 매난국죽
- 화성시공공기관통합채용, 한국토지수택공사, 화성노시공사

매화·난초·국화·대나무, 네 가지 식물을 군자의 인품에 비유

매난국죽의 상징
- 매화(봄) : 굽힐 줄 모르는 선비정신
- 난초(여름) : 선비의 충성심과 절개
- 국화(가을) : 굳은 지조
- 대나무(겨울) : 강직성과 절개

기출	사군자에 속하지 않는 것은? : 소나무

005 전기소설 ★☆☆
傳奇小說

- 초현실 작품
- 부산교통공사

당(唐)나라 시대에 유행했던 비현실적인 세계의 문제를 다룬 소설

✔ **금오신화 (金鰲新話)**
한국 최초의 한문 전기소설집. 「만복사저포기」, 「이생규장전」, 「취유부벽정기」, 「남염부주지」, 「용궁부연록」 등 5편의 단편으로 구성

006 허생전 ★★☆
許生傳

- 박지원 풍자소설
- 서대문구도서관리공단, 인천교통공사

연암 박지원의 『연암집(燕巖集)』에 수록된 한문 단편 소설

『연암집』에 수록된 박지원의 주요 단편 소설

양반전	신분제도 철폐·양반의 횡포 비난
허생전	조선의 상업 구조 비판
호질	인간의 허례허식 비판

◎ 열하일기 (熱河日記)
조선후기 실학자 박지원이 청나라에 다녀온 후에 작성한 견문록. 당시의 사회 문제를 기록하여 문학적 성과를 남김

007 훈민정음 해례본 ★★☆
訓民正音 解例本

- 한문해설서
- 서대문구도시관리공단, 수원시청소년문화재단

1443년에 창제된 훈민정음에 대해 1446년에 풀이하여 간행한 한문해설서로, 줄여서 훈민정음이라고도 함

기출: 세종대왕이 훈민정음을 창제할 당시 글자 수는?
: 28자

008 동인지 ★★☆
同人誌

- 3·1운동, 문학
- 대구시설공단, 인천도시개발공사

문학·학술·사상·정치를 주제로 삼으며, 공통의 경향을 가진 사람들이 함께 기획·집필·편집·발행한 잡지. 3·1운동 전후 문학 동인지 활동이 활발

3대 문학 동인지
『창조』, 『폐허』, 『백조』

기출: 우리나라 최초의 동인지는?
: 창조

009 개벽 ★☆☆
開闢

- 종합지, 천도교
- 교통안전공단

천도교에서 창간한 월간 종합지로, 민족문화·독립정신 고취에 공헌

자세히 이해하기
1920년 이돈화, 박영희, 김기진이 발행했으며, 항일투쟁을 기본 노선으로 삼은 후에 카프(KAPF) 계열 문학의 전개와 연결되었다.

010 이상 ★★☆
李箱
1910~1937

- 오감도
- 한국국제협력단, 한국공항공사

일제 강점기의 시인, 작가, 소설가, 수필가, 건축가. 난해한 작품 세계로 한국 모더니즘을 대표

이상 작가 주요 작품
「날개」, 「종생기」, 「봉별기」, 「오감도」, 「권태」 등

011 최신기출 이육사 ★★☆
李陸史
1904~1944

- 교목, 절정, 광야
- 대전시공공기관통합채용, 강서구시설관리공단

식민지배하에 있는 민족적 설움을 소재로, 일제에 대한 저항 의지를 나타내고 민족의 정신을 노래한 시인

이육사 작가 주요 작품
「절정」, 「광야」, 「청포도」, 「교목」 등

기출 다음 중 이육사의 작품은?
: 광야

012 최신기출 한용운 ★★★
韓龍雲
1879~1944

- 님의 침묵
- 시대문구도서관리공단, 경주문화재단, 화성산업진흥원

불교의 현실 참여를 주장하고 일제강점기 저항문학을 이끈 시인

한용운 시인 주요 작품
「님의 침묵」, 「나룻배와 행인」 등

013 청록파 ★★★
青綠派

- 3인방, 자연
- 오산문화재단, 한국서부발전, 영화진흥위원회, 포항시설관리공단

『청록집』을 공동으로 낸 ▲조지훈 ▲박두진 ▲박목월 시인을 일컫는 말

자세히 이해하기
청록파 시는 영원한 생명의 근원인 '자연'을 공통의 주제로 하여 우리말의 아름다움과 전통 및 생명의 원천을 추구했다. 박목월의 「나그네」, 조지훈의 「고풍의상」, 박두진의 「해」 등이 대표적인 작품이다.

기출 조지훈의 시 「승무」에서 나빌레라는 무슨 의미인가?
: 나비 같다는 뜻

014 최신기출
조정래 ★☆☆
趙廷來
1943~

- 태백산맥, 아리랑
- 대구의료원

한국 사회의 전통적인 계급 갈등, 사회 구조의 모순, 이데올로기 등을 글로 형상화 한 소설가

> 조정래 작가 주요 작품
> 『태백산맥』, 『아리랑』, 『한강』 등

> 기출 다음 중 조정래의 작품은?
> : 『아리랑』

015
현진건 ★★☆
玄鎭健
1900~1943

- 운수 좋은 날
- 한국마사회, 한국수산자원관리공단, 국립생태원

사실주의를 개척한 근대 단편소설의 선구자

> 현진건 작가 주요 작품
> 「빈처」, 「운수 좋은 날」, 「술 권하는 사회」, 「B사감과 러브레터」 등

> 기출 「술 권하는 사회」의 작가는?
> : 현진건

016
박수근 ★☆☆
朴壽根
1914~1965

- 서민 화가
- 국립공원관리공단

가난하고 소박한 서민들의 생활상을 주로 그린 대표적 서민 화가. 회백색의 화강암과 같은 독특한 질감과 단순한 검은 선의 기법이 특징

> 박수근 화가 주요 작품
> 『빨래터』, 『나무와 두 여인』, 『아이 업은 소녀』 등

017
무정 ★★☆
無情

- 최초 근대 장편소설
- 한국환경공단, 한국문화예술위원회

우리나라 최초의 근대 장편소설. 1917년 『매일신보』에 연재된 이광수(李光洙, 1892~1950)의 장편소설

> 기출 우리나라 최초의 현대소설은?
> : 이광수의 『무정』

018
톨스토이 ★★☆
Lev Nikolayevich Tolstoy
1828~1910

- 안나 카레니나
- 부천시통합채용, 충북대학교병원

러시아와 서양문학을 대표하는 세계적인 소설가. 인간 존재와 도덕, 사회 문제를 탐구하는 사실주의 문학의 거장

> 톨스토이 작가 주요 작품
> 『전쟁과 평화』, 『안나 카레니나』, 『부활』 등

019
동방견문록 ★☆☆
東方見聞錄

- 마르코폴로 여행기
- 서대문구도서관리공단

베네치아 상인 마르코 폴로의 27년간의 아시아를 여행하며 기록한 여행기

> **자세히 이해하기**
> 『동방견문록』으로 동양에 대한 유럽 사람들의 관심이 높아졌고, 훗날 콜럼버스의 아메리카 대륙 발견의 계기가 됐다.

020 최신기출
칸트 ★★★
Immanuel Kant
1724~1804

- 순수이성비판
- 한국전력공사, 충북대학교병원, 근로복지공단

근대 계몽주의 철학을 정점에 올려놓았고 독일 관념철학의 기초를 놓은 프로이센 출신 철학자

> 칸트의 3대 비판서
> 『순수이성비판』, 『실천이성비판』, 『판단력비판』

021 최신기출
니체 ★★☆
Friedrich Wilhelm Nietzsche
1844~1900

- 철학자
- 대구의료원, 인천교통공사

독일 생(生)철학의 대표자이자 허무주의·실존주의의 선구자

> 니체의 주요 저작
> 『차라투스트라는 이렇게 말하였다』, 『인간적인 너무나 인간적인』, 『비극의 탄생』

> **기출**
> - 철학자 니체가 말하는 초인(超人)이란 어떤 사람인가?
>   : 인간의 불완전성을 뛰어넘은 이상적 인간상
> - 차라투스트라는 어떤 종교의 창시자인가?
>   : 조로아스터교(배화교)

022 최신기출
셰익스피어 4대 비극 ★★★

- 햄릿
- 한국산업인력공단, 전남신용보증재단, 한국방송광고진흥공사, 한국해양진흥공사

셰익스피어 비극 문학의 절정을 이루는 ▲『햄릿』 ▲『오셀로』 ▲『리어왕』 ▲『맥베스』를 가리키는 말

기출	셰익스피어 4대 비극이 아닌 것은? : 로미오와 줄리엣

023
침묵의 봄 ★☆☆
Silent Spring

- 농약, 레이첼 카슨
- 한국공항공사

농약의 남용이 초래하는 생태학적 위기를 경고한 레이첼 카슨(Rachel Carson, 1907~1964)의 환경 저서

024
삼강오륜 ★★☆
三綱五倫

- 장유유서
- 한국농어촌공사, 부산광역시공공기관통합채용

유교 실천도덕의 기본사상. 사회질서 유지의 근간을 이루는 3강(三綱)과 인간관계의 기본이 되는 5륜(五倫)을 강조

> ✓ **삼강 (三綱)**
> 군위신강(君爲臣綱)·부위자강(父爲子綱)·부위부강(夫爲婦綱)
>
> ✓ **오륜 (五倫)**
> 부자유친(父子有親)·군신유의(君臣有義)·부부유별(夫婦有別)·장유유서(長幼有序)·붕우유신(朋友有信)

기출	다음 보기 중 삼강에 속하는 것은? : 군위신강

025
레미제라블 ★★☆
Les Miserables

- 빅토르 위고
- 한국국제협력단, 서울시설공단

프랑스의 대문호 빅토르 위고(Victor-Marie Hugo, 1802~1885)의 장편소설. 프랑스 혁명 정신과 민중의 저항, 가난한 이들의 인간애를 그린 고전적 대작

기출	장발장이 나오는 소설은? : 레미제라블

026 비트겐슈타인 ★☆☆
Ludwig Josef Johann Wittgenstein
1889~1951

- 논고
- 부산교통공사

언어 분석 철학의 기초 확립에 막대한 영향을 끼친 오스트리아 출신 철학자

> **비트겐슈타인 주요 저작**
> 『논리-철학 논고(논고)』, 『철학적 탐구』

027 경험주의 ★★☆
經驗主義

- 경험, 학설
- 한국공항공사, 한국방송광고진흥공사

모든 지식의 기원을 경험에 두고 경험적 인식을 절대시하는 철학 사조

> **경험주의 주요 학자**
> - 로크(Locke, 1632~1704) : 영국 경험론 철학의 시조
> - 버클리(Berkeley, 1685~1753) : 로크의 경험론을 발전시켜 전형적인 주관적 관념론으로 완성
> - 흄(Hume, 1711~1776) : 로크의 경험론에 영향을 받아 불가지론(사물의 본질·참모습은 사람의 경험으로 인식 불가능)을 확립

> ● **구조주의 (構造主義)**
> 총체적인 구조와 체계에 대한 탐구를 지향한 현대 철학사상. 경험주의 및 실증주의를 비판

> 기출 — 로크, 버클리, 흄이 공통적으로 주장한 것은?
> : 경험

028 공리주의 ★★★ 최신기출
功利主義

- 효용과 행복
- 한국관광공사, 한국수자원공사, 근로복지공단

18세기 말~19세기 중반 영국에서 등장해, 가치 판단의 기준을 효용과 행복의 증진에 둔 사회사상

> 기출 — 공리주의와 관련 있는 사상가는?
> : 존 스튜어트 밀(John Stuart Mill, 1806~1873)

029 사실주의 ★★☆
寫實主義

- 과학적·실증적
- 예술의전당, 노원문화재단

낭만주의에 대한 반응으로, 사물을 있는 그대로 정확하게 묘사하려는 과학적·실증적 객관주의 문예사조

주요 문예사조 특징

계몽주의	개화사상, 신교육, 미신타파, 남녀평등 등의 새로운 가치관을 보급하기 위한 수단으로 문학 활용
퇴폐주의	퇴폐적·허무적 성격으로, 1919년 3·1 운동의 실패로 등장
낭만주의	비합리적인 인간의 감성해방과 기존 질서에 대한 반항을 지향
자연주의	객관적이고 진실한 묘사를 중요시하는 넓은 의미의 리얼리즘
계급주의	1920년대 중반 카프(KAPF)를 중심으로 문학을 통한 사회비판과 계급투쟁을 전개
모더니즘	지성과 시각적 요소, 실험적인 기법을 중시
실존주의	6·25 전쟁을 계기로 인간 실존의 의미를 추구

> ✅ 사실주의 주요 작품
> 김동인의 「약한 자의 슬픔」, 현진건의 「빈처」, 전영택의 「천치? 천재?」 등

030 오이디푸스 콤플렉스 ★★☆
Oedipus Complex

- 아버지 적대·어머니 애착
- 한국폴리텍대학, 서울시복지재단

아들이 동성인 아버지에게 적대적이고 이성인 어머니에게 호의적이며 무의식적으로 성적 애착을 갖는 감정. 지그문트 프로이트의 정신분석학에서 핵심 개념 중 하나

정신분석학 주요 개념

리비도(Libido)	본능적인 성적 충동
이드(Id)	원초아. 본능적 욕구를 충족하려는 정신의 무의식적인 부분. 자아와 초자아가 이드에서 발전
에고(Ego)	자아. 원초아의 욕구를 충족·통제하는 의식의 일부
수퍼에고(Super Ego)	초자아. 사회문화적 규범이 내면화된 자아. 양심과 도덕성의 원리

미술
음악
대중문화

031
도큐멘타 ★☆☆
Documenta

- 독일, 현대미술
- 경기관광공사, 오산문화재단

독일 카셀 지역에서 5년마다 열리는 전 세계적 규모의 현대미술 전시회

> **자세히 이해하기**
> 현대미술을 퇴폐미술로 명명하며 탄압했던 나치즘 시기의 문화적 암흑기를 쇄신하려는 목적으로 1955년 창설됐다.

세계 3대 미술전시회
▲베니스 비엔날레 ▲상파울로 비엔날레 ▲카셀 도큐멘타

032 최신기출
미술사조 ★★★

- 미술의 역사
- 예술의전당, 부산교통공사, 국가문화유산진흥원

미술이 지닌 사상의 시대적 흐름

주요 미술사조

르네상스	이탈리아 중심으로 발달한 미술. 고대 그리스·로마 미술로 회귀. 인간성의 회복 예 레오나르도 다 빈치, 미켈란젤로, 라파엘로
바로크	절대 왕권 배경. 남성적 경향의 미술 예 루벤스, 렘브란트, 베르메르
로코코	프랑스 귀족층 중심으로 한 여성적 경향의 미술 예 와토, 부셰, 프라고나르, 샤르댕
신고전주의	프랑스 중심으로 유럽 전역에 나타난 미술. 고대 그리스·로마 미술로 회귀 예 다비드, 앵그르
낭만주의	고전주의의 반발. 직관·감성·상상력을 발휘하여 색채와 분위기를 중시 예 고야, 들라크루아
사실주의	주관을 배제한 채 객관적으로 관찰하여 그 개성적 특질을 있는 그대로 표현 예 밀레, 쿠르베
인상주의	낭만주의의 반발. 사물의 고유색을 부정하고 시간의 변화에 따른 찰나의 인상을 표현 예 모네, 마네, 피사로
후기인상주의	인상파의 화풍을 개성적으로 발전 예 세잔, 고흐, 고갱

033
미켈란젤로 ★★☆
Michelangelo
1475~1564

- 다비드상
- 대한장애인체육회, 화성시문화재단

르네상스 시대 이탈리아의 대표적인 화가이자 조각가

| 기출 | • 미켈란젤로의 작품은?
: 『다비드상』, 『최후의 심판』, 『천지창조』
• 미켈란젤로의 작품이 아닌 것은?
: 『최후의 만찬』(⇨ 레오나르도 다 빈치의 작품) |

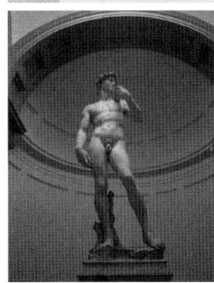 

▲ 다비드상　　▲ 최후의 심판

034 최신기출
클로드 모네 ★★★
Claude Monet
1840~1926

- 프랑스 인상주의 화가
- 구미문화재단, 경기문화재단, 화성시공공기관통합채용

프랑스 인상주의를 대표하는 화가

	클로드 모네 화가의 주요 작품 『인상-해돋이』, 『건초더미』, 『수련』 등
기출	클로드 모네의 미술 사조는? : 인상주의

035 최신기출
신윤복 ★★★
申潤福
1758~?

- 혜원, 3대 풍속화가
- 인천문화재단, 노원문화재단, 화성문화관광재단

조선 후기의 대표적 풍속화가. 호는 혜원(蕙園)

	신윤복 화가의 주요 작품 『미인도』, 『단오도』 등
기출	조선시대 3대 풍속화가는? : 신윤복, 김홍도, 김득신

036
김환기 ★★☆
金煥基
1913~1974

- 서구 모더니즘
- 한국언론진흥재단, 대전도시철도공사

한국 근현대미술사를 대표하며, 서구 모더니즘을 한국화한 추상미술의 선구자라고 평가받는 화가

| 기출 | 한국의 피카소로 불리며 『나무와 달』을 남긴 화가는?
: 김환기 |

037 최신기출
사물놀이★★☆

- 꽹과리, 장구, 징, 북
- 한국폴리텍대학교, 국립공원관리공단

▲꽹과리 ▲장구 ▲징 ▲북을 연주하는 음악 또는 그 음악에 의한 놀이

> ✅ **차전놀이 (車戰놀이)**
> 경북 안동 등에서 행해지던 대보름 민속놀이 중 하나. 참나무로 만 든 동채로 두 패가 겨루어 승부

| 기출 | 다음 중 사물놀이에 속하지 않는 악기는?
: 소고 |

038 최신기출
민속음악 장단★★☆

- 국악의 빠르기
- 수원문화재단, 한국농어촌공단 전라남도공공기관통합채용

산조, 판소리, 무악, 농악 등 민속음악에 사용되는 장단

민속음악 장단 구분
(느린 순서부터) 진양조-중모리-굿거리-중중모리-세마치-자진모리-단모리-휘모리

| 기출 | 다음 중 민속음악 장단의 빠른 장단부터 나열한 것은? |

039
남사당놀이★☆☆

- 유네스코 무형유산
- 경기도경제과학진흥원

조선시대 남자 사당패(유랑연예인집단)의 전통 공연. 2009년 유네스코 무형유산에 등재

> **자세히 이해하기**
> 남사당은 조선시대에 천대를 받았지만 상놈의 편에서 양반 세계에 대한 비판을 희화화하며 민중의 애환을 함께 나누었다.

남사당패의 놀이(6종목)
▲풍물(농악) ▲버나(대접돌리기) ▲살판(땅재주) ▲어름(줄타기) ▲덧뵈기(탈놀음) ▲덜미(꼭두각시놀음)

040
대취타★★☆
大吹打

- 조선시대 행진 음악
- 부산교통공사, 영화진흥위원회

조선시대에 관리의 공식 행차에 연주된 행진 음악

대표 민속 기악곡의 종류
- 시나위 : 전라도 지역 무속음악에서 유래한 민속 기악 합주곡
- 산조 : 우리나라의 대표적인 민속 기악 독주곡

041 판소리 ★★☆

- 소리꾼, 고수
- 동대문시설관리공단, 보훈복지의료공단

한 명의 소리꾼과 한 명의 고수(북치는 사람)가 음악적 이야기를 엮어가며 연행하는 장르. 2003년에 유네스코 세계무형유산에 등재

판소리 다섯마당
춘향가, 심청가, 흥보가, 수궁가, 적벽가

기출	• 판소리에서 공연자가 장단 없이 말로 이어가는 것은? : 아니리 • 판소리 3대 요소는? : 창, 아니리, 발림

042 음악사조 ★★★

- 음악의 역사
- 오산문화재단, 대전시설공단

음악이 지닌 사상의 시대적 흐름

주요 음악사조

바로크 음악	독일과 이탈리아 중심으로 발달한 음악. 오페라를 비롯한 오라토리오·칸타타·수난곡 등의 성악곡과 소나타·푸가·협주곡 등의 기악곡이 발전한 시기 ㉔ 비발디, 바흐, 헨델
고전파 음악	오스트리아 빈을 중심으로 발달한 음악. 객관성과 형식미를 중시하여 소나타 형식 완성 ㉔ 하이든, 모차르트, 베토벤
낭만파 음악	휴머니즘에 의한 인간성 해방과 자유 및 주관성 중시. 표제 음악과 관현악 발달. 오페라의 전성기 ㉔ 베버, 슈베르트, 멘델스존, 쇼팽, 리스트 등
국민악파 음악	민족 음악을 기반으로 한 음악 ㉔ 드보르작, 그리이크, 시벨리우스

기출	바로크 시대의 음악가가 아닌 사람은? : 바흐, 헨델, 비발디, 하이든(×)

043 최신기출
음악의 빠르기 말 ★★☆

- 안단테 · 알레그로
- 전라남도공무직, 영화진흥위원회, 한국수자원공사

음악에서 악곡 전체 분위기를 좌우하는 속도를 나타낸 말

매우 느리게	Largo(라르고) · Lento(렌토) · Adagio(아다지오) · Grave(그라베)
느리게	Andante(안단테) · Larghetto(라르게토) · Adagietto(아다지에토)
조금 느리게	Andantino(안단티노)
보통 빠르게	Moderato(모데라토)
조금 빠르게	Allegretto(알레그레토)
빠르게	Allegro(알레그로)
매우 빠르게	Vivo(비보) · Vivace(비바체) · Presto(프레스토)

기출: 다음 음악의 빠르기 말 중 가장 빠른 것은?
: 프레스토

044
칸타타 ★☆☆
Cantata

- 바로크 시대, 성악곡
- 국립공원관리공단, 방송통신심의위원회

바로크 시대 성행한 가사 있는 성악곡. 기악 반주가 붙으며 세속적·종교적 내용으로 구분

기출: 칸타타에 대한 설명으로 옳지 않은 것은?
: 종교적 내용만 다루었다.(⇨ 세속적 내용도 다룸)

045
오페라 ★★☆
Opera

- 푸치니
- 예술의전당, 국민연금공단

관현악 반주와 성악, 연기, 무대미술이 결합되어 노래로 서사를 전개하는 종합 공연 예술

오페라의 갈래
- 오페라 세리아(Opera Seria) : 그리스신화나 고대의 영웅담을 제재로 한 엄숙하고 비극적인 이탈리아 오페라
- 오페라 부파(Opera Buffa) : 18세기의 희극적이고 대중적인 오페라

◉ 오라토리오 (Oratorium)
오페라와 유사한 대규모 극음악(합창·독창·관현악)이나 무대연출 없이 종교적 내용을 다루는 무대 없는 오페라형 작품

기출: 오페라와 작가를 옳게 연결한 것은?
: 투란도트, 나비부인 – 푸치니

046 최신기출
모차르트 ★★☆
Wolfgang Amadeus Mozart
1756~1791

- 음악 신동
- 화성시인재육성재단, 서울시설공단

고전파 음악을 대표하는 음악가

> ✓ **살리에리 증후군 (Salieri Syndrome)**
> 영화 '아마데우스'의 안토니오 살리에리에서 유래된 용어. 천재성을 가진 주변의 뛰어난 인물로 인해 질투와 시기, 열등감을 느끼는 증상

기출 '마술피리' 작곡가로 유명한 음악가는?
: 모차르트

047 최신기출
하이든 ★★☆
Franz Joseph Haydn
1732~1809

- 현대 교향곡의 아버지
- 수원문화재단, 대전시설공단, 부산교통공사

고전파 음악을 대표하며, 현대 교향곡의 형태를 정립한 인물

048
금관악기 ★★☆
金管樂器

- 트럼펫, 호른
- 오산문화재단, 영화진흥위원회

마우스피스로 바람을 불어 발생하는 진동으로 관 속을 공명시켜 음을 내는 악기 예 튜바, 트럼펫, 트롬본, 호른

> ✓ **목관악기 (木管樂器)**
> 리드를 통해 숨을 불어 넣어 음을 내는 악기 예 플루트, 피콜로, 오보에, 클라리넷, 파곳, 색소폰(금속제지만 리드 사용)

기출 금관악기가 아닌 것은?
: 색소폰

049
엘 시스테마 ★★★
El Sistema

- 무상 음악교육
- 한국문화예술위원회

베네수엘라 빈민층 아이들을 위한 무상 음악교육을 뜻하는 고유명사. 스페인어로 '시스템'이라는 뜻

자세히 이해하기

1975년에 시작되어 2000년대 중반에 도입돼 클래식 교육의 혁명적 사례로 주목받은 엘 시스테마는 마약 등 각종 위험에 노출되어 있는 베네수엘라 빈민가의 아이들에게 음악을 가르침으로써 범죄를 예방할 뿐 아니라 미래의 꿈과 비전도 제시했다.

050
랩소디 ★★☆
Rhapsody

- 광시곡
- 한국농어촌공사,
  광주광역시공공기관통합채용

자유로운 형식과 내용으로 이루어진 기악곡. 광시곡(狂詩曲)이라고도 함

> **서양 음악의 주요 기악곡 형식**
> - 소나타(Sonata) : 16세기 중엽 바로크 초기 이후에 유행하던 기악곡 형식
> - 교향곡(Symphony) : 소나타 형식에 관현악으로 연주되는 기악곡

051 최신기출
조성진 ★★★
趙成珍
1994~

- 쇼팽, 피아노
- 전라남도공무직, 국민연금공단,
  서울특별시농수산식품공사

제17회 쇼팽 국제 피아노 콩쿠르에서 한국인 최초로 우승을 차지한 피아니스트

> **자세히 이해하기**
> 쇼팽 콩쿠르는 세계 3대 피아노 콩쿠르 중 하나로 폴란드 출신 프레데릭 쇼팽을 기리기 위해 1927년부터 시작됐다. 5년에 한 번씩 열리며, 16~30세의 젊은 연주자들이 쇼팽의 곡만으로 실력을 겨룬다.

> **기출** 2015년 쇼팽 콩쿠르 우승자 이름은?
> : 조성진

> **세계 3대 피아노 콩쿠르(개최지)**
> ▲쇼팽 콩쿠르(폴란드 바르샤바) ▲퀸엘리자베스 콩쿠르(벨기에 브뤼셀) ▲차이콥스키 콩쿠르(러시아 모스크바)

052
고딕양식 ★★☆
Gothic

- 중세, 직선
- 화성시인재육성재단,
  서울주택도시공사,
  강서구시설관리공단

중세 서유럽에서 유행한 건축 양식. 높은 건물과 뾰족한 첨탑, 대체로 수직적·직선적인 것이 특징

> **자세히 이해하기**
> 12세기 중엽 프랑스에서 시작되어 16세기까지 이어졌으며, 르네상스 양식으로 넘어가기까지 중세 건축 양식의 중심이 되었다. 파리의 노트르담 대성당, 빈의 슈테판 대성당, 독일의 쾰른 대성당 등이 대표적인 고딕양식 건물이다.

> **기출** 독일 쾰른 성당의 대표적인 양식은?
> : 고딕양식

053 노트르담 대성당★☆☆
Notre Dame Cathedral

- 화재 피해
- 화성시문화재단

프랑스 파리 센강 시테섬에 있는 고딕 양식의 성당

> **자세히 이해하기**
> 2019년 4월 15일 노트르담 대성당에 화재가 발생해 전 세계에 큰 충격을 주었다. 보수 공사 중이던 첨탑 주변에서 화재가 발생했으며, 본관 지붕과 첨탑 일부가 소실됐다가 2024년 11월 복원 후 2024년 12월 7일 재개관했다.

> **기출** 최근 화재가 발생한 노트르담 대성당 특징이 아닌 것은?
> : 바로크 양식이다. (⇨ 고딕 양식이다)

054 최신기출 배흘림기둥★☆☆
Entasis Column

- 중간이 굵고 위아래로 갈수록 가늘어지는 기둥
- 부산광역시공공기관통합채용

한국 전통 목조건축에서 시각적 안정감을 위해 기둥의 중간부분이 가장 굵게 설계된 전통 건축 기둥 형태. 경복궁 근정전, 불국사 대웅전 등에서 볼 수 있음

055 최신기출 한국의 서원★★☆
書院

- 유네스코 세계유산 등재
- 영화진흥위원회, 한국중부발전, 한국서부발전

조선시대 성리학을 가르치던 사설교육 시설. 서원 9곳이 2019년 7월 유네스코 세계유산으로 등재

> **유네스코로 등재된 서원(9곳)**
> ▲소수서원(경북 영주) ▲도산서원(경북 안동) ▲병산서원(경북 안동) ▲옥산서원(경북 경주) ▲도동서원(대구 달성) ▲남계서원(경남 함양) ▲필암서원(전남 장성) ▲무성서원(전북 정읍) ▲돈암서원(충남 논산)

> ✓ **백운동서원 (소수서원)**
> 주세붕이 1543년 세운 한국 최초의 서원

056 최신기출 아르누보★★☆
Art nouveau

- 전통 부정, 형식주의
- 한국문화예술위원회, 화성문화관광재단

19세기 말에서 20세기 초까지 유럽과 미국에서 유행한 예술 장식. 불어로 '새로운 예술'이라는 뜻

> **자세히 이해하기**
> 아르누보는 과거의 전통 양식을 부정하고 자연형태에서 모티프를 빌려 새로운 표현을 얻고자 노력했다. 유연한 선과 곡선을 강조한 반면, 기능을 무시한 형식주의적이고 탐미적인 장식 때문에 전성기는 길지 않았다.

> **기출** 아르누보에 대한 설명으로 옳은 것은?

057
누벨바그 *☆☆
Nouvelle vague

- 즉흥적 연출, 프랑스 영화
- 한국환경공단

기존의 영화적 문법과 달리 즉흥적인 연출과 영상의 감각적 전개, 서사의 왜곡과 같은 연출 기법을 선보인 1950~60년대 프랑스에서 전개된 영화 운동

> **누벨바그 연관 개념(모더니즘·실험예술)**
> - 앙티로망(Anti-Roman) : 전통적인 소설 형식을 부정하는 새로운 형태의 실험적인 소설
> - 앙티테아트르(Anti-Theater) : 현실을 있는 그대로 보여주는 사실주의극에 대한 반동으로 등장한 새로운 형태의 연극
> - 앙가주망(Engagement) : 사회 참여 문학

058
맥거핀 효과 ★★☆
MacGuffin Effect

- 히치콕, 의도적 공포
- 한국공항공사, 영화진흥위원회

알프레드 히치콕(Alfred Hitchcock) 감독의 영화에서 유래한 용어로, 실제로는 작품 줄거리와 상관없지만 중요한 것처럼 등장하여 관객의 집중력을 분산시키고 공포감이나 호기심을 유발하는 극적 장치

> **기출** 스릴러 거장 히치콕 감독의 영화에서 유래한 용어는?
> : 맥거핀 효과

059 최신기출
홀드백 ★★☆
Hold Back

- 콘텐츠, 매스컴
- 부천시공공기관통합채용, 한국폴리텍

본방송 이후 다른 케이블 방송이나 다른 방송 플랫폼에서 재방송되기까지 걸리는 시간

> **기출** 본방송이 되고 난 뒤 다른 플랫폼으로 옮겨지는 데 걸리는 시간을 무엇이라 하는가?
> : 홀드백

060
플래시몹 ★★☆
Flash Mob

- 약속, 같은 행동
- 한국사회적기업진흥원, 한국전력공사

불특정 다수의 군중이 일정한 시간과 장소에 일시에 모여 약속된 행동을 하고 흩어지는 행위

> **밈 (Meme)**
> 리처드 도킨스가 『이기적 유전자』에서 제시한 개념으로, 오늘날에는 인터넷과 소셜미디어에서 모방과 패러디를 통해 빠르게 확산되는 문화. 이미지, 짧은 영상, 유행어, 행동 등 다양한 형태로 나타나며, 이용자들의 재해석과 공유로 끊임없이 변형·진화됨

061 옵아트★★☆
Optical Art

- 착시미술
- 오산문화재단, 한국수자원공사

추상적 무늬와 색상을 반복하여 표현하는 시각적 착시를 다룬 추상미술

> **현대미술 주요 흐름**
> - 팝아트(Pop Art) : 일상 생활에서 자주 쓰이는 대중적인 상품 등의 이미지에서 제재를 찾았던 미술
> - 거리예술(Street Art) : 벽화, 그래피티, 설치물 등 공공장소에서 이루어지는 대중적이고 비공식적인 예술 표현
> - 미니멀리즘(Minimalism) : 최소한의 수단을 사용하여 단순하고 기하학적인 그림이나 조각으로 표현하는 미술

> **기출** 시각적 착각을 다룬 추상미술로 착시미술이라 부르는 것은?
> : 옵아트

062 최신기출 오마주★★★
Hommage

- 존경의 표시
- 한국폴리텍대학교, 한국연구재단, 방송통신심의위원회, 경상북도관광공사

영화 등에서 특정 장면이나 대사를 인용하여 해당 작품의 존경심을 나타내는 방식

> ✅ **표절 (Plagiarism)**
> 지적 노력과 노동으로 만들어진 창작물을 훔치는 행위
>
> ✅ **패러디 (Parody)**
> 누구나 아는 것을 끌어와 풍자하거나 재미있게 전달하는 표현 방식

063 최신기출 몽타주★★★
Montage

- 편집 기술
- 인천신용보증재단, 영화진흥위원회, The-K한국교직원공제회

따로 촬영한 여러 장면을 모아 하나의 작품으로 결합시키는 편집 기술

> ✅ **콜라주 (Collage)**
> 신문이나 잡지, 사진 등의 인쇄물과 종이를 오려 붙여서 만든 작품

064 스핀오프★★☆
Spin Off

- 파생작
- 서대문구도시관리공단, 종로구시설관리공단

오리지널 영화나 드라마를 바탕으로 새롭게 파생되어 나온 작품

> ✅ **프리퀄 (Prequel)**
> 본편보다 앞선 시간대를 다룬 이야기
>
> ✅ **시퀄 (Sequel)**
> 본편 이후의 시간대를 다룬 이야기

065 최신기출
이머시브 공연 *☆☆
Immersive Performance

- 관객참여 공연
- 의정부시설관리공단

관객이 단순한 관람자가 아니라 적극적으로 작품에 참여하게 하는 연극이나 공연

> **기출** 관객이 무대 위 배우들의 연기를 감상하기만 하는 것이 아니라 적극적으로 작품에 참여하는 공연의 한 형태는?
> : 이머시브 공연

066
옴니버스 *☆☆
Omnibus

- 다른 이야기 같은 주제
- 서울시설공단

독립된 짧은 이야기들을 하나의 주제로 묶어 구성하는 형식

> ✅ **피카레스크 (Picaresque)**
> 독립된 이야기들이 같은 인물과 배경을 중심으로 전개되는 연작 구성 형식

067 최신기출
OSMU ***
One Source Multi Use

- 콘텐츠 확장
- 노원문화재단, 방송통신심의위원회, 한국문화예술위원회, 경기도공공기관통합채용

하나의 소스·콘텐츠를 여러 상품 유형으로 전개·개발

OSMU 사례별 전개 유형

구분	원 소스(One Source)	멀티 유스(Multi Use)
드라마	넷플릭스 오리지널 《오징어 게임》(2021)	시즌 2 제작(2025)
게임	드라마 속 놀이(무궁화꽃, 구슬치기 등)	로블록스·포트나이트 게임 모드, 모바일 게임
리얼리티	원작 세계관	《오징어 게임: 더 챌린지》(리얼 서바이벌, 2023)
굿즈·상품화	드라마 속 의상·소품	트레이닝복, 달고나 키트, 영희 인형, 마스크
체험형	드라마 속 게임 공간	팝업스토어, 관광 체험존, 놀이 이벤트
문화 파급	한국 전통 놀이·문화	해외 달고나·무궁화꽃 체험 열풍

068
소니 보노법 *☆☆
Sony Bono Law

- 저작권법
- 부평구문화재단

저작권 보호기간을 창작자 사후 50년에서 70년으로 연장한 미국 저작권법

> **기출** 저작권 보호기간을 50년에서 70년으로 연장하는 법 이름은?
> : 소니 보노법

069 아카데미상 ★★☆
Academy Awards

- 오스카상, 영화
- 한국전력공사, 경기콘텐츠진흥원

정식 명칭은 '영화예술과학아카데미상'으로 '오스카상'이라고도 불림. 전년도의 미국영화 및 미국에서 상영된 외국영화를 대상으로 시상

> ✅ **골든 라즈베리상 (Golden Raspberry Awards)**
> 미국 아카데미 시상식 전날 개최하여 최악의 영화를 뽑는 시상식

070 최신기출
토니상 ★★☆
Tony Awards

- 연극
- 제주개발공사, aT한국농수산식품유통공사

미국 브로드웨이의 연극상. 미국 최고 권위를 자랑하는 연극·뮤지컬 시상식으로, '뮤지컬·연극계의 아카데미상'이라고 불림

> **자세히 이해하기**
>
> 2025년 한국 창작 뮤지컬 '어쩌면 해피엔딩'이 브로드웨이에서 최우수 뮤지컬상과 남우주연상(대런 크리스) 등 주요 부문을 수상하며 큰 주목을 받았다.
>
> **기출** 앙투아네트 페리를 기리기 위해 만든 상 이름은?
> : 토니상

071
봉준호 ★★☆
奉俊昊
1969~

- 아카데미 4관왕
- 전라남도공공기관통합채용, 한국디자인진흥원

영화 '기생충'을 연출한 영화감독

> **영화 '기생충' 주요 수상내역**
> ▲아카데미 작품상 ▲아카데미 각본상 ▲아카데미 국제장편영화상
> ▲아카데미 감독상 ▲칸국제영화제 황금종려상
>
> **기출** 봉준호가 연출한 영화 '기생충'이 황금종려상을 받은 영화제 이름은?
> : 칸국제영화제

072
부산국제영화제 ★★☆
BIFF
Busan International Film Festival

- 우리나라 최초 국제영화제
- 경기콘텐츠진흥원, 한국환경공단

매년 가을 부산광역시에서 열리는 우리나라 최초의 국제영화제이자 아시아 최대 규모의 영화제

> **기출** 국제영화제가 열리는 한국의 도시는?
> : 부산, 광주, 전주, 부천(⇨ 부산국제영화제, 광주국제영화제, 전주국제영화제, 부천국제판타스틱영화제)

073 최신기출
핫미디어★★★
Hot Media

- 미디어의 구분
- 한국연구재단, 광주관광재단, 방송통신심의위원회, 국민체육진흥공단

표면상으로는 정보량이 많으나 참여성이 낮은 미디어

마샬 맥루한의 핫미디어와 쿨미디어 구분

핫미디어	▲사진 ▲라디오 ▲영화 ▲신문
쿨미디어	▲만화 ▲전화 ▲TV

✅ 쿨미디어 (Cool Media)
시청자의 참여성이 높으나 정보량이 적은 미디어

074
옐로 저널리즘★★☆
Yellow Journalism

- 황색언론
- 충북대학교병원, 경기도시공사, 한국폴리텍대학교

독자를 끌어 모으기 위해 자극적이고 흥미 위주의 뉴스에 중점을 두는 보도

저널리즘의 종류

블랙 저널리즘	조직이나 개인의 약점을 취재하여 협박하거나, 특정 집단의 이익을 도모하는 보도
하이프 저널리즘	정보성보다 오락성에 치중한 보도
퍼블릭 저널리즘	시민이 직접 참여하여 보도
경마 저널리즘	후보자의 공약보다 득표 상황에 집중하는 보도
팩 저널리즘	전달이 획일적이고 개성 없는 보도

기출: 자극적인 것만 보도하는 저널리즘의 형태는?
: 옐로 저널리즘

SPEED CHECK 스피드 체크

중요 용어! 제대로 이해했는지 빠르게 점검하고 넘어가자!
답이 바로 생각나면 ○, 고민했다면 △, 틀렸다면 × 표시해서 완벽하게 정리하세요.

객관식 문제	확인

01 다음 중 이상(李箱)의 주요 작품이 아닌 것은?
① 날개　　　　　　　② 종생기
③ 봉별기　　　　　　④ 무정

◀ 정답 ④

02 신라향가가 아닌 것은?
① 서동요　　　　　　② 황조가
③ 도솔가　　　　　　④ 제망매가

◀ 정답 ②

03 시각적 착각 효과를 활용해 '착시미술'이라고도 불리는 추상미술 사조는?
① 팝아트　　　　　　② 옵아트
③ 미니멀리즘　　　　④ 추상표현주의

◀ 정답 ②

04 청록파에 속하지 않는 사람은?
① 조지훈　　　　　　② 박두진
③ 천상병　　　　　　④ 박목월

◀ 정답 ③

05 셰익스피어 4대 비극이 아닌 것은?
① 햄릿　　　　　　　② 오셀로
③ 리어왕　　　　　　④ 로미오와 줄리엣

◀ 정답 ④

06 이육사의 작품이 아닌 것은?
① 광야　　　　　　　② 빨래터
③ 청포도　　　　　　④ 교목

◀ 정답 ②

| | 객관식 문제 | 확인 |

07 다음 중 성선설과 4단을 주장한 중국 전국시대 사상가는?
① 공자 ② 순자
③ 묵자 ④ 맹자
◀ 정답 ④

08 삼강오륜 중 오륜에 속하지 않는 것은?
① 부자유친 ② 사친이효
③ 장유유서 ④ 붕우유신
◀ 정답 ②

09 『전쟁과 평화』·『안나 카레니나』·『부활』의 저자는?
① 도스토옙스키 ② 체호프
③ 톨스토이 ④ 투르게네프
◀ 정답 ③

10 '빨래터', '나무와 두 여인', '아이 업은 소녀' 등의 작품을 남긴 화가는?
① 박수근 ② 김환기
③ 이중섭 ④ 장승업
◀ 정답 ①

11 김동인의 「약한 자의 슬픔」, 현진건의 「빈처」, 전영택의 「천치? 천재?」가 대표하는 문학 사조는?
① 낭만주의 ② 상징주의
③ 사실주의 ④ 모더니즘
◀ 정답 ③

12 다음 중 히치콕 감독의 영화에서 유래한 용어는?
① 레가토 ② 오브제
③ 아상블라주 ④ 맥거핀 효과
◀ 정답 ④

13 본방송 이후 다른 플랫폼으로 옮겨지는 데 걸리는 시간을 뜻하는 말은?
① 스쿠프 ② 오프더레코드
③ 엠바고 ④ 홀드백
◀ 정답 ④

	객관식 문제	확인

14 중간이 가장 굵게 설계되어 시각적 안정감을 주는 우리 전통 건축의 기둥 형태는?
① 배흘림기둥　　　　② 다포
③ 엔타시스　　　　　④ 주심포

◀ 정답 ①

15 서로 다른 샷이나 장면을 편집으로 결합하여 새로운 의미를 구성하는 기법은?
① 몽타주　　　　　　② 콜라주
③ 프리퀄　　　　　　④ 시놉시스

◀ 정답 ①

16 주세붕이 세운 한국 최초의 서원은?
① 사액서원　　　　　② 도산서원
③ 돈암서원　　　　　④ 백운동서원

◀ 정답 ④

17 이미지 · 짧은 영상 · 유행어 등이 이용자들의 재해석과 공유로 끊임없이 변형 · 확산되는 문화 현상은?
① 바이럴 마케팅　　　② 밈
③ 애니메이션　　　　④ 브랜디드 콘텐츠

◀ 정답 ②

18 기존의 영화적 문법과 달리 즉흥적인 연출과 영상의 감각적 전개를 선보인 1950~60년대 프랑스의 영화 운동은?
① 누벨바그　　　　　② 앙티로망
③ 앙가주망　　　　　④ 앙티테아트르

◀ 정답 ①

19 다음 중 금관악기가 아닌 것은?
① 튜바　　　　　　　② 트럼펫
③ 호른　　　　　　　④ 클라리넷

◀ 정답 ④

20 부산국제영화제의 영문 약칭은?
① BIFF　　　　　　　② BFFI
③ BFIF　　　　　　　④ BFFA

◀ 정답 ①

에듀윌이 너를 지지할게

ENERGY

내를 건너서 숲으로
고개를 넘어서 마을로

어제도 가고 오늘도 갈
나의 길 새로운 길

– 윤동주, '새로운 길'

Chapter 06 역사

🎙 알짜 학습팁

➤ 시대별 유물과 풍속, 주요 왕들의 업적, 개혁 내용은 자주 출제됩니다. 특히 최근에는 근현대사에서 광복 이후 사건 순서와 민주화 운동 순서 등도 출제되고 있으니 흐름을 이해하며 용어를 암기하는 것이 중요합니다.

➤ 고대 사회의 유물과 부족국가들의 제천행사는 자주 출제되는 부분으로 헷갈리지 않게 정확히 암기하는 게 좋습니다. 삼국시대에서는 대표적인 왕의 업적과 설치한 기관들을 익혀둬야 합니다.

➤ 고려시대에 일어난 반란이나 조선시대 사화 등은 혼동하기 쉬우므로 핵심 인물과 사건이 발생한 원인을 연결해서 암기하는 것이 좋습니다. 근현대사에서 불평등 조약·개혁·민중 운동을 성격에 맞게 정리하며 학습합니다.

◀ 한국사

001 최신기출
국보 ★★☆
國寶

- 키워드: 국가가 지정한 최고 등급의 문화재
- 기출처: 광명도시공사, 화성문화관광재단

「문화재보호법」에 따라 대한민국이 지정한 유·무형 문화재 중 역사적, 예술적, 학술적 가치가 매우 높은 국가적 보존 대상. 보물 중에서도 특별히 우수한 경우 국보로 지정되며, 문화재청이 지정 및 관리함. 대표 예시로 훈민정음 해례본, 석굴암, 금동미륵보살반가사유상 등이 있음

> **자세히 이해하기**
>
> 영천 청제비는 신라 시대의 토목 기술과 재해 대응 체계를 보여주는 귀중한 자료로, 2025년 6월 20일 국가유산청 고시에 따라 국보로 지정됐다. 영천 청제비는 양면에 명문이 새겨진 드문 사례로, 신라 시대의 정치·행정 체계와 사회·경제 구조를 파악할 수 있는 중요한 자료이다. 현존 위치에 원형 그대로 보존되어 있어 문화유산으로서의 보편적 가치를 갖추었기에 국보로 지정될 만한 충분한 가치를 지닌다.

002 최신기출
신석기 시대 ★★★

- 빗살무늬 토기
- 광주광역시공공기관통합채용, 오산문화재단, 강원랜드, 부산광역시공공기관통합채용, 한국동서발전, 은평구시설관리공단

선사시대 중 인간이 간석기(마제석기)를 생활도구로 사용하기 시작한 시대

선사시대 유물

구석기 시대	신석기 시대	청동기 시대
주먹도끼, 찍개, 찌르개, 골각기	갈판, 갈돌, 돌보습, 돌낫, 빗살무늬 토기, 가락바퀴	비파형동검, 세형동검, 청동거울, 민무늬토기, 고인돌

003 최신기출
청동기 시대 ★★★

- 비파형동검
- 대구의료원, 광주광역시공공기관통합채용, 한국서부발전, 한국산업인력공단, 수원시공공기관통합채용

BC 2000~1500년경 계급 발생으로 불평등 사회 시작. 벼농사를 지었고 반달돌칼로 곡식 수확, 청동기(비파형동검) 사용

기출 청동기 시대의 특징이 아닌 것은?
: 철제 농기구 사용(⇨ 철기시대의 특징)

004 최신기출
고조선 ★★★
古朝鮮

- 청동기 문명, 비파형동검
- 한국서부발전, 한국산업단지공단, 한국산업인력공단, 한국전력공사, 광주광역시공공기관통합채용

BC 2333년 청동기 문명을 기반으로 단군왕검이 세운 우리나라 최고(最古)의 국가

자세히 이해하기
고조선은 군장국가로 사유재산을 인정한 계급사회이자, 제사장과 정치지배자가 일치하는 제정일치 사회였다. BC 108년경 한나라에 의해 멸망했다.

기출 고조선에 대해 옳지 않은 것은?
: 철기 문명을 기반으로 한다.(⇨ 청동기 문명 기반)

005
고조선의 8조법 ★★☆

- 사유재산제
- 한국산업인력공단, 지역난방공사, 부산정보산업진흥원

『한서지리지』에 기록된 고조선 사회의 관습법

자세히 이해하기
고조선의 8조법은 8조 중 3조만 남아있다. 그 내용은 '사람을 죽인 자는 즉시 사형에 처한다', '남에게 상처를 입힌 자는 곡식으로 배상한다', '도둑질을 한 자는 노비로 삼고, 용서받고자 하는 자는 한 사람마다 50만 전을 내야 한다'이다. 이를 통해 고조선 사회에 사유재산제가 확립돼 있었고 노예제도가 있는 계급사회였음을 알 수 있다.

기출 고조선 사회의 특징으로 옳은 것은?
: 사유재산 중시, 계급사회, 형벌 존재

006 최신기출
부족국가의
행사·풍속***

- 원시 사회, 계급 국가
- 한국중부발전, 은평구시설관리공단, 광주광역시공공기관통합채용, 부산광역시공공기관통합채용

구분	제천행사	풍속
부여	영고(12월)	• 순장 • 1책 12법
고구려	동맹(10월)	• 서옥제 • 1책 12법
옥저	-	민며느리제
동예	무천(10월)	책화
삼한	• 수릿날(5월) • 계절제(10월)	소도

✅ **부족국가 (部族國家)**
중앙집권적 고대 국가가 성립하기 전, 원시 사회에서 부족을 중심으로 형성된 계급 국가

- 서옥제: 혼인 후 신부 집에서 생활하다가 자식을 낳아 자식이 장성하면 아내와 신랑 집으로 돌아가는 데릴사위 제도
- 1책 12법: 타인의 물건을 훔치면 12배 배상
- 민며느리제: 혼인을 약속한 어린 여자가 남자 집에 들어가 살다가 성인이 되면 혼인하는 제도
- 책화: 다른 부족의 영역을 침범할 경우 노비, 소, 말 등으로 변상
- 소도: 신에게 제사를 지내는 신성한 지역으로 이곳에 들어간 죄인은 체포 불가능

기출	고구려의 풍습이 아닌 것은? : 책화(⇨ 책화는 동예의 풍속)

---

007 최신기출
부족국가의
정치·경제***

- 마가, 우가
- 부산광역시공공기관통합채용, 한국산업단지공단, 한국전력공사

구분	정치	경제
부여	• 5부족 연맹체 (왕+마가·우가·저가·구가) • 사출도	말·주옥·모피
고구려	• 5부족 연맹체 • 제가회의	약탈경제
옥저	군장인 삼로가 통치	어물·소금
동예	읍군·삼로가 통치	단궁(활)·과하마·반어피
삼한	제정 분리	• 철제 농기구 • 저수지 축조

008 최신기출
진대법 ★★★
賑貸法

- 빈민구제
- 한국산업단지공단, 남양주도시공사, 광주광역시공공기관통합채용

고구려 고국천왕이 실시한 빈민구제 제도

> **자세히 이해하기**
> 봄철에 곡식을 빌려주고 수확기에 갚도록 한 제도로, 왕권 강화에 큰 역할을 했으며 조선시대에는 환곡제도로 부활했다.

009
태학 ★★☆
太學

- 최초 교육기관
- 충북대학교병원, 한국환경공단, 부산광역시공공기관통합채용

고구려 소수림왕이 설립한 우리나라 최초의 교육기관. 유교적 정치이념에 충실한 인재를 양성

> **기출** 다음 중 고구려 소수림왕이 펼친 정책은?
> : 태학

010 최신기출
도교 ★★★
道敎

- 신선 사상을 바탕으로 한 종교
- 부산경제진흥원, 한국산업인력공단 부산광역시공공기관통합채용

신선 사상을 바탕으로 노장사상, 유교, 불교와 여러 신앙이 한 데 어우러져 형성된 종교

> **자세히 이해하기**
> 삼국시대 때 중국에서 전래되었으며, 고구려는 국가 정책적으로 도교를 적극 수용하여 신라와 백제보다 성행하게 되었다.

011 최신기출
장수왕 ★★★
長壽王
394~491

- 중원고구려비, 광개토대왕릉비
- 광주광역시공공기관통합채용, 화성시공공기관통합채용, 한국동서발전

5C 고구려 왕으로, 평양 천도를 통한 남하 정책 추진

> **고구려의 주요 비문(碑文)**
> - 중원고구려비: 고구려의 한강 유역 진출과 신라와의 관계 기록. 고구려 왕을 '대왕'이라 부르고, 신라를 '동이'라고 지칭하며, 신라 왕과 신하들에게 의복을 하사한 내용 포함
> - 광개토대왕릉비: 광개토대왕의 업적을 기념하기 위하여 세운 비

> **기출** 장수왕이 세운 비석으로 신라와의 관계를 알 수 있는 비석은?
> : 중원고구려비

012 왕오천축국전★★☆
往五天竺國傳

- 혜초
- 한국동서발전, 지역난방공사

신라 성덕왕 때 승려 혜초가 고대 인도의 5천축국과 인근의 여러 나라를 순례하고 돌아와 기록한 여행기. 우리나라 현존 최고(最古)의 해외 기행문으로 평가됨

> **기출** 신라 승려 혜초가 인도를 여행하며 쓴 책 이름은?
> : 왕오천축국전

013 최신기출
무구정광대다라니경★★★
無垢淨光大陀羅尼經

- 세계 최고(最古) 목판 인쇄물
- 한국산업인력공단, 경기관광공사, 전라남도공공기관통합채용, 광주광역시공공기관통합채용

신라 불국사에서 발견된 세계에서 가장 오래된 목판 인쇄물

> **기출** 현존하는 책 중 가장 오래된 목판 인쇄물은?
> : 무구정광대다라니경

014 최신기출
신문왕★★☆
神文王

- 신라의 31대 왕
- 한국산업인력공단

김흠돌의 난을 제압하고, 자신에게 반대하는 세력을 제거하여 왕실의 권위를 높였으며, 유교를 정치 이념으로 삼아 최고 교육기관인 국학을 세웠음. 넓어진 영토를 효율적으로 다스리기 위해 9주 5소경 제도를 완성했고, 군사조직도 정비하여 9서당 10정제를 채택하였으며, 녹읍을 폐지하고 관료전을 주는 등의 업적을 세움

> ● **만파식적(삼국유사)**
> 신문왕이 얻은 신비한 피리인 만파식적을 불면 나라가 평온해 졌다고 하는 설화로 나라를 평화롭게 다스렸다는 것을 보여주는 것을 의미한다.

015 최신기출
인안★☆☆
仁安

- 발해 무왕의 연호
- 부산광역시공공기관통합채용

발해 제2대 무왕(대무예, 재위 719~737)이 서기 732년부터 사용한 독자적 연호. 당나라와 대등한 자주 국가임을 대외적으로 선언한 상징

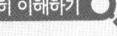 자세히 이해하기

> 무왕은 당나라와 충돌하면서도 일본 등과 외교 관계를 맺으며 자주적 위상을 강화했고, 산동 반도를 공격하는 등 대외 활동을 활발히 전개하였다.

016 최신기출
발해 ★★☆
渤海

- 대조영, 해동성국
- 한국산업인력공단, 오산문화재단

698년 고구려 유민 대조영이 고구려 유민과 말갈족을 모아 세운 나라

자세히 이해하기
발해는 9C 전반 선왕 때 대부분의 말갈족을 복속시키고 요동 지역으로 진출하였다. 남쪽으로는 신라와 국경을 접할 정도로 넓은 영토를 차지하였고 지방 제도도 정비하였다. 이후 전성기를 맞은 발해를 중국인들은 해동성국이라 불렀다.

기출 다음 중 발해 왕을 고르면?
: 문왕

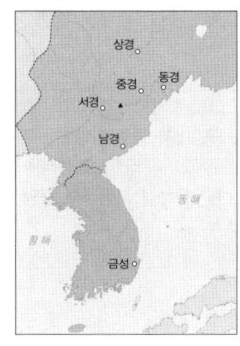
▲ 전성기 발해의 영토와 5경

017 최신기출
고려의 중앙 정치조직 ★☆☆
高麗의 中央政治組織

- 2성 6부제
- 대전광역시공공기관통합채용

고려 중앙정치는 당 제도를 바탕으로 한 2성 6부제. 중서문하성은 국정 총괄·정책 입안, 상서성은 집행, 이·호·예·병·형·공의 6부가 실무 행정

018 최신기출
현종 ★★☆
顯宗
992~1031

- 주현공거법
- 광주광역시공공기관통합채용, 부산교통공사

고려 왕조의 기틀을 다지는 데 기여한 고려 제8대 왕

현종의 업적
▲안찰사 파견 ▲주현공거법 실시 ▲향리 공복 제정 ▲초조대장경 조판 ▲연등회·팔관회 부활 ▲지방제도 정비(4도호부·8목·5도 양계)

✓ **귀주대첩 (龜州大捷)**
1019년 현종이 강감찬 장군을 등용해 거란 침략군을 귀주에서 물리쳐 승리한 싸움

019 공해전★★☆
公廨田

- 관청 지급 토지
- 한국마사회, 국립공원관리공단, 한국산업인력공단

고려시대부터 조선 전기까지 중앙과 지방 관청의 경비 마련을 위해 지급된 토지. 전시과 제도에 속함

> **고려의 토지제도**
> - 공음전 : 공신과 5품 이상의 관리에게 지급한 상속 가능한 토지
> - 전시과 : 고려시대의 토지제도. 문무 관료의 지위에 따라 차등 지급
> - 한인전 : 관직에 임명되지 못한 한인에게 최소한의 경제적 보장을 위해 지급한 토지

020 최신기출
중추원★★☆
中樞院

- 중앙관청
- 한국남부발전, 경기도시공사, 대전광역시공공기관통합채용

고려시대 왕명을 출납하고 군사 기밀을 담당하던 중앙관청

> **고려의 중앙정치기구**
> - 도병마사 : 중추원의 고관과 중서문하성의 재신으로 구성돼 국방 문제와 국가의 중요 정책을 협의·결정하던 국방 회의 기구
> - 중서문하성 : 고려 최고 중앙정치기구로, 당나라 3성 6부제 모방

021
서희★★☆
徐熙
942~998

- 강동 6주
- 부산교통공사, 한국중부발전, 수원시공공기관통합채용, 강원랜드

고려시대 문신이자 외교가. 거란의 1차 침략 때 외교로 군사적 충돌을 막고 영토(강동 6주)를 확장한 인물

| 기출 | 서희가 거란의 장군 소손녕과 담판을 지어 얻은 땅은?
: 강동 6주 |

022 최신기출
강감찬★★☆

- 고려 현종 때 거란의 침입을 물리친 명장
- 화성시공공기관통합채용, NH농협은행

고려 현종 때 문신이자 명장으로, 1019년 제3차 거란 침입 당시 귀주대첩에서 대승을 거두어 고려의 국토를 지킨 인물. 문무를 겸비하고 충절과 전략에 능해 고려의 국가적 위기를 극복하는 데 큰 기여를 함. 민족 영웅으로 추앙받으며, 서울 관악구에 있는 낙성대는 그의 출생지로 유명함

023 최신기출
이자겸의 난 ★★★

- 인종 폐위 시도
- 대전도시공사공무직, 한국산업인력공단, 국민연금공단, 부산광역시공공기관통합채용, 광주광역시공공기관통합채용

1126년 고려 최고 권력자였던 이자겸 등이 인종을 폐위시키고 스스로 왕위를 찬탈하고자 일으켰던 반란

> ❂ 이자겸 (李資謙, ?~1126)
> 고려 중기 문신이며 왕실의 외척(혼인의 대상이 되는 가문)으로 정권을 독점한 대표적인 인물

024
만적의 난 ★★★

- 노비해방
- 한국원자력환경공단, 부산항만공사, 한국철도시설공단, 국민연금공단

최충헌(고려 후기 무신집권자)의 노비인 만적을 중심으로 신분차별에 항거해 일으켰으나 미수에 그친 노비해방 운동(1198년)

> 기출 '만적의 난, 망이·망소이의 난, 전주 관노의 난'의 공통점은?
> : 천민의 신분해방운동

025
제왕운기 ★☆☆
帝王韻紀

- 이승휴, 역사서
- 광명도시공사

고려 후기 이승휴가 운율시 형식으로 한국과 중국의 역사를 쓴 책

> **자세히 이해하기**
> 제왕운기에서는 단군신화를 한국사에 포함시켰다. 또한 발해는 고구려를 계승한 국가이고, 고려로 발해인이 귀순했다는 사실을 수록하여 발해의 역사를 최초로 고려의 역사와 연결시켰다.

026
신진사대부 ★★☆
新進士大夫

- 고려 공민왕, 개혁세력
- JDC제주국제자유도시개발센터, 한국보훈복지의료공단

고려 후기 공민왕 때 권문세족과 대립한 하나의 정치 지배세력

> **자세히 이해하기**
> 신진사대부는 지방 중소 지주인 향리의 자제들로 성리학을 수용하고 과거 시험을 통해 중앙 정치에 진출한 학자적 관료 집단이다. 고려 후기 권문세족과 대립하며 이성계 등 신흥 무인세력과 결합해 조선 건국의 기반이 되었다.

> 기출 신진사대부에 대해 옳은 것은?
> : 고려 후기 향리 출신으로, 사회 개혁적 성격을 가졌다.

027 최신기출
위화도 회군 ***
威化島回軍

- 이성계, 조선 건국
- 부산경제진흥원, 한국산업인력공단, HUG주택도시보증공사, 광주보훈병원, 한국폴리텍

1388년 고려 후기 요동 정벌을 위해 출정한 이성계가 위화도에서 회군해 우왕을 폐위시키고 군사적 실권을 장악한 사건

자세히 이해하기

위화도 회군으로 이성계와 혁명파인 신진사대부 세력이 정치적 실권을 장악해 조선 건국(1392년)의 기반을 마련하였다.

기출
아래 사건을 순서대로 나열하시오.

> 무신정권, 위화도 회군, 몽골 침입

: 무신정권(고려 1170~1270년) → 몽골 침입(1231~1259년) → 위화도 회군(고려 1388년)

028
성균관 ***
成均館

- 조선 최고 교육기관
- 한국산업인력공단, 한국서부발전, The-K한국교직원공제회, 부산광역시공공기관통합채용

조선시대 최고의 국립 교육기관. 유학 경전을 강의하며, 성현에 대한 제사를 지냄

성균관 관련 시설·기념물
- 명륜당: 성균관 유생들의 강의실
- 탕평비: 영조 때 왕과 신하 사이의 의리를 바로 세우고 붕당 정치를 뿌리 뽑기 위한 의지를 드러내고자 성균관 입구에 세운 비석

029
천상열차 분야지도 ** ☆
天象列次分野之圖

- 별자리 지도
- 인천신용보증재단, 장애인고용공단

조선 태조 이성계 4년에 왕조의 권위를 드러내려고 고구려의 천문도를 바탕으로 직육면체의 돌에 새긴 천문도. 국보 제228호

030 최신기출
사림세력 ***
士林勢力

- 조선 중기 이후 신진 유학자 집단
- 대전광역시공공기관통합채용, 광주광역시공공기관통합채용

조선 성종 때 김종직 중심으로 성장한 신진 유학자 집단. 유교적 소신·도덕을 중시하며 언관직을 통해 훈구와 대립, 중종 대 사화로 탄압받았으나 명종 이후 서원 사액과 향촌 기반 강화로 동인·서인 등 붕당정치의 토대가 됨

031 최신기출
경국대전 ★★★
經國大典

- 법전
- 한국산업인력공단, 강원랜드, aT한국농수산식품유통공사, 국민연금공단, 경기관광공사

조선의 통치 기준이 된 최고의 법전. 유교적 통치 질서와 문물제도를 집대성함

> **자세히 이해하기**
> 고려 말부터 조선 성종 초년까지 반포된 법령·교지·조례 및 관례 등을 망라한 것으로 세조 때부터 편찬을 시작해 성종 때 반포했다.

032 최신기출
비변사 ★★★
備邊司

- 문무합의 기구
- 한국산업인력공단, 한국폴리텍대학교, 한국원자력환경공단

조선 중기 이후 군사업무를 비롯한 정치·경제의 중요 문제를 토의하던 문무합의 기구

| 기출 | 다음 중 흥선대원군의 업적이 아닌 것은?
: 비변사 설치(⇨ 비변사 폐지) |

033 최신기출
이순신 ★★★
李舜臣
1545~1598

- 충무공
- 한국동서발전, 언론중재위원회, aT한국농수산식품유통공사, 한국산업인력공단, 강원랜드

임진왜란 당시 조선 수군을 통솔했던 장군

이순신의 3대 대첩
- 한산도대첩 : 한산도 앞바다에서 뛰어난 전술로 왜군을 크게 무찌른 전투
- 명량대첩 : 13척의 배로 대규모 왜군을 크게 무찌른 전투
- 노량대첩 : 노량 앞바다에서 조선과 일본 수군이 벌인 마지막 해전

| 기출 | • 이순신 장군이 전사한 해전은?
: 노량해전
• 거북선을 처음 사용한 해전은?
: 사천해전 |

034 최신기출
병자호란 ★★☆
丙子胡亂

- 청나라 침입
- 화성시인재육성재단, 한국산업인력공단, 서울시설공단

1636년(인조 14) 청나라 대군이 조선을 침입한 사건

배경	조선이 청나라의 공물 및 군신 관계 요청을 거부
결과	• 인조가 남한산성으로 피난했다가 항복(삼전도의 굴욕) • 조선은 청과 군신 관계를 맺고 명과의 외교를 단절함

035 최신기출
관방학 ★☆☆
關防學
- 고문서의 인장·서명 등 위조 방지 기술 연구
- 광명도시공사

조선시대 공문서의 인장(印)·묵서(서명)·서체 등을 분석하여 진위를 판별하는 학문. 문서 위조를 막기 위한 기록 관리 및 인증 체계로 발전

036 최신기출
하멜표류기 ★★☆
Hamel漂流記
- 조선에 표류한 네덜란드인 하멜의 조선 체류기
- 화성시공공기관통합채용

1653년 네덜란드 상선 스페르베르호가 제주도에 난파되어 하멜 등 36명이 표류하면서 13년간 조선에 머물다 탈출한 경험을 기록한 책. 하멜은 귀국 후『하멜표류기』를 통해 서양에 조선을 처음 소개했으며, 이 기록은 17세기 조선의 정치·사회·문화에 대한 귀중한 사료로 평가됨

> **자세히 이해하기**
>
> 헨드릭 하멜에 대한 학문적 재해석이 이어지면서, 2025년 그의 이름을 딴 학술상의 명칭이 변경됐다. 유럽 내 한국학 연구자들의 대표 학술 단체인 유럽한국학회(AKSE)는 기존 '헨드릭 하멜상'을 '유럽한국학회상'으로 개칭했다. 이 상은 유럽에서 출판된 한국학 관련 논문 중 우수작을 선정해 수여해온 것으로, 이번 명칭 변경은 보다 중립적이고 포괄적인 시각을 반영하려는 취지로 풀이된다.

037 최신기출
금난전권 ★★☆
禁亂廛權
- 난전을 금지할 수 있는 육의전 상인의 특권
- 대전교통공사, 한국서부발전

조선 후기 육의전 상인에게 부여된 특권으로, 정부의 허가 없이 장사하는 난전을 단속하거나 금지할 수 있는 권한. 상업 질서 유지와 국가 재정 확보를 위한 조치였으나, 결국 시전 상인의 독점과 상업 발전 저해의 원인이 되어 1791년 정조가 이를 폐지함

038
백두산정계비 ★☆☆
白頭山定界碑
- 토문강 위치
- 경기도시공사, 한국산업인력공단, 중소기업유통센터

1712년(숙종 38) 조선과 청나라 간 모호한 국경을 확정하기 위해 세운 비석

> **자세히 이해하기**
>
> 백두산정계비에 등장하는 '서위압록 동위토문(西爲鴨綠 東爲土門)'은 서쪽으로는 압록강, 동쪽으로는 토문강을 경계로 한다는 내용이다. 이에 조선은 송화강의 지류인 토문강을 기준으로 그 동남쪽인 간도땅이 조선 영토라고 주장했고, 청나라는 토문강은 두만강과 같은 하천이므로 두만강을 경계로 삼아야 한다고 주장했다.

039
금위영 ★☆☆
禁衛營

- 수도 방어
- 부산교통공사, 한국산업인력공단

조선 후기 국왕 호위와 수도 방어를 위해 중앙에 설치되었던 군영(1682년)

조선 군사제도

구분		연도	특징
중앙	훈련도감	1593	• 삼수병 양성 • 직업군
	어영청	1623	• 북벌 계획 담당 • 기병 조직
	총융청	1624	경기 일대 수비
	수어청	1626	남한산성 수비
	금위영	1682	수도 수비
지방	속오군	1594	• 양반에서 노비 모두 참여 • 농한기에 군사 훈련 참가

040 최신기출
균역법 ★★☆
均役法

- 조선 후기 병역 부담 완화 법제
- 광주광역시공공기관통합채용, 한국수력원자력, 강원랜드

영조가 군역의 폐단을 줄이기 위해 시행한 제도. 양인 농민의 군포 부담을 1년에 2필에서 1필로 줄이고 부족분은 어염세·선무군관포 등으로 보충하여 국가 재정 안정화

041 최신기출
이인좌의 난 ★★★
李麟佐의 亂

- 영조시기에 발발한 반란
- 한국동서발전

경종이 죽은 후 영조가 즉위하자 정권에서 배제된 소론 및 남인 일부세력이 영조와 노론을 제거하기 위해 이인좌가 중심이 되어 일으킨 반란

042
발해고 ★★☆
渤海考

- 유득공
- 공주관광재단, 대전보훈병원

1784년(정조 8) 조선의 학자 유득공이 저술한 발해의 역사서

자세히 이해하기

발해를 고구려 계승국으로 파악하고 한국사 체계에 포함시켰으며, 고대사 연구의 시야를 만주 지방까지 확대시킴으로써 한반도 중심의 협소한 사관을 극복하고자 했다.

043 연암 박지원 ★★☆
燕巖 朴趾源
1737~1805

- 『열하일기』, 중상학파
- 경주문화재단, 경상대학교병원

조선 후기 실학자 겸 소설가로 『열하일기』를 통해 상공업 진흥을 강조, 수레와 선박의 이용, 화폐유통의 필요성 주장

조선 후기 실학자

학파	중농학파(경세치용)		중상학파(이용후생)	
내용	토지 제도 개혁 중시		상공업 진흥, 청 문물 수용	
학자	유형원	농민에게 토지 분배 (『반계수록』)	홍대용	문벌 제도 철폐
	이익	양반도 농사를 지어야 한다고 주장(『성호사설』)	박지원	수리시설 확충
	정약용	토지와 세금 제도 개혁(『경세유표』)	박제가	청 문물 수용(『북학의』), 생산·소비 관계를 우물물에 비유

기출	박지원과 박제가의 공통점은? : 상공업 진흥을 통한 부국강병을 주장했다.

044 흠흠신서 ★★☆
欽欽新書

- 형법서
- 서대문구도시관리공단, 한국산업인력공단

조선의 실학자 정약용이 1819년 집필해 1822년(순조 22)에 간행된 형법서. 사람의 생명과 형벌 문제를 합리적으로 다루며, 실학적 법학 연구의 정수로 평가됨

기출	조선 후기 실학자 정약용이 저술한 형법서는? : 흠흠신서

045 최신기출
강화도 조약 ★★★
江華島 條約

- 최초의 근대 조약
- 수원시공공기관통합채용, 남양주도시공사, 한국보훈복지의료공단, 대전광역시공공기관통합채용

1876년 일본과 맺은 최초의 근대적 불평등 조약

> **○ 운요호 사건 (Unyo號 事件)**
> 일본 군함 운요호가 조선 해안을 탐측 연구한다는 핑계로 강화도 앞바다에 불법으로 침투해, 조선수군을 공격하고 인적·물질적 피해를 입히고 퇴각한 사건

기출	강화도 조약의 계기가 된 사건은? : 운요호 사건

046 최신기출
조선책략 ★★★
朝鮮策略

- 김홍집
- 한국철도시설공단, 근로복지공단, 방송통신심의위원회, 한국동서발전

1880년 수신사로 일본에 방문했던 김홍집에 의해 조선에 유입된 책. 중국과 친해지고, 일본과 결합하고, 미국과 연합해 러시아의 남하를 막아야 한다는 내용

> **자세히 이해하기**
>
> 고종은 『조선책략』을 통해 외교와 개화의 중요성을 인식하고 조선과 미국 간 국교와 통상을 목적으로 한 조미수호통상조약을 맺었다.

> ✓ **조미수호통상조약 (朝美修好通商條約)**
> 1882년 조선과 미국이 국교와 통상을 목적으로 맺은 조약

047
제물포 조약 ★☆☆
濟物浦 條約

- 임오군란 피해 보상
- 한국보건복지정보개발원

임오군란으로 발생한 일본 측의 피해 보상문제 등을 다룬 조선과 일본 사이의 조약. 이 조약으로 일본군이 조선에 주둔할 수 있게 됨

048
박문국 ★★☆
博文局

- 출판기관
- 한국보훈복지의료공단, 국민건강보험공단, 대전보훈병원

조선 후기 인쇄·출판에 관한 사무를 관장한 출판기관

> ✓ **한성순보 (漢城旬報)**
> 1883년 박문국에서 간행한 우리나라 최초의 신문으로 국내 소식과 함께 서양의 신문화를 소개하는 데 큰 역할

049
전환국 ★☆☆
典圜局

- 조폐기관
- 부산교통공사, 한국산업단지공단

1883년 당면한 재정위기를 보완하고 문란해진 통화정책을 정비할 목적으로 설치한 상설 조폐기관

> **자세히 이해하기**
>
> 전환국은 조선사회에 근대적 화폐제도를 도입하는 데 선구적인 역할을 했지만, 1904년 일본인 재정고문 메가타 다네타로에 의해 폐지됐다.

050 최신기출
갑신정변 ★★★
甲申政變

- 개화 세력
- 광주광역시공공기관통합채용, 한국서부발전, 한국산업단지공단, 한국보훈복지의료공단, 한국폴리텍

1884년 김옥균, 박영효, 홍영식 등 급진개화파가 일본의 군사적 지원을 받아 일으킨 정변

배경	임오군란 이후 청나라가 조선 내정에 대해 간섭하고 경제 침략을 강화
결과	청군의 개입과 일본의 배신으로 3일 만에 실패

기출
- 갑신정변 뒤처리를 마무리 짓기 위하여 일본과 맺은 조약은?
  : 한성조약
- 갑신정변과 관련 없는 것을 고르면?
  : 구본신참(⇔광무개혁)

051 최신기출
거문도 점령사건 ★★☆
巨文島占領事件

- 영국이 조선의 거문도를 불법 점령
- 수원시공공기관통합채용

1885년 영국이 러시아의 조선 진출을 견제한다는 명분으로 조선 영토인 거문도를 약 2년간 무단 점령한 사건

자세히 이해하기
청나라와의 교섭을 통해 조선 정부는 공식 항의했으며, 국제적 외교 분쟁으로 번지지 않도록 청국과 영국 간 협상으로 해결되었다. 제국주의 열강의 한반도 침탈 야욕이 드러난 사례로 평가된다.

기출 다음 중 거문도 점령사건과 관련이 없는 나라는?

052
청일전쟁 ★★☆
淸日戰爭

- 조선 지배권 싸움
- 한국중부발전, 한국문화예술위원회, 안전보건공단

1894~1895년 사이 조선의 지배권을 놓고 청과 일본이 다툰 전쟁. 일본이 전쟁에서 승리한 후 동아시아의 주도권 잡음

자세히 이해하기
동학농민운동이 일어나자 조선 정부는 청나라에 지원을 요청했고 청나라가 군대를 파병하자 일본도 톈진조약을 들어 군대를 파견하면서 두 나라 간 전쟁이 시작됐다.

● 톈진조약 (天津條約)
청이나 일본이 조선에 군대를 파견하거나 철수할 때 동시에 파병·철수한다는 내용이 포함된 조약

053
독립신문 ★★☆
獨立新聞

- 최초의 한글신문, 서재필
- 제주개발공사, 방송통신심의위원회

독립정신을 높이기 위해 서재필이 정부로부터 자금 지원을 받아 1896년 4월 7일에 창간한 우리나라 최초의 민간신문이자 한글신문

> **자세히 이해하기**
> 독립신문은 한글판과 영문판을 동시에 발간하여 국내 계몽과 더불어 해외에 한국의 사정을 알렸다. 개화사상과 민권 사상을 전파하며 민중 계몽에 큰 역할을 했다.

054
시일야방성대곡 ★★☆
是日也放聲大哭

- 을사조약 부당성 비판
- 한국산업인력공단, 한국중부발전, 방송통신심의위원회

1905년 11월 20일 『황성신문』에 실린 을사조약의 부당성을 비판한 장지연의 논설

> **개화기 주요 신문과 잡지**
> - 『황성신문』: 장지연의 '시일야방성대곡'을 게재
> - 『독립신문』: 최초의 한글신문
> - 『대한매일신보』: 발행인이 영국인(베델)이라 검열을 받지 않아 항일운동의 선봉 역할 수행

055 최신기출
국채보상운동 ★★★
國債報償運動

- 양기탁, 일진회
- 부산광역시공무직, 국민연금공단, 한국국토정보공사, 한국남부발전, 한국보훈복지의료공단, 한국폴리텍, 강원랜드, 광주광역시공무직

1907년 대구에서 시작된 주권수호운동. 일본이 대한제국을 경제적으로 예속시키려고 제공한 차관을 국민들이 갚고자 한 운동

> **자세히 이해하기**
> 국채를 갚으려는 국민들의 열망은 뜨거웠지만 일제가 이를 반일운동으로 취급하며 일진회를 조종해 방해했다. 결국 국채보상운동의 주도자인 양기탁이 구속돼 실패로 끝났다.

056
토지조사사업 ★★☆
土地調査事業

- 식민지적 토지소유
- LH한국토지주택공사, 서울특별시농수산식품공사, 국민연금공단, 경기도시공사

1910~1918년 일본이 한국의 식민지적 토지소유관계를 공고히 하기 위하여 시행한 대규모의 국토조사사업

> **산미증식계획 (産米增殖計畫)**
> 1920~1934년 일제가 조선을 일본의 식량공급지로 만들기 위해 실시한 농업정책

057
한국통사 *☆☆
韓國痛史

- 박은식
- 부산교통공사

1915년 국혼을 강조한 박은식이 민족주의 사관에 입각해 독립운동의 한 방편으로 서술한 학술서

> **자세히 이해하기**
> 고대부터 대한제국까지의 역사를 통사적으로 서술하며, 국권 피탈의 비극과 일본 제국주의 침략을 기록했다. 민족 자존과 독립 의지를 고취하기 위한 독립운동 교재적 성격이 강하다.

058
봉오동 전투 **☆
鳳梧洞 戰鬪

- 홍범도
- 한국동서발전, 한국산업인력공단

1920년 6월 중국 봉오동에서 홍범도의 대한독립군, 최진동의 군무 도독부군, 안무의 국민회군이 연합부대를 편성해 일본군을 무찌르고 크게 승리한 전투

> **자세히 이해하기**
> 봉오동 전투는 1910년대 이래 국내에서 억눌린 무장투쟁이 국외 독립군 세력의 조직화로 이어진 첫 결실이었다. 홍범도 부대가 주축이 되어 일본 정규군을 상대로 첫 승리를 거두면서 독립군의 사기가 크게 높아졌다. 이 전투는 이후 청산리대첩 등으로 이어지는 무장독립운동의 출발점이자 상징적 전환점으로 평가된다.

059 최신기출
이봉창 ***
李奉昌
1900~1932

- 히로히토, 수류탄
- 대구의료원, 한국환경공단, 국민건강보험공단, 광주광역시공공기관통합채용, 한국보훈복지의료공단

한인애국단 소속 독립운동가. 1932년 히로히토 일왕에게 수류탄을 던졌으나 실패하고 체포된 후 사형 당함

> **한인애국단 (韓人愛國團)**
> 1931년 대한민국 임시정부가 일본의 주요 인물을 제거하기 위해 상하이에서 조직한 비밀결사 단체. 김구의 주도로 결성되었으며, 윤봉길·이봉창 등이 단원으로 참여하여 의거를 전개

> **기출** 한인애국단에서 활약한 사람으로 잘못된 것은?
> : 안중근(이봉창, 김구, 윤봉길, 안공근은 한인애국단 소속이다.)

060
카이로 회담★★☆
Cairo 會談

- 한국 독립 보장
- 대전시공공기관통합채용, 의정부시설관리공단, 한국폴리텍대학교

한국의 독립이 처음으로 국제적인 보장을 받은 회담. 1943년 미국·영국·중국의 연합국 지도자들이 모여 일본이 차지한 섬과 한국의 독립문제 등을 논의

> ● 포츠담 선언 (Potsdam 宣言)
> 1945년 7월 독일의 포츠담에서 미국의 트루먼, 영국의 처칠, 중국의 장제스 등이 회담을 하고 선언한 공동 선언으로 한국의 독립 문제를 재확인

061 최신기출
김구★★★
金九
1876~1949

- 남한 단독 총선거 반대
- 한국보훈복지의료공단, 광주광역시공공기관통합채용, 수원시공공기관통합채용

대한민국 임시정부 주석. 1931년 한인애국단을 조직했으며 남한 단독 총선거를 반대

062 최신기출
인천상륙작전★★★
仁川上陸作戰

- 맥아더
- 한국서부발전, 한국환경공단, 한국산업인력공단, 부산광역시공공기관통합채용

1950년 9월 15일 국제연합(UN)군이 맥아더 장군의 지휘 아래 인천에 상륙하여 북한군을 공격하며 전세를 역전시킨 작전

◀ 세계사

063 최신기출
헬레니즘★★★
Hellenism

- 그리스와 오리엔트 문화가 융합된 고대 세계 문화
- 화성시공공기관통합채용, 수원시공공기관통합채용

알렉산드로스 대왕의 동방 원정 이후 형성된 그리스와 오리엔트 문화의 융합 양식. 정치·사상·예술·과학 분야에서 인간 중심의 합리주의와 동방적 신비주의가 혼합되었으며, 헬레니즘 도시는 상업·과학·철학의 중심지로 발전함. 이 문화는 로마 제국과 유럽 문명에 깊은 영향을 줌

064
청교도혁명 ★★☆
淸敎徒革命

- 최초의 시민혁명
- 광주광역시도시공사, 경상대학병원, 근로복지공단

1642~1660년에 걸쳐 영국에서 청교도를 중심으로 일어난 최초의 시민혁명. 의회 중심 정치의 토대를 마련하고 근대 민주주의 발전에 영향을 줌

065
프랑스혁명 ★★☆
French Revolution

- 자유·평등·박애
- 한국마사회, 폴리텍대학, 경기관광공사

1789~1794년에 걸쳐 프랑스 시민들이 프랑스 절대왕정의 봉건제도를 타파하고 민주주의를 쟁취하기 위해 일으킨 전형적인 시민혁명. 자유·평등·박애를 기본 정신으로 삼아 근대 민주주의 발전에 큰 영향을 줌

066 최신기출
산업혁명 ★★☆
産業革命

- 기계공업 발달
- 화성시인재육성, 한국폴리텍대학교, 한국산업기술진흥원

18세기 후반부터 약 100년 동안 유럽에서 농업과 수공업 위주의 경제였던 것이 공업과 기계를 사용하는 제조업 위주의 경제로 전환된 과정. 산업혁명은 기계공업 발달뿐 아니라 도시화, 노동문제 심화, 자본주의 경제체제 확립 등 근대 사회 변화를 촉발

> **러다이트 운동 (Luddite Movement)**
> 산업혁명으로 경제 불황, 임금하락, 고용감소, 실업자 증가 등이 계속되자 1811~1817년 영국 직물공업 지대에서 노동자들이 일으킨 기계 파괴 운동

067
미국독립혁명 ★☆☆
American Revolution

- 보스턴 차 사건
- 한국토지신탁

1775년 북아메리카의 13개 영국령 식민지가 영국 본토로부터 독립을 이룬 혁명. 1776년 필라델피아에서 독립선언이 발표되었고, 프랑스 등의 지원 속에 미국은 독립에 성공. 프랑스혁명에도 큰 영향 미침

> **보스턴 차 사건 (Boston Tea Party, 1773)**
> 영국이 식민지였던 미국에 지나친 세금을 징수하자 이에 반발해 보스턴에 정박해 있던 배를 습격해 홍차 상자를 바다에 던진 사건으로 미국독립혁명을 일으키는 계기가 됨

068 최신기출
카스트제도 ★★☆
Caste

- 인도 신분제도
- 대전도시공사, 화성시인재육성재단, 한국수자원공사

인도에서 직업·출생에 따라 사람을 구분한 신분제도. 1950년 인도 헌법에서 폐지되었으나, 사회적으로는 여전히 영향이 남아 있음

인도 신분제도 구분

브라만	종교를 담당하는 승려계급
크샤트리아	정치와 군대를 담당하는 무사계급
바이샤	상업과 농업을 담당하는 상공계급
수드라	노예계급
달리트	카스트제도에 속하지 않는 불가촉천민

기출 인도의 카스트제도에 속하지 않는 것은?
: 프롤레타리아

069
남북전쟁 ★★☆
American Civil War
1861~1865

- 노예제를 둘러싼 전쟁
- 부천시공공기관통합채용, 공무원연금공단

미국에서 노예 해방을 둘러싼 남부와 북부의 전쟁

자세히 이해하기
당시 미국은 남부의 농업중심 노예노동주의와 북부의 자유 임금노동주의가 대립해왔다. 갈등이 극에 달한 상황에서 섬터(Sumter) 요새 소유권을 둘러싸고 문제가 일어나자, 남부 연합군이 섬터 요새를 공격하며 남북전쟁이 일어났다. 처음엔 남부 연합군의 우세로 시작했지만, 게티즈버그 전투에서 링컨 대통령이 이끄는 북부군이 남부군을 물리치며 전쟁의 향방이 바뀌었고, 결국 북부군의 승리로 끝났다.

기출 남북전쟁이 발발한 직접적 원인은?
: 노예해방문제

070
양무운동 ★★☆
洋務運動

- 자강운동
- 한국마사회, 서울특별시농수산식품공사

1861년부터 1894년까지 청 말기에 확산된 근대화 운동. 서양의 과학·기술을 도입해 스스로 강성해지자는 중국의 사회 개혁 운동. 그러나 정치·사회 구조의 근본 개혁에는 미흡하여 한계가 있었음

071 아편전쟁★★☆
阿片戰爭

- 청·영국전쟁, 난징조약
- 화성시인재육성, 한국공항공사

청과 영국 사이에서 일어난 두 차례의 전쟁

1차 아편전쟁 (1840~1842)	청의 아편 단속에 반발한 영국이 무역항 확대를 명분으로 일으킨 전쟁. 영국의 승리로 난징조약을 맺음
2차 아편전쟁 (1856~1860)	애로호 사건(청나라 관리가 단속 과정에서 영국 국기를 끌어내린 사건)을 빌미로 영국이 프랑스와 연합해 텐진과 베이징을 점령하고 불평등 조약(베이징조약)을 맺은 전쟁

◉ **난징조약 (南京條約)**
1842년 영국의 승리로 아편전쟁이 종결된 후, 청과 영국 사이에 맺은 불평등 조약

기출 아편전쟁의 내용으로 옳지 않은 것은?
: 청나라가 승리해 난징조약을 체결(⇨ 영국군이 승리해 체결)

SPEED CHECK 스피드 체크

중요 용어! 제대로 이해했는지 빠르게 점검하고 넘어가자!
답이 바로 생각나면 ○, 고민했다면 △, 틀렸다면 × 표시해서 완벽하게 정리하세요.

객관식 문제

01 대한민국에서 역사·예술·학술적 가치가 매우 높아 국가가 지정한 최고 등급의 문화재를 뜻하는 용어는?
① 국보
② 보물
③ 중요무형문화재
④ 유네스코 등재유산

◀ 정답 ①

02 고대 국가 중 고구려의 풍속은?
① 소도
② 영고
③ 책화
④ 동맹

◀ 정답 ④

03 불국사에서 발견된 세계에서 가장 오래된 목판 인쇄물은?
① 왕오천축국전
② 직지심체요절
③ 천상열차분야지도
④ 무구정광대다라니경

◀ 정답 ④

04 전민의 신분해방운동이 아닌 것은?
① 만적의 난
② 이자겸의 난
③ 전주 관노의 난
④ 망이·망소이의 난

◀ 정답 ②

05 고조선에 대한 설명으로 옳지 않은 것은?
① 단군 건국 전승
② 청동기 기반
③ 철기 전혀 미수용
④ 8조법 전승

◀ 정답 ③

06 이순신 장군의 3대 대첩이 아닌 것은?
① 노량해전
② 명량대첩
③ 행주대첩
④ 한산도대첩

◀ 정답 ③

| 객관식 문제 | 확인 |

07 1019년 제3차 거란 침입에서 귀주대첩을 이끌어 고려를 지켜낸 명장은?
① 윤관　　　　　　② 이순신
③ 김유신　　　　　④ 강감찬

◀ 정답 ④

08 흥선대원군의 업적이 아닌 것은?
① 법전 간행　　　　② 경복궁 중건
③ 비변사 폐지　　　④ 환곡제 시행

◀ 정답 ④

09 조선 후기 육의전 상인에게 부여되어 정부 허가 없이 장사하는 난전을 단속하거나 금지할 수 있었던 권한은?
① 상평통보권　　　② 공민왕의 개혁정책
③ 금난전권　　　　④ 난전징수권

◀ 정답 ③

10 부여의 법 풍속으로 옳은 것은?
① 절도 12배　　　　② 상복 3년
③ 골품제　　　　　④ 모병제

◀ 정답 ①

11 장지연의 시일야방성대곡이 게재된 신문은?
① 황성신문　　　　② 한성순보
③ 독립신문　　　　④ 대한매일신보

◀ 정답 ①

12 일본에 경제적으로 예속되는 것을 막기 위해 일본이 제공한 차관을 갚으려고 국민들이 벌인 운동은?
① 갑오개혁　　　　② 동학농민운동
③ 토지조사사업　　④ 국채보상운동

◀ 정답 ④

13 발해 연호 '인안'을 사용한 왕은?
① 고왕　　　　　　② 무왕
③ 문왕　　　　　　④ 선왕

◀ 정답 ②

| 객관식 문제 | 확인 |

14 1885년 영국이 러시아의 조선 진출을 견제한다는 명분으로 약 2년간 조선 영토를 불법 점령한 사건은?

① 신미양요　　　　　　② 병인양요
③ 제물포 조약 사건　　　④ 거문도 점령사건

◀ 정답 ④

15 1653년 네덜란드 상선 스페르베르호가 제주도에 난파된 뒤 하멜이 조선에 13년간 머물다 귀국 후 기록한 책은?

① 하멜표류기　　　　　② 표해록
③ 조선견문록　　　　　④ 서유견문

◀ 정답 ①

16 영국에서 일어난 최초의 시민혁명은?

① 명예 혁명　　　　　② 장미 혁명
③ 오렌지 혁명　　　　④ 청교도 혁명

◀ 정답 ④

17 보스턴 차 사건으로 발발해 성공을 거둬 프랑스 혁명에도 큰 영향을 미친 혁명은?

① 포에니 전쟁　　　　② 청교도 혁명
③ 십자군 전쟁　　　　④ 미국독립혁명

◀ 정답 ④

18 알렉산드로스 대왕의 원정 이후 그리스와 오리엔트 문화가 융합되어 형성된 고대 세계 문화를 일컫는 용어는?

① 헬레니즘　　　　　　② 르네상스
③ 메소포타미아 문명　　④ 바빌로니아

◀ 정답 ①

19 『경국대전』에 대한 설명으로 옳은 것은?

① 태조 편찬·세조 반포　　② 고려 중기 형법서
③ 세조 착수·성종 반포　　④ 영조·대전통편

◀ 정답 ③

20 아편전쟁 종결 후 맺어진 조약은?

① 톈진조약　　　　　② 난징조약
③ 베이징조약　　　　④ 한성조약

◀ 정답 ②

Chapter 07 스포츠

알짜 학습팁

▶ 스포츠 관련 공공기관에서 집중적으로 출제되고 있으며 그 외 일반 공기업에서도 심심찮게 출제되므로 방심해서는 안 될 영역입니다.

▶ 올림픽과 관련한 문제의 출제 비중이 높은 편입니다. 하계올림픽뿐만 아니라 동계올림픽, 패럴림픽, 아시안 게임과 같은 파생용어들도 놓치지 말아야 합니다.

▶ 야구, 축구와 같은 인기 종목은 세부적인 경기 규칙을 묻는 문제까지 까다롭게 출제되므로 세세한 부분도 정확히 숙지해야 합니다.

스포츠 일반

001
그랜드슬램 ★★☆
Grand Slam

- 키워드: 4대 메이저대회
- 기출처: 한국전력공사, 경상대학교병원

골프와 테니스의 경우 4대 메이저대회를 모두 석권하는 것. 야구에서는 만루홈런을 지칭

PGA(남자프로골프협회) 4대 메이저대회	• 마스터스 • US오픈	• PGA챔피언십 • 디 오픈 챔피언십(브리티시오픈)
LPGA(여자프로골프협회) 4대 메이저대회	• 더 셰브론 챔피언십(구 ANA 인스퍼레이션) • KPMG 위민스 PGA 챔피언십 • US 여자오픈 • AIG 위민스 오픈(구 위민스 브리티시오픈) * 아문디 에비앙 챔피언십 포함 시 5대 메이저 대회	
테니스 4대 메이저대회	• 호주오픈 • 윔블던	• 프랑스오픈 • US오픈

기출: 그랜드슬램, 러브, 해트트릭과 관련된 숫자의 합은?
: 7(⇨ 4+0+3 : 러브는 테니스 경기에서 0점, 해트트릭은 축구 경기에서 한 선수가 한 게임에서 3점 이상 득점)

예문: 오상욱 선수는 한국 펜싱의 5회 연속 올림픽 입상 기록을 이어갔으며, 한국 펜싱 선수 최초로 그랜드슬램을 달성했다.

002 최신기출
해트트릭 ★★☆
Hat Trick

- 3골
- 인천시설공단, 부산도시공사, 노원문화재단

축구나 하키 등의 경기에서 1명의 선수가 1경기에서 3득점을 하는 것

> **자세히 이해하기**
> 크리켓 경기에서 3명의 타자를 연속 삼진 아웃시킨 투수에게 수여하는 모자(hat)에서 유래했다.

003
와일드카드 ★★☆
Wild Card

- 특별 출전
- 인천국제공항공사, 한국산업인력관리공단

출전자격을 얻지 못했지만 특별히 출전이 허용된 팀 또는 선수

> **와일드카드 유형**
> - 국제 대회 : 본선에 자동 출전권을 얻지 못한 팀이나 선수에게 특별히 출전 자격을 주는 경우
> - 리그 경기 : 플레이오프 진출 시, 성적이 정규 순위권에 못 미치지만 성적 상위 팀 중 추가로 진출 기회를 주는 경우

004
트리플 크라운 ★★☆
Triple Crown

- 3개 부문
- 전라남도공공기관통합채용, 근로복지공단

여러 운동 경기에서 3개 부문 1위 또는 3개 대회를 우승한 경우를 이르는 말

종목별 트리플 크라운

야구	타자는 타율·타점·홈런 부문에서, 투수는 방어율·다승·탈삼진 부문에서 동시에 1위를 차지하는 경우
배구	서브 득점과 블로킹, 백어택을 각각 3개 이상 기록하는 경우
프로축구	정규리그, 리그컵, 각 나라의 FA컵, 지역별 챔피언스리그 중 3개 대회를 우승하는 경우
프로골프	한 해에 3개국의 최고 메이저대회인 브리티시오픈(전영), US오픈(전미), 캐나디언오픈 대회에서 우승하는 경우

005 최신기출
사이클링 히트 ★★☆
Cycling Hit

- 올마이티 히트
- 한국수력원자력, 부천시공공기관통합채용

1명의 선수가 1경기에서 1루타, 2루타, 3루타, 홈런을 모두 기록하는 것. 히트 포 더 사이클(Hit For the Cycle) 또는 올마이티 히트(Almighty Hit)라고도 함

006 퀄리티 스타트 ★★☆
Quality Start

- 6이닝, 3점
- 언론중재위원회

야구에서 선발로 등판한 투수가 6이닝 이상 공을 던지고 3점 이하의 자책점으로 막아 낸 경기

자세히 이해하기

류현진은 한화 이글스 소속이던 2010년, 29경기 연속(단일 시즌 23경기 연속) 퀄리티 스타트를 기록하며 KBO 기록을 세웠다.

007 리베로 ★☆☆
Libero

- 수비선수
- 근로복지공단, 부평구문화재단

배구와 축구 경기에서 수비 역할을 맡는 선수

자세히 이해하기

배구에서 리베로는 후위 지역에서만 경기하며 서브나 블로킹을 할 수 없고 선수들과 구별되는 유니폼을 착용한다. 축구에서는 과거 리베로는 중앙수비수이면서 공격을 겸하는 역할을 가리켰으나, 현재는 거의 사용되지 않는 전술적 개념이다.

008 농구 용어 ★★☆

- 버저비터
- 국가정보원, 부천시공공기관통합채용

앨리웁	바스켓 근처에서 점프한 선수가 공중에서 공을 패스 받아 발이 땅에 닿기 전에 던지는 슛
덩크슛	높이 점프하여 바스켓 위에서 공을 내리꽂듯이 밀어 넣는 슛
뱅크슛	백보드를 향해 공을 던지는 슛
바스켓 굿/ 바스켓 카운트	슛 동작 중 상대 수비선수의 파울 시 그 슛이 들어가면 점수도 인정받고 1개의 추가 자유투도 받는 것
프리스로	프리스로 라인 뒤에서 누구의 방해도 받지 않고 던지는 자유투로 성공 시 1점씩 가산
버저비터	경기종료를 알리는 버저소리와 함께 성공된 슛
인터페어	상대 선수가 슛한 공이 낙하곡선을 그릴 때 건드리면 골인 여부와 상관없이 득점으로 인정
인터셉트	상대팀의 패스를 가로채는 동작
아웃렛패스	수비 리바운드를 따낸 즉시 곧바로 상대 진영으로 달려가는 같은 팀 선수에게 던져주는 롱 패스
식스맨	5명의 주전선수 외에 언제든지 투입 가능한 1순위의 후보 선수
트리플더블	득점·리바운드·어시스트·스틸·블록슛 중 3개 카테고리에서 각각 10개 이상 기록하는 경우

009 골프 용어 ★★☆

- 버디, 이글
- 영화진흥위원회, 부산시설공단

샷	공을 공중으로 멀리 한번 치는 것
퍼트	그린 위에서 공을 홀에 넣기 위해 치는 것
티샷	각 홀에서 처음 치는 샷으로 경기를 시작할 때 티에 올린 공을 치는 것
파	티를 출발하여 홀을 마칠 때까지 정해진 기준타수
버디	한 홀에서 기준타수(Par)보다 1타 적은 타수로 홀인(Hole In)하는 것
이글	한 홀에서 기준타수보다 2타 적은 타수로 홀인하는 것
알바트로스	한 홀에서 기준타수보다 3타 적은 타수로 홀인하는 것으로 미국에서는 이를 더블이글(Double Eagle)이라 함
보기	한 홀에서 기준타수보다 1타 많은 타수로 홀인하는 것
더블보기	한 홀에서 기준타수보다 2타 많은 타수로 홀인하는 것
트리플보기	한 홀에서 기준타수보다 3타 많은 타수로 홀인하는 것
홀인원	티샷이 그대로 홀에 들어가는 것(1타로 볼이 홀에 들어가는 것)
오버 파	기준타수보다 많은 타수
이븐 파	기준타수와 동일한 수의 타수
언더 파	기준타수보다 적은 타수
멀리건	티샷이 잘못되었을 때 벌타 없이 다시 한 번 치게 하는 것으로 정식 골프규칙에는 없는 편법임
갤러리	골프경기를 관전하러 온 관중들
스킨스게임	각 라운드마다 걸린 상금을 따 내는 방식

> **기출**
> 한 홀에서 기준타수보다 3타 적은 타수로 홀인하는 것을 일컫는 용어는?
> : 알바트로스

010 트라이애슬론 ★★☆
Triathlon

- 철인3종경기
- 서대문구도시관리공단, 충북대학교병원

수영·사이클·마라톤 세 종목을 휴식 없이 연이어 실시하는 경기

> **기출**
> - 트라이애슬론 종목이 아닌 것은?
> : 경보
> - 트라이애슬론에서 처음 시작하는 종목은?
> : 수영

011 최신기출
수영 용어 ★★☆

- 플립턴
- 부산교통공사, 충북대학교병원, 서대문구도시관리공단

기본 영법

자유형	정확히는 영법이 아닌 종목명이며, 크롤 영법(가장 빠른 영법)과 서로 동의어처럼 사용
배영	위를 향하여 반듯이 누운 채 양팔을 번갈아 회전하여 물을 밀치는 영법
평영	수면과 수평을 이루어 개구리처럼 양팔과 두 발을 오므렸다가 펴기를 반복하는 영법
접영	어깨선이 수면과 수평이 되도록 엎드린 자세로 헤엄치는 방법
횡영	옆으로 누운 상태로 행하는 영법. 주로 인명구조나 장거리 수영에 사용

턴 영법

오픈턴	한 손이 풀의 벽에 닿으면서 몸을 돌려 발을 벽에 붙였다가 차내면서 원래의 자세로 돌아가는 방법
플립턴	수영장 끝에 다다랐을 때 앞쪽으로 반 바퀴 정도 돈 다음, 벽을 두 다리로 힘차게 미는 방법
스핀턴	배영 마지막 동작에서 손바닥으로 벽을 찍는 순간 몸을 90도로 회전하고 하체를 넘겨 벽을 차는 방법. 배영에서 평영으로 전환 할 때 사용
롤오버턴	배영으로 오다가 플립턴을 하는 방법

개인혼영과 혼계영 순서

개인혼영	접영 → 배영 → 평영 → 자유형
혼계영	배영 → 평영 → 접영 → 자유형

012
테니스 ★★★
Tennis

- 4대 메이저
- 서대문구도시관리공단, 의정부시설관리공단, 산업인력공단

네트를 사이에 두고 선수들이 라켓으로 공을 쳐 넘겨 득점을 겨루는 경기

테니스 4대 메이저 대회
▲호주오픈 ▲프랑스오픈 ▲윔블던(영국) ▲US오픈(미국)

기출	• 테니스 4대 메이저 대회 개최 순서는? : 호주오픈(1월)→프랑스오픈(5~6월)→윔블던(6~7월)→US오픈(8~9월) • 테니스 4대 메이저 대회가 열리지 않는 나라는? : 독일

013 최신기출
테니스 점수 체계 ★★☆

- 러브
- 수원시공공기관통합채용, 경기도공공기관통합채용, 의정부시설관리공단

러브(love : 0점) · 피프틴(15 · fifteen : 1점) · 서티(30 · thirty : 2점) · 포티(40 · forty : 3점) · 게임(game : 4점)이라는 단위로 점수를 매겨 4점 얻을 때 1게임 승, 6게임 얻을 경우 1세트 승, 3세트 또는 5세트 선취 시 매치 승리

> **기출**
> - 테니스 점수에서 0점을 뜻하는 용어는?
>   : 러브
> - 다음 중 테니스에서 점수를 뜻하는 용어와 점수가 올바르게 매칭되지 않은 것은?

014
배구 용어 ★★★

- 듀스
- 밀양시설관리공단

네트 인	공이 네트에 닿은 후 상대방 진영에 넘어간 경우
더블 폴트	두 번의 서브 기회를 모두 실패한 경우
데드 볼	일시적 경기 정지 후부터 다음 서브까지의 간격
듀스	두 팀 동일하게 24점일 때, 2점 차가 날 때까지 경기가 이어지는 것
랠리	1점이 나기 전까지 공이 네트위로 여러번 넘나드는 것
사이드 아웃	서브권이 상대팀에 넘어가는 것
세터	배구선수 포지션으로, 공격수에게 공을 토스하는 역할
트릭점프	공격하는 척 점프하는 동작
페인트	상대 진영의 빈곳에 공을 밀어 넣는 것

015
컬링 ★★☆
Curling

- 빙판 위의 체스
- 인천시설공단, 한국산업인력공단

각 4명으로 구성된 두 팀이 빙판 위 표적인 하우스(House)로 스톤(Stone)을 번갈아 가며 밀어 넣어 누가 더 하우스의 중심에 가깝게 붙이느냐를 겨루는 동계 스포츠

> **자세히 이해하기**
> 두 팀이 10엔드(10회전)에 걸쳐 각 엔드에 한 선수당 2개씩 총 16개의 스톤을 번갈아 가며 던지고, 상대보다 하우스의 중심원에 가깝게 스톤을 위치하는 팀이 각 엔드의 승자가 된다.

대회 종목별

016 아시안 게임 ★★☆
Asian Games

- 4년
- 대한체육회, 수원문화재단

4년마다(올림픽과 겹칠 경우 변경) 열리는 아시아 국가들을 위한 종합 스포츠 대회

자세히 이해하기

2022년 항저우 아시안 게임에서는 e스포츠가 공식 메달 종목으로 채택되었으며, 2026년 아이치·나고야 아시안 게임에서도 e스포츠가 기존 7종에서 11종으로 확대되어 메달 종목으로 유지된다.

아시안 게임 개최지
- 하계 아시안 게임 개최지
  : 중국 항저우(2022·연기, 2023) → 일본 아이치·나고야(2026) → 카타르 도하(2030) → 사우디아라비아 리야드(2034)
- 동계 아시안 게임 개최지
  : 카자흐스탄 아스타나/알마티(2011) → 일본 삿포로(2017)

기출 한국에서 열린 아시안 게임은?
: 하계(1986 서울, 2002 부산, 2014 인천), 동계(1999 강원)

017 평창 동계올림픽 ★★☆

- 23회, 종합 7위
- 한국문화예술위원회, 장애인고용공단, 우리은행

2018년 2월 9~25일 한국 평창, 강릉, 정선 일대에서 열린 제23회 동계올림픽. 한국은 금5, 은8, 동4로 종합 7위. 2022 베이징 동계올림픽에서는 금2, 은5, 동 2개로 종합 14위

기출
- 평창 동계올림픽 당시 방문했던 북한의 관현악단은?
  : 삼지연관현악단
- 평창 동계올림픽에 새롭게 추가된 종목은?
  : 스피드스케이팅의 남녀 매스스타트, 스노보드의 남녀 빅에어, 컬링의 남녀혼성, 알파인스키의 팀 이벤트

018 올림픽 종목 ★★★ 최신기출

- 2024 파리 하계올림픽
- 대전교통공사(파리올림픽), 광주광역시공공기관통합채용, 평택도시공사, 충북대학교병원

하계올림픽 정식 종목	동계올림픽 정식 종목
골프, 근대5종, 농구, 7인제 럭비, 레슬링, 배구, 배드민턴, 복싱, 사격, 사이클, 수영, 승마, 양궁, 역도, 요트, 유도, 육상, 조정, 체조, 축구, 카누, 탁구, 태권도, 테니스, 트라이애슬론, 펜싱, 하키, 핸드볼, 브레이크댄스, 스케이트보드, 스포츠 클라이밍, 서핑, 3×3농구, 비치발리볼, 수구, 아티스틱스위밍 (※ 2024 파리 하계올림픽 기준)	알파인스키, 바이애슬론, 봅슬레이, 크로스컨트리, 컬링, 피겨스케이팅, 프리스타일스키, 아이스하키, 스피드스케이팅(롱트랙), 루지, 노르딕복합, 쇼트트랙, 스켈레톤, 스키점프, 스키마운티니어링(신규), 스노보드(※ 2026 밀라노-코르티나 동계올림픽 기준)

019 올림픽 마스코트 ★☆☆

- 호돌이(1988년 서울올림픽)
- 밀양시설관리공단, 영화진흥위원회

올림픽 경기가 열리는 지역의 자연 환경이나 문화적 유산을 반영한 캐릭터

> **티나&밀로**
> 2026 밀라노-코르티나 올림픽·패럴림픽 공식 마스코트로, 개최지에서 딴 이름(티나=코르티나, 밀로=밀라노)을 가진 흰담비 남매 캐릭터. 티나는 올림픽, 밀로는 패럴림픽 마스코트

> 기출 변형: 2026년 밀라노-코르티나 동계올림픽 마스코트는?(기출: 2022년 마스코트)
> : 티나

020 패럴림픽 ★☆☆
Paralympic Games

- 신체장애인
- 대전도시철도공사

신체장애인들의 국제 스포츠 대회. 4년마다 올림픽 개최국에서 올림픽 폐막 후 2주 이내 개회

하계패럴림픽 종목	동계패럴림픽 종목
태권도, 양궁, 육상, 보치아, 사이클, 승마, 축구, 골볼, 유도, 카누, 트라이애슬론, 파워리프팅, 조정, 사격, 수영, 탁구, 배구, 배드민턴, 휠체어농구, 휠체어펜싱, 휠체어럭비, 휠체어테니스 (※ 2024 파리 하계패럴림픽 기준)	알파인스키, 바이애슬론, 크로스컨트리 스키, 컬링, 스노보드, 아이스하키 (※ 2026년 밀라노-코르티나 동계패럴림픽 기준)

021 스페셜 올림픽 ★★☆
Special Olympics

- 지적발달 장애인
- 부산경제진흥원, 부평구문화재단

지적발달 장애인들의 스포츠 축제

> **자세히 이해하기**
> 스페셜 올림픽은 4년마다 열리며 신체장애인들이 참가하는 장애인 올림픽(패럴림픽)과 구분된다. ▲올림픽 ▲패럴림픽 ▲스페셜 올림픽은 IOC가 인정하는 3대 올림픽이다.

> 기출: 스페셜 올림픽에 대한 설명 중 틀린 것은?
> : 하계 대회만 열린다.(⇨ 동계 대회도 열린다.)

022 전국체전 ★★☆
全國體典

- 대한체육회
- 한국산업인력공단, 강동도시관리공단

전국체육대회. 대한체육회 주최로 매년 가을 개최되는 전국 규모의 종합 스포츠 대회

SPEED CHECK 스피드 체크

중요 용어! 제대로 이해했는지 빠르게 점검하고 넘어가자!
답이 바로 생각나면 ○, 고민했다면 △, 틀렸다면 × 표시해서 완벽하게 정리하세요.

객관식 문제	확인

01 PGA 4대 메이저대회에 속하지 않는 대회는?
① 마스터스　　　　　　② US오픈
③ 디 오픈 챔피언십　　 ④ 호주오픈

◀ 정답 ④

02 해트트릭은 축구에서 1명의 선수가 1경기에 몇 점을 올리는 것인가?
① 1　　　　　　② 2
③ 3　　　　　　④ 4

◀ 정답 ③

03 대한체육회 주최로 매년 가을 개최되는 전국 규모의 종합스포츠대회는?
① 소년체전　　　② 대축전
③ 동계체전　　　④ 전국체전

◀ 정답 ④

04 2024 파리 하계올림픽 종목이 아닌 것은?
① 양궁　　　　　② 역도
③ 스켈레톤　　　④ 서핑

◀ 정답 ③

05 한 홀에서 기준타수보다 3타 적은 타수로 홀인하는 것은?
① 버디　　　　　② 이글
③ 알바트로스　　④ 트리플보기

◀ 정답 ③

06 오륜기에 포함되지 않은 색은?
① 검정　　　　　② 하양
③ 빨강　　　　　④ 노랑

◀ 정답 ②

에듀윌이
너를
지지할게

ENERGY

성공으로 가는 엘리베이터는 고장입니다.
당신은 계단을 이용해야만 합니다.

한 계단, 한 계단씩.

– 조 지라드(Joe Girard)

Chapter 08 과학

알짜 학습팁

▶ 물리법칙·에너지·우주과학·기후환경이 포함된 기초과학과 컴퓨터·웹 서비스·IT기술이 포함된 정보통신 분야로 나누었습니다. 인터넷·IT기술은 일상생활과 연관돼 있어 출제 비중이 높아지고 있습니다.

▶ 기초과학에서는 빛의 현상, 고온건조 바람 등 자연현상, 크기나 빛의 밝기 등 단위를 묻는 문제가 주로 출제됩니다. 최근에는 신기술, 신소재, 친환경 부품에 대한 출제 비중도 높아지고 있습니다.

▶ 정보통신에서는 컴퓨터와 관련된 상식이 주로 출제됩니다. 최근에는 서비스 및 사회현상과 관련한 출제 비중이 높아지고 있어 ★★★ 용어는 반드시 암기하고 넘어가야 합니다.

◀ 기초 과학

001 나노기술 ★★☆
Nano Technology

- 키워드 : 극미세가공
- 기출처 : 한국보훈복지의료공단, 국민건강보험공단, 한국연구재단

10억 분의 1 수준의 정밀도를 요구하는 극미세가공 과학기술

✅ **나노 (Nano)**
'난쟁이'를 뜻하는 그리스어 나노스(Nanos)에서 유래한 말로 1나노세컨드(ns)는 10억 분의 1초, 1나노미터(nm)는 10억 분의 1m로 사람 머리카락 굵기의 10만 분의 1, 원자 3~4개의 크기에 해당

002 빛의 현상 ★★☆

- 반사, 굴절, 산란, 분산
- 한국마사회, 한국수력원자력

반사(反射)	일정한 방향으로 나아가던 파동이 매개 물질의 표면에 부딪혀서 나아가던 방향을 반대로 바꾸는 현상
굴절(屈折)	파동이 한 매개 물질에서 다른 매개 물질로 들어갈 때 경계면에서 그 진행 방향이 바뀌는 현상
분산(分散)	파장이 다른 여러 개의 빛이 프리즘을 통과할 때 여러 색의 띠로 갈라지는 현상
산란(散亂)	파동이 물체와 충돌해 여러 방향으로 흩어지는 현상

003 최신기출
테일러 법칙 ★★☆
Taylor's Law

- 평균의 거듭제곱에 비례
- 한국가스공사, 서울에너지공사

표본의 평균과 분산 간 비례 관계를 설명하는 경험적 법칙

자세히 이해하기

자연 집단에서 평균 값이 커질수록 분산도 제곱 함수처럼 증가하는 경향을 말한다. 개체군 밀도와 변동성 분석, 종 분포 예측, 생태계 안정성 평가 등에 쓰이며, 최근에는 경제·사회·물리 분야의 데이터 변동성 분석에도 응용된다.

004 최신기출
성층권 ★☆☆
成層圈

- 대류권 위에 위치한 대기의 안정된 층
- 수원시공공기관통합채용

지상 약 10~50km 상공에 위치한 대기층. 오존층이 존재하여 자외선을 흡수하고 온도가 높아지는 특징을 지님

자세히 이해하기

대류 활동이 적고 대기 안정성이 높아 항공기나 기상 관측용 풍선 운행 구간으로 활용되며, 기후와 기상 연구에서 중요한 영역으로 다뤄진다.

005
만유인력의 법칙 ★★★
Law of Universal Gravitation

- 당기는 힘
- 한국공항공사, 공무원연금공단

모든 물체 사이에는 서로 당기는 힘이 작용한다는 법칙

◎ 아이작 뉴턴(Isaac Newton, 1642~1727)
질량을 가진 모든 물체 사이에 있는 당기는 힘의 크기는 두 물체의 질량의 곱에 비례하고, 두 물체 사이의 거리의 제곱에 반비례한다는 만유인력의 법칙을 발견함

006 최신기출
표면장력 ★★★
表面張力

- 응집력
- 한국중부발전, 한국환경공단, 한국서부발전, 한국수력원자력

액체 속 분자들의 응집력으로 액체 표면이 최소화되는 현상

자세히 이해하기

▲물방울이 둥근 모양이 되는 것이나 ▲컵에 물을 가득 부었을 때 표면이 둥근 모양이 되는 것은 표면장력 현상으로, 그 안에 있는 물 분자들이 주변의 분자들에 의해 잡아당겨지고 있기 때문에 발생한다.

007
절대온도★★☆
絕對溫度
Absolute Temperature

- 물질 특이성 의존 X
- 한국남동발전, 한국가스공사, 부산교통공사

켈빈 온도 또는 열역학적 온도. 물질의 특이성에 의존하지 않는 절대적인 온도로, 기호 K(켈빈)를 사용

> ✅ **섭씨온도 (攝氏溫度, Celsius Temperature)**
> 물의 어는점과 물의 끓는점을 기준으로 정한 온도. 우리 주변에 물이 가장 흔한 물질이므로 주로 섭씨온도를 사용하지만, 모든 물질이 물을 기준으로 삼아서 움직이는 것이 아니므로 분자의 운동을 설명하는 데에는 적합하지 않음

008
원자력★★☆
原子力
Nuclear Power

- 원자핵, 핵반응
- 한국농어촌공사, 한국수력원자력

원자핵의 붕괴나 핵반응의 경우에 방출되는 에너지가 지속적으로 연쇄 반응을 일으켜 동력 자원으로 쓰일 때의 원자핵 에너지

자세히 이해하기
국내에는 ▲고리(부산, 2017년 6월 18일 1호기 폐쇄) ▲월성(경주, 2019년 12월 24일 1호기 폐쇄) ▲한빛(영광) ▲한울(울진), 새울(울산) 원자력발전소가 있다.

기출
- 원자력 안전을 독립적으로 담당하는 위원회는?
 : 원자력안전위원회
- 한미 원자력 협정에 대해 옳지 않은 것은?
 : 협정에 따라 고농축 우라늄을 함유할 수 있다.
  (⇒ 2015년 한미 원자력협정이 4년 6개월 넘는 협상 끝에 타결돼 20% 미만의 저농축 우라늄만 생산 가능)

009
초전도체★☆☆
Superconductor

- 전기 저항이 0
- 광주광역시공공기관통합채용

일정 온도 이하에서 전기 저항이 0이 되는 물질

자세히 이해하기
어떤 물체들은 일정 온도 이하에서 전기저항이 없어지는 초전도 현상이 일어난다. 초전도 현상에서는 물체의 외부에서 자기장이 들어갈 수 없고 내부에서 자기장을 밀어낸다. 이때 물체는 완전반자성(자기장을 밀어내는 성질)을 가지게 되고, 이로 인해 자기부상현상이 일어나게 된다. 이런 현상이 일어나는 초전도체를 자기부상열차, 입자가속기, 자기공명 영상(MRI)장치 등에 이용한다.

010 피오르 ★☆☆
Fjord

- 빙하, U자 모양 골짜기
- 강동구도시관리공단

빙하가 만든 좁고 깊은 만(灣). 빙하가 녹아 사라진 후 U자 모양 골짜기에 바닷물이 들어와 형성된 지형

> ● 리아스 (Rias)
> 하천 침식을 받은 지역이 해수면 상승이나 지반의 침강으로 침수되어 형성된 해안. 곶과 만이 많고 해안선이 복잡

▲ 피오르

011 도플러 효과 ★★★ 최신기출
Doppler Effect

- 파원과 관측자
- 한국전력공사, 서울도시철도공사, 한국수력원자력

파동을 발생시키는 파원과 그 파동을 관측하는 관측자 중 하나 이상이 운동하고 있을 때 발생하는 효과

> **자세히 이해하기**
> 파원과 관측자 사이의 거리가 좁아질 때에는 파동의 주파수가 더 높게, 거리가 멀어질 때에는 파동의 주파수가 더 낮게 관측된다.

> ● 적색편이 (Red Shift)
> 여러 가지 원인에 의해 색이 장파장(적색편) 쪽으로 이동하는 것. 천체 물리학에서 도플러 효과에 의해 스펙트럼선이 장파장 쪽으로 편향됨

012 하이브리드 자동차 ★★☆
Hybrid Car

- 내연기관 + 전기 모터
- 한국문화예술위원회, 충북대학교

내연기관 엔진에 전기 모터를 결합해 연비를 향상시키고 유해가스 배출량을 줄인 친환경 자동차

> **자세히 이해하기**
> 하이브리드 자동차는 정차 등으로 생기는 에너지 손실을 줄이고, 주행 조건에 맞춰 엔진·모터 출력을 자동 제어해 연비 효율을 높이는 전기자동차 전환의 중간 단계 기술로 볼 수 있다.

013
장보고과학기지 ★★☆
張保皐科學基地

- 남극 대륙
- 부산경제진흥원, 국민연금공단, 영화진흥위원회, 평택도시공사

남극대륙에 위치한 우리나라 과학기지로 2014년 2월 12일 완공

한국의 극지 과학기지
- 세종과학기지 : 남극대륙 부근의 킹조지섬에 건설된 한국 최초의 남극 과학기지로 남극 대륙이 아닌 남극권의 섬에 위치
- 다산과학기지 : 북극에 가까운 노르웨이령 스발바드군도 니알슨에 건설된 국내 최초, 세계 12번째의 북극 과학기지

✓ **유관순함**
2015년 4월 진수식을 가진 해군의 최신예 214급(1800톤 급) 잠수함. 해군 전체 함정을 통틀어 여성 이름을 부여한 것은 창군 이래 처음

014
스마트 그리드 ★★☆
Smart Grid

- 전력망
- 대한체육회, 한국전력공사

지능형 전력망. 정보기술을 전력망에 접목해 에너지 사용 효율을 극대화하는 신기술

자세히 이해하기
전력 공급자와 소비자가 쌍방향으로 전력 수급 정보를 교환해 소비자는 요금이 저렴할 때 전기를 사용할 수 있고, 생산자는 전력 사용 현황을 실시간으로 파악해 전력 공급을 탄력적으로 조절할 수 있다.

015
그래핀 ★★☆
Graphene

- 꿈의 신소재
- 대한장애인체육회, 광주도시철도공사

탄소 원자로 이루어진 원자 1개 두께의 얇은 막. 플렉서블 디스플레이나 전자종이, 착용식 컴퓨터 등에 활용될 미래 신소재로 주목

그래핀의 주요 특징
- 구리보다 100배 이상 전기가 잘 통함
- 반도체로 주로 쓰이는 단결정 실리콘보다 100배 이상 전자를 빠르게 이동시킴
- 강철보다 강도가 200배 이상 강함
- 탄성이 뛰어나 늘리거나 구부려도 전기적 성질을 잃지 않음

✓ **탄소나노튜브 (Carbon Nanotube)**
탄소 6개로 이루어진 육각형들이 연결된 관 형태의 신소재

016
희토류 ★★☆
稀土類

- 희귀 광물
- 전라남도공공기관통합채용, 동대문시설관리공단, 국립생태원

희귀 광물의 한 종류로서 란탄, 세륨, 디스프로슘 등의 원소를 일컫는 말

> **자세히 이해하기**
> 우리나라는 현재까지 희토류를 전량 수입에 의존하고 있는데 거의 대부분이 중국에서 생산된다. ▲화학적으로 안정되면서도 열을 잘 전달하고 ▲삼파장 전구, LCD 연마광택제, 반도체, 가전제품 모터 자석, 광학렌즈, 전기차 배터리 합금 등의 제품생산에 필수적이다.

> **기출** 분쟁광물이 아닌 것은?
> : 티타늄 (⇨ 분쟁광물이란 아프리카 분쟁국에서 생산되는 ▲주석 ▲탄탈 ▲텅스텐 ▲금 등 4가지 광물)

017
비등점 ★☆☆
Boiling Point

- 끓는점

액체가 끓기 시작하는 온도로 액체 표현에서 증발이 일어나거나 액에서서 기체로 물질의 상태가 변화되는 온도

018
인터페론 ★★☆
Interferon

- 생체 방어기구
- SH공사, 한국공항공사, 충북대학교

바이러스에 감염된 동물의 세포에서 생산되는 항(抗)바이러스성 단백질. 바이러스 증식을 억제하고 면역 반응을 활성화해 생체 방어기제로 삭용

019
팬데믹 ★★☆
Pandemic

- 전 세계 유행병
- 화성도시공사, 양주시설관리공단

감염병이 전 세계적으로 유행하는 현상

> **자세히 이해하기**
> 세계보건기구(WHO)가 선포하는 감염병 최고 경고 등급(6등급)에 해당한다. WHO가 1948년 설립된 이래 지금까지 팬데믹을 선언한 경우는 ▲1968년 홍콩독감 ▲2009년 신종인플루엔자 ▲2020년 코로나19 세 차례뿐이다.

020 최신기출
코로나바이러스 감염증-19 ***
COVID-19
COrona VIrus Disease 19

- 21세기 최악의 전염병
- 국가과학기술인력개발원, 공공보건의료재단, 한국도로공사

2019년 12월부터 중국 우한에서 집단 발병하기 시작해 전 세계로 확산된 코로나 바이러스에 의한 새로운 유형의 호흡기 감염 질환. WHO는 2020년 팬데믹을 선언했으며, 2023년 5월 국제적 공중보건 비상사태 종료를 선언

> **기출** 코로나19의 국가재난 상황에서 예술가들이 예술 활동을 하는 데 있어 이에 대한 정당성과 공적 지원정책에 대한 당위성을 논하시오.

021
코로나 백신 **☆
COVID-19 Vaccine

- 아스트라제네카, 화이자
- 한국수자원공사, 한국장애인고용공단

코로나19에 대한 면역을 획득하도록 개발된 백신

코로나 백신 종류

바이러스벡터 백신	아스트라제네카, 얀센
불활화 백신	시노팜, 시노백
mRNA 백신	화이자, 모더나
재조합 백신	노바백스

022 최신기출
블랙아이스 **☆
Black Ice

- 검은 얼음
- 한국철도공사, 한국도로공사 광주광역시공공기관통합채용

겨울철 아스팔트 도로 표면에 내린 눈이 녹다가 얇은 얼음막으로 변하는 현상

> **자세히 이해하기**
> 2025년 1월 수도권 출근길에 다수의 블랙아이스 사고로 차량 160여 대가 충돌하고 다수의 사상자가 발생했다. 특히 자유로, 고속도로 등 교통량이 많은 도로에서 연쇄 추돌을 일으켜 치명적 피해를 초래했다. 운전자는 속도를 줄이고, 급제동 대신 엔진브레이크를 활용하며, 사고 발생 시 신속히 도로 밖으로 피신하는 것이 안전에 중요하다.

> **기출** 겨울철 아스팔트 도로 표면에 내린 눈이 녹다가 얇은 얼음막으로 변하는 현상은?
> : 블랙아이스

023
싱크홀 ★★☆
Sink Hole

- 지반 붕괴 현상
- 국토안전관리원, 서울시설공단

지하 암석이 용해되거나 기존의 동굴이 붕괴되면서 땅이 꺼져 생기는 커다란 구멍

▶ **자세히 이해하기**

2025년 3월 서울 강동구에서 대형 싱크홀이 발생해 인명 피해가 있었다. 전문가들은 지하철 공사, 노후 하수관 파손, 지하수 유출, 지반 안전등급이 낮은 지역 등을 주요 원인으로 꼽는다. 이에 정부와 지자체는 IoT·AI 기반 지반 모니터링, 지하 매설물 관리 강화, 위험 지역 공사 안전 점검 등을 추진하고 있다.

024
화상병 ★☆☆
火傷病

- 과실수의 구제역
- 대구시설공단

사과, 배 및 장미과에 속한 일부 그룹의 식물에 영향을 미치는 세균성 전염병

▶ **자세히 이해하기**

2015년 국내에서 처음 발생한 후 매년 확산되는 추세다. 2025년에도 충북 충주 사과 과수원에서 발생이 확인되어 정부가 위기경보를 '주의'로 상향했다.

| 기출 | 과실수의 구제역으로 불리며, 2015년 국내에 처음 발병한 전염병 이름은?
: 화상병 |

025 최신기출
라임병 ★★☆
Lyme Disease

- 진드기가 매개인 감염성 질환
- 대전광역시공공기관통합채용

보렐리아균에 감염된 진드기에 물려 발생하는 세균성 감염병

▶ **자세히 이해하기**

라임병은 발열, 근육통, 두통과 함께 원형 피부 발진이 나타나며, 방치 시 관절염, 심장 질환, 신경계 이상으로 악화될 수 있다. 진단과 항생제 치료가 중요하며, 야외 활동 시 진드기 예방 필요하다.

026 최신기출
로봇3원칙 ★☆☆
Three Laws of Robotics

- 로봇의 윤리 규칙
- 한국도로공사서비스

SF 작가 아이작 아시모프(Isaac Asimov)가 제안한 원칙

- 로봇은 인간을 해쳐서는 안 된다.
- 인간의 명령에 복종해야 한다.
- 자신의 존재를 보호해야 한다.

027
제네릭 ★★☆
Generic

- 카피약
- 과학기술분야정부출연연구기관, 부천시협력기관

카피약의 정식 명칭으로, 특허가 만료된 오리지널 의약품을 복제해서 동일한 효능을 낼 수 있도록 만든 의약품

> ✅ **바이오시밀러 (Biosimilar)**
> 생물의 세포나 조직 등을 이용해 만드는 바이오의약품의 복제약. 화학식을 알면 쉽게 만들 수 있는 제네릭과 달리 배양 조건이 매우 민감하여 완벽히 복제약을 제조하는 것이 불가능하고 유사한 (Similar, 시밀러) 약을 만들 수 있을 뿐이라는 뜻

028
가니메데 ★★☆
Ganymede

- 목성 위성
- 부산교통공사

1610년 갈릴레이가 천체망원경으로 발견한 목성의 세 번째 위성

갈릴레이가 발견한 목성의 주요 위성(4개)

이오	태양계에서 화산 활동이 가장 활발하며, 목성과의 강한 조석력으로 내부가 가열
유로파	달과 비슷한 크기로, 두꺼운 얼음층 아래에 액체 상태의 바다가 존재할 가능성이 커 생명체 존재 가능성 주목
가니메데	태양계에서 가장 큰 위성이자 자기장을 가진 유일한 위성
칼리스토	오래된 운석공이 많은 고대 표면을 가지며, 방사선 영향이 적어 미래 탐사 거점 후보
기출	태양계에서 가장 큰 위성으로 갈릴레이가 발견한 목성 위성의 이름은? : 가니메데

029 최신기출
베르누이의 정리 ★★★
Bernoulli's Theorem

- 유체역학
- 부산교통공사, 한국서부발전, 인천교통공사, 한국수력원자력, 한국수자원공사, 한국도로공사

유체의 유속과 압력의 관계를 수량적으로 나타낸 법칙

자세히 이해하기 🔍

유체의 흐름이 빠른 곳의 압력은 유체의 흐름이 느린 곳의 압력보다 작아진다. 비행기의 양력이 발생하는 원리를 설명하는 데 주로 사용된다.

030 인공위성 ★★☆
Artificial Satellite

- 천리안 2B호
- 한국환경공단, 방송통신심의위원회

행성(주로 지구)의 둘레를 공전하는 인공적인 물체

국내·외 인공위성 사례
- 우리별 1호 : 우리나라가 영국과 공동 개발한 인공위성
- 우리별 3호 : 우리나라 최초로 독자 개발한 인공위성
- 천리안 2B호 : 세계 최초 환경탑재체 장착 인공위성
- 무궁화 1호 : 우리나라 최초 방송통신위성
- 과학기술위성 1호 : 우리나라 최초 우주 관측위성
- 아리랑 1호 : 다목적실용위성
- 스푸트니크 1호 : 구소련의 세계 최초 인공위성

자세히 이해하기

우리나라는 1992년 '우리별 1호' 발사를 시작으로 다양한 위성을 개발·운용해 왔다. 소형위성으로는 나로과학위성, 다목적실용위성으로는 아리랑 3호·5호·3A호가 있으며, 정지궤도위성으로는 천리안 1호·2A호·2B호가 있다. 특히 천리안 2B호(2020 발사)는 세계 최초로 환경탑재체를 장착한 정지궤도위성으로, 대기·해양 환경 감시에 활용되고 있다.

인공위성의 종류

비행 궤도	• 정지위성 : 적도 상공을 고도 3만6000km로 비행하는 위성 • 이동위성 : 정지위성의 궤도 이외의 궤도를 비행하는 위성
사용 목적	통신위성, 방송위성, 기상위성, 지구관측위성, 항행위성, 군사위성 등

> **정지위성 (Stationary Satellite)**
> 인공위성의 높이가 3만6000km이고 초속 약 3km로 비행하는 경우 위성의 속도와 지구자전의 속도가 같아져 인공위성이 머리 위에 멈춘 것처럼 보이는 위성

기출
- 우리나라 최초의 인공위성은?
  : 우리별 1호
- 인공위성은 어느 방향으로 쏘는가?
  : 동쪽

031 카오스 이론 ★★☆
Chaos Theory

- 질서, 나비효과
- JDC제주국제자유도시개발센터, 부산항보안공사

무질서하고 불규칙해 보이는 것에도 일정한 질서와 규칙이 있다는 이론. 증권시장에서의 주식 가격 변화, 태풍이나 지진 메커니즘, 나뭇잎의 낙하운동 등이 대표적인 예

> ✅ **나비 효과 (Butterfly Effect)**
> 작은 변화가 결과적으로 엄청난 변화를 초래할 수 있다는 이론으로 카오스 이론의 토대가 됐다.

032 멘델의 법칙 ★★☆
Mendel's Law

- 완두콩, 유전법칙
- 부산교통공사, 한국연구재단

멘델(G.J. Mendel, 1822~1884)이 완두콩을 이용한 교배 실험으로 밝혀낸 유전 법칙

> **멘델의 법칙의 종류**
> - 우열의 법칙 : 우성과 열성 두 개의 형질이 있을 때 우성 형질만 드러난다는 법칙
> - 분리의 법칙 : 순종을 교배한 잡종 제1대를 자가교배 했을 때 우성과 열성이 나뉘어 나타난다는 법칙
> - 독립의 법칙 : 서로 다른 형질은 독립적으로 우열의 법칙과 분리의 법칙을 만족한다는 법칙

033 최신기출 테라포밍 ★☆☆
Terraforming

- 행성개조기술, 지구화
- 화성시공공기관통합채용

외계 천체의 대기·온도·수분, 생태계 등을 변화시켜 인간이 거주할 수 있도록 만드는 행성 개조 기술. 주로 화성 등의 행성을 대상으로 하며, 우주 탐사와 거주 가능성 논의에서 중요한 개념으로 다뤄짐

> **자세히 이해하기**
> 지구의 인구 포화와 환경 문제로 인해, 화성에 인간이 거주할 수 있는 환경을 조성하려는 '테라포밍' 기술이 주목받고 있다.

034
폐색전선★★☆
Occluded Front

- 겹쳐진 전선
- 부산교통공사, 한국서부발전

한랭전선과 온난전선이 서로 겹쳐지면서 형성되는 전선

전선의 종류

한랭전선	찬 기단이 따뜻한 기단 쪽으로 이동하면서 생긴 전선 ⑩ 적운형 구름
온난전선	따뜻한 기단이 찬 기단 쪽으로 이동하면서 생긴 전선 ⑩ 층운형 구름
정체전선	전선을 형성하는 두 기단의 세력이 비슷하여 한 곳에 오래 머무는 전선 ⑩ 장마전선

035
기저질환★☆☆
基底疾患

- 지병
- 광주보훈병원

어떤 질병의 원인이나 밑바탕이 되는 만성 질환

기저질환의 종류
▲만성폐질환 ▲심장질환 ▲만성간질환 ▲만성신경계질환 ▲자가면역질환 ▲뇌혈관질환 ▲만성신장질환 ▲암 ▲낭포성섬유증 ▲당뇨병 ▲인체 면역결핍 바이러스 감염 ▲비만 ▲활동성 결핵 등

기출 다음 중 기저질환이 아닌 것은?
: 독감

정보통신
(IT)

036 최신기출
SSD★★☆
Solid State Drive

- 반도체, 저장장치
- 서울신용보증재단, 세종문화회관, 한국전력공사

반도체를 이용한 컴퓨터 정보 저장장치. 하드디스크 드라이브(HDD)에 비하여 속도가 빠르고 발열·소음이 적으며 소형·경량화 가능. 최근 노트북·서버·클라우드 시스템 등에서 광범위하게 사용

037 최신기출
플래시 메모리★★★
Flash Memory

- 비휘발성
- 서울시설공단, 인천교통공사, 대전시공공기관통합채용

전원이 끊어져도 저장된 정보가 지워지지 않는 비휘발성 기억장치

주요 메모리의 종류와 특징
- 낸드(NAND) 플래시 메모리 : 저장 용량이 큰 데이터 저장형 메모리
- 노어(NOR) 플래시 메모리 : 처리속도가 빠른 코드 저장형 메모리
- SRAM : 전원 공급이 지속되는 한 기억이 유지되나 전원이 끊어지면 지워지는 메모리
- DRAM : 전원이 공급되더라도 주기적으로 재충전되어야 기억을 유지하며 전원이 끊어지면 지워지는 메모리

038
코덱 ★★☆
CODEC
COder-DECoder

- 변환장치
- 경상대학교병원, 영화진흥위원회, 경기도공공기관통합채용

아날로그 신호와 디지털 신호 사이의 신호 변환장치로, 음성·영상 압축 및 스트리밍 서비스에 사용

039
프록시 서버 ★★☆
Proxy Server

- 중개자
- 한국전력공사, 방송통신심의위원회

클라이언트와 인터넷 서버 사이에서 중개자 역할을 하는 서버

프록시 서버의 주요 기능

방화벽 (Firewall)	컴퓨터의 정보 보안을 위해 정보통신망에 불법적으로 접근하는 것을 차단
캐시 (Cache)	데이터 중 사용자의 요청이 많은 것을 프록시 서버에 저장해 두었다가 사용자의 요청이 있을 경우 신속하게 전달

---

040 최신기출
IPv6 ★★☆
Internet Protocol version 6

- 인터넷 주소
- 울산항만공사, 소상공인시장진흥공단, 한국도로공사

IPv4를 대폭 확장한 차세대 인터넷 주소 체계

자세히 이해하기

IPv6는 IP 주소 공간을 128비트로 확장해 주소의 개수를 크게 증가시켰다. IPv4는 약 43억 개(2의 32제곱)의 인터넷 주소를 만들어 낼 수 있는 반면, IPv6는 2의 128제곱(43억×43억×43억×43억)개의 주소를 생성할 수 있어 인터넷 주소 부족 현상을 해결할 수 있다.

041
망중립성 ★★☆
Net Neutrality

- 트래픽
- 방송통신심의위원회, 경기콘텐츠진흥원

유무선 통신네트워크를 서비스 사업자에게 평등하게 제공해야 한다는 원칙

자세히 이해하기

통신사가 망 부하 등을 이유로 특정 소비자의 트래픽(전송량)을 차단하거나 일정량을 배급·통제하려는 행위를 규제하고 소비자가 대용량 콘텐츠에 자유롭게 접근할 수 있도록 하는 것이다.

042
제로레이팅 ★★☆
Zero-Rating

- 트래픽, 저렴
- 한국폴리텍대학교, 국립생태원

인터넷서비스사업자(ISP)가 특정 서비스의 트래픽을 사용자의 데이터 요금에서 계산하지 않거나 다른 서비스보다 저렴하게 계산되도록 하는 것

> **자세히 이해하기**
> 이동통신사가 제공하는 동영상·음악 스트리밍 서비스를 이용할 경우 데이터 요금이 면제·할인되는 경우가 대표적이다. ISP가 특정 서비스를 차별하므로 망중립성 위반 논란이 있다.

043 최신기출
유비쿼터스 ★★★
Ubiquitous

- 어디서나 접속 가능한 환경
- 한전KPS, 서울교통공사, 한국도로공사서비스

사용자가 시간과 장소에 구애받지 않고 자유롭게 네트워크에 접속할 수 있는 정보통신 환경

044 최신기출
블루투스 ★★★
Bluetooth

- 무선전송
- 공무원연금공단, 대구교통공사 인천글로벌캠퍼스운영재단, 한국수력원자력

휴대폰, 음향기기, PC 등 전자 기기를 서로 연결해 무선 데이터 통신을 가능케 하는 근거리 무선전송기술

> ● **페어링 (Pairing)**
> 블루투스 기기를 서로 연결하여 동작할 수 있도록 등록하는 과정

045
OLED ★★☆
Organic Light Emitting Diode

- 유기발광다이오드
- aT한국농수산식품유통공사, 종로구시설관리공단

형광성 유기화합물에 전류가 흐르면 빛을 내는 발광 현상을 이용하여 만든 자체발광형 유기물질

> **자세히 이해하기**
> OLED는 LCD에 비해 시야각이 넓고 응답속도가 빠르다. 백라이트 (후광) 없이 스스로 빛을 내 색재현율과 명암비도 훨씬 뛰어나다.

> ● **LCD (Liquid Crystal Display)**
> 2개의 유리판 사이에 액정을 주입하고 전기적인 압력에 의한 액정 분자의 광학적 굴절 변화를 이용해 문자나 영상을 표시하는 장치

046 최신기출
NFC★★☆
Near Field Communication

- 비접촉식
- 해양환경공단, 한국중부발전, 서울산업진흥원

10cm 정도의 근거리에서 낮은 전력으로 단말기 간 데이터를 전송할 수 있으며 정보를 읽고 쓰는 것이 가능한 비접촉식 근거리 무선통신 방식. 교통카드, 모바일 결제 등에 활용

047 최신기출
증강현실★★☆
AR
Augmented Reality

- 현실 세계, 가상 물체
- 경기도공공기관통합채용, NH농협은행, 대전도시공사

현실 세계에 3차원의 가상 물체를 겹쳐 보여주는 기술

자세히 이해하기
스마트폰 카메라로 주변 거리를 비추면 인근에 있는 상점의 위치나 전화번호 등의 정보가 입체영상으로 표기되는 것이 증강현실을 구현한 사례다.

048
홀로그램★★☆
Hologram

- 입체 영상
- 한국산업단지공단, 서울교통공사

두 개의 레이저 광선이 만나 일으키는 빛의 간섭효과를 이용해 2차원 평면에 3차원 입체 영상을 기록·재현하는 기술

기출 홀로그램은 빛의 어떠한 원리를 이용한 것인가?
: 간섭효과

049
HTML5★★☆
Hyper Text Markup Language 5

- 웹 표준
- SH공사, 경기신용보증재단

웹 표준. 웹사이트를 만들기 위해 사용되는 기본 마크업 언어인 HTML(Hyper Text Markup Language)의 최신 규격

예문 웹 표준화 기구인 월드와이드웹컨소시엄(W3C)은 2014년 말 HTML5를 공식 웹 표준으로 확정했다.

050 최신기출
IPTV★★☆
Internet Protocol TV

- 인터넷, 텔레비전
- 한국방송광고진흥공사, 호국기념관, 한국농어촌공사

인터넷을 통해 텔레비전 방송을 제공하는 서비스. 공중파·케이블·위성방송과 달리 시청자가 자신이 원하는 프로그램만 선택해 볼 수 있다는 점이 특징

051
넷플릭스 ★★☆
Netflix

- 스트리밍 플랫폼
- 방송통신심의위원회, 의정부시설관리공단

세계 최대의 글로벌 OTT 스트리밍 플랫폼

자세히 이해하기
1997년 DVD 대여 서비스로 출발해 2007년부터 온라인 스트리밍으로 전환했다. 이후 영화·드라마·다큐멘터리 등 오리지널 콘텐츠 제작으로 급성장해 전 세계 이용자를 확보했다.

052
코드커팅 ★☆☆
Cord-Cutting

- 유료 유선방송 가입 해지
- 광주광역시공공기관통합채용

OTT 서비스의 발달로 기존의 유료 유선방송 서비스를 해지하는 것. 미국에서 주로 사용되는 용어

- **제로TV (Zero-TV)**
  우리나라에서 주로 사용되는 표현으로 코드커팅과 비슷한 의미. TV가 없이 인터넷·모바일로만 콘텐츠를 소비하는 현상

- **코드 세이빙 (Cord Shaving)**
  기존에 이용하던 유료방송 서비스에서 저렴한 요금제로 갈아타는 현상

053 최신기출
디도스 ★★★
DDoS
Distributed Denial of Service

- 패킷
- 대전광역시시설관리공단, 한국가스공사, 한국관광공사, 한국도로공사서비스, 한전KDN

여러 대의 컴퓨터(공격자)를 분산 배치해 동시에 동작하게 함으로써 특정 사이트를 공격하는 해킹 방식

자세히 이해하기
공격 목표 사이드의 컴퓨터 시스템이 감당할 수 없는 엄청난 분량의 패킷(데이터의 전송단위)을 보내 네트워크 성능을 저하시키거나 시스템을 마비시키는 수법이다.

기출 | 디도스의 특징이 아닌 것은?
: 컴퓨터의 속도가 빨라진다.(⇨ 네트워크 성능을 저하시킴)

054
스미싱 ★★☆
SMishing

- 전자금융사기
- 영화진흥위원회, 한국산업기술진흥원, 부산광역시공공기관통합채용

'문자메시지(SMS)'와 '피싱(Phishing)'의 합성어. 문자메시지 내 인터넷 주소(링크)를 클릭하면 악성코드가 설치되어 개인·금융정보를 탈취하는 수법

- **파밍(Pharming)** : 정상적인 홈페이지 주소로 접속해도 피싱(가짜) 사이트로 유도
- **혹스(Hoax)** : 사용자를 겁주거나 속이는 거짓 경고가 포함된 메일

055
무어의 법칙 ★★★
Moore's Law

- 컴퓨터 처리속도·메모리양 2배
- 인천공항공사, 서부발전, 강원도개발공사, 국가철도공단

반도체의 용량이 18개월마다 2배씩 증가한다는 법칙이나 1975년 24개월로 수정. 인텔 공동창업자 고든 무어의 1965년 주장에서 유래

> ● **황의 법칙 (Hwang's Law)**
> 반도체의 용량이 1년마다 2배씩 증가한다는 법칙. 2002년 당시 황창규 삼성전자 기술총괄 사장의 주장에서 유래

056
메트칼프의 법칙 ★★☆
Metcalfe's Law

- 네트워크 규모, 가치
- 한전KPS, 한국농어촌공사, 국가철도공단

네트워크의 규모가 커지면 그에 따른 비용의 증가 규모가 감소하지만, 네트워크의 가치는 기하급수적으로 증가한다는 이론. 인터넷은 적은 노력으로도 커다란 결과를 얻을 수 있다는 의미

057
CCL ★★☆
Creative Commons License

- 불특정 다수
- 광주광역시공공기관통합채용, 한국지역난방공사

자기가 만든 창작물을 일정한 조건만 충족하면, 불특정 다수가 마음대로 이용할 수 있게 하는 라이센스

> **CCL의 종류**
> ▲저작자 표시 ▲비영리 목적 사용 ▲변경금지 ▲동일조건 변경허락

058
드론 ★★☆
Drone

- 무인(無人) 비행
- 한국수력원자력, 국가과학기술연구회

미국의 무인 공격기. 최근에는 무인기를 통칭

> **자세히 이해하기**
> 본래 미국 공군의 무인 정찰·공격기로 개발됐지만 현재는 농약 살포, 촬영, 측량 등 다양한 용도로 활용되는 무인 비행체 전반을 가리킨다. 또한 취미용 드론의 확산으로 '무인기'의 대중적 통칭으로도 사용되고 있다.

SPEED CHECK 스피드 체크

중요 용어! 제대로 이해했는지 빠르게 점검하고 넘어가자!
답이 바로 생각나면 ○, 고민했다면 △, 틀렸다면 × 표시해서 완벽하게 정리하세요.

객관식 문제

01 마이크로, 나노, 피코, 펨토 중 가장 작은 단위는?
① 마이크로　　② 나노
③ 피코　　　　④ 펨토
◀ 정답 ④

02 물방울이 둥글게 유지되고 컵 위에 볼록한 면이 생기는 현상은?
① 점성　　　　② 표면장력
③ 모세관　　　④ 확산
◀ 정답 ②

03 단결정 실리콘보다 전자 이동이 100배 이상 빠른 탄소 단층 물질은?
① 그래핀　　　② 실리콘
③ 갈륨나이트라이드　　④ 게르마늄
◀ 정답 ①

04 WHO가 공식적으로 '팬데믹'을 선언하지 않은 질병은?
① 홍콩독감　　② 코로나바이러스감염증-19
③ 에볼라바이러스　　④ 신종인플루엔자
◀ 정답 ③

05 인도양과 남태평양에서 발생하는 열대저기압을 무엇이라고 부르는가?
① 태풍　　　　② 윌리윌리
③ 사이클론　　④ 허리케인
◀ 정답 ③

06 목성의 주요 위성 중, 태양계에서 화산 활동이 가장 활발한 천체로 알려진 것은?
① 칼리스토　　② 가니메데
③ 유로파　　　④ 이오
◀ 정답 ④

객관식 문제	확인

07 남극대륙에 위치한 우리나라 과학기지는?
① 세종과학기지　　② 다산과학기지
③ 유관순과학기지　④ 장보고과학기지

◀ 정답 ④

08 '과실수의 구제역'이라 불리며 2015년 국내 첫 발생한 전염병은?
① 검은별무늬병　　② 화상병
③ 탄저병　　　　　④ 세균성구멍병

◀ 정답 ②

09 도심 도로가 갑자기 꺼지는 지반 붕괴 현상은?
① 단층　② 싱크홀
③ 사구　④ 단구

◀ 정답 ②

10 전원 공급이 지속되는 한 기억이 유지되지만 전원이 끊기면 지워지는 휘발성 메모리는?
① PRAM　② SRAM
③ DRAM　④ 플래시 메모리

◀ 정답 ②

11 IPv4를 대폭 확장한 차세대 인터넷주소 체계는?
① IPv1　② IPv2
③ IPv5　④ IPv6

◀ 정답 ④

12 현실 세계에 3차원의 가상 물체를 겹쳐 보여주는 기술은?
① AR　② VR
③ XR　④ MR

◀ 정답 ①

13 OLED의 특성을 잘못 설명한 것은?
① 자체발광형 유기물질이다.　　② LCD에 비해 시야각이 넓다.
③ 백라이트를 통해 빛을 낸다.　④ LCD에 비해 명암비가 뛰어나다.

◀ 정답 ③

| 객관식 문제 | 확인 |

14 홀로그램은 빛의 어떠한 원리를 이용한 것인가?
① 굴절효과 ② 간섭효과
③ 산란효과 ④ 반사효과

◀ 정답 ②

15 현재 공식 웹표준에 해당하는 것은?
① HTML3 ② HTML4
③ 액티브X ④ HTML5

◀ 정답 ④

16 세계 최대의 유료 동영상 스트리밍 서비스 기업은?
① 애플 ② 넷플릭스
③ 구글 ④ 아프리카TV

◀ 정답 ②

17 보렐리아균에 감염된 진드기에 물려 발생하며, 원형 발진·발열·근육통을 유발하는 세균성 감염병은?
① 말라리아 ② 일본뇌염
③ 웨스트나일열 ④ 라임병

◀ 정답 ④

18 여러 대의 공격자를 분산 배치해 특정 사이트를 공격하는 해킹 방식은?
① 디가우징 ② 디도스
③ 크래킹 ④ 트로이 목마

◀ 정답 ②

19 반도체의 용량이 24개월마다 2배씩 증가한다는 법칙은?
① 황의 법칙 ② 세이의 법칙
③ 무어의 법칙 ④ 메트칼프의 법칙

◀ 정답 ③

20 파장이 서로 다른 빛 여러 개가 프리즘을 통과할 때 여러 가지 색으로 갈라지는 현상은?
① 산란 ② 분산
③ 굴절 ④ 반사

◀ 정답 ②

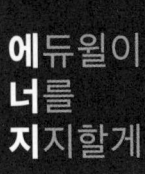

아는 세계에서 모르는 세계로 넘어가지 않으면
우리는 아무것도 배울 수 없다.

– 클로드 베르나르(Claude Bernard)

Part 04

공 기 업 기 출 일 반 상 식

실전대비 상식 기출복원

부산광역시 공공기관 통합채용
광주광역시 공공기관 통합채용
수원시 공공기관 통합채용
화성시 공공기관 통합채용
대전광역시 공공기관 통합채용(공무직)
정답과 해설

* 상식 영역의 기출복원 문항을 풀어보며, 실전의 감을 익혀보세요.

부산광역시 공공기관 통합채용

01 다음 중 발해의 연호로 사용된 것은?
① 광덕
② 인안
③ 영락
④ 인평

02 마약이나 범죄 단속 등에서 한 지역을 집중적으로 단속하면, 단속이 느슨한 다른 지역으로 문제 대상이 이동하는 현상을 일컫는 말은?
① 터널효과
② 풍선효과
③ 갭현상
④ 도미노효과

03 다음 [보기]에서 설명하는 것은?

― 보기 ―
개인정보 수집이나 마케팅 활용 시, 사전 동의 없이 정보를 수집·활용할 수 있도록 하고, 사용자가 원치 않을 경우에만 거부 의사를 표시하도록 하는 방식이다.

① 프라이버시 설정
② 맞춤형 광고
③ 옵트아웃
④ 옵트인

04 기업의 담합을 자진 신고한 기업에게 처벌을 감면하거나 면제해주는 제도에 해당하는 것은?
① 카르텔
② 사적 제재
③ 면책 합의제도
④ 리니언시

05 다음 중 해외로 이주하여 고국 밖에서 거주하는 민족 집단을 가리키는 용어로 옳은 것은?
① 디아스포라
② 크레올
③ 이민자
④ 이산가족

06 다음 중 그리드 인플레이션에 대한 설명으로 옳은 것은?
① 전력·가스 등의 공공요금이 정치적 또는 공급자 측 요인으로 인상되며 물가 상승을 유발하는 현상이다.
② 소비 수요가 급증하면서 상품과 서비스의 가격이 전반적으로 상승하는 현상이다.
③ 원자재 가격 상승이나 인건비 증가 등 생산 비용이 높아져 발생하는 물가 상승이다.
④ 경기 침체가 지속됨에도 불구하고 물가가 동시에 상승하는 현상이다.

07 다음 중 관광 홍보를 위해 관계자나 언론인을 초청해 실제 체험하게 하는 마케팅 방식으로 옳은 것은?
① 바이럴 마케팅
② 팸투어
③ 인플루언서 마케팅
④ 네이티브 광고

08 다음 [보기]에서 설명하는 것은?
┤ 보기 ├
경제 불확실성이나 위기 상황에서 정부가 미래의 재정 건전성보다 당장의 위기 대응을 우선시하며 과도한 지출을 단행하는 상황을 일컫는다.

① 확장 재정 정책
② 뉴딜
③ 포퓰리즘
④ 둠 스펜딩

09 다음 [보기]의 빈칸에 들어갈 말로 알맞은 것은?
┤ 보기 ├
기업이 채용 시 지원자의 능력뿐 아니라 조직의 문화, 가치, 행동 방식에 얼마나 잘 부합하는지를 평가하는 기준을 (   )이라고 한다. 이는 조직과의 장기적인 적응 가능성 및 팀워크를 고려한 채용 방식이다.

① 롤핏   ② 컬처핏
③ 하드스킬   ④ 퍼포먼스핏

10 다음 [보기]에서 설명하는 것은?
┤ 보기 ├
정해진 식사 시간 없이 바쁜 일상 속에서 소량의 음식을 수시로 섭취하는 식습관을 말한다. 주로 간편식이나 간식을 통해 에너지를 보충하며, 전통적인 3회 식사 구조와는 구별된다.

① 스낵킹   ② 브런치
③ 클린 이팅   ④ 프루테리언

11 다음 중 병인양요에 대한 설명으로 옳지 않은 것은?
① 1866년 프랑스 함대가 강화도에 침입한 사건이다.
② 병인박해 이후 프랑스는 천주교 탄압을 구실로 침략하였다.
③ 강화도 조약을 체결하는 데 결정적인 계기가 된 사건이다.
④ 조선의 정족산성 전투와 한성근의 항전이 있었다.

12 다음 [보기]에서 설명하는 사건으로 옳은 것은?

보기
1871년 미국 함대가 상화도에 침입하자, 조선 수비군이 이를 맞아 항전한 사건이다. 어재연 장군이 광성보에서 전사한 것으로 유명하다.

① 병인양요　　② 신미양요
③ 운요호 사건　④ 강화도 조약

13 다음 중 6·25전쟁과 관련된 설명으로 옳지 않은 것은?
① UN군은 미국을 중심으로 참전하였다.
② 정전협정은 1953년 7월에 체결되었다.
③ 정전협정은 남한과 북한이 함께 서명하여 체결되었다.
④ 맥아더 장군은 인천상륙작전을 지휘해 전세 반전에 기여하였다.

14 삼별초에 대한 설명으로 옳은 것은?
① 고려 광종이 창설한 중앙군이다.
② 무신정권 시기, 몽골에 항전한 군사 조직이다.
③ 조선 후기의 의병 조직이다.
④ 조선 세종대의 수군 조직이다.

15 다음 [보기]의 빈칸에 들어갈 인물은?

보기
임진왜란과 정유재란 이후, 실리 외교를 중시하며 명과 후금을 모두 고려한 중립 외교를 펼쳤던 조선 국왕은 (　　)이다.

① 선조　　② 정조
③ 인조　　④ 광해군

16 다음 [보기]에서 설명하는 구조물에 해당하는 것은?

보기
전통 목조건축에서 사용된 기둥으로, 기둥의 중간이 가장 굵고 위아래로 갈수록 가늘어지는 형태를 지닌다. 이는 수직선 왜곡을 보정하고, 시각적 안정감과 미적 균형감을 높이기 위한 구조적 설계이다.

① 익공　　　② 주심포
③ 배흘림기둥　④ 민흘림기둥

17 다음 중 다크패턴의 사례로 볼 수 없는 것은?

① 탈퇴 버튼을 찾기 어렵게 만든 앱
② 기본 체크된 광고 수신 동의 항목
③ 사용자 몰래 유료 결제를 유도하는 구조
④ 개인정보보호를 위한 이중 인증 로그인 시스템

18 다음 [보기]의 밑줄 친 정책으로 옳은 것은?

┤ 보기 ├
중앙은행이 금리, 지급준비율, 공개시장조작 등의 수단을 통해 시장에 유통되는 통화량을 조절함으로써 물가와 경기 변동에 대응하는 정책을 말한다.

① 통화정책　② 재정정책
③ 환율정책　④ 공급측정책

19 다음 [보기]의 빈칸에 들어갈 말로 알맞은 것은?

┤ 보기 ├
(　　)는 기업이 단순한 이윤 추구를 넘어서, 윤리적 경영, 환경 보호, 지역사회 공헌 등 사회적 가치를 실현하려는 책임과 역할을 말한다. 이는 지속 가능한 성장과 기업 평판 제고에도 긍정적인 영향을 미친다.

① 기업지배구조　② 사회적 책임
③ 공유가치 창출　④ 내부 통제

20 다음 [보기]의 ESG 경영에 대한 설명 중 빈칸에 해당하는 것은?

┤ 보기 ├
(　　)은(는) 기업의 이사회 구성의 독립성과 다양성, 경영진의 윤리성, 회계 투명성, 내부 통제 시스템 구축 등 책임 있는 의사결정 구조와 관련된다. 이는 장기적인 관점에서 기업의 신뢰성과 지속가능성을 높이는 데 중요한 요소로 평가된다.

① 환경(Environment)
② 사회(Social)
③ 지배구조(Governance)
④ 지속가능경영
　(Sustainability Management)

21 다음 중 조직행동론의 핵심 연구 대상이 아닌 것은?

① 개인의 동기 부여
② 집단 간 커뮤니케이션
③ 조직의 브랜드 가치
④ 리더십의 유형

22 다음 중 경영전략을 구성하는 세 가지 수준으로 옳게 짝지은 것은?

① 기업전략 – 사업전략 – 기능전략
② 고객전략 – 조직전략 – 재무전략
③ 재무전략 – 회계전략 – 조직전략
④ 마케팅전략 – 브랜드전략 – 생산전략

23 다음 중 리더십 이론에 대한 설명으로 옳지 않은 것은?

① 거래적 리더십은 보상과 처벌에 기반한다.
② 서번트 리더십은 구성원에게 봉사하는 자세를 강조한다.
③ 카리스마적 리더십은 공식 권한만으로 구성원을 이끈다.
④ 변혁적 리더십은 구성원의 가치 변화와 조직 혁신을 이끈다.

24 다음 [보기]는 민츠버그가 제시한 조직 구조 유형 중 하나에 대한 설명이다. 이에 해당하는 것은?

┤ 보기 ├
핵심 운영 인력이 높은 자율성을 가지고 있으며, 복잡한 기술적 전문성이 요구되는 조직에서 자주 나타난다. 병원, 대학, 전문 서비스 조직 등에서 대표적으로 볼 수 있으며, 표준화보다는 훈련과 전문 지식에 기반한 분권적 구조를 갖는다.

① 기계적 관료제
② 전문적 관료제
③ 사업부제 구조
④ 애드호크라시

25 다음 [보기]는 마이클 포터의 산업 구조 분석 모형과 관련된 설명이다. 이에 해당하지 않는 것은?

┤ 보기 ├
포터는 특정 산업의 수익성과 경쟁 강도를 결정짓는 5가지 외부 요인을 제시하였다. 이 요인들은 기업이 전략을 수립할 때 고려해야 할 시장 환경의 핵심 요소로, 진입장벽, 공급자·구매자의 교섭력, 대체재의 위협 등을 포함한다.

① 기존 기업 간의 경쟁 강도
② 잠재적 진입자의 위협
③ 전략적 제휴를 통한 시너지
④ 공급자의 교섭력

광주광역시 공공기관 통합채용

01 갓난아이가 두 팔을 머리 위로 벌리고 자는 잠을 일컫는 말은?

① 나비잠　　② 토끼잠
③ 발편잠　　④ 새우잠

02 다음 [보기]의 빈칸에 들어갈 말은?

┤ 보기 ├

최근 박물관에서는 전시 관람 외에도 다양한 문화상품을 판매하고 있다. 특히 국립중앙박물관에서 판매하는 (　　)의 인기가 폭발적으로 솟구치고 있다. 까치호랑이 배지, 반가사유상 미니어처, 취객 선비 변색잔 등은 품절 대란을 일으키며 SNS상에서 큰 화제를 모으고 있다.

① 키덜트　　② 뭉즈
③ 로컬 힙　　④ 뉴트로

03 다음 중 솅겐협약의 핵심 내용으로 알맞은 것은?

① 유럽 국가 간 무역장벽 강화
② 유럽 연합의 단일 화폐 도입
③ 유럽 국가들의 군사 동맹 체결
④ 유럽 국가 간 국경 검문소 폐지 및 자유로운 인적 이동 허용

04 대출안심차단서비스는 최근 SK텔레콤 유심 해킹 사고로 인한 개인정보 유출과 금융 범죄 발생 위험에 대응할 중요한 금융 보호 수단으로 언급되고 있다. 대출안심차단서비스의 목적으로 알맞은 것은?

① 정부·지자체와 연계해 세금 자동 납부 서비스를 제공한다.
② 은행 계좌에서 진행되는 각종 자동 이체를 모두 중지하여 불필요한 출금이 발생하지 않도록 한다.
③ 본인의 동의 없이 몰래 발생하는 대출, 신용카드 발급 등을 자동으로 차단해 금융 피해를 예방한다.
④ 주식 거래 과정에서 사용자의 자산을 보호하고 불법 매매나 해킹을 방지하는 금융 보안 서비스를 제공한다.

05 다수로부터 소액을 모아 프로젝트나 사업, 아이디어를 실현하기 위한 자금을 온라인 플랫폼을 통해 모으는 자금 조달 방식을 뜻하는 말은?

① 로컬 펀딩　　② 크라우드 펀딩
③ 사회적 펀딩　　④ 부동산 펀딩

06 종량제 봉투에 그림기호를 넣는 등 사물이나 시설, 행동 등을 단순하고 상징적인 그림으로 표현해 누구나 쉽게 이해할 수 있도록 만든 것은?

① 레터링　　② 타이포그래피
③ 픽토그램　　④ 인포그래픽

07 소비자가 자신의 신념이나 윤리, 환경보호, 사회적 책임 등 내면의 가치에 부합하는 제품이나 서비스를 중심으로 의식적이고 합리적으로 제품을 구매하려는 소비 행동을 일컫는 말은?

① 가치소비　　② 과시소비
③ 경험소비　　④ 위로소비

08 다음 [보기]에서 설명하는 이것은?

보기
이것은 단순히 질병이 없는 상태를 넘어서, 신체적, 정신적, 사회적으로 최적의 건강 상태와 삶의 질을 추구하는 포괄적인 개념이다. 운동, 균형 잡힌 식사뿐만 아니라 정신적 안정, 사회적 유대 등 다양한 영역에서의 건강을 관리하는 것을 말한다.

① 웰빙　　② 피트니스
③ 웰니스　　④ 힐링

09 다음 중 [보기]의 사건과 관련 있는 단체는?

보기
윤봉길 의사는 1932년 4월 29일, 중국 상하이 훙커우 공원에서 열린 일본의 상하이사변 전승기념식에서 도시락 폭탄을 던져 일본군 고위 간부들에게 큰 타격을 입혔다. 이 의거로 일본군 총사령관 시라카와 대장을 포함한 주요 인사들이 사망하거나 중상을 입었으며, 윤봉길은 현장에서 체포되어 사형을 선고받았다. 윤봉길 의사의 의거는 중국 국민당 장제스가 대한민국 임시정부를 전폭적으로 지원하는 계기가 되었다.

① 한인애국단　　② 조선광복회
③ 대한광복회　　④ 조선혁명당

10 고려 광종 때 시행한 제도에 대한 설명으로 옳지 않은 것은?

① 과거제는 중국 후주의 귀화인 쌍기의 건의를 받아들여 왕권을 강화할 목적으로 시행된 것이다.
② 과거제도 시험 과목은 크게 제술과, 명경과, 잡과, 무과, 승과 등이 있었다.
③ 노비안검법은 억울하게 노비가 된 사람을 양인 신분으로 회복시켜 국가 조세 기반을 강화하기 위한 제도였다.
④ 노비안검법은 호족 세력을 견제하는 역할을 하여 왕권강화에 이바지하였다.

11 영조가 시행한 균역법에 관한 내용으로 옳지 않은 것은?

① 16~60세 사이의 양인에게 부과되던 군역의 폐단을 해소하기 위해 실시하였다.
② 군포 부담을 기존 2필에서 1필로 줄여 백성의 군역 부담을 경감하였다.
③ 어전세, 염분세, 선세를 거두고, 선무군관포 등의 새로운 세금도 부과하였다.
④ 경작 가능한 모든 토지에 부과한다는 원칙에 따라 공해, 서원, 향교, 사찰 등의 대지를 포함한 각종 면세지까지 결작을 부과하였다.

12 다음 중 국가와 건국 시조가 잘못 짝지어진 것은?

① 고구려 - 동명성왕
② 백제 - 온조왕
③ 신라 - 박혁거세
④ 금관가야 - 대조영

13 다음 중 나머지와 의미가 다른 속담은?

① 돌다리도 두들겨 보고 건넌다.
② 소리 없는 고양이 쥐 잡듯 한다.
③ 무른 감도 쉬어 가면서 먹는다.
④ 얕은 내도 깊게 건넌다.

14 다음 [보기]의 설명과 가장 거리가 먼 글의 형식은?

┤ 보기 ├
신변잡기란 자신의 생활과 주변에서 일어난 다양한 일들을 형식에 구애받지 않고 자유롭게 기록하는 것을 말한다. 여기서 '신변'은 글쓴이 자신과 직접 관련 있는 가까운 일상이나 경험을 뜻하고, '잡기'는 정해진 주제 없이 여러 가지를 두루 적는 기록을 의미한다.

① 일기　　② 수필
③ 논설문　④ 기행문

15 조직이나 기구, 사업체 따위를 운용하고 경영한다는 뜻을 가진 한자어 운영(運營)을 올바르게 발음한 것은?

① 우:녕　　② 우녕
③ 운영　　④ 운:영

16 다음 사진과 관련이 깊은 시기의 특징이 아닌 것은?

① 주로 동굴에서 생활하며 무리를 지어 이동했다.
② 수렵과 채집이 주된 경제활동이었다.
③ 움집을 짓고 가축을 길렀다.
④ 자연을 숭배하고 풍요를 기원하는 벽화를 그렸다.

17 을미개혁 때 실시한 제도가 아닌 것은?

① 태양력 실시
② 우편제도 실시
③ 신분제 철폐
④ 단발령 실시

18 다음 [보기]의 빈칸에 들어갈 말은?

┤ 보기 ├
매년 4월 23일은 유네스코가 지정한 세계 책과 (　)의 날로, 세계적으로 독서와 출판을 장려하고 (　) 제도의 중요성을 알리기 위해 (　) 보호 캠페인을 실시한다.

① 상표권　② 특허권
③ 산업재산권　④ 저작권

19 다음 중 밑줄 친 맞춤법이 틀린 것은?

① 시험을 앞두고 마음이 <u>달뜬</u> 상태였다.
② <u>느닫없이</u> 장대비가 쏟아져 모두 흩어졌다.
③ 그의 제안은 왠지 <u>꺼림칙하게</u> 느껴졌다.
④ 짐을 가방에 힘껏 <u>욱여넣었다</u>.

20 다음 [보기]의 문서 형식으로 가장 알맞은 것은?

┤ 보기 ├
20XX 임직원 독서 및 자기계발 주간
1. 기획 배경 : 임직원의 자기계발과 업무 역량 강화를 위한 독서문화 조성 필요
2. 목적 : 독서를 통한 개인 역량 강화 및 조직 내 소통 활성화
3. 개요
  • 행사명 – 지식이 자라는 주간
  • 일시 – 20XX년 4월 21일(월)~ 4월 25일(금)
  • 장소 – 본사 강당 및 온라인 플랫폼

① 기획안　② 설명문
③ 보고서　④ 안내문

수원시 공공기관 통합채용

01 헬레니즘 시대에 융합된 두 문화권으로 옳은 것은?
① 그리스, 로마
② 그리스, 오리엔트
③ 로마, 오리엔트
④ 이집트, 메소포타미아

02 야수주의에 대한 설명으로 옳지 않은 것은?
① 강렬하고 대담한 색채를 사용하여 감정을 표현하였다.
② 자연을 사실적으로 재현하는 것을 가장 중요한 목표로 삼았다.
③ 앙리 마티스는 야수주의를 대표하는 화가 중 한 명이다.
④ 형태의 왜곡과 단순화를 통해 주관적인 인상을 강조하였다.

03 카메라를 기울여서 촬영하는 기법은?
① 더치 앵글
② 로우 앵글
③ 아이 레벨 샷
④ 오버 더 숄더 샷

04 열화상 카메라의 일반 컬러 팔레트 기준, 온도가 높은 부분에 나타나는 색상은?
① 빨강
② 파랑
③ 초록
④ 보라

05 다음 중 아이맥스(IMAX)에 대한 설명으로 옳은 것은?
① 일반 영화관보다 작은 화면과 섬세한 사운드를 특징으로 한다.
② 모바일 기기 전용 영상 포맷이다.
③ 초대형 화면과 고해상도, 몰입감 있는 사운드를 제공하는 상영 시스템이다.
④ 3D 애니메이션 제작 소프트웨어의 이름이다.

06 18세기 대표적인 바로크 카스트라토 성악가는?
① 파리넬리
② 루치아노 파바로티
③ 안드레아 보첼리
④ 요나스 카우프만

07 일그러진 진주를 일컫는 말로, 바흐가 대표적인 음악가로 활동했던 예술 사조는?
① 바로크 ② 르네상스
③ 고전주의 ④ 낭만주의

08 '문화가 있는 날'은 언제인가?
① 매월 첫째 주 월요일
② 매월 마지막 수요일
③ 매월 셋째 주 금요일
④ 매월 둘째 주 토요일

09 문화체육관광부 산하 기관 중 영화산업의 진흥 및 지원을 주된 목적으로 하는 기관의 명칭은?
① 영상물등급위원회
② 영화진흥위원회
③ 한국콘텐츠진흥원
④ 방송통신심의위원회

10 다음 중 판소리를 체계화하여 발전시키는 데 중요한 역할을 한 인물로 옳은 것은?
① 신재효 ② 이날치
③ 정철 ④ 이성계

11 2D를 3D로 바꾸는 작업의 명칭은?
① 모델링 ② 매핑
③ 렌더링 ④ 애니메이션

12 '꺼병이'가 가리키는 것은?
① 곰의 새끼 ② 꿩의 새끼
③ 사슴의 새끼 ④ 토끼의 새끼

13 60세를 한자로 표현한 말은?
① 산수 ② 지천명
③ 고희 ④ 이순

14 매년 10월 무천이라는 제천 행사를 열고, 범을 신으로 섬겼던 나라의 특징으로 옳은 것은?

① 화랑도를 중심으로 한 군사 조직이 발달하였다.
② 불교가 국교로 자리 잡았다.
③ 족외혼을 엄격하게 지켰다.
④ 강력한 왕권과 중앙집권 체제를 갖추었다.

15 다음 중 흥선대원군의 정책이 <u>아닌</u> 것은?

① 서원 철폐
② 양반 호포제 실시
③ 향교 철폐
④ 대전회통 편찬

16 검색 결과 페이지에서 클릭 없이 답이나 정보를 바로 얻는 것은?

① 원클릭   ② 제로클릭
③ 자동완성   ④ 인스턴트 검색

17 엑셀에서 현재 작업 중인 시트를 왼쪽 또는 오른쪽으로 이동하는 단축키는?

① Ctrl + Page Up/Page Down
② Alt + Tab
③ Ctrl + Tab
④ Shift + Tab

18 한글에서 표의 평균을 계산하기 위한 단축키는?

① Ctrl + F2
② Ctrl + N, P
③ Ctrl + Shift + A
④ Ctrl + Shift + S

19 미국에서 유행하며, 경기가 어려워지면서 소비를 절제하는 트렌드를 의미하는 단어는?

① 듀프   ② 노바이
③ 코티지코어   ④ 스몰 럭셔리

20 다음 사건이 일어난 순서대로 배열한 것은?

| ㉠ 5·18 민주화운동 |
| ㉡ 6월 항쟁 |
| ㉢ 12·12 군사반란 |
| ㉣ 4·13호헌조치 |

① ㉠ - ㉢ - ㉣ - ㉡
② ㉠ - ㉣ - ㉢ - ㉡
③ ㉢ - ㉠ - ㉣ - ㉡
④ ㉢ - ㉣ - ㉠ - ㉡

화성시 공공기관 통합채용

01 서양 미술사에서 '르네상스' 이후에 이어진 주요 양식은?

① 로마네스크 ② 고딕
③ 바로크 ④ 신고전주의
⑤ 인상주의

02 알렉산더 대왕의 동방 원정 이후, 그리스와 오리엔트 문화가 융합된 시대를 가리키는 용어는?

① 폴리스주의 ② 헤브라이즘
③ 헬레니즘 ④ 도리아 양식
⑤ 호메로스적 세계

03 다음 설명에 해당하는 정보기술은?

> 자연어 처리를 통해 사용자와 대화를 주고받으며 질의응답·상담 등을 수행하는 소프트웨어 인터페이스

① RPA
② 챗봇
③ 데이터 웨어하우스
④ 컴파일러
⑤ 하이퍼바이저

04 DNA와 RNA의 차이에 대한 설명으로 옳지 않은 것은?

① DNA는 디옥시리보스, RNA는 리보스를 갖는다.
② DNA의 염기에는 티민이, RNA에는 우라실이 존재한다.
③ DNA는 보통 이중가닥, RNA는 보통 단일가닥이다.
④ RNA는 세포에서 단백질 합성에 관여한다.
⑤ RNA가 유전 정보를 장기 저장하고, DNA는 주로 전달 역할만 한다.

05 다음 중 기후 현상에 대한 설명으로 옳지 않은 것은?

① 엘니뇨는 동태평양 해수면 온도가 평년보다 상승하는 현상이다.
② 라니냐는 동태평양 해수면 온도가 평년보다 하강하는 현상이다.
③ 엘니뇨 남방진동(ENSO)는 수년 규모의 변동이다.
④ 엘니뇨·라니냐는 전 지구에 기상이변을 파급시킬 수 있다.
⑤ 지구온난화는 단기 해수면 온도 변동인 ENSO를 의미한다.

06 이탈리아의 악기 제작자로서 피아노를 발명한 사람은?

① 프리드리히 부슈만
② 시릴 데미안
③ 바르톨로메오 크리스토포리
④ 바흐
⑤ 쇼팽

07 사건의 지평선(Event Horizon)을 발생시키는 천체는?

① 중성자별   ② 백색왜성
③ 블랙홀   ④ 화이트홀
⑤ 웜홀

08 다음 중 용어와 설명이 올바르게 연결된 것은?

① 일렉트로포밍 – 전기도금 원리로 금속 형상을 정밀 성형하는 공정
② 테라포밍 – 전자 부품의 미세 패턴을 도금으로 만드는 공정
③ 롤 포밍 – 금속을 고온에서 녹여 주조하는 공정
④ 사출성형 – 행성을 지구화(거주 가능화)하는 과정
⑤ 열성형(thermoforming) – 전해조에서 금속을 전착해 증착 성형하는 공정

09 정부·당국이 부실금융기관의 부실자산을 정리·회수하기 위해 설립하는 구조조정 전담 기관은?

① 브리지뱅크   ② 배드뱅크
③ 쿼팅뱅크   ④ 벤처뱅크
⑤ 섀도우뱅크

10 공장을 직접 보유하지 않고 반도체 설계만을 전문적으로 하는 기업 형태는?

① 틈새 기업   ② 모듈형 기업
③ OEM   ④ 팹리스 기업
⑤ 파운드리 기업

11 프랑스 화가 클로드 모네가 대표하는 예술 사조는?

① 인상주의   ② 신인상주의
③ 야수파   ④ 입체파
⑤ 초현실주의

12 다음 중 미켈란젤로의 작품으로 옳지 않은 것은?
① 다비드　　② 비너스의 탄생
③ 피에타　　④ 천지창조
⑤ 최후의 심판

13 『하멜 표류기』를 집필한 하멜의 국적은?
① 포르투갈　② 스페인
③ 네덜란드　④ 영국
⑤ 프랑스

14 다음 중 안중근 의사가 저술한 저서로 옳은 것은?
① 시일야방성대곡
② 대동단결선언
③ 독사신론
④ 동양평화론
⑤ 국채보상운동 선언문

15 고려의 장수 강감찬이 활약한 전쟁으로 옳은 것은?
① 살수대첩　② 황산대첩
③ 행주대첩　④ 진주대첩
⑤ 귀주대첩

16 다음 설명에 해당하는 펀드는?

> 불특정 다수를 대상으로 공개적으로 자금을 모아 운용하며, 공시 의무가 부과되는 펀드

① 사모펀드　　② 공모펀드
③ 헤지펀드　　④ 뮤추얼펀드
⑤ 사모부동산펀드

17 공연이 끝난 뒤 관객의 박수에 답해 출연진이 다시 무대에 올라 인사하는 것을 뜻하는 용어는?
① 프리뷰　　② 런스루
③ 커튼콜　　④ 피날레
⑤ 앙코르

18 다음 중 한국 전통음악 용어의 설명으로 옳지 않은 것은?

① 시나위: 즉흥성을 띈 선율악기의 독주이다.
② 자진모리: 3소박 4박자 장단이다.
③ 휘모리: 느린 장단이다.
④ 진양조: 매우 느린 장단이다.
⑤ 엇모리: 2소박과 3소박이 혼합된 4박자의 다소 빠른 장단이다.

19 다음 중 작가 – 사조의 연결이 옳은 것은?

① 샤갈 – 사실주의
② 칸딘스키 – 추상파
③ 모네 – 입체파
④ 르누아르 – 야수파
⑤ 달리 – 입체파

20 다음 중 두 항목 모두 유네스코 인류무형문화유산에 등재된 것은?

① 씨름 – 줄타기
② 김장 – 한글
③ 아리랑 – 팔만대장경
④ 석굴암 – 수원화성
⑤ 판소리 – 고려청자

대전광역시 공공기관 통합채용(공무직)

01 UN 산하 전문기구로서, 국제 항공운송의 안전·기술·질서 및 발전을 위해 표준과 권고안을 제정하는 대표적 국제기구는?

① ICAO ② ECAC
③ IATA ④ ACI

02 다음 [보기]에서 설명하는 감염병은?

┤ 보기 ├
이 질환은 나선형의 보렐리아(Borrelia)균에 의해 발생하며, 주로 감염된 검은다리진드기에 물려 전염된다. 초기에는 물린 부위에 원형 또는 표적 모양의 발진이 나타날 수 있고, 치료하지 않으면 신경계·심장·관절에 장기적인 합병증을 유발할 수 있다.

① 쯔쯔가무시병 ② 라임병
③ 말라리아   ④ 황열

03 다음 중 우리나라 한여름의 더위에 주된 영향을 미치는 기단은?

① 시베리아 고기압
② 오호츠크해 기단
③ 양쯔강 기단
④ 북태평양 기단

04 다음 [보기]에서 나타나는 사회·경제 현상으로 가장 적절한 것은?

┤ 보기 ├
최근 ○○구의 한 오래된 주택가에 소규모 갤러리와 카페가 들어서면서 젊은 층이 유입되고 관광객이 늘었다. 상권이 활성화되자 건물주들이 임대료를 크게 올렸고, 결국 수십 년간 살던 주민들과 영세 상인들이 더 저렴한 지역으로 이주하고 있다.

① 슬럼화
② 젠트리피케이션
③ 도시 공동화
④ 역도시화

05 다음 [보기]에서 나타나는 금융 거래상의 문제로 가장 적절한 것은?

> ┤ 보기 ├
> A(68세)는 은행 직원의 권유로 파생결합증권(DLS)에 가입했다. 당시 직원은 "원금 손실 위험이 거의 없다."고 설명했으나, 실제로는 기초자산 가격이 일정 범위를 벗어나면 원금 전액 손실 가능성이 있었다. 계약 후 A는 이 구조를 전혀 몰랐음을 알게 되었고, 손실이 발생하자 은행을 상대로 분쟁을 제기했다.

① 불완전판매 ② 역마진
③ 도덕적 해이 ④ 정보 비대칭

06 다음에서 설명하는 AI 기술 용어는?

> 사람의 신경망 구조를 모방하여 다수의 노드의 연결 가중치를 통해 데이터를 처리·학습하는 기계학습 모델이다. 입력층, 은닉층, 출력층으로 구성되며, 음성 인식, 이미지 분석, 자연어 처리 등 다양한 분야에서 활용된다.

① 인공신경망(Artificial Neural Network)
② 강화학습(Reinforcement Learning)
③ 전문가시스템(Expert System)
④ 퍼지논리(Fuzzy Logic)

07 다음 중 피싱(Phishing) 피해를 예방하기 위한 방법으로 옳은 것은?

① 문자나 이메일의 링크를 클릭해 은행 홈페이지에 접속한다.
② 출처가 불분명한 파일이나 프로그램은 설치하지 않는다.
③ 금융기관의 안내 전화를 받으면 즉시 주민등록번호를 알려준다.
④ 포털사이트의 검색 결과를 통해 로그인 페이지에 접속한다.

08 다음 중 강화도조약 체결 이후, 방곡령 실시 이전에 일어난 사건은?

① 갑오개혁 ② 임오군란
③ 광무개혁 ④ 경술국치

09 다음 기록을 담은 비석 중 고구려의 것은?

> 왜가 신묘년에 침입해왔기 때문에 우리 고구려는 바다를 건너가서 그것을 격파하였다. 그런데 백제는 왜를 끌어들여 신라를 침략하고 그것을 저의 신민으로 삼았다.
> － 비문 일부 박시형 해석(1966)

① 광개토대왕릉비
② 척경비
③ 진흥왕순수비
④ 북한산비

10 다음 [보기]의 설명에 해당하는 경제현상으로 가장 적절한 것은?

┤ 보기 ├
국가 간 금융·무역·투자 등의 상호 연계성이 커짐에 따라, 한 국가의 경기 변동이 다른 국가나 세계 경제 흐름과 유사하게 나타나는 현상을 의미한다. 예를 들어, 미국의 경기 침체가 유럽과 아시아 주요국의 경기 둔화로 이어지는 경우가 이에 해당한다.

① 디커플링(Decoupling)
② 커플링(Coupling)
③ 컨버전스(Convergence)
④ 글로벌 밸류체인(Global Value Chain)

11 다음 중 고려의 중앙정치조직으로 옳은 것은?

① 상서성, 중추원, 어사대, 삼사
② 비변사, 홍문관, 의금부, 사헌부
③ 의정부, 육조, 비변사, 규장각
④ 집현전, 사헌부, 승정원, 비변사

12 사림의 성격으로 옳지 않은 것은?

① 성리학 이념을 중시했다.
② 훈구 세력을 견제했다.
③ 중앙정치에 진출한 이후 훈구와 연합했다.
④ 향촌 자치를 주도했다.

13 다음 [보기]의 설명에 해당하는 전자상거래 형태로 가장 적절한 것은?

┤ 보기 ├
온라인 쇼핑몰은 오직 캠핑 용품만 전문적으로 판매하며, 제품 리뷰, 캠핑 팁, 추천 코스 등 관련 콘텐츠도 함께 제공한다. 이를 통해 캠핑에 관심 있는 소비자층의 충성도를 높이고, 대형 종합 쇼핑몰과 차별화된 브랜드 이미지를 구축하고 있다.

① 버티컬 커머스(Vertical Commerce)
② O2O 커머스(O2O Commerce)
③ 소셜 커머스(Social Commerce)
④ 크로스보더 이커머스(Cross-border E-commerce)

14 다음 사건을 발생한 순서대로 바르게 나열한 것은?

㉠ 6·25 전쟁 발발
㉡ 발췌개헌
㉢ 대한민국 정부 수립
㉣ 4·19 혁명

① ㉠ - ㉡ - ㉢ - ㉣
② ㉠ - ㉢ - ㉡ - ㉣
③ ㉢ - ㉠ - ㉡ - ㉣
④ ㉢ - ㉡ - ㉠ - ㉣

15 다음 [보기]의 설명에 해당하는 질환으로 가장 적절한 것은?

> **보기**
> 이 자가면역 질환은 눈과 입의 분비샘이 손상되어 안구 건조와 구강 건조 증상이 나타나는 것이 특징이다. 심한 경우 관절통, 피로감, 피부 건조, 폐·신장 등 다른 장기의 염증을 동반할 수 있다. 주로 중년 여성에서 많이 발병한다.

① 루푸스
② 쇼그렌 증후군
③ 다발성경화증
④ 류머티즘 관절염

16 다음 중 밑줄 친 단어의 쓰임이 적절하지 않은 것은?

① 이번 마케팅 비용에는 광고비와 판촉비가 포함된다.
② 이 제품은 원가가 높아 판매가를 인상했다.
③ 회의 운영에 필요한 경비는 회사에서 부담한다.
④ 이번 프로젝트의 경상비에는 인건비와 재료비가 포함된다.

17 다음 중 맞춤법이 올바른 것은?

① 사고가 났다는 말에 사람들은 휘둥그레져 사건의 경위를 묻는다.
② 사고가 났다는 말에 사람들은 휘둥그래져 사건의 경위를 묻는다.
③ 사고가 났다는 말에 사람들은 희동그래져 사건의 경위를 묻는다.
④ 사고가 났다는 말에 사람들은 회동그래져 사건의 경위를 묻는다.

18 다음 [보기]의 설명에 해당하는 개념으로 가장 적절한 것은?

> **보기**
> 실제로 잘못이 없거나 잘못의 전부가 아님에도 불구하고, 다른 사람이나 집단의 잘못과 실패에 대한 책임을 대신 뒤집어쓰고 비난과 처벌을 받는 사람 또는 집단을 의미한다.

① 희생양   ② 희생제물
③ 순교자   ④ 속죄

19 다음 중 띄어쓰기가 올바른 것은?

① 밥은커녕 물도 못마셨다.
② 밥은 커녕 물도 못 마셨다.
③ 공부는커녕 게임도 못 했다.
④ 공부는 커녕 게임도 못했다.

20 패션·인테리어 등 전문 분야의 신흥시장, 빠르게 성장하는 국가나 지역을 뜻하는 경제 용어는?

① 이머징마켓(Emerging Market)
② 블루오션(Blue Ocean)
③ 니치마켓(Niche Market)
④ 레드오션(Red Ocean)

정답과 해설 Answer & Explanation

부산광역시 공공기관 통합채용

정답

01	②	02	②	03	③	04	④	05	①
06	①	07	②	08	④	09	②	10	①
11	③	12	②	13	③	14	②	15	④
16	③	17	④	18	①	19	②	20	③
21	③	22	①	23	③	24	②	25	③

01 ②

발해는 고왕 대조영이 건국한 국가로, 2대 무왕(대무예) 때 독자적인 연호인 '인안(仁安)'을 사용하였다. 이는 당나라로부터 자주성을 나타내는 표현이기도 하며, 발해의 최초 연호로 719년부터 737년까지 사용되었다. 발해는 한 명의 왕이 하나의 연호를 사용하는 일세일원(一世一元) 제도를 따랐다.
① 광덕 : 고려 광종의 연호
③ 영락 : 고구려 광개토왕의 연호
④ 인평 : 신라 선덕여왕의 연호

02 ②

풍선효과는 풍선의 한쪽을 누르면 다른 쪽이 부풀어 오르듯, 한 문제를 억제하면 다른 곳에서 유사한 문제가 나타나는 현상을 말한다. 마약 단속, 부동산 규제 등에서 자주 언급된다.
① 터널효과 : 경제 발전 초기, 일부 계층의 소득이 증가하는 것을 보며 다른 계층들도 곧 기회를 얻을 것이라고 기대하며 불평등을 인내하는 현상
③ 갭현상 : 특정 지표의 급격한 변화로 인해 발생하는 단절이나 공백
④ 도미노효과 : 한 사건이 연쇄적으로 영향을 미치는 것

03 ③

옵트아웃(Opt-out)은 개인정보 사용이나 마케팅 등에서 사전 동의 없이 자동으로 가입된 상태로 시작되며, 사용자가 거부 의사를 표시해야만 제외되는 방식이다.
① 프라이버시 설정 : 사용자가 수동으로 접근 권한이나 노출 범위를 관리하는 기능
② 맞춤형 광고 : 사용자 데이터를 기반으로 개인화된 광고를 제공하는 방식
④ 옵트인 : 정보 활용 전 사용자로부터 명시적 동의를 받아야 하는 방식

04 ④

리니언시(Leniency)는 기업이 담합 사실을 자진 신고할 경우 공정거래위원회가 과징금 또는 형사처벌을 감면 또는 면제해주는 제도다.
① 카르텔 : 기업 간 가격 담합, 공급량 조절 등 부당한 공동행위
② 사적 제재 : 정부가 아닌 민간 또는 피해자가 가하는 보복 조치
③ 면책 합의제도 : 계약상 책임을 면제하기 위한 법적 합의 형태

05 ①

디아스포라(Diaspora)는 고국을 떠나 해외에 흩어져 사는 민족 집단 전체를 의미하며, 유대인의 디아스포라가 대표적인 사례다. 단순한 이민이나 가족 이산과는 구별된다.
② 크레올 : 이주민과 원주민의 혼합 언어 또는 문화

③ 이민자 : 개인 또는 집단의 국외 이주자
④ 이산가족 : 분단 등으로 가족이 물리적으로 흩어진 상태

06 ①
그리드 인플레이션(Grid Inflation)은 전기·가스·수도 등 공공요금(그리드 요금) 인상이 전체 물가에 파급되는 현상을 말한다.
② 디맨드풀 인플레이션에 대한 설명이다.
③ 코스트푸시 인플레이션에 대한 설명이다.
④ 스태그플레이션에 대한 설명이다.

07 ②
팸투어(Fam Tour)는 관광지를 홍보하기 위해 여행사 관계자, 언론인, 인플루언서 등을 초청해 직접 체험하게 하는 마케팅 방식이다.
① 바이럴 마케팅 : SNS 등에서 자발적 확산을 유도
③ 인플루언서 마케팅 : 인지도 높은 개인을 활용한 홍보
④ 네이티브 광고 : 콘텐츠에 자연스럽게 삽입된 광고 방식

08 ④
둠 스펜딩(Doom Spending)은 위기의 상황에서 미래를 고려하지 않고 단기 대응에만 몰두한 재정 지출을 비판적으로 표현한 용어이다.
① 확장 재정 정책 : 경기 부양을 위한 일반적인 정부 지출 확대
② 뉴딜 : 대공황기 미국의 대규모 투자 정책
④ 포퓰리즘 : 대중의 인기를 얻기 위한 선심성 정책

09 ②
컬처핏(Culture Fit)은 기업의 조직문화와 개인의 성향·가치관이 잘 맞는지를 평가하는 기준이다. 역량 외에도 조직 적응력과 지속성을 중시하는 최근 채용 흐름에서 강조된다.
① 롤핏 : 직무에 적합한 기술·경험 여부
③ 하드스킬 : 직무 수행에 필요한 기술적 역량
④ 퍼포먼스핏 : 업무 성과 예측 가능성

10 ①
스낵킹(Snacking)은 작고 간단한 음식을 수시로 섭취하는 식습관으로, 현대인의 시간 부족과 생활 방식 변화에 따라 널리 퍼지고 있다.
② 브런치 : 아침과 점심을 겸한 식사
③ 클린 이팅 : 가공식품을 피하고 자연식 위주로 섭취하는 식습관
④ 프루테리언 : 과일 위주로 식사하는 채식주의 식단

11 ③
강화도 조약이 체결된 것의 결정적 계기는 1875년 운요호 사건이다.

12 ②
신미양요는 조선이 미국 상선 제너럴셔먼호 사건 이후 미국과 갈등 끝에 광성보 전투 등 무력 충돌을 겪은 사건이다.
① 병인양요 : 프랑스와의 무력 충돌
③ 운요호 사건 : 일본과의 분쟁
④ 강화도 조약 : 운요호 사건 이후 체결된 조약

13 ③
정전협정은 조선인민군 최고사령관(북한), 중국인민지원군 사령관(중공군), UN군 총사령관(미국)만 서명하였으며, 대한민국 정부는 이승만 대통령의 반대로 협정에 서명하지 않았다.
① UN군은 미국을 포함한 16개국의 전투 병력 제공국과 5개국의 의료지원국으로 구성되었다.

② 정전협정은 1953년 7월 27일 체결되어 약 3년간의 전쟁이 중단되었으나 평화협정은 체결되지 않아 법적으로는 전쟁 상태가 유지 중이다.
④ 인천상륙작전은 1950년 9월 15일 맥아더 UN군 사령관의 지휘 아래 감행되었으며, 서울 수복과 북진의 전기를 마련하였다. 이는 전세를 남한 측에 유리하게 전환시키는 결정적 작전으로 평가된다.

14 ②
삼별초는 최씨 무신정권이 조직한 군사 조직으로, 고려가 원(몽골)과의 강화에 나서자 이에 반대하며 끝까지 항전하였다.
① 광종 : 초기 군제 개편기
③ 조선 후기 : 의병 조직 등장
④ 세종대 수군 : 거북선 이전 수군 강화

15 ④
광해군은 명과 후금 사이에서 현실 외교(중립 외교)를 펼쳤으나, 이는 명분론을 중시하던 당시 조정의 반발을 샀다. 결국 인조반정으로 폐위되었다.

16 ③
배흘림기둥은 고려·조선 시대 목조건축에서 시각적인 자연미를 고려하여 고안된 전통 건축 요소로, 위아래로 갈수록 가늘어지는 '배곡선'과 유사한 형태를 지닌다.
① 익공 : 기둥 위에 짜맞춰지는 공포 구조 중 하나
② 주심포 : 공포를 기둥 위에만 배치하는 양식
④ 민흘림기둥 : 곡선 없이 직선형으로 위로 갈수록 가늘어지는 기둥

17 ④
다크패턴은 사용자의 의사를 교묘하게 왜곡하거나 방해하여, 기업 이익을 극대화하는 인터페이스 설계 방식이다.
④는 보안을 위한 합리적 조치에 해당한다.

18 ①
금리, 지급준비율, 공개시장조작 등 중앙은행의 수단을 통해 경제를 조절하는 정책은 통화정책이다.
② 재정정책 : 정부의 세입·세출을 통해 경제를 조절하는 정책
③ 환율정책 : 환율을 조정하거나 안정화하는 외환시장 관련 정책
④ 공급측정책 : 생산성 향상, 규제완화 등을 통한 공급능력 확대 정책

19 ②
사회적 책임은 기업이 법적·경제적 책임을 넘어 사회적·윤리적 책임까지 수행하는 활동 전반을 의미한다.
① 기업지배구조 : 기업 의사결정 구조
③ 공유가치 창출 : 사회문제 해결과 이윤을 동시에 추구하는 개념(CSV)
④ 내부 통제 : 조직 내 업무 감시 및 리스크 관리 시스템

20 ③
[보기]는 ESG 중 'G(Governance, 지배구조)' 항목에 해당한다. 이 항목은 기업의 의사결정 체계, 경영 투명성, 이사회 구조 등 기업 내부 통제와 책임 체계 전반을 포함한다.
① 환경 : 탄소배출, 자원 절약 등
② 사회 : 근로자 인권, 지역사회 기여 등
④ 지속가능경영 : ESG 전체를 포괄하는 장기 전략 개념

21 ③
조직행동론은 개인·집단·조직 수준에서의 행동과 심리를 다루며, 브랜드 가치는 마케팅 또는 전략 경영 분야의 주제이다.

22 ①
경영전략은 전사적(기업) 전략 → 사업부 전략 → 기능 전략으로 구성되며, 조직 전체에서 부서별 실행까지의 연결을 강조한다.

23 ③
카리스마적 리더십은 개인의 매력·비전·소통 능력 등을 통해 구성원을 동기화시키는 유형이다.

24 ②
민츠버그의 5가지 조직 구조는 단순 구조, 기계적 관료제, 전문적 관료제, 사업부제 구조, 애드호크라시이다. 핵심 운영층이 조직의 기능을 주도하며 높은 자율성과 숙련된 지식에 기반하는 것은 전문적 관료제에 해당한다.
① 기계적 관료제 : 규칙과 표준화된 절차 중심, 대규모 제조업 등
③ 사업부제 구조 : 기능별로 분화된 반자율적 하위 단위들
④ 애드호크라시 : 유동적이고 창의적 과업 중심의 유연 조직

25 ③
마이클 포터의 5가지 경쟁요인은 산업 내 기존 경쟁자 간의 경쟁 강도, 잠재적 진입자의 위협, 대체재의 위협, 공급자의 교섭력, 구매자의 교섭력이다.

광주광역시 공공기관 통합채용

정답

01	02	03	04	05
①	②	④	③	②
06	07	08	09	10
③	①	③	①	②
11	12	13	14	15
④	④	②	③	①
16	17	18	19	20
③	③	④	②	③

01 ①
갓난아이가 두 팔을 머리 위로 벌리고 자는 잠을 일컫는 말은 나비잠이다.
② 토끼잠 : 깊이 들지 못하고 자주 깨는 잠
③ 발편잠 : 근심이나 걱정이 없어져서 마음을 놓고 편안히 자는 잠을 비유적으로 이르는 말
④ 새우잠 : 새우처럼 등을 구부리고 자는 잠

02 ②
'뮷즈'는 '뮤지엄(Museum)'과 '굿즈(Goods)'의 합성어로, 국립중앙박물관을 포함한 '국립박물관'의 공식 굿즈 브랜드이다. 박물관에서 자체 제작·판매하는 기념품과 문화상품을 통칭하며, 최근에는 전시 관람만 하는 것이 아니라, 특정 전시나 소장품을 모티브로 한 굿즈를 구매하는 것이 하나의 문화 트렌드로 자리 잡고 있다.
① 키덜트 : 성인이지만 어린이 취향의 장난감이나 캐릭터 상품을 좋아하는 사람
③ 로컬 힙 : 지역 고유의 문화와 멋을 살린 트렌드
④ 뉴트로 : 과거의 문화를 현대적으로 재해석하는 경향

03 ④

솅겐협약의 핵심 내용은 유럽 국가 간 국경 검문소를 폐지하고, 인적 이동의 자유를 허용하는 것이다. 이 협약은 유럽 각국이 공통의 출입국 관리 정책을 사용하여 국경 시스템을 최소화하고, 자유로운 통행을 가능하게 함으로써 여러 국가 간 신속하고 제한 없는 이동을 보장한다.

04 ③

대출안심차단서비스의 목적은 본인의 동의나 인지 없이 몰래 발생할 수 있는 대출이나 신용카드 발급 등 여신거래를 사전에 차단해 금융 피해를 예방하는 데 있다. 이 서비스는 SK텔레콤 유심 해킹 사고와 같은 개인정보 유출로 인한 명의도용, 보이스피싱 등 금융범죄로부터 개인의 자산을 보호하기 위한 중요한 금융 보호 수단이다. 대출안심차단서비스를 신청하면 모든 금융기관에 실시간 정보가 공유되어 신규 대출 실행이나 신용카드 발급이 자동으로 막히므로, 불법적인 금융거래를 원천적으로 차단할 수 있다.

05 ②

크라우드 펀딩은 영어 단어 '크라우드(Crowd)'와 '펀딩(Funding)'의 합성어로, 군중 또는 다수에게 자금을 모은다는 의미를 가진다. 초기 기업가 등이 온라인 플랫폼에 창의적인 아이템이나 프로젝트를 공개하고, 익명의 다수로부터 소액을 투자받거나 후원받는 방식으로 자금을 조달한다. 이 방법은 스타트업, 문화예술, 사회공헌, 신제품 개발 등 다양한 분야에서 활용되고 있다.
① 로컬 펀딩 : 특정 지역사회를 중심으로 자금을 모으는 방식
③ 사회적 펀딩 : 사회적 가치 실현을 목적으로 자금을 모으는 방식
④ 부동산 펀딩 : 부동산 개발이나 매입 자금을 모집하는 투자 방식

06 ③

픽토그램(Pictogram)은 'pict-(그림)'와 '-gram(기호)'의 합성어로, 복잡한 문장이나 언어 대신 그림 기호를 사용하여 의미를 전달하는 시각 언어이다. 글을 모르거나 언어가 다른 사람도 직관적으로 의미를 파악할 수 있도록 공항, 지하철, 도로 표지판, 종량제 봉투, 화장실 표시 등에서 널리 사용한다.
① 레터링 : 손으로 쓰거나 특정 스타일로 디자인한 글자
② 타이포그래피 : 글자의 배열 및 서체 디자인 기법
④ 인포그래픽 : 정보(Information)와 그래픽(Graphics)을 결합해 데이터를 시각적으로 표현한 것으로, 표·그래프·일러스트 등을 조합해 복잡한 정보를 한눈에 전달하는 방식

07 ①

가치소비는 공정무역 제품, 친환경 상품, 동물 실험을 하지 않은 화장품, 사회적 기업 제품 등을 구매하는 행동에서 잘 나타난다. 소비자는 자신의 소비 행위가 사회와 환경에 긍정적인 영향을 미친다고 믿으며, 이를 통해 개인적 만족과 사회적 책임을 동시에 실천하려 한다.
② 과시소비 : 사회적 지위나 부를 드러내기 위해 비싼 제품이나 명품을 소비하는 것
③ 경험소비 : 물건 구입보다 여행·공연·체험 등에서의 경험에 돈을 쓰는 소비 형태
④ 위로소비 : 스트레스나 우울감을 해소하기 위해 자신을 위로하는 차원에서 하는 소비

08 ③

웰니스(Wellness)는 삶의 만족과 안녕을 뜻하는 웰빙(Well-Being)보다 생활양식을 강조하는 개념이다. 단순한 신체 단련을 뜻하는 피트니스(Fitness)나 심리적 위안을 의미하는 힐링(Healing)과도 구별된다. 웰니스는 세계보건기구(WHO)가 정의한 건강의 범주와 맞아 있으며, 신체적 건강, 정신적 건강, 사회적 관계를 통합적으로 관리하는 적극적인 생활 방식을 뜻한다.

09 ①

한인애국단은 김구 주도로 조직한 대한민국 임시정부 산하 비밀 독립운동 단체로, 일본 주요 요인 암살을 목표로 무장투쟁을 벌였다. 윤봉길 의사의 도시락 폭탄 투척 의거를 기획하고 실행한 것이 대표적이다.

10 ②

고려의 과거제도 시험 과목에는 무과가 없었으며, 과거제에 무과가 도입된 것은 조선시대 이후이다.

11 ④

걸작은 공해, 서원, 향교, 사찰 등의 대지에는 부과하지 않았다.

12 ④

금관가야의 건국 시조는 수로왕이며, 대조영은 발해의 건국 시조이다.

13 ②

①, ③, ④의 속담은 모두 겉으로는 쉬워 보이는 일도 신중하게 처리하라는 의미를 담고 있다. 반면 "소리 없는 고양이 쥐 잡듯 한다."는 고양이가 소리 없이 날쌔게 쥐를 잡듯 한다는 뜻으로, 말없이 솜씨 있게 일을 해냄을 비유적으로 이르는 말이다.

14 ③

신변잡기는 자신의 생활과 주변에서 일어난 일들을 자유롭게 기록하는 글로, 일기, 수필, 기행문과 같이 개인의 경험과 감정을 표현하는 글 형식과 깊은 관련이 있다. 반면, 논설문은 독자를 설득하기 위해 논리적으로 주장과 근거를 전개하는 글로, 사실 전달과 논리 구조가 중심이 되며 글쓴이의 개인적 일상이나 잡다한 기록과는 거리가 멀다.
① 일기 : 하루하루의 생활과 생각을 솔직하게 기록한 글
② 수필 : 형식에 제한 없이 자신의 사상과 감정을 표현하는 문학 장르
④ 기행문 : 여행에서 보고 느낀 점을 서술하는 글

15 ①

운영(運營)의 표준 발음은 [우:녕]이다.
② 구름의 그림자란 뜻을 가진 운영(雲影)의 표준 발음이 [우녕]이다.

16 ③

주먹도끼는 구석기 시대에 주로 사용했던 뗀석기이다. 구석기 시대 사람들은 주로 동굴이나 바위 그늘 등 자연 공간에서 생활하며, 무리를 지어 이동하는 생활을 하였다. 이 시기의 주된 경제활동은 수렵과 채집이었으며, 아직 농경이나 가축 사육은 이루어지지 않았다. 또한 동굴 벽화 등 자연과 관련된 신앙이나 풍요 기원을 위해 벽화를 그리는 문화도 있었다. 반면, 움집을 짓고 가축을 기르는 것은 신석기 시대 이후의 생활양식에 해당한다.

17 ③

신분제 철폐는 갑오개혁(1894년) 때 이미 이루어진 주요 개혁이다.

① 태양력 실시 : 을미개혁의 일환으로 양력을 채택해 1896년 1월 1일부터 시행
② 우편제도 실시 : 을미개혁 시 우편사무를 재개 및 정비해 근대적 통신체계를 도입
④ 단발령 실시 : 1895년 공포된 을미개혁 조치로 을미의병 봉기의 계기가 됨

18 ④

매년 4월 23일은 유네스코가 지정한 세계 책과 저작권의 날로, 전 세계적으로 독서와 출판을 장려하고 저작권 제도의 중요성을 알리기 위해 저작권 보호 캠페인을 실시한다. 저작권은 창작자의 지적 재산을 법적으로 보호하는 제도이며, 이를 통해 작가와 출판업계가 권리를 존중받으며 문화와 지식이 건강하게 발전할 수 있도록 돕는다.

19 ②

'느닷없이'가 올바른 표기이다. '느닷없이'는 나타나는 모양이 아주 뜻밖이고 갑작스럽게라는 뜻의 부사이다.

20 ①

기획안은 어떤 사업이나 행사를 진행하기 전, 목적·배경·내용·방법 등을 사전에 체계적으로 정리한 문서이다. [보기]에 제시된 문서는 독서 및 자기계발 주간이라는 행사의 배경과 필요성, 목표, 구체적인 개요를 구조적으로 제시하고 있어, 행사 진행을 위한 사전 계획 문서의 성격을 가진다. 따라서 문서의 형식을 기획안으로 보는 것이 적절하다.

수원시 공공기관 통합채용

정답

01	②	02	②	03	①	04	①	05	③
06	①	07	①	08	②	09	②	10	①
11	①	12	②	13	④	14	③	15	③
16	②	17	①	18	③	19	③	20	③

01 ②

헬레니즘은 기원전 323년 알렉산더 대왕의 사망 이후부터 기원전 30년 로마의 이집트 병합 때까지 그리스와 오리엔트가 서로 영향을 주고받음으로써 생긴 역사적 현상을 말한다. 세계 시민주의·개인주의적 경향이 나타났으며 자연 과학이 발달하였다.

02 ②

야수주의는 20세기 초 프랑스를 중심으로 등장한 미술 사조로, 전통적인 사실주의를 거부하고 강렬한 색채와 형태의 왜곡을 통해 작가의 감정과 주관적인 인상을 강조하였다. 자연을 사실적으로 묘사하기보다는 감정을 자유롭게 표현하는 데 중점을 두었다.

03 ①

더치 앵글(Dutch Angle)은 카메라를 기울여 촬영하여 불안정하고 긴장감 있는 분위기를 연출하는 기법이다. 주로 혼란, 불안, 심리적 긴장감을 표현할 때 사용된다.

② 로우 앵글(Low Angle) : 피사체의 아래에서 위를 향해 촬영하는 기법으로, 인물을 대상으로 할 때 그 대상에 대한 권위와 존경심, 위대함을 강조
③ 아이 레벨 샷(Eye-Level Shot) : 인물의 눈높이에 맞춘 기본적인 카메라 앵글로, 가장 자연스럽고 중립적인 시점을 제공

④ 오버 더 숄더 샷(Over the Shoulder Shot) :
한 인물의 어깨 너머로 다른 인물을 보여주
는 구도로, 주로 대화 장면에서 사용

04 ①

열화상 카메라에서는 온도에 따라 색상이 다
르게 표시된다. 일반적으로 온도가 높을수록
빨강, 주황, 노랑 등의 따뜻한 색으로 나타나
고, 온도가 낮을수록 파랑, 보라 등의 차가운
색으로 나타난다. 따라서 온도가 높은 부분
은 주로 빨간색으로 보인다.

05 ③

아이맥스(IMAX)는 'Image Maximum'의 줄임
말로, 일반 영화관보다 훨씬 큰 스크린과 높
은 해상도, 몰입감 있는 사운드 시스템을 갖
춘 상영 시스템이다. 특히 화면이 커서 시청
자의 시야를 가득 채우며 몰입감을 극대화하
는 것이 특징이다. 최근에는 IMAX 전용 카
메라로 촬영한 영화도 많다.

06 ①

파리넬리(Farinelli)(본명: 카를로 브로스키)는
18세기 유럽에서 큰 인기를 끌었던 대표적인
카스트라토 성악가이다. 카스트라토는 어린
시절 거세되어 높은 음역을 유지한 남성 가
수를 말하며, 특히 바로크 오페라에서 중요
한 역할을 했다.
② 루치아노 파바로티 : 20세기 이탈리아 출
신의 세계적인 테너 가수로, '3대 테너' 중
한 명
③ 안드레아 보첼리 : 현대 이탈리아의 성악
가로, 시각장애를 극복하고 팝페라 장르
를 대중화함
④ 요나스 카우프만 : 독일 출신의 현대 테너
가수로, 오페라와 가곡에서 활약하고 있음

07 ①

'바로크(Baroque)'는 포르투갈어 바로코
(barroco)에서 유래한 말로, 원래는 '일그러진
진주'를 의미한다. 17세기에서 18세기 초까
지 유럽에서 유행한 예술 사조로, 음악에서
는 화려하고 극적인 표현이 특징이다. 요한
제바스티안 바흐는 바로크 음악을 대표하는
작곡가로 평가받는다.
② 르네상스 : 바로크 이전 시기의 14~16세
기 예술 사조
③ 고전주의 : 바로크 이후에 등장
④ 낭만주의 : 18세기 말에서 19세기 초까지
발생한 사조

08 ②

'문화가 있는 날'은 매월 마지막 수요일로,
영화관, 공연장, 박물관, 미술관 등 다양한
문화시설에서 할인 또는 무료 혜택을 제공하
는 날이다. 정부는 국민들의 문화 향유 기회
를 확대하고자 이 제도를 시행하고 있다.

09 ②

영화진흥위원회(KOFIC)는 국내 영화 산업의
발전과 진흥을 위해 설립된 문화체육관광부
산하의 공공기관이다. 영화 제작, 배급, 상영,
해외 진출 등 영화 산업 전반을 지원한다.
① 영상물등급위원회 : 영상물의 등급 분류
담당
③ 한국콘텐츠진흥원 : 게임, 음악, 방송 등
다양한 콘텐츠 산업 지원
④ 방송통신심의위원회 : 방송과 인터넷 콘
텐츠의 심의와 규제 담당

10 ①

신재효는 조선 후기 판소리 여섯 마당을 정리·개작하고 대중화한 중요한 인물이다.
② 이날치 : 현대에 판소리와 퓨전 국악을 접목한 음악 그룹
③ 정철 : 조선시대 문신이자 시인
④ 이성계 : 조선을 세운 왕

11 ①

모델링은 2D 도면이나 이미지, 스케치를 바탕으로 3D 입체 형태를 만드는 작업이다.
② 매핑 : 3D 모델에 질감을 입히는 과정
③ 렌더링 : 최종 이미지를 출력하는 과정
④ 애니메이션 : 모델에 움직임을 부여하는 과정

12 ②

'꺼병이'는 꿩의 어린 새끼를 뜻하는 우리말이다.

13 ④

'이순(耳順)'은 전통적으로 60세를 의미하며, '귀가 순해진다'는 뜻에서 유래하였다.
① 산수(傘壽) : 80세
② 지천명(知天命) : 50세로, '하늘의 뜻을 안다'는 의미
③ 고희(古稀) : 70세로, '희귀한 나이'라는 의미

14 ③

매년 10월 무천이라는 제천 행사를 열고 범을 신으로 모시는 전통은 고대 동예의 특징이다. 동예는 같은 씨족끼리는 결혼을 하지 않는 족외혼 풍습을 가지고 있었다.
① 화랑도는 신라의 군사 조직이다.
② 불교는 신라에서 6세기 법흥왕 이후 국교로 자리 잡았다.
④ 중앙집권적인 왕권보다는 부족 중심의 느슨한 연맹 체제로 운영되었다.

15 ③

흥선대원군은 어려운 국가 재정을 해결하기 위해 일반 평민들에게만 부과하던 군포를 양반들에게도 부담하게 하였다. 또한 국가의 법치 질서를 확립하기 위하여 법전을 정비하여 대전회통을 편찬하는 등 통치 체계 강화에 힘썼다.
오랫동안 나라의 재정을 좀먹고 농민을 괴롭혀 왔던 전국의 서원을 유생들의 반대에도 불구하고 대폭 정리하여 47개소만 남겨 놓았다. 다만 향교는 철폐하지 않고 유지하였다.

16 ②

제로클릭(Zero-Click)은 사용자가 검색 결과 페이지에서 별도의 클릭 없이 필요한 정보를 바로 얻는 현상을 의미한다.
① 원클릭(One-Click) : 한 번의 클릭으로 구매나 결제를 완료하는 기술(간편 결제 기능)
③ 자동완성(Autocomplete) : 사용자가 입력하는 도중에 예상되는 검색어를 미리 제안하는 기능
④ 인스턴트 검색(Instant Search) : 검색어를 입력할 때마다 실시간으로 결과가 갱신되는 검색 기능

17 ①

엑셀에서 여러 시트 간에 빠르게 이동하려면 'Ctrl + Page Up'으로 왼쪽 시트로, 'Ctrl + Page Down'으로 오른쪽 시트로 이동할 수 있다.
② Alt + Tab : 프로그램 간 전환
③ Ctrl + Tab : 같은 프로그램 내 탭 전환
④ Shift + Tab : 입력 필드 이동

18 ③

한글에서는 표 안에서 평균, 합계 등의 블록 계산식을 지원한다. 평균을 구할 셀 범위를 드래그한 후 [Ctrl + Shift + A] 단축키를 누르면 인접한 빈 셀에 블록평균이 자동으로 입력된다.

① Ctrl + F2 : 찾아 바꾸기 창
② Ctrl + N, P : 쪽 번호 매기기 대화 상자
④ Ctrl + Shift + S : 블록합계 계산

19 ②

노바이(No-Buy)는 말 그대로 "사지 않기"를 의미하는 소비 트렌드로, 물가 상승, 경기 침체, 인플레이션 등으로 인해 불필요한 소비를 줄이고, 자발적으로 절제하는 문화를 반영한 용어이다.

① 듀프(Dupe) : 'Duplication(복제)'에서 유래한 단어로, 고가의 제품과 유사한 기능이나 외형을 가진 저렴한 대체품
③ 코티지코어(Cottagecore) : 시골 감성의 자연 친화적, 단순한 라이프스타일 트렌드
④ 스몰 럭셔리(Small Luxury) : 고가의 명품보다는 상대적으로 합리적인 가격대의 럭셔리 제품을 통해 만족을 추구하는 트렌드

20 ③

ⓒ 12·12 군사반란 : 1979년 12월 12일 군부의 실세였던 전두환, 노태우 등이 중심이 되어 일으킨 군사반란 사건
㉠ 5·18 민주화운동 : 1980년 5월 18일부터 27일까지 광주광역시(당시 광주시)와 전라남도 지역의 시민들이 벌인 민주화운동
㉢ 4·13 호헌조치 : 1987년 4월 13일 전두환 대통령이 일체의 개헌 논의를 중단시킨 조치
㉡ 6월 민주항쟁 : 1987년 6월, 대통령직선제 개헌 등 민주화를 요구하며 전국적으로 전개된 대규모 시민 항쟁

따라서 사건의 발생 순서대로 배열하면
ⓒ - ㉠ - ㉢ - ㉡이다.

화성시 공공기관 통합채용

정답

01	③	02	③	03	②	04	⑤	05	⑤
06	③	07	③	08	①	09	②	10	④
11	①	12	②	13	③	14	④	15	⑤
16	②	17	③	18	③	19	②	20	①

01 ③
르네상스 이후의 주류 양식은 바로크다. 로마네스크, 르네상스, 바로크, 인상주의 순으로 양식이 발전하였다.

02 ③
알렉산더 대왕의 정복으로 촉발된 그리스-오리엔트 문화 융합을 '헬레니즘(Hellenism)'이라 한다.
① 폴리스주의 : 고대 그리스 도시국가(폴리스)를 중심으로 한 정치·사회 체제
② 헤브라이즘 : 유대교 사상을 중심으로 한 종교적·도덕적 전통을 의미
④ 도리아 양식 : 고대 그리스 건축 양식 중 하나
⑤ 호메로스적 세계 : 그리스 서사시인 호메로스가 묘사한 고대 그리스 초기 세계관

03 ②
챗봇은 자연어 처리(NLP)로 대화형 상호작용을 수행하는 소프트웨어다.
① RPA : 업무 자동화 기술
③ 데이터 웨어하우스 : 통합 분석 저장소
④ 컴파일러 : 언어 변환기
⑤ 하이퍼바이저 : 물리적 서버의 자원을 가상화하여 여러개의 가상 머신이 독립적으로 실행될 수 있도록 하는 소프트웨어

04 ⑤
유전 정보의 장기 저장은 DNA의 대표 기능이다. RNA는 mRNA·rRNA 등으로 단백질 합성에 관여하며, 일부 바이러스에서만 유전체 역할을 한다. ①~④는 모두 올바른 설명이다.

05 ⑤
엘니뇨 남방진동(ENSO)는 수년 주기의 해양-대기 상호작용에 따른 변동을 의미한다.

06 ③
바르톨로메오 크리스토포리는 바로크 시대인 1700년경에 악기제작자로 활동하며 해머방식의 피아노를 고안하였다.
① 프리드리히 부슈만 : 19세기 독일의 악기 제작자로, 아코디언을 발명
② 시릴 데미안 : 19세기 오스트리아의 악기 제작자로, 현대 아코디언의 형태를 고안
④ 바흐 : 요한 제바스티안 바흐는 독일의 바로크 시대 작곡가로, 기악·교회음악의 거장
⑤ 쇼팽 : 19세기 폴란드 출신 피아니스트이자 작곡가로, 피아노를 가장 서정적으로 활용함

07 ③
사건의 지평선은 빛조차 빠져나오지 못하는 경계로, 블랙홀로 인해 발생하는 개념이다.
①, ② 중성자별과 백색왜성은 사건의 지평선을 발생시킬 만큼 질량이 크지 않다.
④, ⑤ 화이트홀과 웜홀은 이론적 개념으로 사건의 지평선과는 연관이 없다.

08 ①
일렉트로포밍(Electroforming)은 전기도금 원리로 금속을 전착해 원하는 형상을 정밀 제작하는 공정이다.

② 테라포밍 : 지구가 아닌 행성의 환경을 지구와 비슷하게 바꾸는 작업
③ 롤 포밍 : 금속 재료를 여러개의 롤러를 통과시켜 원하는 형상으로 성형·가공 하는 방식
④ 사출성형 : 녹인 플라스틱을 금형에 주입해 고체 형태로 만드는 대량생산 방식
⑤ 열성형 : 열·압력으로 플라스틱 시트를 성형하는 공정

09 ②
배드뱅크(Bad Bank)는 부실자산을 인수·정리하는 구조조정 전담 기관이다.
① 브리지뱅크 : 파산 금융기관의 자산·부채를 한시 인수해 핵심 기능을 매수자가 나타날 때까지 유지하는 임시 은행
③ 쿼팅뱅크(Quoting Bank) : 외환시장에서 환율을 제시하는 은행
④ 벤처뱅크 : 스타트업 및 중소기업에 특화된 금융·대출 서비스 전문 은행
⑤ 새도우뱅크 : 공식 은행이 아닌 금융중개 기능을 하는 기관

10 ④
팹리스(Fabless)기업은 공장(Fab) 없이 제품 설계·브랜딩·마케팅 등에 집중하고, 생산은 파운드리 기업 등 외부에 위탁하는 '무공장 제조' 모델이다.
① 틈새 기업 : 틈새시장에 집중해 전문화·차별화로 수익을 내는 기업
② 모듈형 기업 : 표준화된 모듈 단위로 분업·조립하는 운영 형태
③ OEM : 발주처 상표·설계로 제품을 생산해 납품하는 위탁제조 방식
⑤ 파운드리 기업 : 위탁 생산 전문 기업

11 ①
모네는 「해돋이, 인상」으로 상징되는 인상주의의 대표 화가다. 순간의 빛과 색채, 대기 효과를 포착하는 것이 특징이다.
② 신인상주의 : 점묘법으로 과학적 색채 혼합과 시각효과를 추구
③ 야수파 : 강렬한 원색·거친 붓질로 즉흥적 감정을 표출
④ 입체파 : 대상을 여러 시점으로 분해·재구성해 기하학적으로 표현
⑤ 초현실주의 : 무의식·꿈의 이미지를 자동기술 등으로 현실 너머를 탐구

12 ②
비너스의 탄생은 산드로 보티첼리의 작품이다.
①, ③, ④, ⑤ 다비드, 피에타, 천지창조(시스티나 천장화), 최후의 심판은 모두 미켈란젤로의 작품이다.

13 ③
1653년 네덜란드 동인도회사 선원 하멜이 스페르베르호 난파로 제주에 표착해 약 13년간 조선에 억류됐다가 일본으로 탈출한 뒤 기록한 기행문이다. 이는 서양에 조선을 소개한 초기 기록 중 하나다.

14 ④
안중근 의사는 옥중에서 동양의 평화 구상을 담은 동양평화론을 집필했다.
① 시일야방성대곡 : 장지연이 황성신문에 올린 글
② 대동단결선언 : 1917년의 독립운동 문건
③ 독사신론 : 신채호의 책
⑤ 국채보상운동 선언문 : 1907년 국채보상운동 관련 문건

15 ⑤
강감찬은 1019년 거란 3차 침입을 격퇴한 귀주대첩의 주역이다.
① 살수대첩 : 을지문덕이 유인전술과 수공으로 살수에서 수나라 군을 대파한 전투
② 황산대첩 : 이성계가 운봉 황산에서 왜구를 격퇴한 전투
③ 행주대첩 : 권율이 행주산성 방어전에서 왜군을 물리친 전투
④ 진주대첩 : 김시민이 임진왜란 1차 진주성 전투에서 왜군을 격퇴한 전투

16 ②
공모펀드는 불특정 다수에게 공개로 자금을 모으며, 등록·공시 등 엄격한 규제를 받는다.
① 사모펀드 : 소수 투자자 자금을 비공개로 모아 비상장·지배권 투자 등 장기 가치 제고를 노리는 펀드
③ 헤지펀드 : 절대수익을 목표로 롱·숏, 레버리지·파생상품 등 적극적 전략을 쓰는 사모 운용펀드
④ 뮤추얼펀드 : 다수 투자자 자금을 모아 주식·채권에 분산투자하고 수시 환매가 가능한 공모펀드
⑤ 사모부동산펀드 : 소수의 투자자 자금으로 상업용 부동산·개발사업에 투자해 임대수익과 매각차익을 추구

17 ③
커튼콜은 공연 종료 후 관객의 박수에 답해 출연진이 다시 무대에 올라 인사하는 절차로, 추가 공연·재연 자체를 뜻하는 앙코르와는 구별되는 개념이다.
① 프리뷰(Preview) : 정식 개막 전에 시험적으로 무대를 선보이는 예행 공연
② 런스루(Run-through) : 공연 전 리허설 방식 중 하나로, 처음부터 끝까지 끊지 않고 흐름을 점검하는 연습
④ 피날레(Finale) : 공연이나 음악 작품의 마지막 부분을 가리키며, 결말 장면을 의미
⑤ 앙코르(Encore) : 공연이 끝난 후 관객의 요청에 따라 추가로 곡이나 장면을 다시 연주·공연하는 것

18 ③
휘모리는 매우 빠른 장단으로, 느린 장단이 아니다.
① 시나위 : 즉흥성을 띈 선율악기의 독주나 순수기악합주곡으로 다성 음악의 형태를 띤 것
② 자진모리 : 3소박 4박자의 장단으로 굿거리보다 빠르며 판소리·민요의 빠른 대목에 쓰임
④ 진양조 : 판소리나 산조와 같은 민속음악에 사용되는 장단 가운데 가장 한배가 느린 장단
⑤ 엇모리 : 2소박과 3소박이 혼합된 혼소박 4박자의 불균등한 장단

19 ②
칸딘스키는 음악에서 영감을 받아 순수 추상미술을 선구하였다.
① 샤갈 : 주로 초현실주의의 성격을 띰
③ 모네 : 프랑스의 인상주의 화가
④ 르누아르 : 프랑스의 인상주의 화가
⑤ 달리 : 스페인의 초현실주의 화가이자 영화제작자

20 ①
씨름(2018)과 줄타기(2011)는 모두 유네스코 인류무형문화유산으로 등재되었다. 김장, 아리랑, 제주 해녀문화, 판소리는 무형문화유산이지만, 한글, 팔만대장경은 세계기록유산에 해당하며, 수원 화성은 세계문화유산에 해당되고, 고려청자는 유네스코 유산으로 등재되어 있지 않다.

대전광역시 공공기관 통합채용 (공무직)

정답

01	①	02	②	03	④	04	②	05	①
06	①	07	②	08	②	09	①	10	②
11	①	12	③	13	①	14	③	15	②
16	④	17	①	18	①	19	③	20	①

01 ①
ICAO(국제민간항공기구)는 국제 항공의 안전·보안·환경 기준을 마련하는 UN 산하 전문기구이다. 항공사 협회(IATA)와 달리 정부 간 협약을 주도하며, 항공 운송의 질서를 규율한다.
② ECAC : 유럽항행안전기구의 명칭
③ IATA : 국제항공운송협회의 명칭
④ ACI : 국제공항협회의 명칭

02 ②
라임병은 진드기 매개 세균성 감염병으로, 초기에는 발진이 나타나고 치료 지연 시 만성 관절염·심장질환으로 이어질 수 있다. 최근 기후 변화로 매개 진드기의 활동이 넓어져 국내 발생 가능성도 제기된다.
① 쯔쯔가무시병 : 진드기 유충(좀진드기)에 의한 리케차 감염병
③ 말라리아 : 모기에 의해 전파되는 원충성 질환
④ 황열 : 모기에 의해 전파되는 바이러스성 출혈열

03 ④
북태평양 기단은 주로 장마가 끝나고 늦장마가 시작되기 전의 한여름에 영향을 미친다. 이 기단은 온도와 습도가 높아서 그 영향 아래 있을 때는 마치 열대 기후(일 년 내내 매우 덥고 비가 많이 오는 열대 지방의 기후)를 연상할 정도로 후텁지근하며, 밤에는 열대야 현상이 종종 나타나게 된다.
① 시베리아 고기압 : 겨울철 한랭 건조한 날씨를 가져오는 기압
② 오호츠크해 기단 : 늦은 봄철 오호츠크해에서 형성되는 냉량습윤한 기단
③ 양쯔강 기단 : 봄과 가을에 온화한 날씨를 형성하며, 적도 기단은 뜨겁고 습기가 높아 여름철 태풍과 관련이 깊은 기단

04 ②
젠트리피케이션은 낙후 지역이 상권 활성화로 고급화되며 원주민·영세상인이 내몰리는 현상이다. 도시재생의 그림자라는 평가를 받으며, 임대료 급등과 지역공동체 해체 문제가 동반되고 있다.
① 슬럼화 : 도심이 노후화·빈곤화되어 생활환경이 악화되는 현상
③ 도시 공동화 : 주거 기능이 외곽으로 빠져나가 중심지가 비는 현상
④ 역도시화 : 인구와 산업이 도시에서 농촌·중소도시로 이동하는 현상

05 ①
불완전판매는 금융상품의 위험·구조를 제대로 설명하지 않고 판매하는 행위이다. 특히 고령층이나 정보가 부족한 투자자 피해가 많아, 금융당국은 설명의무·적합성 원칙 위반 여부를 엄격히 따지고 있다.
② 역마진 : 조달 금리가 운용 금리보다 높아 손해가 나는 상황
③ 도덕적 해이 : 외부 구제를 기대해 위험한 선택을 하는 현상
④ 정보 비대칭 : 거래 당사자 간 정보량이 불균형한 상태

06 ①
인공신경망은 사람 뇌의 뉴런 연결을 모방한 AI 모델로, 빅데이터·딥러닝 기술의 핵심이다. 음성 비서, 자율주행, 이미지 인식 등 현대 인공지능의 토대가 되고 있다.
② 강화학습 : 최적의 결과를 얻기 위해 에이전트를 훈련시키는 보상 기반 학습 기법
③ 전문가시스템 : 규칙 기반의 지식 베이스를 이용해 문제해결이나 의사결정을 지원하는 시스템
④ 퍼지논리 : 이진법으로 표현할 수 없는 지식을 표현하고 추론하는 방법

07 ②
피싱 예방의 기본은 의심되는 링크·파일을 열지 않는 것이다. 공식 홈페이지 주소 직접 입력, 2단계 인증 설정, 정식 앱스토어 사용 등이 대표적 보안 습관이다.
① 피싱은 가짜 사이트를 통해 이루어지므로, 반드시 직접 주소를 입력해 접속해야 한다.
③ 금융기관은 전화로 주민등록번호·비밀번호 등을 요구하지 않는다.
④ 검색 결과의 광고나 비공식 페이지를 통한 접속은 피싱 위험이 있다.

08 ②
임오군란(1882)은 구식 군인의 차별 대우와 밀린 급료가 폭발하며 일어난 군란이다. 강화도조약(1876) 이후 개항 사회 혼란을 반영하며, 청나라 군대 개입으로 조선의 자주권이 크게 제약되었다.
① 갑오개혁(1894) : 동학농민전쟁 이후의 근대 개혁으로 시기상 방곡령(1889)보다 늦음
③ 광무개혁(1897~1907) : 대한제국 선포 뒤 추진된 개혁, 더 늦은 시기
④ 경술국치(1910) : 한일병합으로 국권 상실, 질문 구간보다 훨씬 이후

09 ①
광개토대왕릉비는 5세기 초 장수왕이 세운 비석으로, 부친인 광개토대왕의 업적과 정복사업을 기념하기 위해 평양 천도 이전에 장대한 비석을 세웠다. 이 비석은 일본의 왜군이 신라를 침략한 사건과 이를 격퇴한 사실 등을 담고 있다.
② 척경비 : 일반적으로 영토 확장·경계 개척 사실을 새긴 비를 통칭하는 말
③ 진흥왕순수비 : 신라 진흥왕의 순수·영토 확장 기념비(황초령·마운령·창녕 등)
④ 북한산비 : 진흥왕순수비의 하나로 신라 비석

10 ②
커플링은 글로벌 경제가 긴밀히 연동되는 현상이다. 미국 경기 침체가 곧바로 유럽·아시아로 확산되는 식으로, 세계화 심화와 무역·금융 연계가 원인이다.
① 디커플링 : 주요국 경제가 상호 영향을 덜 받으며 독자적인 흐름을 보이는 현상
③ 컨버전스 : 경제 수준이 다른 국가 간에 장기적으로 소득·성장이 수렴하는 경향
④ 글로벌 밸류체인 : 생산 과정이 여러 국가에 걸쳐 분업되는 국제 생산 네트워크

11 ①
고려의 중앙정치 조직은 상서성(행정), 중추원(군사), 어사대(감찰), 삼사(회계·재정) 등으로 구성되었다. 나머지 기구들은 조선시대 기관이다.

12 ③
사림은 향촌사회에서 향약과 서원을 통해 자치와 성리학 보급에 힘썼으며, 훈구와 대립하며 중앙정치에 진출했다.

13 ①
버티컬 커머스는 특정 분야(예: 캠핑)에만 특화된 온라인 상거래 모델이다. 전문성·커뮤니티성을 무기로 대형 종합몰과 차별화하는 전략이다.
② O2O 커머스 : 온라인과 오프라인을 연계한 거래 방식
③ 소셜 커머스 : SNS·커뮤니티를 기반으로 한 공동구매·상품 판매 방식
④ 크로스보더 이커머스 : 국가 간 전자상거래, 즉 해외 직구·역직구를 포함한 국경 간 온라인 거래

14 ③
대한민국 정부 수립(1948) → 6·25 전쟁 발발(1950) → 발췌개헌(1952) → 4·19 혁명(1960) 순이다.

15 ②
쇼그렌 증후군은 침샘·눈물샘이 손상돼 구강·안구 건조증이 나타나는 자가면역질환이다. 주로 중년 여성에게 발병하며, 심하면 폐·신장 등 다른 장기에도 염증을 유발한다.
① 루푸스 : 전신에 염증을 유발하는 자가면역질환, 발진·관절통·신장질환 동반 가능
③ 다발성경화증 : 중추신경계 수초 손상으로 시각·운동·감각 장애 발생
④ 류머티즘 관절염 : 관절의 만성 염증성 질환, 주로 손·발 관절이 대칭적으로 침범

16 ④
'경상비'는 일상적·반복적 활동에 드는 경비를 뜻하며, 프로젝트처럼 한시적·비반복성 사업에는 쓰이지 않는다.

17 ①
휘둥그레지다 : 놀라거나 두려워서 눈이 크고 둥그렇게 되다.
②, ③, ④는 모두 비표준어이다.

18 ①
희생양은 실제 잘못이 없음에도 다른 사람의 책임을 대신 뒤집어쓰는 대상이다. 조직이나 사회가 갈등을 전가할 때 자주 쓰이는 개념이다.
② 희생제물 : 신이나 목적을 위해 의도적으로 바치는 대상. 종교 의식·전략적 포기에 사용
③ 순교자 : 종교·신념을 지키기 위해 목숨을 바친 사람
④ 속죄 : 죄를 씻기 위해 벌이나 보상을 하는 행위

19 ③
'-은커녕/-는커녕'은 조사이므로 붙여 쓴다. 또한 '못'은 '하지 아니하다'의 의미를 나타내는 부사이므로 뒤의 동사와 띄어 써야 한다. '못하다'가 하나의 단어로 굳어 '능력이 모자라다'라는 의미를 나타낼 때만 붙여 쓴다.

20 ①
이머징마켓은 신흥국 또는 특정 분야의 신흥 시장으로, 투자자와 기업이 주목하는 성장 시장을 뜻하며, 브릭스(BRICs) 국가가 대표적 예시이다.
② 블루오션(Blue Ocean) : 경쟁자가 거의 없거나 전혀 없는 미개척 시장 상태
③ 니치마켓(Niche Market) : 대기업이나 주요 경쟁자가 쉽게 진입하지 않는 특정 소규모 시장
④ 레드오션(Red Ocean) : 다수의 경쟁자가 이미 진입해 경쟁이 치열한 기존 시장 상태

찾아보기 Index

• 숫자로 찾아보기 •

1차 에너지	236
『21세기 자본』	181
3·1운동	099
3권 분립	141
4대보험	233
4대 사화	093
4차 산업혁명	075
5G	106
6시그마	191
6차 산업	185
24절기	077

• 영어로 찾아보기 •

A

AB5 법안	172
AI	109
AIIB	247
APEC	246
API	104
AS곡선	178
ASEAN	080
ASEM	080

B

B2B	189
BCG 매트릭스	074
BI	188
BIS 자기자본비율	201
BTL	187
BTO	187

C

CAPM	202
CCL	330
ChatGPT-5	033
CI	188
CTO	197
CVID	162

D

DMZ	163
DSR	206
DTI	073

E

EOQ	195
ERP	188
ESG	114

EU	244

F
FTA	080

G
G7	244
GDP	069
GDP 디플레이터	069
GNI	069
GNP	069
GPGP	218
GTX	222

H
HIRA 시스템	220
HTML5	328

I
IMF	244
IPTV	328
IPv6	326
IRA	250
IRR	109
IS곡선	120
IS−LM 모형	120
ITS	220

J
JIT	114

K
K−패스	043
K−휴머노이드 연합	035
K−IFRS	184

L
LCD	327
LLM	033
LM곡선	120
LPGA	102
LTV	073

M
MICE 산업	040
MM이론	202
MOU	248
MZ세대	218

N
NFC	328
NGO	247
NLL	163
NPT	162
NPV	109

O
OECD	245
OLED	327
One Big Beautiful Bill Act	161
OPEC	245
OSMU	273
OTT	108

P
P2P 대출	202
PB 상품	195
PBR	205
PER	113
PPL	070

R

RBC	189
RCEP	246
Rescissions Act of 2025	161
ROA	205
ROE	205

S

SECI 모델	190
SPA	188
SSD	325
STP	187
SWOT	074

T

TRQ	207

W

WHO	242
WTO	080

X

X세대	218

· 한글로 찾아보기 ·

ㄱ

가니메데	322
가스라이팅	222
가전체문학	254
가치사슬	196
가치재	179
각국의 화폐단위	082
각 나라의 전통 의복	251
간접세	146
감가상각비	204
감정노동	230
갑신정변	294
갑오개혁	097
갓(Good)자 서베이	228
강감찬	286
강화도 조약	292
개벽	256
개인화 학습	022
거문도 점령사건	294
거미집 이론	173
검찰	144
게리맨더링	145
게이미피케이션	033
경국대전	289
경상수지	208
경영전략	185
경제5단체	170
경제8단체	170
경제사회노동위원회	144
경제재	179
경험주의	261
계급제	152
계유정난	093
고딕양식	269

고려속요	255	공해전	286
고려의 중앙정치조직	285	과점시장	112
고령사회	217	관료주의	111
고리 1호기	127	관방학	290
고용보험	233	광개토대왕함	164
고용허가제	045	광무개혁	098
고정밀 지도 데이터	049	광복 이후 사건	099
고조선	281	광종	091
고조선의 8조법	281	광해군	094
고희	125	교권 보호 4법	041
곤충겟돈	022	교섭단체	139
골드러시	224	교토의정서	081
골드칼라	128	구상권	158
골든 라즈베리상	274	구석기 시대	090
골든크로스	175	구조주의	261
골디락스	175	구축 효과	118
골품제	090	국무위원	140
골프 용어	307	국무회의	140
공공기관의 분류	151	국민기초생활보장제도	234
공공재	180	국민연금	233
공동경비구역	163	국민참여재판	063
공동상표	188	국보	280
공동선언	117	국세	062
공동회사	113	국제민간항공기구	247
공리주의	261	국제사법재판소	243
공매도	201	국제 양자과학 및 기술의 해	023
공모펀드	124	국채보상운동	295
공무원 징계	153	국회의원 수	139
공민왕의 개혁정책	092	국회의원직 상실 요건	139
공소시효	161	국회의장	140
공시지가	201	궁핍화 성장	200
공유경제	170	권력의 원천	153
공유재	180	권리남용금지의 원칙	116
공직자 임기	115	귀인이론	199
공진화 전략	032	귀주대첩	285

규제 샌드박스	189		기후플레이션	026
균역법	291		긱 이코노미	172
그라데이션 K	048		긴급피난	157
그래핀	318		김구	297
그랜드슬램	304		김소월	083
그레셤 법칙	173		김영란법	063
그레타 툰베리	250		김환기	264
그루밍족	215		깡통주택	041
그리드플레이션	038			
그린뉴딜	146		**ㄴ**	
그린러시	224		나노	314
그린북	144		나노기술	314
그린워싱	192		나비 효과	324
그린필드투자	207		낙수효과	174
근로기준법	232		난징조약	300
금관악기	268		남북전쟁	299
금난전권	290		남사당놀이	265
금오신화	255		내쉬균형	182
금위영	291		넛지	183
금융실명제	200		네트워크 조직	111
기계적 조직	196		네포베이비	045
기말 상품 재고	204		넷플릭스	329
기말 자본	204		노동3권	078
기소독점주의	144		노동쟁의	079
기울어진 운동장	231		노동조합	078
기저질환	325		노란봉투법	040
기준금리	072		노모포비아	227
기준생산계획	187		노바이	032
기초연금	233		노벨상	083
기펜의 역설	179		노비안검법	091
기펜재	179		노쇼	229
기회비용	181		노이즈 마케팅	191
기후감수성	031		노트르담 대성당	270
기후동행카드	043		농구 용어	306
기후변화협약	243		높새바람	129

누벨바그	271		데코덴티티	029
눔프 현상	124		데프콘	164
뉴노멀	126		델파이법	115
뉴로모픽 컴퓨팅	036		도쿄	283
니체	259		도덕적 해이	124
니트족	215		도슨트	087
님비 현상	124		도큐멘타	263
님투 현상	214		도파민	030
			도플러 효과	317
ㄷ			독립신문	295
다문화 통합	048		독립재	179
다보스포럼	246		독서삼품과	090
다산 정약용	095		돌봄경제	043
다크패턴	040		동방견문록	259
단군신화	090		동성결혼	024
단체교섭	232		동의보감	094
당 3역	138		동인지	256
대동법	094		동학농민운동	096
대량생산	195		둠 스펜딩	038
대체재	180		듀레이션	110
대체휴일제	235		드론	330
대취타	265		디도스	329
대통령	058		디드로 효과	194
대통령과 국회 동의	060		디마케팅	191
대통령의 권한	060		디아스포라	223
대통령제	059		디지털노동	039
대통령 피선거권 나이	142		디지털 노마드	044
대표관료제	152		디지털 디톡스	028
대한민국 헌법	139		디지털서비스세	206
더블린 규정	243		디지털세	206
더피족	215		디지털 제품 여권	047
데드덕	061		디지털 포렌식	221
데드크로스	175		디커플링	171
데이터 3법	159		디토소비	032
데카르트	085		디플레이션	175

딥러닝	115
딥페이크	107

ㄹ

라니냐	103
라마단	249
라임병	321
라테지수	177
라포	223
래퍼 곡선	181
랜섬웨어	107
램프 증후군	221
랩소디	269
러다이트 운동	298
러시아워	227
럭커 플랜	238
런던협약	242
레드오션	224
레몬마켓	118
레몬법	160
레미제라블	260
레버리지 비율	205
레버리지 효과	205
레오나르도 다 빈치	086
레임덕	061
레퀴엠	087
로렌츠 곡선	181
로맨스 스캠	107
로봇3원칙	321
로젠탈 효과	076
로하스족	216
롱테일 법칙	067
르네상스	086
리니언시	038
리더십 이론	150
리더포비아	046
리디노미네이션	069
리마 증후군	227
리베로	306
리보금리	201
리셋 증후군	226
리쇼어링	206
리스트럭처링	197
리아스	317
리엔지니어링	197
리츠	201
리카도 대등정리	182
리터루족	216
리플리 증후군	226
림보세대	217
립스틱 효과	183

ㅁ

마이데이터	104
마이클 포터	109
마이클 포터의 5요인 모델	109
마처세대	048
마케팅믹스	121
마코프분석	191
마키아벨리즘	082
마타도어	231
만유인력의 법칙	315
만적의 난	287
만파식적	284
망중립성	326
매몰비용의 오류	181
매슬로의 욕구단계설	122
매트릭스 조직	111
맥거핀 효과	271
맥킨지 매트릭스	075

맹그로브	049	미국독립혁명	298
맹자	085	미성년자	125
머신러닝	109	미세먼지	076
멀티모달 AI	034	미세먼지 계절관리제	076
메가시티	043	미술사조	263
메라비언 법칙	224	미쉐린가이드	228
메세나	086	미장센	088
메이킹필름	087	미켈란젤로	264
메타버스	105	미투 운동	225
메트칼프의 법칙	330	민속음악 장단	265
멘델의 법칙	324	민식이법	159
멜팅팟	228	민주화 운동	100
명목환율	068	민츠버그의 5가지 조직 구조	111
모차르트	268	밀크플레이션	025
목관악기	268	밈	271
목표시기 면역전략	203		
몬트리올의정서	081		
몰입의 에스컬레이터	199	바나나 신드롬	124
몽타주	272	바른생활상	250
묘청의 난	091	바이브 코딩	036
무구정광대다라니경	284	바이오시밀러	322
무성종자	109	비이오필릭	031
무어의 법칙	330	바젤협약	243
무정	258	박문국	293
무죄추정의 원칙	157	박수근	258
무차별 곡선	119	박은식	098
무해력	030	반구천의 암각화	027
문신사법	046	발해	285
문화가 있는 날	089	발해고	291
문화누리카드	089	방 안의 코끼리	223
물가 변동의 종류	073	방카슈랑스	174
물권의 종류	158	배구 용어	309
물성매력	031	배당	200
뮤추얼펀드	201	배드파더스	025
뭋즈	020	배임죄	156

배타적경제수역	248		부족국가	282
배흘림기둥	270		부족국가의 정치·경제	282
백기사	119		부족국가의 행사·풍속	282
백두산정계비	290		불고불리	160
백운동서원	270		브라운필드투자	207
밴드왜건 효과	174		브래들리 효과	145
버저닝	193		브레인스토밍	149
버즈 마케팅	191		브렉시트	244
버핏세	249		브룸의 기대이론	199
번아웃 증후군	237		브릭스	024
법관	155		블랙스완	171
법적용 우선순위	157		블랙아웃	103
법정계량단위	154		블랙아이스	320
법흥왕	090		블랙 프라이데이	229
베다	248		블록딜	176
베르누이의 정리	322		블록체인	105
베버리지 보고서	236		블루고스트	022
베블런 효과	067		블루리본 서베이	228
베이지북	144		블루오션	224
베타세대	027		블루카본	049
벤치마킹	198		블루투스	327
병목현상	227		비교우위	074
병인양요	096		비등점	319
병자호란	289		비변사	289
보궐선거	142		비엔날레	089
보복소비	038		비정규직 근로 형태	232
보스턴 차 사건	299		비트겐슈타인	261
보아오포럼	246		비트코인	105
보완재	180		빅데이터	106
보증채무	065		빅맥지수	177
보호무역주의	209		빈센트 반 고흐	087
봉오동 전투	296		빛의 현상	314
봉준호	274			
부가가치세	062		● ㅅ	
부산국제영화제	274		사군자	255

사드	162	서브리미널 광고	193
사림세력	288	서킷브레이커	072
사모펀드	124	서희	286
사물놀이	265	선거	141
사물인터넷	106	선댄스 영화제	088
사베인스-옥슬리 법	250	선매품	186
사보타주	163	섭씨온도	316
사서오경	083	성균관	288
사실주의	262	성층권	315
사실주의 주요 작품	262	세계 3대 신용평가기관	176
사외이사	184	세계 3대 영화제	088
사이드카	072	세이의 법칙	067
사이버 인문학	036	세이프 가드	071
사이클링 히트	305	세조	093
사회간접자본	144	세종과학기지	103
사회법	158	셧다운 제도	220
사회적 거리두기	221	셰익스피어 4대 비극	260
사회적기업	071	솅겐협정	024
사회적책임	071	소니 보노법	273
사회적협동조합	225	소멸시효	065
산미증식계획	296	소버린 AI	036
산입혁명	298	소비자 구매의사결정 과정	186
살리에리 증후군	268	소비자물가지수	177
삼강	260	소셜벤처	186
삼강오륜	260	솔라 프로 2	033
삼국사기	092	솔로우 모형	182
삼국유사	092	숍제도	079
삼별초	091	수니파·시아파	082
상고	155	수뢰죄	156
상대성 이론	128	수영 용어	308
샐러드 볼	228	수요공급의 법칙	112
생물보안법	040	수요의 가격탄력성	112
생산가능인구	068	수정핵가족	226
생산성 역설	028	슈링크플레이션	042
서번트 리더십	123	슈바베의 법칙	118

슈바베 지수	118
슈퍼 리더십	122
스내킹	037
스네이크 센스	028
스놉 효과	118
스마트 그리드	318
스마트노동	039
스마트팜	042
스마트 팩토리	042
스미싱	329
스윙보터	142
스캔론 플랜	238
스캠퍼	121
스쿨존	219
스킴플레이션	042
스태그플레이션	068
스텔스플레이션	042
스톡옵션	203
스톡홀름 증후군	227
스튜어드십 코드	202
스트림플레이션	108
스티그마 효과	125
스파게티볼 효과	207
스페셜 올림픽	311
스포츠워싱	143
스프롤 현상	220
스핀닥터	145
스핀오프	272
승수 효과	178
시나리오 기법	190
시노포비아	223
시놉시스	087
시일야방성대곡	295
시장실패	184
시퀄	272

시피족	215
신공공관리론	115
신공공서비스론	116
신문왕	284
신미양요	096
신민회	099
신석기 시대	281
신윤복	264
신의성실의 원칙	116
신재생에너지	236
신진사대부	287
신채호	098
실버서퍼	024
실업의 종류	126
실적주의	151
실질환율	068
심바이오틱 마케팅	193
싱크홀	321

아그레망	248
아노미	214
아르누보	270
아보하	037
아시안 게임	310
아웃라이어	217
아웃소싱	197
아이언돔	162
아이작 뉴턴	315
아카데미상	274
아편전쟁	300
알더퍼의 ERG이론	122
애그플레이션	025
애드호크라시	151
앤소프 매트릭스	123

양무운동	299	오페라	267
양자기술	023	오프쇼어링	206
양적긴축	066	오픈뱅킹	206
양적완화	066	오픈소스 AI	035
어닝쇼크	046	오픈 옴니보어 타겟팅	029
언더독 효과	174	오픈 이노베이션	189
언택트 마케팅	192	오픈 프라이머리	141
업사이클링	218	올림픽	102
에듀테크	022	올림픽 마스코트	311
에이전틱 AI	034	올림픽 종목	310
에코 챔버 효과	229	옴니버스	273
에쿼티 펀딩	088	옴니보어	029
엘니뇨	103	옴부즈만	153
엘 시스테마	268	옵아트	272
엠바고	089	옵트아웃	193
엠부시 마케팅	192	와일드카드	305
엥겔지수	070	왈라스 법칙	173
여피족	215	왕오천축국전	284
연암 박지원	292	외국인 계절근로자	045
열대저기압	129	외부 효과	076
열등재	179	외상 후 스트레스 장애	227
열하일기	256	요노	032
엽관제	061	욜로족	215
영구채	207	용적률	222
영해기선	248	우월전략균형	182
예산안 심의 절차	148	운요호 사건	293
옐로 저널리즘	275	워케이션	044
오라토리오	267	워크아웃	080
오류	260	원자력	316
오류기	103	원포인트업	032
오마주	272	월드컵 축구대회	101
오버투어리즘	228	월성 1호기	127
오이디푸스 콤플렉스	262	웰니스	044
오존층	081	위험프리미엄	202
오팔족	216	위화도 회군	288

윌슨의 규제정치 모형	149	인보관 운동	224
유관순함	318	인사청문회 대상	143
유기적 조직	196	인안	284
유네스코 유산	084	인척	225
유니콘	190	인천상륙작전	297
유동성	066	인터페론	319
유로존	081	일몰제	156
유리천장	230	일사부재리	160
유보통합	041	일사부재의	160
유비쿼터스	327	임금피크제	235
유상증자	189	임시국회	138
유치권	157	입법부	141
유효수요 이론	119		
윤창호법	160	**ㅈ**	
을미사변	097	자산어보	095
음악사조	266	자유재	179
음악의 빠르기 말	267	자율 에이전트	034
이데아(Idea)설	085	자존적 편견	199
이력현상	183	장보고과학기지	318
이머시브 공연	273	장수왕	283
이봉창	296	재무레버리지	205
이상	257	재무상태표	204
이순신	289	재무제표	204
이슬람국가	249	재상정치	092
이육사	257	재선거	142
이윤극대화	173	재정신청	155
이인좌의 난	291	적색이동	317
이자겸	287	전국체전	311
이자겸의 난	287	전기소설	255
이재명	026	전략적 제휴	186
이항모형	114	전방통합	195
인공위성	323	전시 효과	226
인구보너스	232	전환국	293
인구오너스	232	절대식역	194
인 두비오 프로 레오	157	절대온도	316

절대우위	074
정관	116
정당방위	157
정당해산 심판	065
정도전	092
정리해고	126
정부실패	185
정부조직법	021
정부지출승수	177
정전협정	100
정지위성	323
제너럴셔먼호 사건	096
제네릭	322
제노포비아	223
제로레이팅	327
제로웨이스트	218
제로TV	329
제물포 조약	293
제왕운기	287
제조품질	194
제퍼슨	247
제페토	105
제헌국회	139
젠트리피케이션	075
조미수호통상조약	293
조선책략	293
조성진	269
조작적 조건 형성	231
조정래	258
조지 플로이드 사건	250
조직 유형의 분류	150
조직행동론	196
종합부동산세	147
종합소득세	147
주당 근로시간	232
주문생산	195
주식회사	113
주택임대차보호법	159
준예산	148
중대재해기업처벌법	231
중추원	286
증강현실	328
지급준비율	178
지니계수	070
지식경영	196
지식재산권	219
직무평가	152
직위분류제	152
직장 내 괴롭힘 금지법	237
직접세	146
진대법	283
질소	104
집단응집성	198
집단의사결정	149
집행유예	159

ㅊ

차이식역	194
차전놀이	265
채권	110
천상열차분야지도	288
청교도혁명	298
청동기 시대	281
청록파	257
청일전쟁	294
청춘반환소송	048
체리피커	174
초개인화 마케팅	028
초미세먼지	076
초전도체	316

촉법소년	063	코넥스	071
촉진믹스	121	코덱	326
총괄생산계획	187	코드 세이빙	329
최저임금 제도	078	코드커팅	329
추가경정예산	061	코란	248
출구전략	203	코로나바이러스감염증-19	320
출구조사	219	코로나 백신	320
취소소송	156	코스닥	176
치킨게임	183	코즈 마케팅	192
친고죄	117	콜라주	272
친족	225	콜옵션	114
침묵의 봄	260	쿠르드족	249
		쿨미디어	275

ㅋ

		쿼드	162
카니발라이제이션	188	쿼드 플러스	162
카르텔	112	퀄리티 스타트	306
카스트제도	299	크기 단위	127
카오스 이론	324	크라우드소싱	197
카이로 회담	297	클라우드 서비스	107
카츠의 경영자 3역량	198	클라우드 컴퓨팅	107
카피레프트	089	클로드 모네	264
칸타타	267		
칸트	259	## ㅌ	
캐스팅보트	142	타깃팅	187
캐치올 규제	208	타임오프 제도	234
캥거루족	216	탄력관세	209
커크패트릭 모형	198	탄력근무제	235
컨벤션 효과	145	탄소나노튜브	318
컬링	309	탄소발자국	236
컬처애드	039	탄소배출권	044
컬처핏	039	탄소중립	236
컴퓨터 저장용량 단위	104	태학	283
케이팝 데몬 헌터스	020	턴어라운드	197
케인즈	066	털매머드 쥐	023
케인즈주의	119	테니스	308

테니스 점수 체계	309
테라포밍	324
테이퍼링	172
테일러 법칙	315
테일러의 과학적 관리법	197
테일러 준칙	178
테크핀	105
톈진조약	295
토니상	274
토마 피케티	181
토지재평가모형	176
토지조사사업	295
토큰화	047
토핑경제	029
톨스토이	259
통상임금	078
통화스와프	071
통화정책	172
퇴직연금제도	234
트라이애슬론	307
트럼프	026
트리플 크리운	305
트리핀의 딜레마	173
특허괴물	219
특허권	219
티나&밀로	311
티저 광고	193

ㅍ

파노플리 효과	226
파레토 개선	172
파레토 법칙	172
파레토 최적	172
파레토 효율	172
파리협정	081
파슨스	230
파이브 아이즈	164
파이어족	216
파킨슨 법칙	064
판소리	266
팔길이 원칙	039
패러디	272
패럴림픽	311
패리티 가격	180
패리티 지수	180
패스트트랙	146
팬데믹	319
팸투어	038
퍼스트 펭귄	223
퍼펙트스톰	117
퍼플오션	224
퍼플잡	237
페르소나 그라타	249
페르소나 논 그라타	249
페어링	327
페욜의 일반관리론	196
페이스테크	030
펨토셀	047
펭귄 효과	174
편의품	186
평창 동계올림픽	310
평화의 마을	163
폐색전선	325
포괄수가제	238
포노 사피엔스	227
포드시스템	120
포모 증후군	230
포이즌필	194
포츠담 선언	297
포토라인	220

포퓰리즘	143
폰지사기	042
푄현상	046
표면장력	315
표절	272
풋옵션	114
풍선효과	037
프랑스혁명	298
프레카리아트	217
프로슈머 마케팅	192
프로젝트 파이낸싱	045
프록시 서버	326
프리세일	088
프리퀄	272
프리터족	218
플라톤	085
플래그십 마케팅	191
플래그십 스토어	191
플래시 메모리	325
플래시몹	271
플랫폼 노동자	237
플렉스타임제	235
피그말리온 효과	076
피들러 상황이론	150
피셔 효과	179
피싱	108
피오르	317
피지컬 AI	034
피치마켓	118
피카레스크	273
피터의 법칙	198
피터팬 증후군	226
핀테크	105
필리버스터	061
필립스 곡선	067

핌투 현상	214
핌피 현상	124

ㅎ

하람	249
하멜표류기	290
하얀 코끼리	222
하이든	268
하이브리드 자동차	317
하인리히 법칙	171
한강	083
한계비용	180
한계효용 체감의 법칙	180
한국의 서원	270
한국전쟁	100
한국통사	296
한성순보	293
한용운	257
한인애국단	297
할랄	249
합명회사	113
합병프리미엄	203
핫머니	171
핫미디어	275
해왕성 오로라 최초 관측	023
해트트릭	305
햄릿 증후군	221
행정법의 기본 원칙	149
행정심판	149
향가	255
향약	093
향약집성방	094
허생전	256
허츠버그 2요인	110
헌법개정 절차	064

헌법불합치	154
헌법재판소	064
헤이그 입양협약 비준	027
헬레니즘	297
현대 혁명	101
현종	285
현진건	258
협동조합	225
호르무즈 해협	251
호모프롬프트	109
호손 연구	200
호스피스	236
홀드백	271
홀로그램	328
홉스테드	200
화상병	321
화이트리스트	165
확증편향	229
환율	068
환율의 오버슈팅	177
황금낙하산	194
황의 법칙	330
회색 코뿔소	223
회수기간법	175
횡령죄	156
후방통합	195
훈민정음 해례본	256
흠흠신서	292
흥선대원군	095
희토류	319
히트플레이션	026

삶의 순간순간이
아름다운 마무리이며
새로운 시작이어야 한다.

– 법정 스님

에듀윌 취업 공기업기출 일반상식

발 행 일	2025년 10월 22일 초판
편 저 자	에듀윌 상식연구소
펴 낸 이	양형남
개발책임	김기철, 윤은영
개 발	윤은영, 윤나라, 강유진
펴 낸 곳	(주)에듀윌
I S B N	979-11-360-3939-2
등록번호	제25100-2002-000052호
주 소	08378 서울특별시 구로구 디지털로34길 55 코오롱싸이언스밸리 2차 3층

* 이 책의 무단 인용·전재·복제를 금합니다.

www.eduwill.net
대표전화 1600-6700

**여러분의 작은 소리
에듀윌은 크게 듣겠습니다.**

본 교재에 대한 여러분의 목소리를 들려주세요.
공부하시면서 어려웠던 점, 궁금한 점,
칭찬하고 싶은 점, 개선할 점, 어떤 것이라도 좋습니다.

에듀윌은 여러분께서 나누어 주신 의견을
통해 끊임없이 발전하고 있습니다.

에듀윌 도서몰 book.eduwill.net
- 부가학습자료 및 정오표: 에듀윌 도서몰 → 도서자료실
- 교재 문의: 에듀윌 도서몰 → 문의하기 → 교재(내용, 출간) / 주문 및 배송

누적 판매량 15만 부 돌파
베스트셀러 1위 677회 달성

학사장교·항공준사관·부사관 통합 기본서

* 에듀윌 군 간부 교재 누적 판매량 합산 기준 (2016년 8월 25일~2024년 10월 31일)
* 온라인서점(YES24) 주별/월별 베스트셀러 합산 기준 (2016년 10월 4주~2024년 12월 ROTC·학사장교/육군부사관/공군부사관/해군부사관 교재)
* YES24 국내도서 해당 분야 월별, 주별 베스트 기준

꿈을 현실로 만드는
에듀윌

DREAM

공무원 교육
- 선호도 1위, 신뢰도 1위!
  브랜드만족도 1위!
- 합격자 수 2,100% 폭등시킨
  독한 커리큘럼

자격증 교육
- 9년간 아무도 깨지 못한 기록
  합격자 수 1위
- 가장 많은 합격자를 배출한
  최고의 합격 시스템

직영학원
- 검증된 합격 프로그램과 강의
- 1:1 밀착 관리 및 컨설팅
- 호텔 수준의 학습 환경

종합출판
- 온라인서점 베스트셀러 1위!
- 출제위원급 전문 교수진이
  직접 집필한 합격 교재

어학 교육
- 토익 베스트셀러 1위
- 토익 동영상 강의 무료 제공

콘텐츠 제휴 · B2B 교육
- 고객 맞춤형 위탁 교육 서비스 제공
- 기업, 기관, 대학 등 각 단체에 최적화된
  고객 맞춤형 교육 및 제휴 서비스

부동산 아카데미
- 부동산 실무 교육 1위!
- 상위 1% 고소득 창업/취업 비법
- 부동산 실전 재테크 성공 비법

학점은행제
- 99%의 과목이수율
- 17년 연속 교육부 평가 인정 기관 선정

대학 편입
- 편입 교육 1위!
- 최대 200% 환급 상품 서비스

국비무료 교육
- '5년우수훈련기관' 선정
- K-디지털, 산대특 등 특화 훈련과정
- 원격국비교육원 오픈

에듀윌 교육서비스 **AI 교육** AI 프롬프트 연구소/AI CLASS(ChatGPT/AICE/노션 AI/중개업 AI 등) **공무원 교육** 9급공무원/소방공무원/계리직공무원 **자격증 교육** 공인중개사/주택관리사/손해평가사/감정평가사/노무사/전기기사/경비지도사/검정고시/소방설비기사/소방시설관리사/사회복지사1급/대기환경기사/수질환경기사/건축기사/토목기사/직업상담사/청소년상담사/전기기능사/산업안전기사/산업위생관리기사/건설안전기사/위험물산업기사/위험물기능사/설비보전기사/에너지관리기사/유통관리사/물류관리사/행정사/한국사능력검정/한경TESAT/매경TEST/KBS한국어능력시험·실용글쓰기/국제무역사/무역영어 **어학 교육** 토익 교재/토익 동영상 강의 **금융/IT/비즈니스** 전산세무회계/ERP정보관리사/재경관리사/정보처리기사/컴퓨터활용능력/SQLD/ADsP **대학 편입** 편입 영어·수학/연고대/의약대/경찰대/논술/면접 **직영학원** 공무원학원/소방학원/공인중개사 학원/주택관리사 학원/전기기사 학원/편입학원 **종합출판** 공무원·자격증 수험교재 및 단행본 **학점은행제** 교육부평가인정기관 원격평생교육원(사회복지사2급/경영학/CPA) **콘텐츠 제휴·B2B 교육** 콘텐츠 제휴/기업 맞춤 자격증 교육/대학취업역량 강화 교육 **부동산 아카데미** 부동산 창업CEO/부동산 경매마스터/부동산 컨설팅 **주택취업센터** 실무 특강/실무 아카데미 **국비무료 교육(국비교육원)** 전기기능사/전기(산업)기사/소방설비(산업)기사/IT(빅데이터/자바프로그램/파이썬)/게임그래픽/3D프린터/실내건축디자인/웹퍼블리셔/그래픽디자인/영상편집(유튜브) 디자인/온라인 쇼핑몰광고 및 제작(쿠팡, 스마트스토어)/전산세무회계/컴퓨터활용능력/ITQ/GTQ/직업상담사

교육
문의 **1600-6700** www.eduwill.net

· 2022 소비자가 선택한 최고의 브랜드 공무원·자격증 교육 1위 (조선일보) · 2023 대한민국 브랜드만족도 공무원·자격·취업·학원·부동산 실무 교육 1위 (한경비즈니스)
· 2017/2022 에듀윌 공무원 과정 최종 환급자 수 기준 · 2023년 성인 자격증, 공무원 직영학원 기준 · YES24 공인중개사 부문, 2025 에듀윌 공인중개사 오시훈 필살키 부동산공법 (2025년 8월 월별 베스트) 그 외 다수 · YES24 한국산업인력공단 부문, 2025 에듀윌 산업안전기사 필기 한권끝장 (2025년 7월 월별 베스트) 그 외 다수 · 교보문고 취업/수험서 부문, 2025 에듀윌 공기업 코레일 한국철도공사 실전모의고사 9+2+48회(2025년 2월 1일~2월 28일, 온라인 월별 베스트) 그 외 다수 · 알라딘 시사/상식 부문, 2025 최신판 에듀윌 취업 공기업 기출 일반상식 (2025년 6월 5주 주별 베스트) 그 외 다수 · YES24 컴퓨터활용능력 부문, 2024 컴퓨터활용능력 1급 필기 초단기끝장(2023년 10월 3~4주 주별 베스트) 그 외 다수 · YES24 신규자격증 부문, 2025 에듀윌 SQL 개발자 SQLD 2주끝장+무료특강(2025년 7월 월별 베스트) 그 외 다수 · 인터파크 자격서/수험서 부문, 에듀윌 한국사능력검정시험 2주끝장 심화 (1, 2, 3급) (2020년 6~8월 월간 베스트) 그 외 다수 · YES24 국어 외국어사전영어 토익/TOEIC 기출문제/모의고사 분야 베스트셀러 1위 (에듀윌 토익 READING RC 4주끝장 리딩 종합서, 2022년 9월 4주 베스트) · 에듀윌 토익 교재 입문~실전 인강 무료 제공 (2022년 최신 강좌 기준/109강) · 2024년 중고빈 중 모든 평가항목 정상 참여자 기준, 99% (평생교육원 기준) · 2008년~2024년까지 234만 누적수강학점으로 과목 운영 (평생교육원 기준) · 에듀윌 국비교육원 구로센터 고용노동부 지정 "5년우수훈련기관" 선정 (2023~2027)
· KRI 한국기록원 2016, 2017, 2019년 공인중개사 최다 합격자 배출 공식 인증 (2025년 현재까지 업계 최고 기록)